国家社科基金
后期资助项目

数字化对劳动法的挑战与应对

Labour Law in the Digital Age:
Challenges and Responses

谢增毅 著

中国社会科学出版社

图书在版编目(CIP)数据

数字化对劳动法的挑战与应对 / 谢增毅著. -- 北京：中国社会科学出版社, 2025.5（2025.10重印）. -- ISBN 978-7-5227-4718-7

Ⅰ. D912.504-39

中国国家版本馆CIP数据核字第20256R01W0号

出 版 人	季为民
责任编辑	许　琳
责任校对	苏　颖
责任印制	李寡寡

出　　版	中国社会科学出版社
社　　址	北京鼓楼西大街甲158号
邮　　编	100720
网　　址	http://www.csspw.cn
发 行 部	010-84083685
门 市 部	010-84029450
经　　销	新华书店及其他书店
印　　刷	北京君升印刷有限公司
装　　订	廊坊市广阳区广增装订厂
版　　次	2025年5月第1版
印　　次	2025年10月第2次印刷
开　　本	710×1000　1/16
印　　张	23
插　　页	2
字　　数	410千字
定　　价	128.00元

凡购买中国社会科学出版社图书，如有质量问题请与本社营销中心联系调换
电话：010-84083683
版权所有　侵权必究

国家社科基金后期资助项目
出 版 说 明

后期资助项目是国家社科基金设立的一类重要项目，旨在鼓励广大社科研究者潜心治学，支持基础研究多出优秀成果。它是经过严格评审，从接近完成的科研成果中遴选立项的。为扩大后期资助项目的影响，更好地推动学术发展，促进成果转化，全国哲学社会科学工作办公室按照"统一设计、统一标识、统一版式、形成系列"的总体要求，组织出版国家社科基金后期资助项目成果。

全国哲学社会科学工作办公室

前　　言

随着网络信息等数字技术的发展，人类的生产生活方式发生了巨大变化，劳动就业领域也发生了深刻变化。国际劳工组织在 2019 年《国际劳工组织关于劳动世界的未来百年宣言》中指出，"劳动世界面临着由技术创新、人口结构转变、环境与气候变化和全球化所驱动的根本性变革，以及持续存在的不平等现象，这对劳动世界的性质和未来，以及对身在其中的人民的地位和尊严具有深刻影响"。这一劳动世界正在经历的、由技术创新等因素带来的"根本性变革"，对劳动法的影响不可忽视。

数字化对劳动法带来哪些挑战，劳动法又应当如何回应，这是当前法学界必须回答的时代之问。数字化使劳动者的就业形式以及用人单位的管理方式发生了深刻变化，劳动者的权利面临巨大威胁。数字化对劳动世界的深刻影响，使劳动法面临巨大挑战，劳动法应进行系统的回应。

首先，数字化扩大了劳动法的调整对象。

数字技术的应用使新型用工方式蓬勃发展，最典型的是平台用工和远程办公的流行。平台用工、远程办公等新型用工方式在增加就业和促进经济增长的同时，也给劳工保护带来诸多问题。传统上，劳动法主要调整经典的劳动关系，即便是非全日制工作、固定期限劳动合同、劳务派遣等，其劳动关系的性质仍是清晰的。但数字化催生的新型用工方式中当事人之间的法律关系性质并不清晰，劳务提供者是否为"雇员"变得模糊。"劳动关系"的概念越来越难以囊括各种新型用工方式，"劳动关系"有被"工作关系"替代的趋势。换言之，当前的劳动法不仅要调整经典的劳动关系，还要调整不属于典型劳动关系的其他"工作关系"，劳动法的调整范围得以扩张，劳动法调整劳动关系的传统理念正在被打破。介于传统劳动关系和民事关系的用工关系成为劳动法的重要调整对象，"类雇员""平台用工""不完全劳动关系"的保护成为劳动法的新课题，劳动法的版图日益扩大。在此背景下，"劳动关系"的概念和认定方法面临诸多挑战。同时，面对灵活的新型用工方式，传统劳动法规则一体适用于各种用工方式的模式变得更加困难，劳动法对各类用工关系进行"分层分类"调整的任务更为艰巨。

其次，数字化需要重构劳动者的权利体系。

数字技术和数字设备的使用，尤其是雇主用工管理方式的改变，使雇员的权利面临巨大威胁。一方面，数字技术和数字设备的使用，比如电子屏幕的长期使用，使雇员的安全卫生等权利受到威胁。另一方面，雇主使用数字技术进行用工管理，使劳动者的传统权利容易遭受侵害。例如，雇主使用数字技术进行工作指挥和管理，可以随时随地向雇员发出指令，劳动者的休息权受到挑战；雇主对雇员言论的电子监控，使得雇员的言论自由受到限制；雇主对求职者和雇员的大量数据处理，使劳动者的隐私权和个人信息权益受到严重威胁；雇主通过算法进行用工管理使得劳动者的平等权等基本权益受到严重挑战。因此，数字化带来的新型用工方式以及管理方式的革新使得劳动者的安全卫生、休息权、言论自由权等传统权利受到严重威胁，并催生了对新型权利，包括个人信息权益、离线权等的巨大需求。就集体权利而言，新型用工方式使得劳动者的工作时间、工作地点更加灵活，劳动者之间更为分散，组织化程度下降，其集体权利的行使也更为困难。因此，劳动者的权利体系面临重构任务，劳动法需要通过立法引入新型权利，并强化对劳动者传统权利的保护。

最后，数字化需要丰富用工关系的调整工具。

数字化使劳动用工方式发生显著变化，同时部分雇主的组织形式发生巨大变化，大量巨型平台企业成为劳务使用方，通过数字技术尤其是通过算法进行用工管理日渐盛行。因此，劳动法面对数字化带来的新的调整对象和新的劳动保护问题，单靠自身无法解决，必须与其他法律工具，包括平台规制、数据保护、人工智能规制等新型数字治理工具协调配合。例如，对于平台用工，除了劳动法的保护之外，平台规制、数据保护、算法规制、行业管理等都是不可或缺的法律工具。相应地，在立法和执法上，劳动法和其他法律的协调配合不可或缺。劳动法和数据保护、平台规制、算法规制以及人工智能规制等的交叉融合、协调配合将成为常态。劳动法的知识体系必须更新和扩充，劳动法不再也无法是一个封闭的自给自足的知识体系。

本书立足于劳动法的基础理论和基本制度，同时深入分析数字化对劳动用工方式和管理方式的影响及其对劳动法带来的挑战。通过对劳动用工实践的深入观察，分析我国立法和实践的进展与不足，同时以国际视野，密切关注和分析这一领域国外的最新进展，力图通过理论和实践、国内和国外、劳动法和劳动法之外的视角，全面分析数字化对劳动法的挑战以及应对措施。

本书既希望解决数字时代劳动法面临的实践问题，也力图构建数字时代劳动法的理论体系，努力为建构立足于中国本土实践和国际发展趋势的中国劳动法自主知识体系作出应有贡献。

目 录

绪 论 数字化对劳动法的主要挑战及其系统回应 …………………（1）
 一 数字化与劳动法调整对象的扩张 …………………………（2）
 二 数字化与劳动者权利体系的重构 …………………………（8）
 三 数字化与劳动法调整方式的转变 …………………………（17）
 四 劳动法的"守正"与"创新" ……………………………（19）
 五 小结与本书结构 ……………………………………………（21）

上 编
新就业：新就业形态劳动者权益保护

第一章 数字用工平台劳动者权益保护 ………………………………（25）
 一 问题的提出 …………………………………………………（25）
 二 我国平台用工的基本情况与主要特点：以网约车和外卖
  送餐平台为例 ………………………………………………（28）
 三 我国平台用工劳动权益保障面临的主要问题与挑战 ………（35）
 四 国外平台用工立法的新发展 ………………………………（44）
 五 我国平台用工规制的基本思路 ……………………………（55）
 六 平台基本义务和平台工人主要权利 ………………………（69）
 七 小结 …………………………………………………………（83）

第二章 平台工人身份认定与劳动关系概念和认定规则完善 ………（86）
 一 近年来中外有关平台用工劳动关系认定的典型案例 ………（87）
 二 域外平台用工劳动关系认定的立法和裁判规则完善 ………（102）
 三 我国劳动关系概念及认定方法的规则完善 ………………（123）

第三章 远程工作的法律规制 (132)
- 一 远程工作的概念与特征 (134)
- 二 远程工作的利与弊 (137)
- 三 远程工作立法的国际经验 (142)
- 四 远程工作立法的基本原则和规制重点 (148)
- 五 我国远程工作的政策措施和立法进路 (160)

第四章 电子劳动合同的法律规则 (166)
- 一 电子劳动合同的利与弊 (166)
- 二 电子劳动合同的成立 (169)
- 三 电子劳动合同的效力 (174)
- 四 电子劳动合同的风险和举证责任分担 (176)
- 五 完善电子劳动合同法律规则的主要思路 (178)

中 编
新权利：数字时代劳动者权利体系的重构

第五章 劳动者社交媒体言论自由及其限制 (183)
- 一 言论自由是劳动者的一项重要权利 (185)
- 二 劳动者言论自由与雇主权利和利益的冲突 (189)
- 三 劳动者忠实义务对言论自由的限制 (192)
- 四 我国司法实践中劳动者社交媒体行为合法性的判定方法 (196)
- 五 确立劳动者社交媒体言论自由边界应考量的具体因素 (201)
- 六 小结 (207)

第六章 劳动者的个人信息保护 (208)
- 一 劳动者个人信息保护的价值与法律框架 (209)
- 二 劳动者个人信息保护的基本原则 (215)
- 三 劳动者个人信息保护的立法路径 (228)
- 四 劳动者个人信息处理的规制重点 (233)
- 五 小结 (249)

第七章 离线权的法律属性与规则建构 (251)
- 一 问题的提出 (251)

二　离线权的概念和价值 …………………………………………（253）
　三　离线权立法的国际经验 ………………………………………（257）
　四　离线权的性质 …………………………………………………（260）
　五　我国离线权的规则建构 ………………………………………（264）
　六　小结 ……………………………………………………………（273）

第八章　职场算法规制与算法权利 ……………………………………（274）
　一　职场算法管理规制的重要意义 ………………………………（274）
　二　算法规制一般路径在职场场景的具体应用 …………………（277）
　三　职场算法规制的劳动法路径 …………………………………（288）
　四　职场算法规制路径的统合与算法权利 ………………………（294）
　五　小结 ……………………………………………………………（298）

下　编
新立法：数字时代的劳动法典

第九章　探索编纂一部数字时代的中国劳动法典 ……………………（303）
　一　编纂劳动法典的重大意义 ……………………………………（303）
　二　劳动法法典化的模式类型以及我国未来的立法选择 ………（312）
　三　我国劳动法典体例结构的理论基础与立法设计 ……………（327）
　四　劳动法典的编纂路径 …………………………………………（341）
　五　结语 ……………………………………………………………（342）

参考文献 …………………………………………………………………（344）

索　引 ……………………………………………………………………（352）

后　记 ……………………………………………………………………（355）

绪论 数字化对劳动法的主要挑战及其系统回应

随着网络信息等数字技术的发展，人类的生产生活方式发生了巨大变化，劳动就业领域也发生了深刻变化。2021年国际劳工组织的年度报告《2021年世界就业和社会展望》将主题定为"数字劳工平台在劳动世界转型中的作用",[①] 反映了数字劳工平台对劳动转型的重要影响。换言之，数字技术的发展可能导致劳动世界的"转型"，这种影响是具有根本性的。国际劳工组织在2019年发布的报告《国际劳工组织关于劳动世界的未来百年宣言》中也指出，"劳动世界面临着由技术创新、人口结构转变、环境与气候变化和全球化所驱动的根本性变革，以及持续存在的不平等现象，这对劳动世界的性质和未来，以及对身在其中的人民的地位和尊严具有深刻影响"。[②] 可见，劳动世界正在经历由技术创新等因素带来的"根本性变革"，其对劳动法的影响不可忽视。

由于数字化已经对劳动用工领域产生了巨大影响，学界也对劳动法的应对展开了较多讨论。当前，学界关于数字化对劳动法的挑战以及应对的研究主要聚焦于具体领域，讨论较多的话题包括：对使用数字技术的平台用工、远程办公等新型用工方式的规制与劳动者权益保护；对职场中劳动者的个人信息权益以及"离线权"等新型权利的保护；对职场中的技术使用，例如算法以及人工智能的规制，等等。上述问题都是数字化对劳动

[①] International Labour Organization, World Employment and Social Outlook 2021: The Role of Digital Labour Platforms in Transforming the World of Work, International Labour Office-Geneva: ILO, 2021, https://www.ilo.org/global/research/global-reports/weso/2021/WCMS_771749/lang--en/index.htm, last visited on April 16, 2024.

[②] 《国际劳工组织关于劳动世界的未来百年宣言》（国际劳工大会第108届会议，2019年6月21日于日内瓦通过）第4页，国际劳工组织网站，https://www.ilo.org/wcmsp5/groups/public/---ed_norm/---relconf/documents/meetingdocument/wcms_714054.pdf，最后访问时间：2024年4月6日。

法带来的挑战及应对所应该认真研究的问题。然而，从总体看，目前关于数字化对劳动法的系统影响和整体应对的探讨还远远不足。面对数字化冲击的劳动法是否面临危机，数字化对劳动法理论和体系的影响何在？这些问题亟待深入探讨。同时，在学界普遍赞同并呼吁编纂劳动法典[①]的背景下，对数字化对劳动法的总体挑战以及应对措施的研究，有助于为编纂劳动法典提供理论支撑。为此，绪论部分将从总体上探究数字化对劳动法带来的主要挑战及其系统回应，反思新时代劳动法理论及其规范的应有体系，并为未来劳动法典的编纂提供理论支持。

一　数字化与劳动法调整对象的扩张

数字技术的使用对劳动用工方式产生了巨大而深远的影响，德国著名劳动法学者多伊普勒教授将这种变化概括为"劳动数字化"，这一概括是比较贴切的，他认为互联网构成新工作模式的技术基础，新的工作模式主要有三种形式，一是移动式工作和居家办公，二是使用其他数字设备办公，三是平台用工。[②] 这一概括相对全面，但各国职场技术使用程度不同，面临的问题也不完全相同。就中国目前实践看，数字技术对劳动用工方式的影响，也即"劳动数字化"主要体现在三个方面：一是新技术催生新的用工方式，最典型的是平台用工和远程办公；二是在办公场所使用数字设备和技术；三是数字（电子）劳动合同的兴起。前两个方面主要表现为数字技术对劳动用工方式和工作方式的影响，和德国学者的概括基本一致，后者则是技术对劳动合同这一合同形式本身的影响。

（一）数字技术催生新型用工方式

数字技术的广泛应用带来新型用工方式蓬勃发展。其中，最典型的新型用工方式是平台用工和远程办公。例如，据不完全统计，2021年我国互联网平台带动提供共享服务的劳动者人数达9000万人。[③] 从一些大型用工平台披露的数据看，多个平台的从业人员多达数百万人。例如，2022

[①] 朱宁宁:《涉及亿万劳动者权益保障　编纂劳动法典呼声渐起》,《法治日报》2022年4月19日第5版。

[②] ［德］沃尔夫冈·多伊普勒:《数字化与劳动法：互联网、劳动4.0和众包工作（第六版）》, 王建斌、娄宇等译, 中国政法大学出版社, 2022, 第6~10页。

[③] 徐向梅等:《稳步推进养老保险全国统筹》,《经济日报》2022年8月8日第11版。

年，超过624万名骑手在美团外卖获得收入，日均活跃骑手超过100万。①2023年，在美团平台获得收入的骑手数量约745万。②2023年，"饿了么"平台在全国有1.1万个配送站点、超过300万"蓝骑士"。③根据滴滴公司负责人介绍，2023年滴滴网约车活跃司机有586万人，同比增加了142万。④进入21世纪，远程办公在欧美等国家逐渐流行，许多国家和地区以远程工作为常态的劳动者比例较高。根据统计，2021年德国远程工作的比例为17%，欧盟27个国家的比例为13.4%。⑤

平台用工、远程办公等新型用工方式在增加就业和促进经济增长的同时，也给劳工保护带来诸多问题。对于平台用工，虽然许多国家采取了一系列保护措施，但仍面临巨大挑战，例如：数字劳工平台的工作条件很大程度受制于平台单方制定的服务协议，协议倾向于排除平台工人的"雇员"身份；平台工人的日常工作受制于平台的算法管理；平台工人难以参加集体协商；大部分平台工人缺乏社会保障；大量平台工人遭遇或目睹歧视或骚扰；新冠疫情暴露了平台工人面临的许多风险；等等。⑥远程办公也是利弊兼有，并面临劳动保护的诸多问题。国际劳工组织2020年的报告指出，远程工作的主要弊端是：导致更长的工作时间、受薪工作和个人生活的重叠，以及工作量加大。⑦

为了应对新型用工方式带来的问题，许多国家和地区都就平台用工和远程工作进行立法。关于平台用工，美国的加利福尼亚州和其他地区采用专门的立法或完善相关规则的方式，欧盟的法国、意大利、西班牙通过修

---

① 美团：《美团2022企业社会责任报告》，第22页，美团官网，https：//www.meituan.com/csr，最后访问时间：2024年2月19日。
② 美团：《美团2023企业社会责任报告》，第10页，美团官网，https：//www.meituan.com/csr，最后访问时间：2024年5月18日。
③ 康琼艳：《全国首份外卖平台企业集体合同落地——为劳动者"谈"出一个好未来》，《经济日报》2023年8月21日第10版。
④ 《滴滴依旧是领头羊，CEO程维公开内部数据，平台内现有586万司机》，搜狐网，https：//www.sohu.com/a/735976912_121631978，最后访问时间：2024年2月19日。
⑤ Effrosyni Bakirtzi, "Remote Work Regulation during and after the Pandemic in Greece and Germany: Comparative Legal Frameworks and Challenges for the Future of Work", *Italian Labour Law e-Journal*, Issue 2, Vol. 15, 2022, p. 32.
⑥ International Labour Organization, "World Employment and Social Outlook 2021: The Role of Digital Labour Platforms in Transforming the World of Work", 2021, pp. 19, 24~25.
⑦ International Labour Organization, "Promoting Employment and Decent Work in a Changing Landscape", International Labour Conference, 109th Session, International Labour Office, Geneva, 2020, p. 232, at https：//www.ilo.org/wcmsp5/groups/public/---ed_norm/---relconf/documents/meetingdocument/wcms_736873.pdf, last visited on April 27, 2024.

改劳动法典或者通过专门立法或设立专门条款的方式，规定平台企业的义务以及从业人员的权利。2024年11月欧盟委员会（European Commission）公布《欧洲议会和欧盟理事会关于改善平台用工工作条件的指令》。对于远程办公，许多国家进行了立法。例如，法国、意大利、波兰、巴西①以及俄罗斯等通过修改劳动法，将远程办公的内容纳入劳动法之中；②德国2016年制定的《工作场所条例》（Ordinance on Workplace）主要从工作场所角度对远程工作进行立法。③

从上述国家和地区立法看，数字技术催生的新型用工方式，无法直接适用劳动法的一般规则。换言之，这些新型用工方式和传统用工方式存在较大差异，劳动法应根据其自身的法律关系性质和存在的问题，作出特殊规定。例如，对于平台用工，由于其法律关系性质以及平台工人身份不够清晰和明确，在立法上应侧重于保护平台工人有关工作时间、工资收入、安全卫生和集体协商等基本劳动权利；对于远程工作，因法律关系相对清晰，在立法上应主要解决远程工人因工作时间和工作地点特殊带来的问题，尤其是工作时间普遍过长而带来的劳动保护问题。从国外立法看，大陆法系国家劳动法典普遍重视特殊劳动关系或特定类型雇员的立法，不管是法国、巴西等汇编型的劳动法典，还是俄罗斯、匈牙利、越南等体系型劳动法典都在一般的劳动合同和劳动基准规定之外，详细规定了各类特殊雇员的特殊规则。④因此，中国劳动法应及时将数字化催生的典型用工方式予以成文规定，在适用劳动法一般规则基础上，给予特殊调整。换言之，劳动法除了对经典的劳动关系进行一般调整，对特殊劳动关系或者从属性较弱的用工关系也应通过特殊规则，进行相应调整。

（二）职场广泛使用数字技术和数字设备带来的挑战

数字技术和数字设备不仅产生了新的用工方式，即便在传统的用工方式中，数字技术和数字设备的使用也带来了新的劳动法课题。

1. 数字技术和数字设备引入带来的法律问题

数字技术和数字设备的使用给雇主带来便利的同时，也对雇员尤其是

---

① 谢增毅：《远程工作的立法理念与制度建构》，《中国法学》2021年第1期。
② 谢增毅：《劳动法典编纂的重大意义与体例结构》，《中国法学》2023年第3期。
③ Effrosyni Bakirtzi, "Remote Work Regulation during and after the Pandemic in Greece and Germany: Comparative Legal Frameworks and Challenges for the Future of Work", *Italian Labour Law e-Journal*, Issue 2, Vol. 15, 2022, pp. 25-26.
④ 谢增毅：《劳动法典的体例结构：国际经验及其启示》，《北方法学》2022年第6期。

高龄劳动者带来挑战。例如，雇主要求雇员使用数字系统进行办公，包括日常工作沟通、开会、打卡请假和提交工作成果等，雇员使用这些技术和设备可能存在一定困难。对此，雇主是否应允许雇员使用传统的技术和设备，雇主使用新设备和新技术时是否负有培训义务，雇员如果拒绝使用新技术或对新设备使用不当将承担什么后果，这些都是重要的理论和实务问题。例如，2024年3月人民网推送一则案例——"59岁员工不会线上请假被开除？法院：公司违法判赔10万！"，① 这凸显了数字技术使用带来的法律问题。从劳动法基本原理看，用人单位应当为劳动者提供劳务创造必要条件，劳动者也负有勤勉义务，因此，用人单位引入数字设备和数字技术应考虑一般劳动者的技能，并提供相应的培训和帮助，劳动者也应努力掌握合理技能，适应企业设备和技术更新的需要，任何一方违反义务可能承担不利后果。数字技术和设备的引入还可能引发公司裁员等传统劳动法问题。

2. 数字技术和数字工具的权属问题

数字技术和设备的使用还可能产生虚拟财产的权利归属问题，例如社交媒体账号的归属等。2024年2月广州互联网法院推送一则案例——"员工离职，留下微信再走？"，案例指出，"微信账号属于虚拟财产，在权属产生争议时，应通过考量账号的生成以及实际利用情况判断权益归属。用人单位就工作微信账号享有占有、使用等财产性权益，负责日常使用工作微信账号的员工在离职时应返还该账号"。② 职场中，诸如微信账号等虚拟财产往往既用于公司目的，也用于个人目的，用途不清，有待雇主加强管理，明确其权属和用途。

数字技术的使用还可能涉及雇员社交媒体等数字技术工具的使用权问题。例如，由于职场中微信等社交媒体的使用非常普遍，雇主可能要求雇员通过个人社交媒体从事与工作相关的事项，例如在社交媒体发布公司广告、宣传公司行为等，因此容易导致纠纷。《人民日报》2023年推送了一则案例《员工不转朋友圈被罚1万且开除？法院判了！》，在该案中，重庆市第三中级人民法院审理认为，该妇产医院制定的微信链接推广活动，

---

① 《59岁员工不会线上请假被开除？法院：公司违法判赔10万！》，中国长安网，http：//www.chinapeace.gov.cn/chinapeace/c1000007/2024-03/17/content_12718706.shtml。

② 《员工离职，留下微信再走？》，辽河人民法院，http：//1h./ncourt.gov.cn/artical/detail/2024/02/id/7820711.shtml；《广州中印色彩数码科技有限公司、刘某等物权保护纠纷民事一审民事判决书》，（2022）粤0192民初2446号。

因涉及劳动者报酬和微信朋友圈的个人生活，属于直接涉及劳动者相关利益的制度，应当通过职工代表大会讨论通过。医院扣除员工报酬并据此解除劳动合同不具有合法性。① 本案法院主要以公司的规章制度没有经过民主程序而否定公司的做法。假设公司通过了民主程序，公司要求员工使用个人的社交媒体发布公司信息是否合法？从法理上讲，个人的社交媒体账号属于个人的虚拟财产，其应用于个人用途，个人对发布的内容应有自主权，除非员工同意，公司不得要求员工使用其个人社交媒体发布公司的相关信息，否则可能损害其言论自由权和个人信息权益。

传统上，雇主的投入及其财产，诸如土地、厂房、设备等容易识别，其权利归属清晰，随着数字设备和数字技术的使用，尤其是虚拟设备和技术的使用，虚拟财产包括数据的归属和利用可能引发更多争议，需要通过立法或判例明确相应规则。

3. 雇员对数字技术和设备的正确使用义务

数字技术和设备的使用往往会提升工作效率，但雇员也可能不当使用雇主的设备和技术，例如，雇员使用雇主的设备和技术用于处理与工作无关的事务，雇员工作时间使用个人社交账号处理个人事务，或者窃取或泄露公司数据，等等。实践中这方面的纠纷也经常发生。例如，在"高德纳咨询（北京）有限公司与聂某劳动争议"（2019）案中，员工聂某在工作时间使用工作邮箱为其丈夫经营的公司发送邮件，二审法院认为，公司未提交证据证明聂某的行为构成员工手册"互联网和电子邮件的使用"列举的禁止事项，公司亦未提交证据证明员工手册的制定过程经过了民主程序。一审法院认定公司解除与聂某的劳动合同制度依据不足，属违法解除并无不当。② 在"余某、杭州旅行者汽车销售服务有限公司劳动争议"（2020）案中，双方就员工工作时间浏览与工作无关的网站发生争议。一审法院认为，本案员工在公司上班时间内长时间浏览与工作无关网站，且持续时间长次数又多，已达到严重违反劳动纪律的程度，公司有权解除其与员工签订的劳动合同。二审法院认为，双方约定自一个考勤月内，上班时间浏览与工作无关的网站达三次以上（含本数）属严重违纪，用人单位可以据此解除劳动合同，并未违反法律法规禁止性规定。公司以员工严

---

① 《员工不转朋友圈被罚 1 万且开除？法院判了！》，《人民日报》2023 年 5 月 7 日；重庆市第三中级人民法院（2022）渝 03 民终 997 号民事判决书。

② 《高德纳咨询（北京）有限公司与聂某劳动争议二审民事判决书》，北京市第三中级人民法院（2019）京 03 民终 13613 号民事判决书。

重违反劳动纪律为由解除与员工签订的劳动合同不构成违法解除。① 本案法院的判决对员工而言似乎过于苛刻。现实中，员工访问与工作无关的网站较为常见，对于此类行为应根据员工行为的严重程度，诸如访问的频次、访问时间、访问内容以及公司的规章制度等作出认定，不宜过度依赖公司和员工之间的约定。因此，雇员如何规范使用数字技术和数字设备成为数字时代雇员行为的重要内容。

4. 使用数字设备带来的劳动保护问题

数字设备的使用可能对劳动者的安全和健康等传统权利造成影响。例如，长时间使用电脑等数字设备可能对劳动者的眼睛和骨骼等身体部位造成伤害。长期久坐容易出现脑供血不足现象，造成脑供氧和营养物质减少，长期久坐身体更容易出现腰酸、腿软、头晕、脑涨、脖子僵硬等问题。② 因此，确保数字设备和数字技术使用不危及劳动者的健康成为劳动法的一项重要任务。欧共体早在1990年就颁布《屏幕指令》；德国于1996年颁布《劳动保护法》以及《关于电脑屏幕工作的安全和健康保护条例》。按照德国《关于电脑屏幕工作的安全和健康保护条例》的规定，雇主负有以下四项义务：（1）针对视力危害、身体病痛和及精神负担的"风险分析判断"；（2）电脑屏幕工作设备和环境的安排布置应符合各项要求，包括屏幕显示字符、屏幕的要求以及工作场所必须空间足够等；（3）应合理安排电脑屏幕工作者的活动，定期穿插其他活动或工间休息，减少屏幕工作带来的负担；（4）定期对雇员进行适宜的眼睛检查。由于目前大多数劳动岗位均配屏幕，因此，德国于2016年将《关于工作场所的条例》和《关于电脑屏幕工作的安全和健康保护条例》合并为《关于工作场所的条例》。③ 电脑屏幕工作安全已经成为工作场所安全的重要内容。换言之，保护劳动者对数字设备和技术使用的安全已成为职场健康安全的一项重要内容。

上述因使用数字技术和设备带来的劳动法问题，总体上可以应用传统劳动法原理和规则加以解决。例如，雇主引入数字技术和数字设备以及雇员对其正确使用的权利义务大致可以依赖传统劳动法有关设备引入和使用的规则。关于雇主对雇员使用数字技术和设备的安全卫生保护义务，传统

---

① 《余某、杭州旅行者汽车销售服务有限公司劳动争议二审民事判决书》，浙江省杭州市中级人民法院（2020）浙01民终9999号民事判决书。
② 《当心小椅子"坐"出大毛病》，《北京晚报》2020年12月11日第28版。
③ ［德］沃尔夫冈·多伊普勒：《数字化与劳动法：互联网、劳动4.0和众包工作（第六版）》，王建斌、娄宇等译，中国政法大学出版社，2022，第86~88页。

的雇主保护雇员安全卫生的义务可以提供基本思路，但劳动法需要对数字技术和设备带来的新风险加以应对，并出台新的规则。对于数字技术和数字设备的归属和使用问题，传统的民法和劳动法规则也可以适用，但也有赖于数据保护等新规则的适用和补充。因此，对于雇主使用数字技术和设备带来的新问题，仅靠传统的劳动法规则难以完全解决，下文也将进一步论及。

此外，数字设备和技术不仅应用于职场工作过程中，也应用于劳动合同的订立等场景。电子劳动合同越来越流行，并受到政府的推广和支持。使用电子劳动合同有利于减轻用人单位合同订立、保管、储存、统计等带来的不便和成本，也有利于政府实现电子政务和数据共享。但使用电子劳动合同也存在一定的风险，有关电子劳动合同的成立、效力以及风险和举证责任的分担，成为电子劳动合同规则建构的重要内容。①

新型用工方式及劳动者使用数字设备和技术，以及电子劳动合同的使用，给劳动法带来新的课题，导致劳动法调整对象"量"的扩大。同时，数字技术和设备的使用，使雇员的工作方式和雇主的用工管理方式发生了重大变化，尤其是雇主通过数字技术对雇员进行管理，工作场所的"技术性从属性"增强，② 可能使劳动者的传统权利遭到侵蚀，并且产生了对新型权利的需求，传统的劳动法权利体系也面临重构任务。

二　数字化与劳动者权利体系的重构

（一）劳动者的传统权利面临严峻挑战

数字化使劳动者的许多传统权利受到了很大威胁，并产生了对新型权利的巨大需求。

第一，劳动者的言论自由权受到限制。

随着数字技术的发展，劳动者的言论方式发生变化，在网络上尤其是社交媒体上发表言论更加便捷，但其权利也往往受到雇主限制，甚至导致遭到解雇等不利后果。例如，2022年4月《人民日报》等媒体报道了一则案例，引发广泛关注。张女士因在朋友圈发表"我真羡慕人家按时发

---

① 谢增毅：《电子劳动合同的法律规则建构》，《中国劳动关系学院学报》2022年第5期。
② 田思路：《技术从属性下雇主的算法权力与法律规制》，《法学研究》2022年第6期。

工资"的言论,被公司辞退。[①] 劳动者的言论自由和雇主的权益存在紧张关系,数字技术的发展使得这种紧张关系凸显,劳动者的言论更容易受到雇主的监控并容易导致权利受到限制和侵害。在具有较大影响的南方航空公司女乘务员案件中,郭某于2005年入职南方航空公司,其自述在2019年10月12日,由于航班流量控制原因,所有旅客未登机,在乘务组休息期间,在飞机上的洗手间内,发送了一条本人内衣照片的朋友圈,后意识到不妥,在短时间内立即撤回,在此期间被人截图举报,后遭到公司解雇。一审法院认为郭某的行为有失妥当,但尚不构成情节严重。公司据此解除劳动合同属于过度行使内部管理权,其解除行为应属违法。二审法院认为,航空公司认为郭某在值勤期内发布自拍不雅照的行为构成严重违反规章制度具有合理性,其据此解除劳动关系,是航空公司依法行使管理权的体现,应认定为合法解除。[②] 该问题涉及网络时代劳动者的言论自由权与雇主利益的平衡,以及劳动者言论自由边界的合法性判断问题。[③] 因此,数字时代如何保护雇员的社交媒体言论自由,如何规范雇员的社交媒体行为成为劳动者行为守则以及用人单位规章制度的一项重要内容。

第二,劳动者的休息权受到侵害。

劳动者的休息权是劳动者的一项基本权利,但数字技术的发展使得用人单位可以随时对雇员发出指示,雇员也可以随时随地工作,部分劳动者的工作时间过长,特别是部分远程工作劳动者的工作时间过长,劳动者的休息权受到极大挑战。欧盟机构Eurofound 2021年发布的报告指出,居家办公的远程工人相比在雇主场所工作的工人更可能主张在空闲时间工作,前者的比例为28%,后者的比例仅为约4%。[④] 在我国,通过网络加班的现象也备受关注。2022年,北京市第三中级人民法院审理的"隐形加班"劳动争议案入选最高人民法院与中央广播电视总台共同评选的"新时代推动法治进程2023年度十大案件"。本案系全国首例在裁判文书中明确"隐形加班"问题,首次对利用微信等社交媒体进行隐形加班提出相关认定标准的案件。该案入选"新时代推动法治进程2023年度十大案件"充

[①] 《"女子羡慕按时发工资被开除"事件,有后续了》,《深圳特区报》2022年4月24日。
[②] 《中国南方航空股份有限公司、郭某劳动争议民事二审民事判决书》,广东省广州市中级人民法院(2021)粤01民终27615、27616号民事判决书。
[③] 谢增毅:《劳动者社交媒体言论自由及其限制》,《法学研究》2020年第4期。
[④] Eurofound, Right to Disconnect: Exploring Company Practices, Publications Office of the European Union, Luxembourg, 2021, p. 4, https://www.eurofound.europa.eu/en/publications/2021/right-disconnect-exploring-company-practices, last visited on April 17, 2024.

分彰显了这一问题的重要性以及休息权和"离线权"的重要价值。该案提出"提供工作实质性"原则和"占用时间明显性"原则，作为对"隐形加班"问题的认定标准，无疑具有重要意义，[1] 但雇员是否享有拒绝在约定的"工作时间"之外加班的权利，似更为重要，如何保障雇员的休息权以及"离线权"还需要立法的完善。

第三，劳动者的隐私和个人信息权益遭受严重威胁。

数字时代对劳动者权利影响最大的应属劳动者的个人信息保护问题。随着技术发展，劳动者个人信息保护面临更大挑战。法国学者指出，雇员个人信息和隐私保护是 21 世纪劳动关系最核心（central）的问题之一。[2] 数字设备和数字技术的使用不可避免涉及个人信息和数据处理，相应地，个人信息和数据保护需求几乎覆盖工作的所有环节。特别是，由于雇主和雇员劳动关系的存在以及相应的雇主指挥管理权的行使，使得雇主具备了处理劳动者个人信息的合法性基础，雇员个人信息保护的任务艰巨。例如，在求职招聘环节，雇主有权要求雇员提供各类信息，并可能进行自动简历筛选等信息处理；在劳动关系存续期间，雇主可能持续监督雇员的工作表现，包括"人脸识别"、实时监控、对雇员的行为进行实时的指示和监督（例如网络平台对从业人员的指挥监督）、对雇员的表现进行自动评估并做出相应的惩戒措施等；在劳动关系终止后雇主仍可能处理雇员的相关信息，比如存储和转移前雇员的相关信息；等等。

数字时代，公司通过数字技术对雇员的数据处理可能对雇员产生严重影响。例如，亚马逊法国物流公司（Amazon France Logistique）管理亚马逊集团在法国的大型仓库，接收和存储物品并将包裹交付给客户。公司配备给每个仓库雇员一台扫描仪，以实时记录分配给他们的特定任务的执行情况（包括货物的存储、包装等）。雇员的每次扫描都会记录数据，这些数据被存储并用于计算指标以提供有关每个雇员的工作质量、生产率和不

---

[1] 北京市第三中级人民法院：《揭晓！北京三中院"隐形加班"劳动争议案入选"新时代推动法治进程 2023 年度十大案件"》，北京市第三中级人民法院，http://bj3zy.bjcount.gov.cn/artical/detail/2024/01/id/7783787.shtml；《李某与北京智能研选科技有限公司劳动争议纠纷上诉案》，北京市第三中级人民法院（2022）京 03 民终 9602 号民事判决书。

[2] Benjamin Dabosville, Protection of Employee's Personal Information and Privacy in France, in the Japan Institute for Labour Policy and Training: Protection of Employees' Personal Information and Privacy, JILPT Report, No. 14, 2014, p. 31, at https://www.jil.go.jp/english/reports/jilpt_02.html, last visited on April 18, 2024. 该报告为日本劳动政策与培训研究所（The Japan Institute for Labour Policy and Training）公开发表的研究报告之一。

活动时间的信息。法国数据保护监管机构（French Data Protection Authority，CNIL）对公司开展了多项调查，并认为监控员工活动和绩效的系统被"过度"地使用，公司保留所有监控数据和由此产生的统计指标总体上是不成比例的。使用扫描仪处理员工数据与传统的活动监控方法相比，在实施规模、详尽程度和持久性上有很大不同，是对员工的工作进行的非常密切和详细的监控。监控系统使雇员在使用扫描仪执行的所有任务中受到密切监视，使他们持续承受压力，并涉及数千人。2023年12月，CNIL对亚马逊法国物流公司处以3200万欧元的罚款。[①] 可见，数字技术的使用使雇主有能力对雇员进行大规模的实时数据处理，并被用于评估雇员的表现，这将对雇员产生巨大压力，并可能导致公司滥用数据处理的结果，而损害劳动者的基本权利。因此，雇主的监督管理权和劳动者的个人信息权益存在冲突，在立法和司法实践上应该平衡好雇员的个人信息权益与雇主的正当权益，雇主对雇员的信息处理应符合比例原则，即雇主追求的合法权益相比对雇员个人信息权益的侵害应合乎比例。

此外，雇主对雇员大量个人信息的处理和普遍使用算法进行工作管理，可能导致算法歧视等侵害劳动者就业平等权的行为。而且，上文提及由于数字技术和设备的使用，劳动者的安全卫生权利，尤其是使用电脑屏幕的安全卫生成为一个重要问题。因此，除了上述劳动者言论自由权、"离线"休息权和个人信息权益的加强，数字时代劳动者的就业平等权和劳动安全卫生权利的强化也是一个重要课题。

（二）数字时代劳动者权利体系的重构

1. 强化劳动者与宪法相关的基本权利保护

由于职场中劳动者和雇主之间具有从属性，特别是数字技术的使用，使雇主对雇员的管理和控制更为严格，雇主对雇员的指挥管理可能限制雇员的基本权利，因此，保障数字时代劳动者的基本权利既是宪法的任务，也是劳动法的任务。德国学者指出，虽然雇员对雇主有人格从属性，但《德国基本法》赋予雇员的基本权利同样适用于劳动关系，国家应该保障他们的基本权利免受来自强势方的侵犯。《德国基本法》保护劳动者的人格自由发展，具体内容包括：雇员基本可以自由决定穿着打扮；雇员可以

[①] CNIL, "Employee Monitoring: CNIL Fined AMAZON FRANCE LOGISTIQUE 32 Million", January 23, 2024, at https://www.cnil.fr/en/employee-monitoring-cnil-fined-amazon-france-logistique-eu32-million, last visited on April 18, 2024.

要求实际从事约定的工作，而不是待岗、无所事事；雇员应该得到作为人应有的尊严。雇员在工作中也拥有言论自由；雇员享有"良心自由"，在特定情形下享有拒绝工作的权利；雇员享有"科学自由"；雇员应受到"平等对待原则"保护；对"人的尊严的保护"要求不得对雇员进行"完全监控"；个人信息处理应得到雇员的同意，雇员享有知情权；为了保护雇员的人格，"闲暇时间"应该属于雇员自己；等等。[①] 换言之，劳动法应保护劳动者上述与宪法相关的权利。

在英国，雇员的公民自由权利（civil liberties）也是劳动法的重要内容。这些权利包括隐私权（privacy）、宗教自由以及言论自由等。例如，关于《欧洲人权公约》第 8 条规定的隐私权，虽然雇主显然有权利了解雇员的个人隐私，但其必须具备合法理由。例如，雇主可基于健康和安全的目的进行医疗和药物测试，为发现盗窃或犯罪的行为人实施秘密监控。对此类争议往往需要考虑雇主行为的合法目的及其对雇员的损害后果，对雇主侵害隐私的行为是否符合比例原则进行评估。又如，雇员也享有《欧洲人权公约》第 10 条规定的言论自由（freedom of expression）。关于言论自由，涉及雇员的社交媒体等行为，雇员可能因在社交媒体发表言论而遭雇主解雇。解雇是否公正，涉及雇员的隐私权以及言论自由权利。法院或劳动法庭通常基于雇员的社交媒体言论和雇主有关且其内容将损害雇主业务，或导致对其他劳动者和顾客的冒犯，或损害雇主声誉，而支持雇主的解雇行为。[②]

可见，劳动者的许多权利和公民基本权利相关，且在数字化背景下容易遭受侵害，因此，应该从基本权利的角度强化劳动者权利保护。从我国当前实践看，尤其应加强对劳动者言论自由权和就业平等权的保护。国内外大量案例表明，许多劳动者因在社交媒体发表言论而遭雇主解雇，对劳动者的就业权利造成了重大的潜在风险，因此，有必要强化劳动者在职场中的言论自由权，并明确其言论自由的基本边界。此外，应加强对劳动者平等权的保护。数字时代，对算法歧视和偏见的规制是实现算法公平和法律公平价值的重要内容。近十年来，女性就业中的算法歧视已经超越理论假设，存在于海外招聘的现实活动中。例如，2014 年美国亚马逊公司开始开发一项用于筛选简历的算法，算法效果具有性别歧视性。究其原因，

---

① ［德］沃尔夫冈·多伊普勒：《德国劳动法》（第 11 版），王倩译，上海人民出版社，2016，第 212~213 页。
② Hugh Collins, K. D. Ewing, Aileen McColgan, *Labour Law*, Cambridge University Press, 2019, pp. 438~440, 458~463.

公司在招聘中长期存在重男轻女的现象。亚马逊被迫于2017年放弃这一算法。类似地，HireVue公司于2021年停用了其算法中最可能发生歧视的人脸识别功能。① 数字时代雇主的歧视行为可能影响范围更大，方式更为隐蔽，因此，对求职者或雇员平等权的保护更为迫切。当然，在对劳动者言论自由等基本权利的保护上，除了立法规定，判例规则的完善也是重要手段。例如，在德国，国家对雇员基本权利的保护很大程度上是由司法完成的。② 我国有关劳动者社交媒体言论自由权和就业平等权保护的司法案件数量也相当可观，因此，通过对裁判规则的梳理和总结可以为裁判机构提供更加明确而统一的规则。

2. 拓展劳动者安全卫生权利的内涵和规则

我国《劳动法》专章规定了"劳动安全卫生"，但其内容主要是要求用人单位建立、健全劳动安全卫生制度，主要涉及劳动安全卫生设施（第五十三条）、劳动卫生条件和劳动防护用品（第五十四条）以及伤亡事故和职业病统计报告（第五十七条）等，换言之，其主要聚焦传统的工作场所物理空间安全，缺乏对使用数字技术和数字设备安全卫生的关注。我国有关劳动保护的现有立法主要包括：安全生产的一般规定即《安全生产法》以及职业病防治立法；有关职业防治的立法主要包括：《职业病防治法》（2018年修正）、《使用有毒物品作业场所劳动保护条例》（2002）、《工作场所职业卫生管理规定》（2020）、《用人单位职业健康监护监督管理办法》（2012）、《职业病诊断与鉴定管理办法》（2021）、《职业病分类和目录》（2013）、《用人单位劳动防护用品管理规范》（2018年修正）。上述立法仍主要聚焦传统的工作场所物理空间的安全卫生，对于数字技术和数字设备使用的安全卫生等的关注明显不足。从国际劳工组织关于安全和卫生的公约和建议书看，2022年，国际劳工组织将劳动安全和卫生纳入国际劳工组织工作中的基本原则和权利框架，而且，使用"有关安全和卫生的工作环境"的表述，突出了"工作环境"，似乎不仅局限于传统物理空间的工作场所安全和卫生。③ 因此，我国应充分考

---

① 阎天：《女性就业中的算法歧视：缘起、挑战与应对》，《妇女研究论丛》2021年第5期。
② [德]沃尔夫冈·多伊普勒：《德国劳动法》（第11版），王倩译，上海人民出版社，2016，第212页。
③ See, Resolution on the Inclusion of a Safe and Healthy Working Environment in the ILO's Framework of Fundamental Principles and Rights at Work, ILC. 110/Resolution I, June 16, 2022, https：//www.ilo.org/ilc/ILCSessions/110/reports/texts-adopted/WCMS_848632/lang--en/index.htm, last visited on April 18, 2024.

虑使用数字技术和数字设备带来的安全卫生问题，尤其是对劳动者身体的影响，包括长时间使用这些设备可能带来的精神问题，丰富劳动安全卫生的内涵，并完善相应规则。

3. 引入"离线权"，加强劳动者休息权保护

数字技术的使用使劳动者可以随时随地工作，控制劳动者的工作时间及劳动者休息权保护成为数字时代劳动法的一项重要任务。例如，德国学者在论述劳动法应解决数字化带来的三个问题时指出，"在数字化劳动世界中，第二个需要关注的法政策问题是工作时间法的改革"，并指出，即使在数字时代，我们也必须保障劳动者的传统权益——例如工时保护。① 从我国实践来看，"线上"加班现象较为普遍，且受到广泛关注。2024年全国"两会"前夕，回应当前劳动者渴盼更多休息休假时间的呼声和期待，多位代表委员发声，呼吁"保障劳动者离线休息权"，建议"将离线休息权入法，提高企业隐形加班违法成本"。② 因此，我国有必要在立法上引入"离线权"，以加强对劳动者休息权的保护。

从国际上看，"离线权"已应运而生。2021年1月21日，欧洲议会通过《关于欧盟委员会离线权建议的决议》，要求欧盟委员会在欧盟层面提出有关劳动者离线权的立法。该决议还包含附件——《欧洲议会和理事会关于"离线权"的指令建议文本》。③ 截至2021年6月，欧盟成员国比利时、法国、意大利、西班牙、斯洛伐克和希腊将离线权纳入立法之中。④ 2024年2月8日，澳大利亚参议院通过一项新修正案，赋予雇员"离线权"，即雇员在工作时间之外有权拒绝监视、阅读或回应雇主或者第三人的联系或试图的联系，除非拒绝是"不合理的"。⑤ 可见，数字化可能催生新型劳动者权利，离线权日益成为一项独立的新型权利，离线权

---

① [德] 乌尔里希·普莱斯：《从古典时代到数字化劳动世界：劳动法的起源、现状和未来》，吴勇译，《法治现代化研究》2023年第5期。

② 《"将离线休息权入法，提高企业隐形加班违法成本"，代表委员这样呼吁》，《工人日报》2024年2月29日。

③ European Parliament Resolution of 21 January 2021 with Recommendations to the Commission on the Right to Disconnect [2019/2181 (INL)], https://www.europarl.europa.eu/doceo/document/TA-9-2021-0021_EN.html#title2, last visited on April 17, 2024. 该决议包含背景说明（共10条）及决议具体内容（共28条），该决议还包括附件（Proposal for a Directive of the European Parliamentand of the Council on the Right to Disconnect）。

④ Eurofound, Right to Disconnect: Exploring Company Practices, Publications Office of the European Union, Luxembourg, 2021, pp. 15, 18.

⑤ 参见澳大利亚国会网站，https://www.aph.gov.au/Parliamentary_Business/Hansard/Hansard_Display?bid=chamber/hansards/27574/&sid=0060, last visited on April 18, 2024。

的规则内容也日渐清晰。

4. 构建以隐私权和个人信息权益为中心的劳动者新型权利体系

数字时代，职场普遍使用数字技术和设备，雇主通过对雇员的信息处理实施的管理和监控更为严密，雇主对劳动者各类权利的侵害也往往与处理雇员信息不当有关，因此，隐私权和个人信息权益应成为数字时代劳动者的基础权利。相应地，我国应努力构建以隐私权和个人信息权益为中心的数字时代劳动者新型权利体系，主要理由如下。

首先，隐私和个人信息保护关涉劳动者的人格尊严，属于劳动者的基本权利。隐私权和数据保护被普遍认为是一项人权。[1] 从上述德国和英国的分析中也可以看出，在德国和英国，隐私和个人信息保护都是作为劳动者的基本权利或者劳动者的人权看待的，其在劳动者的权利体系中占据重要地位。我国《宪法》第三十八条规定"公民的人格尊严不受侵犯"，第四十条规定"公民的通信自由和通信秘密受法律的保护"，这些规定也体现了劳动者隐私和个人信息保护的重要地位。

其次，数字技术的发展对劳动者的隐私和个人信息保护带来严重威胁。工作数字化后，劳动者被透视和被操控的风险加大，劳动关系中用人单位原本就可能持续处理劳动者个人信息，而劳动世界的日益数字化更是加剧了这一状况，在劳动合同从缔结、履行到解除或终止的过程中，用人单位收集和处理的个人数据种类更多、更全面，将相关数据组合起来进行综合分析更容易形成人格画像，劳动者在用人单位面前更为透明。[2] 前述的法国亚马逊物流公司案例即是如此。在我国，职场监控也广泛存在，并引发了许多实务的案例，[3] 因此，强化隐私和个人信息保护十分迫切。

再次，数据保护法是实现算法等技术规制的重要手段。算法等人工智能广泛应用于职场管理，加剧了劳动关系中的信息不对称和权力不对等。由于算法管理是以平台等企业占有数据为基础的，因此，个人数据或个人信息保护法在算法管理中具有重要地位，甚至居于核心地位。有学者指出，"虽然算法管理的监管属于包括劳动法和非歧视法在内的多个法律领

---

[1] Hendrickx, F., Protection of Workers' Personal Data: General Principles, ILO Working Paper 62（Geneva, ILO）, 2022, pp. 7~8.
[2] 王倩：《作为劳动基准的个人信息保护》，《中外法学》2022年第1期。
[3] 谢增毅：《职场个人信息处理的规制重点——基于劳动关系的不同阶段》，《法学》2021年第10期。

域管辖范围,但数据保护法一直是最受关注的法律领域"。① 因此,充分利用个人数据或个人信息保护的规则,是职场算法管理规制的重要内容。

最后,个人信息保护有利于保护劳动者的其他权利。劳动者个人信息保护除了个人信息保护的一般价值之外,还有助于保护劳动者(包括求职者)的平等权、言论自由权和工作中的权利等其他权利。② 例如,雇主对劳动者言论自由的限制多基于其对雇员的监控等个人信息处理行为而造成的。雇主对求职者或雇员就业平等权的侵害多是因其对个人信息的过度收集和处理,尤其是在求职招聘环节过度收集信息,例如收集求职者有关婚姻、生育、地域、健康等状况而造成对劳动者就业平等权的侵害。对职场的实时监控不仅可能侵害雇员隐私,还可能使雇员处于持续的紧张和压力之中,对雇员身心健康造成严重影响。换言之,对劳动者各类权利的侵害几乎都与雇主侵害劳动者的个人信息权益有关,因此,对劳动者隐私和个人信息的保护有助于保护劳动者各类权利。

由于数字化对职场的重大影响,当前,许多国家和地区都在劳动法和(或)其他立法中规定劳动者的个人信息保护制度。例如,2016 年欧盟《通用数据保护条例》第 88 条第 1 款对职场数据做了原则性规定。③ 德国《联邦数据保护法》第 26 条规定职场个人信息保护。④ 从欧洲国家立法看,波兰和匈牙利等国家在劳动法典中对个人信息有较为详细的规定。⑤ 俄罗斯《劳动法典》第 3 编"劳动合同"包含 5 章:一般规定、劳动合同的订立、劳动合同的变更、劳动合同的终止、雇员个人信息保护(雇员个人信息保护章是 2006 年增加的内容)。⑥ 可见,个人信息保护在劳动合同规则当中的重要地位。从上述国家和地区职场个人信息保护立法看,劳动者个人信息保护规则在劳动法和个人信息保护法中都占有重要地位,因此,数字时代劳动者的个人信息保护权益应在各类新型权利中居于核心

---

① Halefom Abraha, "Regulating Algorithmic Employment Decisions through Data Protection Law", *European Labour Law Journal*, Vol. 14 (2), 2023, p. 174.
② 谢增毅:《劳动者个人信息保护的法律价值、基本原则及立法路径》,《比较法研究》2021 年第 3 期。
③ Art. 88, "Processing in the Context of Employment", General Data Protection Regulation, (EU) 2016/679.
④ Section 26, "Data Processing for Employment-related Purposes", Federal Data Protection Act, Germany, 2017.
⑤ 谢增毅:《劳动者个人信息保护的法律价值、基本原则及立法路径》,《比较法研究》2021 年第 3 期。
⑥ 黄道秀主编,王志华执行主编:《俄罗斯联邦劳动法典》,蒋璐宇译,北京大学出版社,2009,第 64~67 页。

地位。当前,我国已出台了《个人信息保护法》,但仅有第十三条部分内容涉及职场个人信息保护,相比许多国家和地区的立法,我国有关职场个人信息保护的特殊规则严重缺失,应尽快补足这一短板。①

三 数字化与劳动法调整方式的转变

(一) 综合运用劳动法以及数字规制、行业管理等多种调整手段

数字化产生了许多新的法律问题,虽然传统的劳动法仍有用武之地,但无法完全解决数字化带来的新问题,因此,需要借助其他法律工具,共同调整劳动法面临的新问题。面对数字劳动,除了应用传统劳动法工具,还需综合利用平台治理、数据保护、人工智能规制等新型数字治理工具以及行业管理等多种规制方式。

例如,在深度使用数字技术的平台用工领域,平台占据主导地位,特别是大型平台的技术创新和商业模式创新加速进行,平台地位和实力突出,具有相当的公共性,且容易形成垄断优势,劳动法难以及时应对平台运营产生的风险,因此,在劳动法作出应对的同时,应要求平台基于其实力和地位优势承担相应义务和责任,以克服上述缺陷。诚如学者指出,平台经济的新技术、新产业、新业态、新模式层出不穷,而法律规则时常滞后甚至缺位,平台积极承担主体责任可以弥补数字时代法律治理的缺陷。② 在平台用工中,存在复杂的法律关系,部分从业人员难以被认定为劳动者,劳动法的作用空间有限。因此,从平台企业作为业务经营者本身理应承担的义务和责任出发,可以克服劳动法调整范围的局限性,是强化平台工人权益的重要路径。除了从平台治理和算法规制等角度规定平台的义务和责任,从行业管理的角度,对行业从业人员进行相应的管理和保护也是促进平台工人保护的重要手段。例如,2016 年 7 月 27 日交通运输部等部门发布《网络预约出租汽车经营服务管理暂行办法》(2016 年发布,2019 年、2022 年修正)就涉及对从事网约车服务的驾驶员保护的诸多规定。

---

① 谢增毅:《劳动者个人信息保护的法律价值、基本原则及立法路径》,《比较法研究》2021 年第 3 期。
② 刘权:《论互联网平台的主体责任》,《华东政法大学学报》2022 年第 5 期。

（二）劳动法和其他法律工具的协调配合

面对数字化，劳动法无法"单打独斗"，除了不同法律工具的综合应用，不同法律工具之间的协调和配合也尤为重要。

例如，关于劳动者个人信息保护规则，有的国家侧重于在个人信息保护法中作出规定，有的国家侧重于在劳动法中规定。前者的优势在于更能充分利用个人信息保护的一般规则，后者可以更充分体现劳动关系的特殊性。但两种模式均需要个人数据保护法和劳动法相互补充、相互作用。"欧盟数据保护工作组"2001年发布的《雇佣背景下处理个人信息的意见》指出，在职场领域，"数据保护法无法脱离劳动法及其实践而独立运行，劳动法及其实践也无法脱离数据保护法而独立运行"。二者互动是必需而有价值的。[①] 因此，职场的个人信息保护离不开劳动法和个人信息保护法的互动。脱离个人信息保护法，劳动者个人信息保护就缺乏一般原理和规则的支撑，脱离劳动法的立法和实践，个人信息保护法也难以有效解决劳动领域的特殊问题。因此，对于劳动领域的数字化，劳动法必须与其他法律工具协调配合。

从我国发生的典型案例看，职场中个人信息保护的问题往往和劳动法的问题交织在一起，在劳动法缺乏具体规则的情况下，个人信息保护法也可以为劳动者的权利救济提供相应基础。例如，以上提及的员工不转朋友圈被罚的案例，该案从传统的劳动法规则中，似乎难以找到直接的解决纠纷的规则依据，但如果从劳动者的隐私权和个人信息权益保护角度，问题则似可迎刃而解。劳动者的社交媒体属于其个人言论和个人信息领域，劳动者对其个人信息享有自决权，可以决定发布或不发布某些信息，因此，用人单位自然也不得要求劳动者在个人的社交媒体发布有关公司产品的信息。从上述案例也可以看出个人信息保护对于劳动者权利的重要影响和重要意义，以及数字时代劳动法和个人信息保护法等其他法律工具协调配合的重要性。

（三）劳动法治和数字法治的交叉融合

平台治理、数据保护和算法规制主要是数字技术发展后对平台等企业

[①] Article 29-Data Protection Working Party, Opinion 8/2001 on the Processing of Personal Data in the Employment Context, 2001, p. 4, at https：//ec. europa. eu/justice/article-29/documentation/opinion-recommendation/files/2001/wp48_en. pdf, last visited on April 18, 2024.

的治理工具，属于数字法治的范畴。对于数字劳动，除了各种法律工具的协同应用和协调配合，彼此的有机融合也非常重要。当前，立法者的任务是实现劳动法治和数字法治的有机融合，使二者相得益彰，重点是将数字法治应用于劳动场景，细化数字法治工具的规则。

当前我国平台用工权益保护存在的主要问题是：有关算法规制、数据保护及平台治理一般规则难以直接适用于平台用工领域。例如，我国《个人信息保护法》第二十四条有关数据保护以及自动决策的一般要求、人工干预措施、算法说明等一般规定，[1] 如何落实于平台用工的具体场景，有待细化。相比国外有关职场个人信息保护的详细规则，我国有关职场个人信息保护的规则不完善。此外，当前学界对算法规制已有较多研究，但对职场算法规制的研究仍严重不足，职场算法规制的系统规则尚未建立。《关于加强互联网信息服务算法综合治理的指导意见》一系列原则规定，以及《互联网信息服务算法推荐管理规定》有关算法公开透明、算法审核、算法评估等规则如何落实于平台用工领域也缺乏具体规则。总体上看，目前我国对职场场景的算法规制、数据保护的研究以及相应的规则构建还相当薄弱。面对数字劳动，劳动法和数字法治的重要任务是加强平台治理、数据保护和算法规制等在职场场景下的具体规则建构，细化职场中的平台治理、数据保护、算法管理以及人工智能规制等规则，实现劳动法的"数字化"，以及数字法治的"劳动法"场景化，实现劳动法和数字法治的深度融合。

四 劳动法的"守正"与"创新"

数字化对就业形态以及劳动者权益保护带来了重大挑战，需要劳动法作出系统深刻的回应。数字化使劳动法的调整对象、权利保护、调整方式都面临挑战，促发劳动法的改革创新。但同时也应看到，虽然面临巨大挑战，但传统劳动法的基本理论和基本规则仍具有顽强的生命力，面对数字化的挑战，不宜轻易否定或推翻传统的劳动法原理和规则，而应坚持守正

---

[1] 《个人信息保护法》第二十四条第一、三款规定：个人信息处理者利用个人信息进行自动化决策，应当保证决策的透明度和结果公平、公正，不得对个人在交易价格等交易条件上实行不合理的差别待遇。通过自动化决策方式作出对个人权益有重大影响的决定，个人有权要求个人信息处理者予以说明，并有权拒绝个人信息处理者仅通过自动化决策的方式作出决定。

和创新相统一，坚持"变"与"不变"相统一。数字化并不会导致劳动法的"死亡"，相反，数字化给劳动法注入了新的活力，使劳动法获得改革创新的动力和机遇。

就第一个挑战而言，解决新就业形态劳动者保护的问题仍需要依赖传统的劳动法理论尤其是劳动关系判定理论。虽然新就业形态与传统的经典劳动关系有明显不同，但新就业形态中平台与部分服务提供者之间的从属性依然存在，只是从属性的表现形式发生了变化。如果抛弃从属性理论，劳动法的基础将动摇，劳动法的体系将重构，这显然是目前劳动法难以承受的。从我国实践看，在外卖平台中，许多平台引入第三方作为合作方，第三方出于规避法律的目的又往往引入"第四方""第五方"等。从外观看，合作方、平台和外卖骑手的关系非常类似于传统的"劳务派遣"，而平台的合作方将业务外包给第四方、第五方的做法和以往建筑工地等存在的"层层转包"又何其相似！在上述复杂的关系中，与平台合作的第三方和平台工人之间的关系和传统的劳动关系几乎没有差别，差别明显的是平台和工人之间的关系。这些错综复杂关系的法律调整，显然还得借助于传统的理论和制度，只是平台和工人之间的关系认定需要规则的更新。当然，坚守传统理论并不意味着理论止步不前，相反地，一些规则和方法需要作出相应调整。例如，从属性的判断标准、判断因素及其权重应适当调整。远程办公也是如此。远程办公当事人之间通常存在劳动关系，与传统劳动关系并无实质差别，只是工作时间、工作地点相对灵活，因此，传统的劳动法规则对其基本可以适用。针对因工作时间灵活容易导致工作时间过长的问题，以及因工作地点灵活需要对劳动者工作的设施设备提供、隐私权和个人信息保护、工伤认定、劳动者因远离雇主集体权利难以行使的克服等问题，劳动法应提供特殊规则，补充和细化以往的规则。

就第二个挑战而言，数字时代劳动法的权利类型和权利体系的重构也离不开劳动者传统权利的保护机制。例如，网络表达自由的内容和形式具有新特点，但言论自由本是劳动者的一项基本权利。因此，劳动者网络言论行为的理论基础和边界确定仍须依赖言论自由和劳动者忠实义务的基本法理和基本规则，离不开传统的言论自由基本权利和劳动者忠实义务的平衡协调。又如，"离线权"，即断开网络连接的权利，是一项数字时代的数字权利，和数字技术直接相关，但其基础仍是劳动者的休息权以及相应的劳动者安全健康权利。离线权作为一项衍生性权利，其最终目的仍是为了保障劳动者的休息权和安全健康权，离线权的实现也主要通过传统的集体协商这一方式来落实，需要借助工作时间等诸多规则予以实现，因此离线权的法理和规则构造仍离不开劳动法上的工作时间控制和劳动者安全健康等传统理论和规则。当然离线权本身也有其特殊内容,包括权利义务主体和权利内容以及实施方式,必须针对数字技术的新特点加以设计。再如,劳动者的个人信息保护也需要借助传统的劳动法理论。职场的个人信息保护和传统的劳动者隐私权保护存在密切关系,更为重要的是,劳动者个人信息保护的核心问题仍然是处理好雇主因行使指示管理权而处理劳动者个人信息的权利与劳动者个人信息自决权益的关系,换言之,其核心仍是用人单位的正当利益和劳动者权利之间的平衡协调问题。脱离劳动关系的实质和场景,劳动者个人信息保护的规则就无法真正落实。当然职场个人信息保护和传统隐私权保护的原理和机制存在巨大差异,职场个人信息保护相比一般的个人信息保护也有其独特性,这都需要建构相应的特殊规则。

就第三个挑战而言,尽管数字时代劳动法无法单独调整用工关系,但劳动法的理念和规则仍然发挥了基础性作用,数据保护、平台治理、算法规制以及行业管理的规则都无法脱离劳动法的基本理念和价值追求,劳动法与这些新型的调整工具并非相互取代,而是相互配合、相辅相成的。

概言之,尽管数字化给劳动法带来巨大挑战,但其对劳动法的基本理论和基本制度尚未达到颠覆的程度,因此,解决这些挑战需要在坚持劳动法传统的基本理论和基本制度的基础上进行创新和完善。面对数字化,劳动法面临一定的危机,例如有学者指出,在数字时代,去劳动关系化加速,劳动法陷入功能和存续危机。[①] 但笔者更倾向于将数字化对劳动法带来的挑战作为机遇,劳动法并未陷入"死亡危机"。但劳动法面临数字化的挑战,亦不能故步自封、止步不前。比较科学的路径是坚守传统的理论和制度,并深刻反思其理论和制度无法适应之处,在此基础上在调整对象、调整方法、立法理念、立法模式、立法技术等方面进行改革创新,处理好"变"与"不变"的关系,在守正中创新。

五 小结与本书结构

数字化给劳动法带来许多新问题,劳动法的调整对象、权利体系和调

[①] 沈建峰:《数字时代劳动法的危机与用工关系法律调整的方法革新》,《法制与社会发展》2022年第2期。

整方式面临重大挑战，劳动法必须作出系统回应。首先，数字化催生新型用工方式，数字技术和设备的使用给劳动法带来许多新的课题，电子劳动合同也逐渐流行，数字化扩大了劳动法的调整对象，劳动法应就新型用工方式给予特殊调整。其次，数字化使劳动者的传统权利遭受严重威胁，并产生了对新型权利的巨大需求，劳动法应加强对劳动者言论自由、平等权等基本权利的保护，提升对劳动者安全卫生权利的保障，将劳动者的个人信息权益、离线权等规定在立法当中，构建以劳动者个人信息权益为核心的新型权利体系。最后，数字化使得劳动法无法单独解决劳动领域出现的新问题，劳动法应与平台治理、数据保护、算法规制等数字治理工具以及行业管理等法律手段综合应用、协调配合，并实现劳动法和数字法治的交叉融合，以共同解决数字化对劳动法带来的挑战。面对数字劳动，劳动法自身的"数字化"以及数字法治的"劳动法场景化"应当并行不悖。数字化既给劳动法带来巨大挑战，也为劳动法提供了广阔的机遇。面对数字化，劳动法必须努力实现自身的现代化，并以开放姿态携手其他法律工具，共同应对数字化带来的挑战。

上文主要分析了数字化对劳动法带来挑战的三个主要面向，即劳动法调整对象的扩张、劳动者权利体系的重构以及劳动法调整方式和理念的转变，由于调整方式和理念的转变蕴含于劳动法调整对象的扩张及其权利体系的建构，因此，本书的内容将主要分为三大板块。第一板块主要分析数字化对劳动法调整对象的影响，重点分析数字化带来的新型用工方式的劳动者权益保护；第二板块主要分析数字化对劳动者权利体系的影响以及劳动者权利体系的重构；在此基础上，第三板块主要分析数字化带来的新型用工方式以及劳动者权利体系构建的立法应对，分析未来编纂劳动法典的路径和重点内容。从更宏观的视角看，本书逻辑结构为"新就业"—"新权利"—"新立法"。

上 编

新就业：新就业形态劳动者权益保护

第一章 数字用工平台劳动者权益保护

一 问题的提出

随着共享经济和互联网平台的快速发展,平台用工的劳动保护问题备受关注。共享经济中的平台用工等新型就业形态一般被称为"新就业形态"。[①] 近年来,如何保障平台工人的劳动权益得到党和政府的高度关注。党的二十大报告明确指出,"健全劳动法律法规,完善劳动关系协商协调机制,完善劳动者权益保障制度,加强灵活就业和新就业形态劳动者权益保障。"新就业形态劳动者权益保障的重要性更加突出。我国平台工人数量庞大,维护其合法权益意义重大。据不完全统计,2021年互联网平台带动提供共享服务的劳动者人数达9000万人。新业态领域出现去劳动关系、平台化倾向。[②] 我国网约车行业得到快速发展,据统计,截至2021年全国共有236家网约车平台企业,取得许可的网约车驾驶员超过351万人。外卖送餐员规模不断扩大,已经达到770万的规模。[③] 2024年12月,最高人民法院指出,目前我国外卖骑手的数量已超过1000万。

从国际上看,我国新就业形态也走在世界前列,在国际上具有重要影响。国际劳工组织(ILO)的报告显示,2019年全球数字劳工平台的收入至少达到520亿美元,其中美国占比为49%,中国为22%,欧洲为11%,

---

① 参见人力资源和社会保障部等八部门发布的《关于维护新就业形态劳动者劳动保障权益的指导意见》。
② 徐向梅等:《稳步推进养老保险全国统筹》,《经济日报》2022年8月8日第11版。
③ 国务院新闻办公室:《维护新就业形态劳动者劳动保障权益指导意见国务院政策例行吹风会图文实录》(2021年8月18日)。

其他地区为18%。① 2020年年底,国际劳工组织专门发布了有关中国劳工平台的报告《中国数字劳工平台和工人权益保障》(2020)。②

一些研究认为,全球平台工人的数量将从2018年的4300万,增长到2023年的7800万。③ 平台用工的劳动保护问题已成为全球关注的重要问题,我国的平台用工也备受关注。

近年来,平台工人的权益保障也成为我国劳动法学界研究的热点问题。概括而言,目前学界对平台工人劳动权益保护的研究主要集中在三个方面。一是关于平台和工人之间的法律关系,重点是平台和工人之间是否存在劳动关系,包括劳动关系如何认定、劳动关系判定理论和标准是否过时等。④ 二是如何为平台工人提供保护。较多学者赞同引入"第三类"主体,即将平台工人认定为传统的"雇员"(employee)和"独立承包人"(independent contractor)之间的第三类主体,为其提供相应保护。有学者主张按照非典型劳动关系、准从属性独立劳动、独立劳动的分类,针对"网约工"的特殊需求,构建法律保护体系。⑤ 有学者主张使用"类雇员"解释路径,推动制度框架实现"从属性劳动—经营性劳动—独立性劳动"的"三分法转型",⑥ 进而提出,"在劳动三分法框架下,既有调整组织化劳动关系的劳动法,也有调整平台化灵活就业的类雇员法,旨在实现不同法律部门的分工协作";⑦ 还有学者主张应当引入

---

① International Labour Organization, "World Employment and Social Outlook 2021: The Role of Digital Labour Platforms in Transforming the World of Work", 2021, p. 20, https://www.ilo.org/global/research/global-reports/weso/2021/WCMS_771749/lang--en/index.htm, last visited on March 10, 2024.
② Irene Zhou, "Digital Labour Platforms and Labour Protection in China", ILO Working Paper 11, 2020, https://www.ilo.org/beijing/information-resources/WCMS_757923/lang--en/index.htm, last visited on March 10, 2024.
③ International Labour Organization, Decent Work in the Platform Economy, Reference Document for the Meeting of Experts on Decent Work in the Platform Economy (Geneva, 10-14 October 2022), Conditions of Work and Equality Department, Geneva, 2022, at https://www.ilo.org/gb/GBSessions/GB346/pol/WCMS_859250/lang--en/index.htm, p. 24, last visited on May 20, 2024.
④ 谢增毅:《互联网平台用工劳动关系认定》,《中外法学》2018年第6期;王全兴、王茜:《我国"网约工"的劳动关系认定及权益保护》,《法学》2018年第4期。
⑤ 王全兴、王茜:《我国"网约工"的劳动关系认定及权益保护》,《法学》2018年第4期。
⑥ 王天玉:《互联网平台用工的"类雇员"解释路径及其规范体系》,《环球法律评论》2020年第3期。
⑦ 王天玉:《平台用工的"劳动三分法"治理模式》,《中国法学》2023年第2期。

"类雇员"概念;[1] 类似的观点还主张"立法者应当改变当前劳动法二元化的调整模式"。[2] 当然,也有反对引入第三类劳动者的观点,认为第三类劳动者无论在制度设计还是理论构造上都存在诸多困难和争议。[3] 三是一些学者从社会学角度研究资本或平台对劳动过程的"控制"。[4]

上述研究为认识平台和工人之间法律关系的性质以及如何为平台工人提供保护提供了有益的参考和思路。但已有研究主要从理念或理论上对平台用工的性质进行描述,并对平台工人保护提出了思路,主要是法律政策的研究。随着平台用工的不断发展以及产生的问题日益明显,如何结合我国平台用工的特点和近年实践,分析立法、司法等路径的利弊及立法必要性,成为一项重要而急迫的任务。

2021年7月16日,我国人力资源和社会保障部等八部门发布了《关于维护新就业形态劳动者劳动保障权益的指导意见》。同日,国家市场监管总局等七部门发布《关于落实网络餐饮平台责任、切实维护外卖送餐员权益的指导意见》。这些意见的出台,表明了政府和相关部门在推动保护新就业形态劳动者权益方面的坚定决心和政策方向。但这些意见仅是"指导意见",如何推动平台工人的权益保障措施转化为法定权利,仍需要进行探索。本章将围绕我国平台用工的特点及存在的问题,考察近年来的司法实践,结合上述指导意见相关内容及近期国外立法动向,分析平台工人劳动权益保障的立法必要性、立法思路以及立法的主要内容等立法任务。

国际劳工组织一般将平台区分为"基于网络的平台"(online web-based platforms)和"基于位置的平台"(location-based platforms);前者指通过网络发布工作任务,并通过网络提交工作成果的平台,例如在网络上发布并完成翻译、设计和软件开发等任务;后者指需要工人在特定物理位置提供服务的平台,比如网约车司机、配送员、上门服务人员等服务平台。[5] 总体上看,目前我国网约车司机、外卖送餐员、快递员等基于位置

---

[1] 娄宇:《平台经济灵活就业人员劳动权益保障的法理探析与制度建构》,《福建师范大学学报(哲学社会科学版)》2021年第2期。

[2] 班小辉:《"零工经济"下任务化用工的劳动法规制》,《法学评论》2019年第3期。

[3] 肖竹:《第三类劳动者的理论反思与替代路径》,《环球法律评论》2018年第6期。

[4] 陈龙:《"数字控制"下的劳动秩序——外卖骑手的劳动控制研究》,《社会学研究》2020年第6期;王琦等:《平台企业劳动用工性质研究:基于P网约车平台的案例》,《中国人力资源开发》2018年第8期。

[5] International Labour Organization, World Employment and Social Outlook 2021: The Role of Digital Labour Platforms in Transforming the World of Work, 2021, p.18.

的平台从业人员规模大于基于网络的平台从业人员规模,[1] 面临的问题也较为突出。本章将涉及这两类平台,并重点讨论"基于位置的平台"从业人员的保护问题。

二 我国平台用工的基本情况与主要特点: 以网约车和外卖送餐平台为例

平台用工实践处于不断的发展变化之中,掌握其基本实践和主要做法,认识其存在的问题,是对其进行正确规制的重要前提。[2] 本章以交通出行平台和外卖送餐平台为主要考察对象,根据公开资料和调研成果,分析平台实践中的一般做法。

(一) 平台的用工方式和类型

平台带动就业的效果明显,平台用工规模相当可观。例如,2022 年,超过 624 万骑手在 M 平台获得收入,日均活跃骑手超过 100 万。全国来自县域乡村地区的农村转移劳动力约占骑手总量的 81.6%,有 28 万名来自国家乡村振兴重点帮扶县的骑手在 M 平台获得收入。[3]

关于平台工人的分类,网约车主要以提供的服务内容分类,例如网约车司机、代驾司机等,并没有针对其运营模式的通常分类。而外卖骑手根据管理方式,一般分为专送骑手和众包骑手。例如,M 平台的骑手分为专送骑手和众包骑手。专送骑手是由合作商统一招聘、管理和支付薪资的骑手,而众包骑手为成功注册后在众包平台自主选择接单的骑手。[4]

(二) 平台、合作商和平台工人之间的关系

平台在用工中不仅和平台工人发生关系,通常还引入合作商参与平台

---

[1] 周畅:《中国数字劳工平台和工人权益保障》,《国际劳工组织工作报告》,2020 年,第 11 页。

[2] 2022 年 9 月,笔者对 D 交通出行平台、某公司旗下的 E 外卖送餐平台以及另一外卖送餐 M 平台进行了调研,本章的一些数据和资料来自本次调研。本章称上述三个平台分别为 D 平台、E 平台和 M 平台。

[3]《2022 年美团骑手权益保障社会责任报告》,2023 年,第 6 页,美团平台官方微信公众号,2023 年 3 月 1 日上传。

[4]《携手同舟,关爱同行——2021 年度美团骑手权益保障社会责任报告》,2022 年,第 3 页,美团平台官方微信公众号,2022 年 3 月 3 日上传。

用工管理，特别是在外卖送餐平台用工中，合作商的地位凸显，因此，平台用工中形成平台、合作商以及平台工人三者之间的复杂关系，这其中包含平台和合作商的关系、平台和平台工人的关系，以及合作商和平台工人的关系。实践中还存在平台或合作商再次将业务"外包"或"转包"给第四方、第五方等的情形。

以外卖送餐平台为例，平台的用工关系就存在平台、合作商和骑手三者之间复杂的法律关系。外卖平台通常和合作商签订业务合作协议，合作商主要是物流配送企业，也可能是人力资源服务公司。

合作商根据其与平台的协议对骑手行使一定的管理职责。专送骑手的合作商根据配送业务需求，选择站点、招聘骑手、组织运力、管理站长和骑手，完成配送任务。合作商对专送骑手进行招募、培训、管理，管理职责比较强。平台和合作商约定具体的服务指标，根据达标情况结算配送费用。专送骑手的日常管理主要由合作商完成。管理主要体现在：合作商通常制定管理制度，包括日常出勤、卫生要求、服装要求、车辆合规以及配送当中合规的管控要求，不同供应商的管理可能有所不同。专送骑手合作商的站点通常每天召开晨会，要求骑手出勤，站点进行工作安排、安全教育、餐箱消毒等。

众包骑手和平台的合作商，通常为人力资源公司（简称"人资商"）签订承揽协议或合作协议。人资商对骑手的管理相对弱，主要是处理交通事故、税务处理以及应急处理、工资支付等。

骑手和平台通常也签订协议。骑手包括专送骑手和众包骑手，与平台一般签订"用户协议"或"服务协议"。平台对专送骑手和众包骑手的管理主要体现在平台规则，包括接单规则、对骑手服务过程的监督和考核及相应的奖惩制度，以及骑手的激励机制包括等级评定等，同时也约束骑手的行为，比如要求戴头盔、按时送单等。

平台对合作商的管理主要体现在两个方面：一是准入方面，一般考虑合作商的资质、业务和财务状况；二是对合作商的服务进行考核，包括履约能力、运营情况等，平台通常也会对合作商进行监督。

例如，M平台督促合作商规范用工，开展合作商用工问题自查自纠，将合作商劳动保障责任履行情况纳入业务考核干预重要指标之中。2021年，M平台向全国合作商发出《关于新就业形态劳动者劳动保障权益的倡议》文件，与合作商联合制定印发《即时配送行业合作商自律公约》，规定合作商维护好骑手劳动保障权益，建立良性合作生态。禁止合作商任何规避用工主体责任的行为。2021年，M平台修订了《专送合作商用工管理规范》，明确要求合作商按照相关法律及政策要求合规用工，其中增加了公平就业制度内容，要求招用骑手时不得违法设置歧视性条件，不得以缴纳保证金、押金或者其他名义向应聘者收取财物。[①]

相比之下，交通出行平台中合作商的地位和重要性较低。交通出行平台的合作商主要是租车公司。在代驾司机中存在少量的劳务派遣工，网约车司机一般不是劳务派遣工。网约车司机和平台签署的通常是服务（合作）协议。

（三）平台对平台工人的订单分配、收入激励和考核评价

1. 交通出行平台

平台对司机的管理通常主要包括以下方面：
（1）主要采用派单模式，大部分订单派给距离乘客最近的司机。司机频繁取消接单会降低其服务分。司机获得派单机会主要依靠司机在平台的服务水平，在平台表现为服务分或贡献分，该分值主要包括个人在平台的劳动给付、服务态度以及乘客评价等因素。（2）高峰时期的单价和低峰时期的单价不同。（3）内部激励包括出行分、服务分、安全分和合规分的量化。虽然平台对司机工作时间通常没有硬性要求，但其评价机制仍会激励司机提高接单数量和工作时间。

2. 外卖送餐平台

外卖送餐平台对骑手的管理主要体现在以下几个方面：（1）专送骑手采取派单模式，众包采取抢单模式。（2）骑手目前收入构成包括：基础的配送费；平台的补贴，补贴包括恶劣天气、节假日、夜间等特殊情况下的补贴；平台活动的奖金；以及顾客的打赏。基础配送费占比最大。基础配送费的定价主要考虑当地的消费价格指数、配送距离、是否属于用餐的高峰期、天气因素、路线难易等。

此外，平台通过算法对骑手进行考核和监督等管理。

例如，M平台，在绍兴、太原、昆明等15个城市，进行了优化后的服务评价规则试点，采用"服务星级评价体系"。对差评、超时等情况的处理，从罚款改为扣分，通过全月累计积分来评定骑手的服务质量，从而确定对应奖励，以降低偶发状况对骑手收入造成的影响，减轻配送压力，

---

① 《携手同舟，关爱同行——2021年度美团骑手权益保障社会责任报告》，2022年，第5~6页，美团平台官方微信公众号，2022年3月3日上传。

保障配送安全。骑手每个月的服务星级，将根据个人月累计总积分在本站点的排名确定，服务星级越高，获得的单均额外奖励越多。骑手可以通过安全培训、模范事迹等获得加分。以往合作商自行制定的用户投诉、差评等按单扣款项将被取消，改为以适当扣分体现在累计积分中。新骑手也有机会获得较高星级和收入（骑手服务星级共 6 个）。骑手服务评分构成：基础分、加分项（完成配送服务、参加安全培训、模范事迹等）、扣分项（超时、差评）。①

（四）平台工人的安全卫生和职业伤害保障

平台一般都建立了工作时间、休息时间和职业安全卫生制度。

网约车平台的主要做法包括：（1）网约车司机服务时长累计达一定小时数，应当进行一次性休息；司机计费时长累计满一定小时或滚动 24 小时内在线时长累计满一定小时的，应当一次性连续休息一定小时数。（2）平台采取安全保障措施，包括利用 AI 技术识别疲劳驾驶行为，并进行及时提醒和干预，等等。（3）对服务过程的监督。平台实现了整个服务流程的在线化和数字化。危险驾驶行为、防疲劳驾驶等一系列技术的开发与使用，使得平台能够实时掌握司机服务的过程。

自 2013 年以来，M 平台持续加强骑手的配送安全保障。2021 年，平台在算法取中、安全培训、智能硬件、保险保障等方面持续升级，加大投入力度提升骑手的交通安全意识，并与主管部门、各地交警部门密切配合，建立了安全宣导、预警跟踪、防控消防风险、警企共治等成体系的安全保障机制。②

骑手一般都参加商业保险。在新的职业伤害保障试点推行之前，骑手就参与了商业保险。例如，在 M 平台，专送骑手由合作商通过经纪公司向保险公司投保雇主责任险，众包骑手由众包服务商直接向保险公司投保意外伤害险和第三者责任险，众包新骑手首单保费 3 元由服务商承担，后续每人/每天保费 3 元从骑手佣金中扣除。③ 一些平台积极对接政府推出

---

① 《携手同舟，关爱同行——2021 年度美团骑手权益保障社会责任报告》，2022 年，第 13~14 页，美团平台官方微信公众号，2022 年 3 月 3 日上传。
② 《携手同舟，关爱同行——2021 年度美团骑手权益保障社会责任报告》，2022 年，第 19 页，美团平台官方微信公众号，2022 年 3 月 3 日上传。
③ 《携手同舟，关爱同行——2021 年度美团骑手权益保障社会责任报告》，2022 年，第 6 页，美团平台官方微信公众号，2022 年 3 月 3 日上传。

的职业伤害保障试点项目。

（五）平台的算法治理

总体上看，平台企业认为其目标是做到全局最优，努力实现"算法取中"的原则。例如，M平台于2021年继续优化算法规则，加快落实"算法取中"。为了让配送算法更完善合理，平台邀请了包括骑手、外部专家等在内的利益相关方一同探讨配送算法和调整细节，并在部分城市进行了试点和用户调研。算法取中是指在"商业逻辑合理"与"价值观合情"之间取中间值，兼顾效率与劳动者保护。[①] 一些平台还成立算法安全管理委员会。

M平台多次向社会主动公布了骑手配送相关算法规则，从提升配送体验、订单分配合理、优化骑手评价规则等多维度积极推动算法取中。公开"预估送达时间"算法规则，试点将"预计送达时间点"改为"预计送达时间段"。该规则实施后，骑手因超时、差评等问题导致的异常情况减少52%，用户差评率下降67%。向骑手、交警、专家在内的社会各界征集规则改进建议，在时间算法机制中融入"异常场景"因子，动态地调整配送时长。为了让骑手畅通有效地表达诉求，M平台于2022年创建了"骑手恳谈会""申诉机制""产品体验官"等多种制度；开通了骑手权益保障专线"10101777"，受理对劳动报酬、劳动安全、保险保障、用工合规等方面的疑难问询和投诉，帮助骑手维护合法权益。2021~2022年，召开200场骑手恳谈会，覆盖66座城市，近3000名骑手参加。[②]

（六）职业培训和职业通道

平台一般会提供相应的培训，并对平台工人提供一定的职业发展通道。例如，M平台的主要做法是：骑手APP上专设有培训中心，骑手可在线进行日常知识学习。"培训中心"栏目针对在岗不同阶段的骑手，提供了包含"新手入门""规则流程""安全专题"等多个提升专业技能的学习板块，从工作必备、交通安全、生活指南和心理辅导等多方面为骑手职业发展提供专业指导。除了线上培训，平台还可能提供一定的线下培训。从2020年开始，共有17000余名骑手在武汉、青岛、达州、绍兴等

---

① 《携手同舟，关爱同行——2021年度美团骑手权益保障社会责任报告》，2022年，第7~8页，美团平台官方微信公众号，2022年3月3日上传。
② 《美团2022企业社会责任报告》，第25页，美团官网，https://www.meituan.com/csr，最后访问时间：2024年5月18日。

四个试点地区参加了职业技能培训。平台开放多种岗位供骑手选择，包括客服、合作商培训师、合作商运营主管等，骑手可以顺畅地转型至更符合个人规划的职业发展方向。目前，已有超过百名骑手转岗客服、培训师等岗位。[①]

当然，平台商业模式和用工管理方式是一个动态过程，因此，上述平台对司机和骑手等的管理也处于不断变化和调整之中。

（七）我国平台用工从业人员的主要特点

我国平台用工发展较快，除了具备平台用工一般特点，还具有以下突出特点。认识这些特点，对于我国采取相应的保护措施具有重要意义。

第一，平台工人占就业人员比例较高。2021年互联网平台带动提供共享服务的劳动者人数达9000万人。2021年年末，全国就业人员74652万人。[②] 因此，粗略估算，我国新就业形态劳动者占比比较高。在其他国家，以统计的上个月就业人数为准，美国2016年平台用工的占比为1.1%，欧盟16国2018年的占比为8.6%；以统计的上一年就业人数为准，英国2016年的占比为4%。[③] 当然，从更宽泛的概念看，一些国家从事零工经济（gig economy）的人数比例较高。例如，根据2021年的一项调查，16%的美国人从零工工作（gig work）中获得过报酬，美国零工经济的产值预计在2018年到2023年会翻番，达到4550亿美元。[④] 当然从事零工工作的人范围较宽，可能高于通过平台从事工作的人。

第二，平台工人全职比例较高。外卖骑手、网约车司机等平台工人的全职比例较高。根据2019年的报告，外卖骑手中全职人员的比例高达74.5%，工作时间一年以上的比例为42.9%。[⑤] 司法机关的调研报告也印证了这一观点。上海市第二中级人民法院发布的《2017—2022年上半年新业态用工纠纷案件审判白皮书》指出，"我院审理的案件中，仅2人系

---

① 《携手同舟，关爱同行——2021年度美团骑手权益保障社会责任报告》，2022年，第44~48页，美团平台官方微信公众号，2022年3月3日上传。
② 中华人民共和国人力资源和社会保障部：《2021年度人力资源和社会保障事业发展统计公报》。
③ See International Labour Organization, "World Employment and Social Outlook 2021: The Role of Digital Labour Platforms in Transforming the World of Work", 2021, p.49.
④ "Developments in the Law, Labor and Employment", *Harvard Law Review*, Vol. 136, 2023, p.1632.
⑤ 周畅：《中国数字劳工平台和工人权益保障》，《国际劳工组织工作报告》，2020年，第12页。

兼职，占比2.40%，其余均为全职"。① 在其他国家和地区，平台工人全职的比例较低。例如，在欧盟，根据2020年数据，估算大约2400万工人（占全部劳动力的比例为11%）通过平台至少提供了一次服务，其中只有约300万人（占全部劳动力的比例为1.4%）的平台工作是其主要工作，900万人（占比4.1%）将平台工作作为第二收入来源，大约700万人（占比3.1%）将平台工作作为其边缘（marginal）收入来源，超过500万人（占比2.4%）将平台工作作为偶尔的收入来源。② 可见，在欧盟，将平台作为主要工作的工人占平台工人的比例仅为约12.5%，远低于我国平台工人全职的比例。

第三，平台工人以年轻男性为主。例如在网约车、外卖等服务平台上，男性从业者比例高达90%以上（2018），从业人员以"80、90后"为主。③ 美团研究院的报告指出，"从年龄看，2020年骑手平均年龄为30岁，比农民工平均年龄（41岁）年轻11岁，其中，男性骑手占比超过90%。"④ 在欧盟，平台经济的劳动力中，男性约占2/3；他们的平均年龄为34岁，而传统经济劳动力的平均年龄为43岁。⑤ 相比之下，我国平台工人以年轻男性为主的特征更为明显。

上述特点凸显了我国加强平台工人权益保护的重要性。首先，我国平台工人数量庞大，占我国劳动力数量比例较高，对于这类规模庞大的群体权益不应忽视。其次，平台工人全职比例较高，说明平台工作是许多平台工人收入的重要来源，平台工作对工人的影响大，对其保护的必要性增强。最后，总体而言，男性是家庭收入的主要来源，因此平台工人男性占据绝对优势也说明了对其保护的重要性。

---

① 上海市第二中级人民法院：《2017—2022年上半年新业态用工纠纷案件审判白皮书》，2022年11月，第12页。
② European Commission, "Consultation Document: First Phase Consultation of Social Partners under Article 154 TFEU on Possible Action Addressing the Challenges Related to Working Conditions in Platform Work", Brussels, 24.2.2021, p.6, https://ec.europa.eu/social/BlobServlet? docId=23655&langId=en, last visited on May 1, 2024.
③ 周畅：《中国数字劳工平台和工人权益保障》，《国际劳工组织工作报告》，2020年，第13页。
④ 孟续铎、吴迪：《平台灵活就业新形态的劳动保障研究》，《中国劳动关系学院学报》2021年第6期。
⑤ European Commission, "Consultation Document: First Phase Consultation of Social Partners under Article 154 TFEU on Possible Action Addressing the Challenges Related to Working Conditions in Platform Work", p.6, https://ec.europa.eu/social/BlobServlet? docId=23655&langId=en, last visited on May 1, 2024.

三 我国平台用工劳动权益保障面临的主要问题与挑战

（一）平台用工劳动权益保障存在的主要问题

1. 平台用工的法律关系复杂，劳动关系难以确立

平台用工中的法律关系复杂，法律性质不清。从平台用工实践看，大部分平台工人都没有和平台或平台的合作商签订劳动合同。2017年，北京市交通运输工会等单位，对25家平台的调研未发现任何一家平台与劳动者直接签订劳动合同。① 以上海市第二中级人民法院2022年的报告为例，该院审结的新业态用工纠纷案件中，劳动关系认定率较低，裁判者对从业者诉请确认与平台存在劳动关系案件之处理持审慎态度。② 因此，平台工人的劳动关系难以确认。平台用工中劳动关系认定难是一个普遍问题。有学者指出，和大多数其他国家一样，在英国和意大利，绝大多数平台工人被平台公司归类为独立承包商。③

除了劳动关系难以认定，平台用工中的法律关系异常复杂。在实践中，平台以及合作商从不同角度对平台工人进行管理，三者的关系交织在一起。例如，对于专送骑手，通常骑手和合作商订立劳务协议，合作商对骑手进行日常管理，但骑手的订单分配、定价以及工作过程的监督和考核评价等主要由平台负责。对于众包骑手，订单分配、定价以及服务过程的监督和考核评价一般都由平台负责，但报酬支付通常也由合作商（人力资源商）负责。平台掌握数据并控制着系统（APP）的运行，对服务过程进行监督，并对平台工人进行考核评价，而只是将部分人力资源管理，主要是线下的日常管理以及平台工人的个体需求（例如交通事故处理等）交给合作商。平台和合作商之间也签署合作协议，平台对合作商也进行监督，并规范合作商的运行和管理。因此，平台和合作商对骑手的管理是相

---

① 张成刚：《共享经济平台劳动者就业及劳动关系现状——基于北京市多平台的调查研究》，《中国劳动关系学院学报》2018年第3期。
② 上海市第二中级人民法院：《2017—2022年上半年新业态用工纠纷案件审判白皮书》，2022年11月，第6~7页。
③ Alessio Bertolini, "Regulating Platform Work in the UK and Italy: Politics, Law and Political Economy", *International Journal of Comparative Labour Law and Industrial Relations* 40, No. 1, 2024, p. 140.

互融合、难以分开的。

因此，平台、合作商以及平台工人之间的关系复杂，三者之间也形成至少三对法律关系——平台和工人、平台和合作商、合作商和工人，以及平台和合作商二者对工人是否以及如何共同承担责任的问题。法院的实践也表明，平台用工纠纷往往包括三者以上错综复杂的关系。根据上海市第二中级人民法院的报告，2017年至2022年上半年，在该院审结的83件新业态用工劳动争议案件中，涉及两方诉讼主体的案件为30件，占比36.14%；其余63.86%的案件均涉及三方以上主体，其中，涉及三方诉讼主体42件，占比50.61%，超过总数的一半，诉讼主体分别为从业者、平台、平台合作单位或劳务派遣单位。涉及四方主体6件，占比7.23%，诉讼主体分别为从业者、平台、平台合作单位、平台合作单位关联企业或劳务外包方，其中的劳务外包方既有企业，也有承揽业务的个人。涉及五方诉讼主体5件，占比6.02%，诉讼主体分别为从业者、平台、平台合作单位、劳务外包方1、劳务外包方2。由上可知，新业态用工纠纷常涉及多方主体，法律关系更为错综复杂，增大了审判实践中从业者实际用人单位的辨识难度。①

在一些"层层转包"或者将平台工人注册为"个体户"的个案中，平台用工的法律关系更为复杂。一些平台及其合作企业，为了避免与平台劳动者建立劳动关系，通过第三方强制或者诱导劳动者登记为"个体工商户"，意图隐瞒劳动者的自然人身份，从而规避劳动法等相关责任。例如，2021年北京市公布了某典型案例。2019年3月20日，孔某到某商贸服务公司（承接某互联网平台在某区的网上订餐和配送业务）在某个社区设立的站点担任全职骑手，从事送餐服务，双方未签订书面劳动合同。站点站长每天给骑手排班，排到班次的骑手当天必须上线，不上线则按规定扣款，骑手通过某商贸服务公司管理的APP自动派单进行送餐。某商贸服务公司每月通过银行转账方式给骑手支付工资、代缴个人所得税，并为骑手购买商业意外伤害险。2020年8月，该商贸服务公司与某网络科技有限公司签订《服务协议》，要求骑手在后者的协助下通过网络注册个体工商户营业执照，后者和骑手注册的个体工商户签订《项目转包协议》，约定双方是民事承包关系，后者向骑手给付的是承包费而非工资。此后，该商贸服务公司将骑手的工资转账给某网络科技有限公司，后者通

---

① 上海市第二中级人民法院：《2017—2022年上半年新业态用工纠纷案件审判白皮书》，2022年11月，第4~5页。

过支付宝向骑手支付。同时，某网络科技有限公司从该商贸服务公司收取管理费。2020年10月30日，孔某在送餐途中不慎摔伤，后被送至医院治疗。孔某受伤后未为该商贸服务公司提供劳动。因申请工伤认定需要，孔某向仲裁委提出仲裁申请。[1] 将平台劳动者登记为个体工商户将产生严重问题：一是严重损害劳动者的权益。劳动者被登记为个体工商户，形式上就不再是作为自然人的"劳动者"，就难以受到劳动法保护，平台及其相关企业也据此不履行其用工主体责任。许多劳动者登记为个体工商户并非出于自愿。一旦发生纠纷，劳动者的维权将面临诸多困境，维权成本将大大提高。二是严重损害市场秩序。将许多本为普通劳动者的个人登记为个体工商户会造成市场主体数量的虚高，将严重扰乱市场秩序，给相关当事人合法权益带来巨大隐患，增加市场监管部门的监管成本。

此外，平台企业及其合作企业，为了规避劳动关系，往往故意引入多方主体，意图隐藏真实的劳动关系，模糊用工当事人之间的法律关系，将工资支付以及投保等交由其他主体承担，法律关系错综复杂。例如，2023年，苏州市中级人民法院发布《苏州法院涉互联网十大典型案例》，其中的案例之一为"赵某甲等与济南润盛公司等确认劳动关系纠纷案"。基本案情如下：苏州某公司系某互联网平台的运营公司，赵某丙系该平台配送骑手。苏州某公司与济南某公司签订项目外包协议，委托济南某公司完成苏州区域内的客户送件任务。按照苏州某公司与济南某公司间的交易惯例，济南某公司会将其未盖公章的劳动合同放置在苏州某公司处，骑手在劳动合同上签字后，由苏州某公司寄回济南某公司盖章。苏州某公司将赵某丙已经签字的劳动合同邮寄至济南某公司盖章，但济南某公司并未加盖公章。赵某丙的工资自入职起一直由济南某公司所委托的江西某公司发放。济南某公司另行委托德州某公司为赵某丙购买了团体意外险。济南某公司与苏州某公司结算的服务费名单中包括赵某丙。后赵某丙发生交通事故死亡，赵某甲等人作为赵某丙的近亲属，为替赵某丙申报工伤，主张赵某丙与济南某公司之间存在劳动关系。[2]

在欧洲等国家也存在类似的问题。欧洲的关键问题是平台公司和当地分包商之间的雇主地位的认定，分包商可以组织劳动力。法国大量针对清算中的公司提起诉讼的案件表明，网约车平台倾向于使用经营非常不可持

---

[1] 参见北京市人社局网站，https：//rsj.beijing.gov.cn/bm/ztzl/dxal/202111/t20211105_2529673.html，最后访问时间：2023年8月30日。

[2] 参见苏州市中级人民法院网站，http：//www.zjrmfy.suzhou.gov.cn//fypage/toContentPage/swgk/82a07a4889238bc2018924c344a30011，最后访问时间：2023年8月30日。

续的公司作为中介。在意大利，UberEats 平台的一个分包商的剥削行为引发了刑事犯罪，在该案中，最近的一项法院裁决最终认定骑手和平台之间直接存在劳动关系，这与西班牙劳动监察部门关于 Cabify 和 Uber 的决定类似，尽管工人与平台分包商之间存在正式劳动合同。[1] 从上述国家看，这些国家倾向于直接认定平台和工人之间存在劳动关系，而不管外包商和工人是否存在劳动关系。

在俄罗斯，Yandex.Eda 和 Delivery Club 是两家著名的快递服务公司。两家公司都使用中介机构，通过这些机构与快递员签订合同，并将他们的税务地位定为自雇者（self-employed），这最大限度地减少了税务机关将快递员列为雇员的风险。[2]

2. 部分平台工人的工作时间过长

虽然平台对部分平台工人并没有严格的工作时间要求，但平台或其合作商通常根据平台工人完成的单量支付报酬，加上平台各种激励和奖惩机制，这导致部分平台工人的工作时间较长。例如，2018 年的一项对外卖骑手的调查显示，49.5% 的骑手每天工作时间超过 10 小时。[3] 2018 年的一项针对南京网约车的调研表明，司机的劳动时间较长，平均每天工作 10.1 小时，每周工作 5.9 天。[4] 2019 年的一项针对青年快递从业人员（含直营、加盟和平台三种模式）的调查显示，超时工作是目前快递员劳动权益保护中存在的突出问题，其中，平台模式的快递员每周工作 40 小时以上的占 95.8%。[5] 一项对国内某外卖平台的调研显示，根据平台大数据，2020 年全平台专送骑手日均工作时间为 7.5 小时/天，众包骑手日均工作时间为 6.2 小时/天。专送骑手月均休息时长 3.4 天。[6] 考虑到平台工人可能还有等待时间、预备时间等，骑手的实际工作时间应超过该统计数据。

---

[1] Christina Hießl, "The Legal Status of Platform Workers: Regulatory Approaches and Prospects of a European Solution", *Italian Labour Law e-Journal*, Issue 1, Vol. 15, 2022, pp. 17~18.

[2] Nikita Lyutov, Ilona Voitkovska, "Remote Work and Platform Work: The Prospects for Legal Regulation in Russia", *Russian Law Journal*, Volume IX, Issue 1, 2021, p. 106.

[3] 周畅：《中国数字劳工平台和工人权益保障》，《国际劳工组织工作报告》，2020 年，第 20 页。

[4] 齐昊、马梦挺、包倩文：《网约车平台与不稳定劳工——基于南京市网约车司机的调查》，《政治经济学评论》2019 年第 3 期。

[5] 李培林等主编：《2021 年中国社会形势分析与预测》，社会科学文献出版社，2020，第 280~281 页。

[6] 张成刚等：《新就业形态劳动者的工资保障研究——以外卖骑手为例》，《中国劳动》2022 年第 4 期。

由于平台大多按单计酬,平台工人工作时间长是各国的普遍现象。国际劳工组织 2021 年的报告显示,大部分平台网约车司机和配送员工作时间长,网约车司机平均每周工作 65 小时,配送员每周工作 59 小时。[①] 工作时间过长成为当前平台工人保护中的突出问题。尽管平台可能要求司机或骑手服务时长累计达一定小时数时强制进行休息,但在休息期间无法排除其在其他平台接单,因此,部分平台工人的工作时间可能过长。

3. 平台工人的安全保障措施仍待加强

平台工人的安全保障问题一直是平台工人权益保障的重要问题。2019 年针对青年快递员的调研报告显示,平台模式下快递员工作的安全保护未达到国家标准的比例为 41.3%。[②] 虽然近年来平台通过安全头盔等安全装备、算法优化等许多措施来促进平台工人的安全卫生保护,但由于平台算法尤其是按件计酬的报酬方式,平台工人仍然会倾向于以最快速度完成最大的单量,因此,骑手闯红灯等不遵守交通规则的行为随处可见,交通意外等事故也时有发生。

关于职业伤害保障,目前平台大多提供了雇主责任险或人身意外险,这为骑手提供了一定的保护。例如,专送骑手由合作商通过经纪公司向保险公司投保雇主责任险,众包骑手由众包服务商直接向保险公司投保意外伤害险和第三者责任险。但是骑手通过经纪公司而不是合作商投保雇主责任险,可能使法律关系更为复杂,此外,众包骑手的保费从骑手佣金中扣除,保费承担的合理性也存在疑问。关于职业伤害保障试点,部分平台没有参与试点。参加试点的平台工人继续参加商业保险,商业保险和职业伤害保障二者的关系如何处理仍待完善。

此外,目前司法实践中存在的突出问题是平台工人在提供服务过程中自身遭受人身损害或者导致第三人人身损害的责任承担规则不清晰,尤其是平台和合作商的责任如何分担以及从业人员自身是否承担责任的问题。目前,关于新就业形态劳动者致第三人损害时的责任主体及责任形式的实践做法和观点至少包括 6 种,有关新就业形态劳动者遭受损害时的责任主体及责任形式的做法和观点也至少存在 5 种。[③] 目前的司法实践较为混

[①] International Labour Organization, World Employment and Social Outlook 2021: The Role of Digital Labour Platforms in Transforming the World of Work, 2021, p. 23.

[②] 李培林等主编:《2021 年中国社会形势分析与预测》,社会科学文献出版社,2020,第 278、282 页。

[③] 北京市第三中级人民法院课题组:《完善新就业形态劳动者合法权益保障的司法路径》,《人民司法》2023 年第 10 期。

乱，法院往往刻意回避当事人之间的法律关系，或者认定的法律关系缺乏依据和理由。例如，在"周某与陈某等非机动车交通事故责任纠纷"一案中，①法院认定平台配送员被告陈某系被告宁波某公司（平台合作企业）招聘的劳务人员，被告陈某与被告宁波某公司之间构成雇佣关系，并据此认为被告陈某作为被告宁波某公司的工作人员，事发时在订单配送途中，系履行职务的行为，应由被告宁波某公司承担陈某造成第三人损害的赔偿责任。本案中，法院认为平台劳动者和合作企业建立"雇佣关系"，并据此让合作企业承担导致第三人损害的赔偿责任，裁判的依据和说理，仍有值得商榷之处。

2023年8月，最高人民法院民一庭发布调研成果报告《关于数字经济背景下民生权益司法保护问题的调研报告》，指出调研发现的五个主要问题，其中的第二个问题是："新就业形态劳动者权益司法保护难点问题。一是平台企业和用工合作企业与劳动者劳动关系认定考量因素不明确、不统一。二是劳动者执行工作任务过程中致人损害时，平台企业和用工合作企业责任分担存在争议。三是劳动者受到损害时，依法、合理、科学的责任承担规则尚未确立。"从调研报告的意见建议看，目前尚未完全找到具体的解决办法。调研报告在意见建议中指出，"根据企业与劳动者之间的用工法律关系类型，适用相应责任承担规则。劳动者因执行工作任务造成他人损害的，根据《民法典》第一千一百九十一条确定责任；劳动者执行用工合作企业任务致人损害时，可以根据平台企业过错、控制、获益程度等依法确定责任。""推动完善新业态劳动者职业伤害保障制度，依法完善劳动者受到损害时平台企业、用工合作企业的责任承担机制。"②但上述调研报告的意见建议仍无法提供明确的规则。

《民法典》第一千一百九十一条规定，"用人单位的工作人员因执行工作任务造成他人损害的，由用人单位承担侵权责任。用人单位承担侵权责任后，可以向有故意或者重大过失的工作人员追偿。"从条文字面理解看，该条文中的"用人单位"暗含了工作人员和"用人单位"建立了劳动关系或其他正式的法律关系（如机关的公务员或与事业单位订立聘用合同的人员），但平台用工中从业人员和平台及合作方，尤其是从业人员和平台的法律关系并不清晰，平台工人是否属于"用人单位的工作人员"

---

① 《周某与陈某等非机动车交通事故责任纠纷一审民事判决书》，上海市静安区人民法院（2022）沪0106民初21884号民事判决书。
② 最高人民法院民一庭：《关于数字经济背景下民生权益司法保护问题的调研报告》，《人民法院报》2023年8月26日第4版。

尚不清晰，因此，该条的适用空间仍然有限。"劳动者执行用工合作企业任务致人损害"在认定上也存在困难。上述分析表明，平台企业虽然将部分业务交由合作企业完成，例如线下对从业人员的日常管理，但平台保留着通过平台 APP 进行订单分配、对从业人员服务过程的指示监督、考核评价和奖惩等权力，因此，劳动者"执行任务"往往是执行平台的任务或者是执行平台和用工合作企业的任务，很难将平台排除在任务的发布者之外，因此，该表述在适用上仍然存在困境。因此，有关平台工人导致第三人人身损害的赔偿规则亟待完善。上述调研报告提出的"劳动者执行用工合作企业任务致人损害时，可以根据平台企业过错、控制、获益程度等依法确定责任"无疑具有参考价值，但系统解决这一问题还需要更多具体的规则。2024 年 9 月最高人民法院发布的《关于适用〈中华人民共和国民法典〉侵权责任编的解释（一）》第 15 条提供了部分解决方案。

4. 算法管理有待完善

虽然平台都认为其以"算法取中"作为目标，但企业在算法管理以及政府相关部门在算法治理上仍需不断完善。首先，需要加强平台有关用工的算法性质的研究。国家互联网信息办公室等四部门发布的 2022 年 3 月开始实施的《互联网信息服务算法推荐管理规定》加强了算法管理。该文件第二条规定，"应用算法推荐技术，是指利用生成合成类、个性化推送类、排序精选类、检索过滤类、调度决策类等算法技术向用户提供信息"。第二十条规定，"算法推荐服务提供者向劳动者提供工作调度服务的，应当保护劳动者取得劳动报酬、休息休假等合法权益，建立完善平台订单分配、报酬构成及支付、工作时间、奖惩等相关算法"。这些规定如何落地，还有待理论和制度的完善。

其次，从企业实践看，算法管理仍需加强。

一是"算法取中"目标的落实还须不断加强。虽然大多数平台企业表示将"算法取中"作为算法的原则，即综合考虑企业商业利益和公司社会责任，平衡商户、消费者、劳动者等各方利益，但平台作为规则的制定者，其天然地将自身的商业利益放在重要位置，如何落实"取中"，仍需要不断改进。算法保持中立，并不容易。

二是算法的制定程序。一些平台通过恳谈会等形式听取骑手或司机对算法的意见和建议，但在算法制定中，如何反映平台工人的意见，特别是那些事关平台工人任务分配、定价、工作时间、休息休假等事项还须完善。

三是算法的知情权问题。算法的内容异常复杂，一般平台工人或大众难以理解，如何让平台工人清楚知道算法的主要内容，尤其是涉及其切身利益的内容是平台必须履行的职责。

四是算法公开和备案问题。算法涉及平台企业的商业秘密和核心利益，算法的内容涉及订单分配、定价机制、激励机制、考核和评价机制，内容难以完全公开，因此，算法的哪些内容可以公开，哪些不宜公开，公开的方式等都需要进一步明确。算法备案规则还须完善，例如备案的效力如何？如果算法没备案，其效力如何？这些问题都需要《互联网信息服务算法推荐管理规定》的进一步完善和细化。

五是算法内容的合法性和合理性审查问题。从静态角度看，算法内容和用人单位的规章制度具有相似性。从劳动法角度看，用人单位的规章制度应符合合法性和合理性原则。与此相似，算法的内容也应符合合法性和合理性原则。2022年发布的《最高人民法院关于为稳定就业提供司法服务和保障的意见》指出，"依法认定与用工管理相关的算法规则效力，保护劳动者取得劳动报酬、休息休假等基本合法权益；与用工管理相关的算法规则存在不符合日常生活经验法则、未考虑遵守交通规则等客观因素或者其他违背公序良俗情形，劳动者主张该算法规则对其不具有法律约束力或者请求赔偿因该算法规则不合理造成的损害的，人民法院应当依法支持"。从该条意见看，算法的合理性应受到审查，而且从业人员因算法规则不合理而遭受损害的，也可以获得赔偿。这相比劳动合同法中关于规章制度的合法性审查更进一步。[①] 该司法文件的内容值得肯定，但如何对算法的合理性进行审查，尚须建立一套具体规则。

六是关于平台工人的个人信息保护。平台为了算法运行，需要对平台工人进行个人信息处理，但如何把握个人信息处理的度，是一个重要问题。例如，一些交通出行平台利用一键报警、紧急联系人、全程录音录像等功能，提高乘客和司机的安全保障等。而对司机进行全程录音录像是否必要？由于平台工人和平台之间的法律关系不清晰，其个人信息处理除了适用《个人信息保护法》的规定，是否适用劳动法涉及个人信息处理的规定？关于自动决策，虽然平台都设立了一定的救济措施，包括人工干

[①] 《劳动合同法》第八十条规定：用人单位直接涉及劳动者切身利益的规章制度违反法律、法规规定的，由劳动行政部门责令改正，给予警告；给劳动者造成损害的，应当承担赔偿责任。

预,但这种救济和人工干预措施是否及时和公平合理,仍需要强化平台监管。

5. 平台工人的职业发展通道有限,职业荣誉感不强

平台开辟了一些平台工人职业上升的通道,例如,骑手转岗到客服、培训师等岗位,但职业发展通道依然有限。

很多平台工人选择平台工作只是将其作为阶段性、过渡性或辅助性的工作。上海市第二中级人民法院的调研报告也指出,在案件审理中发现,对于诸多从业者,平台工作并非积极的职业选择,而是应对技能不足、失业的无奈之举。特别是近 3 年受新冠疫情影响,经济下行压力增大,传统的固定工作机会减少,更多劳动力被迫进入新业态灵活用工领域。[①] 还有调查表明,2019 年,美团平台上从业时间(从注册到一段时间内停止接单)不足 1 年的骑手占比超过 60%。[②] 这说明,大部分骑手的工作并不稳定,也不是其长期的工作,平台用工的社会认可度还不高。

6. 大部分网约车司机和骑手没有参加职工社会保险

由于大部分平台工人并没有和平台或合作商建立劳动关系,因此,大部分平台工人并没有参加职工养老保险和医疗保险。部分平台工人参加了居民社会保险。由于居民社会保险待遇和职工社会保险待遇差距较大,平台工人没有参加职工社会保险仍是一个重要问题。

(二)新就业形态与传统劳动法规制之间的张力

新就业形态劳动者的权益如何维护面临两难问题。平台企业一般认为其为互联网企业或科技公司,其主要业务是开发并运营 APP,进行算法开发和优化,从事技术创新以及相应的业务模式创新,其员工中工程师等技术人员占有很大比重,其不应成为平台工人的用人单位。同时,认为对于新就业形态劳动者,不宜采取将其归入劳动法的调整方式。

一些平台认为新兴行业不能装在传统的劳动关系当中。也有观点认为,平台具有资源聚拢的特征,会吸纳足够多的资源(包括人力资源)在平台上完成供需匹配。在这种情况下,很难有一家企业能够管理 2000 多个县市的百万级线下用工群体,这是因为从管理成本考虑,百万级的人

---

① 上海市第二中级人民法院:《2017—2022 年上半年新业态用工纠纷案件审判白皮书》,2022 年 11 月,第 9 页。
② 孟续铎、吴迪:《平台灵活就业新形态的劳动保障研究》,《中国劳动关系学院学报》2021 年第 6 期。

力资源带来的管理成本异常高昂。[1] 因此,平台必须将其业务"外包"或者引入相应的合作商。从国外看,一些平台的服务提供者也多达数百万的级别。例如,Uber 在 63 个国家拥有 390 万的司机,如果他们被视为公司的雇员,Uber 将成为迄今世界上最大的雇主。[2] 故而,如何既保持平台用工的灵活性,建立适应行业商业模式的规则,促进行业的繁荣和发展,又保护平台工人的合法权益,成为一个两难的问题。

同时用工实践也存在悖论,平台企业通常将平台工人的日常管理"外包"给合作商,但平台仍控制着数据和系统运行,监督平台工人的服务过程。为了业务拓展、保证服务质量和安全保障,平台一般会对合作商和平台工人保留相当的管理和控制,但是管理和控制越多,平台被认定为"用人单位"的可能性就越大,其责任和风险越大。因此,从监管角度看,平台对合作商和平台工人的管理是必要和有利的,但这种管理可能加大其风险和责任。例如,有观点认为,应把握平台就业的本质特征,不能因平台基于用户安全、劳动者保护要求出台管控规则,或者单纯从工作时长角度而认定其从属性强,认为其完全符合传统劳动关系。[3] 这也是监管政策需要考虑的因素。

因此,对于平台用工的规制既要借助于传统的劳动法,也应考虑平台用工的新特点,在鼓励创新和从业人员保护中寻找平衡,在平台、消费者和服务提供者等不同主体之间找到最佳的利益平衡点。

四 国外平台用工立法的新发展

由于传统劳动法的局限性,加上平台工人权益保障存在诸多问题,因此,许多国家开始探索通过立法保护平台工人权益。一些国家通过立法或其他措施将劳动法的部分保护措施适用于平台工人。例如,澳大利亚、新西兰通过立法将职业安全和卫生立法适用于所有工人,巴西通过判例将安

---

[1] 孟续铎、吴迪:《平台灵活就业新形态的劳动保障研究》,《中国劳动关系学院学报》2021 年第 6 期。
[2] Alessio Bertolini, "Regulating Platform Work in the UK and Italy: Politics, Law and Political Economy", *International Journal of Comparative Labour Law and Industrial Relations* 40, No. 1, 2024, p. 131.
[3] 孟续铎、吴迪:《平台灵活就业新形态的劳动保障研究》,《中国劳动关系学院学报》2021 年第 6 期。

全卫生法律适用于平台工人。一些国家将社会保险项目覆盖人群扩大到平台工人。比如，印度尼西亚和马来西亚将工作伤亡待遇扩大到部分平台工人，爱尔兰将疾病待遇扩大到所有工人，芬兰和美国将失业福利扩大到自雇工人。①立法路径具有统一性和明确性的优点，但由于平台种类众多，用工方式各不相同，且在不断变化当中，因此，进行系统立法的难度较大。例如，如何界定平台工人的范围、应规制哪些平台、保护平台工人哪些权利，均是立法难题。2020年由欧洲学者出版的《平台经济与劳动立法国际趋势》一书指出，"目前的劳动法无法应对平台工作所带来的挑战"，"法官正在呼吁立法者进行修改，但后者似乎并不知道究竟该怎么做"，"目前，我们仅知道问题，还不知道答案，而合理的答案就更少了"。②上述国家的立法措施总体上还是初步的，只是将劳动法的部分规定通过立法或其他措施适用于平台工人，总体上有关平台用工立法具有碎片化、不系统的特点。虽然立法困难重重，但一些国家正在采取比较系统而全面的立法保护平台工人，这些立法动向值得关注。

（一）美国加利福尼亚州和其他州的立法

美国加利福尼亚州2019年通过了该州"AB5"法案，该法案于2020年1月生效。根据AB5法案，在"零工经济公司"工作的合同工需按照正式雇员对待。然而2020年11月"第22号提案"（"Proposition 22"）的通过豁免了网约车平台Uber、Lyft等出行平台公司对AB5法案的适用，此类公司无须将零工工人归类为雇员，但需要为符合资格的人员提供最低工资、医疗保险、工伤保险、反歧视、公共安全和休假等保护。③

美国加利福尼亚州涉及平台工人的立法可谓一波三折。AB5法案采纳了Dynamex案对劳动者（雇员）身份认定的ABC标准，按照该标准，平台工人可以被纳入扩大的雇员概念之中而受到保护。但许多企业游说并且获得AB5法案的豁免适用，Uber和Lyft明确拒绝遵守AB5法案，大部分平台并没有采取任何措施来遵守法律的变化或者将其工人归类为

---

① International Labour Organization, "World Employment and Social Outlook 2021: The Role of Digital Labour Platforms in Transforming the World of Work", 2021, p. 25.
② ［法］伊莎贝尔·道格林、［比］克里斯多夫·德格里斯、［比］菲利普·波谢编：《平台经济与劳动立法国际趋势》，涂伟译，中国工人出版社，2020，第127~128页。
③ International Labour Organization, "World Employment and Social Outlook 2021: The Role of Digital Labour Platforms in Transforming the World of Work", 2021, p. 232.

雇员。平台公司游说加利福尼亚州立法者创设"第三类的混合体",以使工人获得部分而不是全部的劳动权利保护,"第22号提案"最后获得通过。① 尽管该提案在法律性质上将平台工人归入"独立承包商",但提案对工人提供的保护和福利是实质性的,甚至有人将该提案称为保护平台工人的"第三道路"。但由于没有"雇员"身份,工人不能组织和开展集体谈判,工人在该方案中的权利少于雇员享有的权利。② 由于许多平台提供的服务包括交通出行、外卖配送和快递等具有一定的公共服务性质,涉及平台和工人的切身利益,也涉及消费者利益,因此,立法中的利益平衡和相关方的博弈较为激烈和复杂,这也决定了立法的艰辛。

除了加利福尼亚州的立法颇具代表性,美国其他州的立法也具有重要参考价值。

2015年12月,奥斯汀市议会通过了一项法令,对网约车公司实施监管,包括要求司机接受犯罪背景调查,并购买足够的责任保险。得克萨斯州立法机构第100号法案要求公司从得克萨斯州许可和监管部获得许可证,每年支付5000美元的费用,并要求对司机进行背景调查。③ 可见,得克萨斯州主要通过对网约车司机的强制要求,在一定程度上保护平台从业人员和消费者。

纽约市采取了一种更加渐进的监管方式。2021年9月,纽约市议会通过了六项关于平台的法案。然而,这些法案回避了零工身份的问题。相反,纽约市的法案直接集中在健康和安全问题上。一项法案集中于最低工资标准以及如何计算工作时间。纽约市议会的法案也涉及"小费"以及使用卫生间的问题。纽约市议会通过的六项法案试图提供一些基本权利以保护零工工人,同时搁置更具争议的雇员身份认定问题。④

2015年,西雅图市希望为网约车司机提供适当保护。为了实现这

---

① Miriam A. Cherry, "Proposition 22: A Vote on Gig Worker Status in California", *Comparative Labor Law & Policy Journal*, Dispatch No. 31, 2021, pp. 4~7, at https://scholarship.law.stjohns.edu/faculty_publications/622/, last visited on May 19, 2024.
② Miriam A. Cherry, "Proposition 22: A Vote on Gig Worker Status in California", *Comparative Labor Law & Policy Journal*, Dispatch No. 31, 2021, p. 7.
③ Miriam A. Cherry, "An Update on Gig Worker Employment Status Across the United States", *The University of the Pacific Law Review*, Vol. 54, 2022, pp. 27~28.
④ Miriam A. Cherry, "An Update on Gig Worker Employment Status Across the United States", *The University of the Pacific Law Review*, Vol. 54, 2022, p. 28.

一目标，该市通过了一项法规，赋予网约车司机组建工会和集体谈判的权利，而不管他们是否具有雇员身份。立法者认为，组建工会将起到制衡平台力量的作用，并缓解公司和司机之间力量的差异。华盛顿州通过了众议院2076号法案，该法案回避了零工工人的身份，但规定平台为网约车司机提供最低工资、带薪病假，并帮助建立一个司机工人中心以有助于纠正工人与网约车公司之间的力量失衡。该法案于2023年1月1日生效。[1]

从美国一些州以及城市的立法来看，这些立法往往回避平台工人的身份，而侧重于对平台工人提供一些基本权利保护，尤其是最低工资、工作时间和安全卫生等方面的保护。这些保护对于解决平台工人的基本诉求无疑具有重要意义。

（二）欧盟成员国相关立法

总体上，欧盟成员国具有注重劳动保护的传统，不仅在司法上积极作为，在立法上也积极行动。法国立法措施值得关注。2016年一项名为"社会责任组合"的条款被引入法国劳动法，目的在于为平台工人提供特定保护。法国《劳动法典》第60条授予平台工人三项保护：工作中的事故保护、职业培训的权利，以及罢工、加入工会和集体协商的权利。这些规定适用于有权决定所提供服务或所出售商品的特征，并确定服务价格的平台，例如交通出行平台（如Uber、Lyft等平台）以及商品配送平台（如Deliveroo、Foodora等平台），其他平台则不适用。此外，前两项保护对工人收入有一定的门槛要求。[2] 法国在《劳动法典》中对特定平台工人提供的三项保护颇具意义，特别是对于集体劳动关系相对发达的法国，明确赋予平台工人加入工会和集体协商的权利具有重要意义。此外，2019年12月法国通过2019~1428号法律，借鉴了社会责任的概念，规定自营的交通和配送平台应针对工人制定"章程"，规定针对工人的"额外的社会保护"内容，这一规则体现在《劳动法典》第L7342~

---

[1] Miriam A. Cherry, "An Update on Gig Worker Employment Status Across the United States", *The University of the Pacific Law Review*, Vol. 54, 2022, pp. 28~29.

[2] "Are There Varieties of 'Gig Economy'? Features, Similarities and Differences of Platform-based Business," in Thomas Haipeter, Dominik Owczarek, Michele Faioli and Feliciano Iudicone (eds.), *Final Report of the "Don't Gig Up Project,"* January 2020, p. 19, http://www.dontgigup.eu/wp-content/uploads/2020/04/Final-Report-3.pdf, last visited on February 19, 2024.

8 和 L7342～9 条。章程应规定平台承担社会责任的条件和程序以及平台和工人的权利义务，内容应包括：（1）平台工人履行工作的条件以及相关规则；（2）旨在使工人因提供服务而获得体面收入的安排；（3）职业技能开发和职业发展保障的方法；（4）旨在改善工作条件以及防止职业风险的措施；（5）平台和工人之间关于工作履行条件的信息分享和对话的程序；（6）工人知悉有关工作条件变化的方法；（7）期待的服务质量以及平台对工作的控制方法及其实施；以及其他补充的社会保护措施。"章程"的内容应该在平台的网站公开。[①]

关于法国立法，有学者指出，法国《劳动法典》规定的目的并非给予平台工人雇员地位，或者无论其身份给予其大部分社会权利；相反，其目的在于避免平台工人的雇员身份，而明确肯定其身份为自雇者（self-employed status），并给予很少的权利。此后，从 2016 年的立法开始，通过持续的罢工，法国法转向将平台工人作为第三类主体（a third status）：作为具有从属性的主体类似于正式的雇员，同时缺乏自雇者完全自治和决策的能力。但是，法国法院在平台工人身份上的态度却毫不含糊：平台工人是虚假的自雇者，应该被认定为雇员。然而，法国政府坚持将平台工人作为自雇者，并使数字劳工平台的欺诈行为合法化。[②] 可见，法国政府及立法规定与法院立场存在较大出入，政府及相关立法倾向于将平台工人视为自雇者，而法院则倾向于认定其为雇员。同时，虽然法国《劳动法典》赋予了平台工人有限的权利，但即便如此，法院如果认为平台工人符合"雇员"的定义，其仍可能受到劳动法的保护。

意大利对外卖骑手进行了专门立法。2019 年第 128 号法律专门在 2015 年第 81 号法令中增加标题为"数字平台的劳动保护"的一章，规定了数字平台的义务，包括平台应负责骑手工作中的事故及职业疾病的保险、禁止包括驱逐出平台及因没有接受订单而减少工作机会的歧视、骑手享有最低工时报酬的权利等。[③]

西班牙通过了专门适用于外卖骑手的法令——《骑手法》。西班牙

[①] 参见《法国劳动法典》（2024 年）第 L7342～8 及 L7342～9 条，https://www.legifrance.gouv.fr/codes/section_lc/LEGITEXT000006072050/LEGISCTA000039678033/?anchor=LEGIARTI000039678037#LEGIARTI000039678037，最后访问时间：2024 年 2 月 19 日。

[②] Barbara Gomes, "The French Platform Workers: A Thwarted Path to the Third Status", *Italian Labour Law e-Journal*, Vol. 15, No. 1, 2022, pp. 143～144.

[③] 罗智敏：《算法歧视的司法审查——意大利户户送有限责任公司算法歧视案评析》，《交大法学》2021 年第 2 期。

2021年5月通过一项新的法令（第9/2021号），承认为数字平台工作的送餐员是雇员而不是独立承包商（independent contractors）。在这方面，新法增加了在特定情况下骑手被视为"雇员"的两项主要规定。第一项规定涉及"雇员身份"的推定，该规定遵循西班牙最高法院对Glovo案的裁决（STS 805/2020，2020年9月25日）。该规则适用于"任何类型的产品或商品的分销活动，雇主通过数字平台，通过对服务或工作条件的算法管理，直接、间接或隐含地行使其组织、指示和控制的能力"。第二项规定要求所有相关平台向其骑手披露相关信息，包括算法和人工智能如何影响工作条件、雇用决定和裁员，以及详细阐述员工的个人资料。新规定要求，工人代表必须被告知决定算法工作的"参数、规则和指示"。这一规定适用于所有使用算法管理的公司，而不仅是在食品配送领域运营的平台公司。该法令要求成立一个专家委员会，研究和评估"人工智能和算法在劳动关系中的良好应用"。劳动部表示，尽管该法只适用于外卖送餐骑手，但它可以作为规制其他使用算法对工作任务进行管理的平台的参考。该法于2021年8月12日生效。[①] 当然，西班牙《骑手法》的实施效果也引起了广泛争议。

欧盟国家的立法包括法国、意大利和西班牙都将骑手和网约车司机作为立法规制的重点，这可能包含三个方面的原因：一是网约车平台和外卖配送平台提供的服务涉及广大消费者的日常生活，和公共服务、公共安全等公共利益关系密切，也关涉广大消费者用户的体验和消费者利益，容易引起社会关注。二是此类平台一般通过算法对司机和骑手进行严格管理，体现了平台用工的典型特征，因此，平台和工人之间的法律关系如何定性非常重要。三是这类平台的工人面临较大的工作风险，劳动保护的需求较大，包括上文提及的这两类平台的工人工作时间一般较长，面临交通事故等安全健康保障和职业伤害保障等突出问题。因此，这两类平台自然地成为平台用工的立法重点。

（三）欧盟关于平台工人保护的立法

欧盟长期以来关注平台用工及其劳动保护问题。2021年12月欧盟委员会公布《欧洲议会和欧盟理事会关于改善平台用工工作条件的指令建议》（*Proposal for a Directive of the European Parliament and of the Council on*

---

① Eurofound, "Riders' Law", 2021, https://www.eurofound.europa.eu/nl/data/platform-economy/initiatives/riders-law, last visited on February 19, 2024.

Improving Working Conditions in Platform Work)。[1] 该指令建议的目的是改善平台用工的工作条件，同时支持平台经济提供的机遇、创新和灵活性。指令建议希望解决的挑战包括：平台工人身份的错误归类、平台工人合同安排缺乏透明度和可预测性、健康和安全风险，以及社会保护可及性的不足。[2]

欧盟委员会建议的目标在于：（1）通过一套清晰的标准正确确定平台工人的就业身份，使其获得现有的劳动和社会权利，包括获得最低工资、集体谈判、工作时间和健康保护的权利、带薪休假的权利或改善获得工作事故保护、失业和疾病福利以及养老金的机会。（2）在数字劳工平台的算法管理方面提供更多的透明度、权利和问责制，帮助平台工人更好地了解任务的分配和价格的确定，并使他们能够在必要时对影响工作条件的决定提出异议。（3）改善平台工作的执行和可追溯性，包括在跨境情况下，要求平台在工作履行所在国申报工作情况，并向国家当局提供有关通过平台工作的人及其工作条款和条件的相关信息。（4）加强集体谈判和社会对话。指令建议提出，平台需要就算法管理决策告知平台工人及其代表并与之进行协商。指令建议要求数字劳工平台为通过其工作的人畅通沟通渠道，使工人可以组织起来，并让工人代表与平台联系。指令建议赋权个体自雇者（solo self-employed people），包括通过数字劳工平台工作的人，通过集体谈判和增加社会对话影响和改善其工作条件。[3] 可见欧盟指令建议聚焦平台用工的主要问题，即工人身份认定、算法管理规制、工人的集体协商和对话权利以及行政监督和执法。

指令建议得到欧洲相关机构的关注和回应，相关机构对建议也提出了意见。欧洲经济和社会委员会于2022年3月23日通过了一项意见。欧洲区域委员会于2022年6月29日通过了一项意见。2022年9月29日，欧盟委员会通过了关于个体自雇者集体协议的指导方针。

---

[1] See European Commission, "Proposal for a Directive of the European Parliament and of the Council on Improving Working Conditions in Platform Work," 9 December 2021, COM/2021/762 final, https://eur-lex.europa.eu/legal-content/EN/TXT/?uri=COM%3A2021%3A762%3AFIN&qid=1639058069638, last visited on February 19, 2024.

[2] European Commission, "Questions and Answers: Improving Working Conditions in Platform Work," https://ec.europa.eu/commission/presscorner/detail/en/qanda_21_6606, last visited on February 19, 2024.

[3] European Commission, "Questions and Answers: Improving Working Conditions in Platform Work," https://ec.europa.eu/commission/presscorner/detail/en/qanda_21_6606, last visited on March 10, 2024.

在欧洲议会中，劳动和社会事务委员会（EMPL）起主导作用。该委员会于 2022 年 12 月 12 日通过了一项报告。该报告指出，从事平台工作的人可能是"平台雇员"，也可能是真正的"自雇者"。它试图促进对可反驳的劳动关系法律推定的适用，并对该指令建议的内容进行修订：删除了劳动关系推定的强制性因素，列出了非强制性的认定劳动关系需要考虑的因素清单；该报告加强了有关数据保护和对影响工作条件的所有决定进行人工监督的规定。

在欧盟理事会层面，社会事务工作组审查了该建议提案。理事会于 2023 年 6 月 12 日就其立场达成一致。该文本认同区分：与平台雇员（platform workers）工作条件有关的条款，以及与保护从事平台工作的雇员和自雇者的个人数据有关的条款。理事会支持雇员身份法律推定的原则，在将欧盟委员会提出推定劳动关系存在的五项标准扩大到七项后，理事会认为，一旦满足其中三项标准，就建立了劳动关系，相反的举证责任由平台承担。

在许多方面，欧洲议会的目标比理事会的目标更为雄心勃勃。欧盟机构间谈判始于 2023 年 7 月 11 日的第一次会议。[①]

欧盟机构间谈判于 2023 年 12 月 13 日达成临时协议。关于受薪身份（salaried status）的推定，谈判者同意回到委员会最初的建议，即满足五项"表明工人受平台控制"标准中的两项即可，但商定的文本将其称为"指标"，认为这是一个更灵活的术语，成员国可以采用额外的指标。推翻受薪身份推定的责任在于平台，而非工人。推定的推翻可以基于各国对雇员的定义和欧洲法院的判例法。平台必须证明工人是真正的自营者（self-employed），否则工人将自动被重新归类为雇员。此外，一旦得到确认，该协议将意味着欧盟首次对工作场所的算法管理作出规定，算法管理必须由合格的员工进行监督，并保护其免受不利待遇。而且，重要决定不能在没有人工监督的情况下作出，这将保证工人不会被自动化系统解雇。新规则将禁止平台处理某些类型的个人数据，并责成平台向国家主管当局和工人代表提供为其工作的自雇者的信息。不允许平台利用中介机构，通

---

① "Initiative to Improve the Working Conditions of People Working in the Platform Economy in 'A Europe Fit for the Digital Age'", https://www.europarl.europa.eu/legislative-train/theme-a-europe-fit-for-the-digital-age/file-improving-working-conditions-of-platform-workers?sid=7201, last visited on March 10, 2024.

过使用与第三方签订合同以使用工人规避社会保护的规则。① 可见欧盟指令建议的确定可谓一波三折，各方的意见难以快速形成共识。2024 年 11 月，欧盟正式公布了《改善平台用工工作条件指令》，以下将进一步介绍相关内容。

由此可见，欧盟对平台用工的规制主要在于解决平台从业人员的身份认定以及对平台基于算法的管理进行规制。由于欧盟有较为完备的个人数据保护法，而算法的运行涉及数据的处理，因此，指令突出了对算法的规制。同时，从不同机构对劳动关系推定规则的不同意见可以看出，劳动关系的认定标准和方法，包括推定规则的使用仍然是目前平台用工规制的重点和难点。劳动关系的认定方法需要在确定性、稳定性和灵活性之间寻求平衡。

（四）智利关于平台用工的专门立法

2022 年 9 月 1 日，智利成为少数几个对平台工作给劳动法带来的困境提供立法答案的国家之一。智利在《劳动法典》中引入有关平台工作的章节。立法的核心内容是对平台工人的身份作出界定。《劳动法典》规定两类平台工人：具有雇员身份的"从属平台工人"（dependent platform workers）和"独立平台工人"（independent platform workers），后者仍是独立承包商，但在工作时间、工资和反歧视等问题上将获得某些保护。② 有学者指出，智利的立法具有进步意义，至少对平台工人提供了相应保护，填补了现有空白，为算法管理、数据保护以及灵活工作时间安排等内容提供了基本的规范。但立法存在的问题是缺乏对劳动关系核心问题的考虑，也即对平台公司和平台工人之间谈判能力的失衡问题缺乏关切。虽然法律将平台工人分为两类，但立法起草者忽略了一个事实：决定平台工作条件的不是工人而是平台。因此，假设一直拒绝遵守劳动法规并将工人归类为自雇者的公司将会选择成本更低的保护方式，即将工人作为独立平台

---

① "Initiative to Improve the Working Conditions of People Working in the Platform Economy in 'A Europe Fit for the Digital Age'", https：//www.europarl.europa.eu/legislative-train/theme-a-europe-fit-for-the-digital-age/file-improving-working-conditions-of-platform-workers? sid=7801, last visited on March 10, 2024.

② Rodrigo Azócar Simonet, Jorge Leyton García, "Dispatch No. 45：Chile's Legislative Solution for Platform Work：Does It Fit the Bill?" Comp. Labor Law & Pol'Y Journal，October 2022, p. 1.

工人，这并非异想天开。① 换言之，由于资本的逐利性以及平台和工人之间力量对比的失衡，现有立法很难改变平台继续将工人作为独立承包商的做法。

（五）澳大利亚和新加坡的立法

澳大利亚于 2023 年通过了《公平工作立法修正法案》，该法案于 2024 年 2 月获得批准，于 2024 年 8 月生效。修正案引入了劳动关系的认定方法，即根据合同履行的事实而非合同条款认定劳动关系，该规定有利于平台工人法律身份的认定。修正案同时引入了"类雇员工人"（employee-like workers）的概念。"类雇员工人"指基于民事雇佣合同从事平台工作，且满足一定条件的非雇员工人。这些条件包括谈判能力低、收入水平低、工作履行自主性低或法规规定的其他特征。因此，根据澳大利亚法律，平台工人可能是劳动法上的雇员，也可能是该修正案所规定的"类雇员工人"，也可能属于自雇者。"类雇员工人"将获得不公正终止平台账户救济以及收入方面的保护，也享有集体协商的权利。同时澳大利亚公平工作委员会（Fair Work Commission）还可以就"类雇员工人"的收入条款、工资扣款、工作记录保管、保险、协商、代表等事项发布劳动基准，但不能就加班工资、轮班、商业运营以及平台工人的身份等发布基准。②

新加坡也对平台工人权益保障进行专门立法，其于 2024 年 9 月 10 日通过了《平台工人法》（Platform Workers Act），该法于 2025 年 1 月 1 日实施。《平台工人法》为平台工人创立了一个有别于雇员和自雇者的新的法律类别。平台工人获得了劳动法的部分保护，但被归类为独立自雇者。该法施行后，被归类为平台运营商的公司必须为平台工人提供保障，平台工人享有工伤保险赔偿、中央公积金待遇以及集体谈判权。③

（六）各国和地区立法总结

从上述国家和地区的立法，可以看出关于平台立法的以下趋势。

---

① Rodrigo Azócar Simonet, Jorge Leyton García, "Dispatch No. 45: Chile's Legislative Solution for Platform Work: Does It Fit the Bill?" *Comp. Labor Law & Pol'Y Journal*, October 2022, pp. 5~6, at https://cllpj.law.illinois.edu/content/dispatches/2022/Dispatch-No.-45.pdf?v2, last visited on March 10, 2024.
② *Fair Work Legislation Amendment (Closing Loopholes No. 2) Act 2024*, https://www.legislation.gov.au/C2024A00002/latest/text, last visited on January 12, 2025.
③ *Singapore Platform Workers Act*, at https://www.mom.gov.sg/employment-practices/platform-workers-act/what-it-covers, last visited on January 12, 2025.

第一，对平台用工进行专门立法正成为趋势。尽管立法困难重重，但由于司法路径的局限，对平台进行专门立法越来越成为一种趋势。从上文可知，法国、意大利、西班牙、智利、澳大利亚、新加坡、美国加利福尼亚州等州以及州内部的城市都针对平台用工进行专门立法，欧盟也公布了平台用工劳动保护指令。在其他国家和地区，立法也得到了充分重视。例如，2018 年，美国已有一半的州针对从业者和如 Uber 和 Lyft 等网约车公司的关系进行了立法。[1] 加拿大的立法动向也值得关注。面对平台用工等非标准用工的大规模兴起及带来的劳动保护挑战，加拿大政府 2019 年设立现代联邦劳动标准专家委员会，委员会就修改《加拿大劳动法典》中有关联邦最低工资、非标准工作工人的劳动标准保护、工作时间之外断开工作网络连接、福利的获得和携带以及非入会工人的集体权利等五个问题提出具体建议。[2] 虽然加拿大并非专门针对平台用工进行立法，但为应对平台用工引发的问题而对劳动法进行大规模修改无疑具有重要参考价值。学者也指出，在平台经济蓬勃发展之趋势下，有鉴于平台运营种类之多样性，长远来看，应有必要制定专法以尽可能将有保护需求平台工作者纳入保障范围。[3]

第二，对平台工人的保护侧重于基本权利的保护。从意大利、法国和美国加利福尼亚州以及智利的立法看，平台用工立法并非简单将平台工人纳入劳动法，相反，这些国家和地区的立法侧重于为平台工人提供基本权益保护，包括安全卫生、工作时间、工伤保险和医疗保险、最低工资、休息休假等，而不是将劳动法的全部规定适用于平台工人。这在一定程度上保持了平台用工的灵活性，也体现了平台工人和传统雇员保护方式的差异。智利立法则明确将平台工人分为雇员和自雇者两类，并为自雇者提供了相应的保护。由于平台工人身份的复杂性，一些立法绕开平台工人的身份问题专注于规定平台工人的基本权利。

第三，平台从业者的身份认定以及对算法管理的规制成为立法的主要内容。由于平台用工具有的特殊性，传统的劳动关系认定标准在平台用工

---

[1] [美] 赛思·D. 哈瑞斯：《美国"零工经济"中的从业者、保障和福利》，《环球法律评论》2018 年第 4 期。

[2] Employment and Social Department, Canada, "Report of the Expert Panel on Modern Federal Labour Standards", June 2019, pp. 8 ~ 9, https://www.canada.ca/content/dam/canada/employment-social-development/services/labour-standards/reports/expert-panel-final/expert-panel-final-report-20190826.pdf, last visited on March 10, 2024.

[3] 洪莹容：《从平台经济之多元劳务提供模式谈劳务提供者之法律地位与劳动权益之保护》，《中正大学法学集刊》2021 年第 72 期。

中显得力不从心，也难以将大部分平台工人纳入劳动法的保护体系，因此，对平台工人的身份识别以及对传统劳动关系认定方法的更新成为平台立法的重要内容。从立法实践来看，无论是欧盟的指令，还是西班牙和智利的立法，都涉及平台从业人员的身份认定或平台用工中劳动关系的认定方法。

同时，由于平台用工的新特点，对平台算法的规制成为平台用工立法的一项重要内容。从西班牙和欧盟指令内容看，立法对算法的规制更加重视，赋予了外卖骑手等平台工人与算法相关的权利。

第四，平台用工立法对所涵盖的平台和平台工人通常设定了一定限制。平台用工立法一般都对平台的范围进行适度界定，并不包含所有平台和平台所有工人。首先，立法主要针对对工人施加一定控制的平台。例如，法国的立法明确针对有权决定所提供服务或所出售商品的特征并确定其价格的平台。其次，立法主要针对交通出行、外卖配送等基于线下位置提供服务的平台。美国立法主要针对交通出行平台，意大利立法专门针对外卖骑手平台，法国立法主要针对交通出行和外卖配送平台，西班牙也专门针对骑手进行立法。最后，立法保护的平台工人有一定的门槛限制，比如法国对平台工人收入有一定要求，以避免保护范围的泛化。当然，一些国家和地区有关平台用工立法的覆盖范围较宽，例如欧盟指令。

第五，平台用工专门立法和劳动法保护并不冲突。平台用工专门立法一般并没有将平台工人一概认定为雇员，但并不妨碍法院在个案中认定平台工人为雇员而使其受到劳动法保护。许多国家的案例也表明，尽管一国或地区可能针对平台工人进行专门立法，但通常并不排除部分从业者的雇员身份，其在符合雇员定义的情形下，仍可能被认定为雇员，并受到劳动法的保护。在对平台工人进行专门立法后，在诉讼个案中认定平台工人为雇员并为其提供劳动法保护具有重要意义，这也说明了新的专门立法和传统劳动法并非相互替代，而是相互补充。

五　我国平台用工规制的基本思路

（一）我国平台用工立法的必要性

平台用工保护的司法路径存在局限性，即主要依靠现有的规则，通过认定平台工人和平台或其合作者是否具有劳动关系而给予相应的保护存在局限，难以为大部分平台工人提供相应的保护。因此，我国必须通过完善相应规则，也即通过立法措施，为平台工人提供应有的保护。尤其是我国人力资源和社会保障部等八部门发布了《关于维护新就业形态劳动者劳动保障权益的指导意见》等文件，在此背景下，有必要探讨我国完善平台工人权益保护的立法措施。

《关于维护新就业形态劳动者劳动保障权益的指导意见》（以下简称《指导意见》）为立法指明了方向和目标任务，但《指导意见》还存在缺陷和不足，进一步凸显了立法的必要性。

第一，《指导意见》虽然提出了与平台工人保护相关的多项保障措施，但其落实难以依靠意见本身。《指导意见》在涉及企业的义务时大量使用"推动""督促""引导"等表述，并非明确规定企业的义务或平台工人的权利，《指导意见》提出的内容还难以成为劳动者法定的权利。此外《指导意见》提出的一些措施过于宽泛，难以操作。比如，"督促企业按规定合理确定休息办法，在法定节假日支付高于正常工作时间劳动报酬的合理报酬。"何为"合理确定休息办法"，何为"合理报酬"，其中存在很大弹性空间。此外，《指导意见》本身的强制力也是有限的。

第二，《指导意见》虽然提出了多项权益保障措施，但内容仍存在不足。例如，《指导意见》并没有针对平台工人工作时间过长的问题提出具体措施。由于工作时间是基本劳动基准的重要内容，《指导意见》缺乏工作时间的内容是一个重大缺憾。相比而言，市场监管总局等七部门《关于落实网络餐饮平台责任切实维护外卖送餐员权益的指导意见》第三条规定"合理管控在线工作时长，对于连续送单超过4小时的，系统发出疲劳提示，20分钟内不再派单"。该条内容具有现实意义，但该条只规定了平台工人工作间隙的休息时间，并没有对工人工作时长做出全面的安排。

第三，引入"不完全符合确立劳动关系情形"的概念存在诸多疑问。"不完全符合确立劳动关系情形"的概念如何界定，对此类主体应提供哪些保护，仍存在不少疑问。值得注意的是，由于"不完全劳动关系"这一概念不是法律概念，当事人并未能在诉讼中主张该概念下的权利。①

---

① 上海市第二中级人民法院：《2017—2022年上半年新业态用工纠纷案件审判白皮书》，2022年11月，第8~9页。

（二）完善我国平台用工规制的基本思路

1. 平衡平台用工的灵活性和平台工人就业的安全性

平台用工是促进就业、扩大内需的重要支撑，也是满足人民群众日常生活需要的重要保障，目前仍在不断发展变化中。因此平台用工立法应平衡好劳动者和平台企业的利益。一方面应鼓励平台用工发展和创新，保持其适度灵活性，合理规定平台企业的义务和责任，同时也使平台工人的工作继续保持一定灵活性，这也是许多平台工人选择平台工作的重要原因。例如，强制所有司机成为雇员将减少他们的灵活性以及消除工人最为珍视的独立性的可能性。① 我国有关调查显示，64%的外卖骑手对时间灵活最为看重，这也是他们选择骑手工作的首要原因。② 另一方面也应保障劳动者的基本权利，防范他们面临的职业伤害等风险，保障其基本权益。美国学者 Orly Lobel 教授指出，许多规定旨在保护雇员，以及确保其获得生存工资与体面的工作条件，这些保护应扩展至所有工人。同时监管不应阻碍创新，最重要的是，监管者应该意识到劳动力市场是高度异质的，直接将平台工人认定为雇员并不能使所有工人获益。③ 因此，应合理分配平台企业及其合作企业的义务和责任，同时保障平台工人的合法权益，尤其是其基本权利，在平台企业、消费者和平台从业者以及其他主体的利益之间保持平衡。

平台用工相比传统用工具有较大的特殊性。一是单个平台吸收接纳平台工人的数量巨大，通过单个平台提供劳务的从业人员数量可能达到数百万甚至上千万的级别，这和传统用人单位的雇员人数规模显著不同。二是用工关系复杂。平台用工中，除了平台和平台工人两个主体，通常还存在平台的合作商，平台的合作商和平台从不同侧面对平台工人进行管理，平台致力于算法的制定和实施，侧重于工人服务过程的管理，合作商主要侧重于平台工人的日常管理，同时，平台对合作商也进行了考核和监督，其中的法律关系复杂，法律性质难以确定。三是平台用工具有较大灵活性。平台工人在平台规则下，在工作时间、工作地点、任务接受等方面具有一

---

① Orly Lobel, "The Debate over How to Classify Gig Workers Is Missing the Bigger Picture", *Harvard Business Review*, July 24, 2019, p. 4.

② 孟续铎、吴迪：《平台灵活就业新形态的劳动保障研究》，《中国劳动关系学院学报》2021年第6期。

③ Orly Lobel, "The Debate over How to Classify Gig Workers Is Missing the Bigger Picture", *Harvard Business Review*, July 24, 2019, p. 4.

定的灵活性。这一特征使得平台用工关系和传统的劳动关系具有较大区别，平台用工的劳动关系难以认定，传统的劳动关系认定理论和标准遭遇重大挑战。四是平台通过算法等对平台工人实施管理。平台用工的基本特征是平台工人通过平台提供劳务，平台通过算法对数以百万计或者千万计的平台工人进行订单分配、定价、服务过程的监督和考核，用工的数字化、自动化成为平台用工的基本特征。

因此，对于平台用工的法律规制不能简单移植传统的劳动法规制方式，而要根据其新的特点，区分平台用工的不同类型，进行精细化的调整。

2. 目前不宜在立法上引入"第三类"主体以及"不完全劳动关系"的概念

《指导意见》将平台从业人员的法律关系分为三类。即"符合确立劳动关系情形的，企业应当依法与劳动者订立劳动合同。不完全符合确立劳动关系情形但企业对劳动者进行劳动管理（以下简称不完全符合确立劳动关系情形）的，指导企业与劳动者订立书面协议，合理确定企业与劳动者的权利义务。个人依托平台自主开展经营活动、从事自由职业等，按照民事法律调整双方的权利义务"（《指导意见》第一条）。这为我国未来的平台用工立法完善提供了相应思路，但同时也面临巨大挑战。

（1）平台工人不宜简单纳入"第三类"主体

我国一些学者主张劳动法"三分法"或者引入"类雇员"的概念。从比较法看，英国法和德国法是在典型的"雇员"或"自雇者"之外，规定"第三类"或"中间类型"主体的立法例。英国法中存在"工人"（worker）的概念。根据英国 1996 年《劳动权利法》（*Employment Rights Act 1996*），"工人"包含两类，即存在劳动合同的"雇员"（employees），以及非雇员的工人［limb（b）workers］。非雇员的工人是指和雇主不存在劳动合同，在提供服务上享有更大自主性，但对雇主存在经济依赖的人，其负有亲自提供劳务的义务。立法引入"工人"的概念是为了适应用工方式的灵活化，克服传统的劳动关系覆盖范围较窄的弊端，为与雇员具有相似性但缺乏劳动合同的群体提供相应的保护。非雇员的工人在性质上仍属于自雇者（self-employed），是自雇者的一种类型。[①] 属于非雇员的工人可受到一定程度的劳动法保护，例如最低工资、工作时间、工资保

[①] Zoe Adams, Catherine Barnard, Simon Deakin and Sarah Fraser Butlin, *Deakin and Morris' Labour Law*, 7th ed., Oxford: Hart Publishing, 2021, pp. 137~139.

障、检举受保护以及与工会、集体协商和工业行动相关的权利。① 德国法上存在"类雇员"（employee-like person）概念。在德国，自雇者被排除在劳动法之外，雇员则可以完全受到劳动法保护，这种二分法一直被认为不是令人满意的解决方案。因此，第三类主体，即属于自雇者但其经济状况更类似于雇员而非自雇者的概念被引入。这类群体和其他自雇者的区别在于经济依赖性，被称为"类雇员"。这一概念由法院创设，起初定义并不清晰，这一状况因 1974 年《集体协议法》（Act on Collective Agreements）对其提供法律定义而得到改观。相比雇员，如果个人符合以下两个条件：①必须亲自履行合同义务，并且在实质上没有雇员的帮助，②工作的主要部分只服务于一人，或者超过一半的平均收入只来自一人，则具有经济依赖性且需要社会保护，即为"类雇员"。"类雇员"也可受到一定程度的保护，包括由劳动法院受理其与合同相对方的争议，享受有关年休假和公共假期的待遇，工作条件受到集体协议保护，以及反就业歧视的保护等。② 由上可见，英国法和德国法第三类主体的共同点在于其具有经济从属性，但缺乏人格从属性，且在实质上都属于自雇者。从英国和德国看，"工人"和"类雇员"的定义以及认定的基本标准均由法律规定。相比之下，我国类似的概念体现在部门发布的"指导意见"中似明显不妥。

从理论和实践看，平台工人在法律地位上可能与平台成立劳动关系，属于真正的雇员，并受到劳动法保护。相反，在存在第三类主体的国家，例如英国，Uber 等平台工人却可能被认定为非雇员的"工人"，而仅受到部分劳动法权益的保护。在西班牙，因其存在第三类主体的概念，判例中也有将平台工人认定为第三类主体，而使其受到有限的保护的情况。③ 而且有证据显示，在西班牙存在滥用第三类主体而隐藏真实的劳动关系。④ 因此，引入第三类主体对平台工人未必有利，可能导致本应被认定为雇员

---

① Hugh Collins, K. D. Ewing and Aileen McColgan, *Labour Law*, 2nd ed., Cambridge: Cambridge University Press, 2019, p. 216.
② Manfred Weiss, Marlene Schmidt and Daniel Hlava, *Labour Law and Industrial Relations in Germany*, 5th ed., The Netherlands: Kluwer Law International BV, 2020, pp. 48~49.
③ See Christina Hießl, "Case Law on the Classification of Platform Workers: Cross-European Comparative Analysis and Tentative Conclusions", Updated to February 2024, p. 40, at https://papers.ssrn.com/sol3/papers.cfm?abstract_id=3839603&download=yes, last visited on May 19, 2024.
④ See Thomas Haipeter, Dominik Owczarek, Michele Faioli and Feliciano Iudicone (ed.), "Are There Varieties of 'Gig Economy'?", 2020, p. 14.

的平台工人被"降格"为第三类主体,而仅受到有限保护。如果在立法上将平台工人全部纳入"第三类主体"则可能使部分本来应受到劳动法保护的群体无法得到应有的保护;同时,平台工人也可能是真正的自雇者,把这些工人全部纳入第三类主体也不科学。换言之,平台工人本身因类型和性质不同,难以完全用第三类主体来覆盖。

而且,引入第三类主体还可能带来"监管套利",以及理论和实践的难题。美国著名平台用工学者 Miriam A. Cherry 教授极力反对引入第三类主体。她在考察加拿大、意大利和西班牙等国有关第三类主体的制度和实践结果的基础上指出,"如果建立第三类主体的结果是套利(arbitrage)并导致'雇员'身份被降格为中间类型,那么这无助于解决虚假合同身份问题。事实上,增加第三类主体只会加重套利程度。"① 除了可能导致的逆向选择,即企业将原本属于雇员的工人归入第三类主体,损害工人的应有权利,引入第三类主体制度还将面临如何界定第三类主体以及为其提供哪些保护的立法难题。现阶段,我国如果在劳动者和自雇者的概念之外,引入第三类主体,例如"工人""类雇员"等概念,会使整个劳动法面临概念和体系的变化。在我国的劳动法理论和实践尚未成熟的情况下,这种做法将面临诸多问题和挑战。因此,我国目前不宜在劳动法中引入第三类主体的概念和制度。

(2)"不完全符合确立劳动关系情形"面临规范表达的困境

从字面上理解,"不完全符合确立劳动关系情形"是对用工事实或状态的描述,并非提出一个正式概念。但《指导意见》对符合该种情形的平台企业施加了相应义务,比如,"健全最低工资和支付保障制度,推动将不完全符合确立劳动关系情形的新就业形态劳动者纳入制度保障范围","督促企业向提供正常劳动的劳动者支付不低于当地最低工资标准的劳动报酬"。这就需要对何为"不完全符合确立劳动关系情形"进行界定,否则相关主体的权利义务就无法落实。同时,"不完全符合确立劳动关系情形但企业对劳动者进行劳动管理"的表述强调"对劳动者进行劳动管理",这是对"不完全符合确立劳动关系情形"基本特征的描述,表明了《指导意见》试图对该"情形"进行界定。而且,文件中"不完全符合确立劳动关系情形的新就业形态劳动者"的表述似乎表明其是对某类新就业形态劳动者的法律性质或法律地位的描述。因此,"不完全符合

---

① Miriam A. Cherry and Antonio Aloisi, "'Dependent Contractors' in the Gig Economy: A Comparative Approach", *American University Law Review*, Vol. 66, No. 3, 2017, p. 677.

确立劳动关系情形"的表述事实上是一个全新概念,而这一概念的提出不可避免地面临困境。

从立法权限看,《指导意见》提出一个全新概念可能面临困境。众所周知,劳动关系是基本的社会关系,符合这一法律关系的主体享有或承担重要的权利和义务。劳动关系或一般合同关系属于劳动法或民法所确立的基本概念。作为与劳动关系并列或相关,且可能对相关主体权利义务产生重要影响的概念,"不完全符合确立劳动关系情形"出现在《指导意见》中可能面临《立法法》上的障碍。劳动关系和与之相关的概念似应属《立法法》中所规定的"民事基本制度",相应地,这些概念似应通过法律加以规定,而不宜由部门的指导意见加以规定。①

(3)"不完全符合确立劳动关系情形"的"概念"存在悖论

通常认为人格从属性是认定劳动关系的基本要素。按此通说,"不完全符合确立劳动关系情形但企业对劳动者进行劳动管理"的概念存在悖论:该情形一方面要求"不完全符合确立劳动关系情形",即其不具备或者不完全具备人格从属性;另一方面又要求"企业对劳动者进行劳动管理",即强调其具有一定人格从属性,因此,概念本身存在一定的内在矛盾。加上劳动关系的判定通常不是基于明确的要件,而是从不同侧面"综合考量人格从属性、经济从属性和组织从属性的有无及强弱",②"劳动关系"本身存在极大弹性,这使得"不完全符合确立劳动关系情形"本身也极具弹性,难以和"完全符合"确立劳动关系情形相区分,进而希冀对"不完全符合确立劳动关系情形"进行准确界定是非常困难的。

2023年人力资源和社会保障部和最高人民法院发布的新就业形态劳动者典型案例充分体现了以劳动管理作为核心要素的从属性存在强弱的弹性问题,由此也表明了"不完全符合确立劳动关系情形"这一概念界定的难度。例如,在案例1"如何认定网约货车司机与平台企业之间是否存在劳动关系?"中,"案例分析"指出,"当前,认定新就业形态劳动者与平台企业之间是否存在劳动关系,应当对照劳动管理的相关要素,综合考量人格从属性、经济从属性、组织从属性的有无及强弱"。"综上,某信息技术公司对刘某存在明显的劳动管理行为,符合确立劳动关系的情形,

---

① 根据《立法法》第十一条规定,"只能制定法律"的事项包括"民事基本制度"。
② 《人力资源社会保障部 最高人民法院关于联合发布第三批劳动人事争议典型案例的通知》,"案例1. 如何认定网约货车司机与平台企业之间是否存在劳动关系?",中华人民共和国最高人民法院,https://www.court.gov.cn/zixun/xiangqing/401172.html,最后访问时间:2024年3月10日。

应当认定双方之间存在劳动关系。"在案例2"如何认定网约配送员与平台企业之间是否存在劳动关系？"中，"案例分析"指出，"综上，虽然某科技公司通过平台对徐某进行一定的劳动管理，但其程度不足以认定劳动关系。因此，对徐某提出的确认劳动关系等仲裁请求，仲裁委员会不予支持"。在案例3"外卖平台用工合作企业通过劳务公司招用网约配送员，如何认定劳动关系？"中，"案例分析"指出，"某货运代理公司将其纳入站点的配送组织体系进行管理，双方之间存在较强的组织从属性。综上，某货运代理公司对何某进行了较强程度的劳动管理，应当认定双方之间存在劳动关系"。[1] 这些案例都考虑人格从属性、经济从属性和组织从属性的强弱，或劳动管理的强度。因此，劳动关系的认定本身具有很大弹性，并没有一个明确的标准。

对比英国的非雇员"工人"及德国"类雇员"概念，其主要特征在于缺乏人格从属性，而具有经济从属性，只要认定其具有经济从属性即可，因此概念的内涵和外延相对确定，在实践中也相对容易判定。我国一些观点也试图对"不完全符合确立劳动关系情形"进行界定。例如，有观点在分析案例时指出，"法院认为该案的情形与传统劳动关系不同，有灵活性的特点，但同时又具有劳动关系的本质特征，具有保护的必要性，因而认定为新类型的劳动关系"，也即"不完全劳动关系"。[2] 这样的界定其实并没有清楚揭示"不完全符合确立劳动关系情形"的本质特征和可供操作的具体标准。因此，该概念存在很大的弹性和不确定性，在实践上也难以操作。而且，一些学者对于引入"不完全劳动关系"的实际效果也提出质疑，"不完全劳动关系并没有完全解决其意欲解决的3个问题：平台用工性质的认定分歧并没有缩小；不同类型劳务给付关系的区分更加复杂；平台劳动者的权益保障可能更不公平"。[3] 换言之，这一概念的引入可能无法解决现有问题，并带来新的问题。

从实践上看，由于"不完全符合劳动关系"的规范基础薄弱以及难以界定，在司法实践中难以发挥作用。2022年上海市第二中级人民法院发布《2017—2022年上半年新业态用工纠纷案件审判白皮书》指出，截

---

[1] 《人力资源社会保障部 最高人民法院关于联合发布第三批劳动人事争议典型案例的通知》，中华人民共和国最高人民法院，https://www.court.gov.cn/zixun/xiangqing/401172.html，最后访问时间：2024年3月10日。

[2] 张弓：《平台用工争议裁判规则探究——以〈关于维护新就业形态劳动者劳动保障权益的指导意见〉为参照》，《法律适用》2021年第12期。

[3] 范围：《不完全劳动关系的困惑：未解的三个问题》，《人民司法》2022年第7期。

至 2022 年 8 月底，该院尚未受理诉请确认不完全劳动关系案件。原因可能在于，一方面，《指导意见》虽已设立不完全劳动关系，但仅系规范性文件，效力层级较低，从业者诉请确认不完全劳动关系缺乏明确的法律指引。另一方面，从业者在劳动关系下可享受劳动法之倾斜性保护，在诉讼策略上往往会首先诉请确认劳动关系。① 因此，"不完全符合劳动关系"不仅在理论上存在困境，在实务上也难以发挥应有的作用。

(4) 目前不宜引入"不完全符合劳动关系情形"概念，应采取新的"二分法"

鉴于"不完全符合确立劳动关系情形"概念面临的诸多困境，我国不必为了平台用工治理急于在劳动法上引入"劳动三分法"或者第三类主体，当前也无须在立法上引入"不完全符合确立劳动关系情形"概念。对于《指导意见》关于平台用工的"三分法"也必须转变思路，不应将重点放在对"不完全符合确立劳动关系情形"的界定上。从上述有关国家和地区关于平台用工的立法内容和趋势看，对平台工人的保护主要是基本权利的保护，包括安全卫生、工作时间、工伤保险和医疗保险、最低工资、休息休假，以及数据保护和算法规制等。因此，对平台工人保护的基本思路应是通过一定方式确定给予上述基本权利保护的平台工人范围。在立法技术上，可采取排除法，即通过一定的标准将性质上完全属于民事关系的部分平台工人排除在外，除此之外的平台工人均属于立法所保护的对象，给予基本权利保护。在此基础上，按照传统的劳动关系或雇员定义，或者通过对平台用工中劳动关系判定方法的特别规定，将符合"雇员"定义的平台工人认定为雇员，将其纳入劳动法保护范围。如此，就可以避免引入"不完全符合确立劳动关系情形"的复杂概念，而使大部分平台工人受到基本权利保护。

因此，如何排除法律关系纯属于民事关系的平台工人成为一项重要任务。由于民事关系或民事合同的概念为法律所规定，相比"不完全符合确立劳动关系情形"的判断更为容易。可借助《指导意见》，继续规定"个人依托平台自主开展经营活动、从事自由职业等，按照民事法律调整双方的权利义务"。换言之，此类主体之外的平台工人均属于法律特别保护的对象。故此，将《指导意见》的"三分法"重新转换为"二分法"，

---

① 上海市第二中级人民法院：《2017—2022 年上半年新业态用工纠纷案件审判白皮书》，上海市第二中级人民法院官网，https：//www.shezfy.com/book/bps/2022/p05.html，最后访问时间：2024 年 2 月 19 日。

只要非属于《指导意见》所提及的第三类个人的平台工人基本权利均可受到保护。当前平台用工中问题比较突出的交通出行平台和外卖配送平台的网约车司机、外卖配送员等，由于其服务过程受到平台的严格管理和监督，服务价格亦由平台决定，因此，明显不属于"自主开展经营活动、从事自由职业"的个人。这类数量庞大、权益保护问题比较突出的平台工人的基本权利可顺理成章受到保护。尽管采取以上模式，仍面临部分平台工人是否存在劳动关系的难题，但由于大部分平台工人已受到劳动法部分保护，平台工人身份认定的重要性下降，而且，通过传统的劳动关系或雇员定义，或者通过对平台工人雇员身份认定方法的完善，仍可以使符合雇员定义的平台工人得到劳动法的完全保护。

由于数据保护和算法规制主要是基于信息处理者和数据主体的关系以及对平台等企业使用算法进行用工管理这一行为的规制，和平台企业与平台工人之间的法律关系的相关性不大，因此，有关数据保护和算法规制的规则可适用于所有平台，不必进行限制。欧盟指令，[1] 以及上述西班牙立法也是采取这一做法。

3. 坚持劳动保护、平台治理和行业规制的多重视角

在平台用工中，平台占据主导地位，特别是大型平台的技术创新和商业模式创新在加速进行，平台地位和实力突出，具有相当的公共性，且容易形成垄断的优势，加上包括劳动法在内的法律难以及时应对平台运营产生的风险，因此，在劳动法作出应对的同时，应要求平台承担相应义务和责任，以克服上述缺陷。诚如学者指出，平台积极承担主体责任，是数字时代的必然要求。平台经济的新技术、新产业、新业态、新模式层出不穷，而法律规则时常滞后甚至缺位，法律条款难免存在漏洞，法律内容经常过于模糊，平台积极承担主体责任可以弥补数字时代法律治理的缺陷。[2] 在平台用工中，存在复杂的法律关系，部分从业人员难以被认定为劳动者，劳动法的作用空间有限。而且，目前劳动法主要由平台从业人员通过司法途径要求平台企业或其合作方承担责任，主要是一种事后的救济，难以对平台运营中事前和事中的劳动者保护提供有力手段，因此，从平台义务和责任的角度出发，有利于克服劳动法调整范围有限的局限性。

---

[1] European Parliamentary Research Service, "Improving the Working Conditions of Platform Workers", January 2024, pp. 5~6, https://www.europarl.europa.eu/RegData/etudes/BRIE/2022/698923/EPRS_BRI（2022）698923_EN.pdf, last visited on February 19, 2024.

[2] 刘权：《论互联网平台的主体责任》，《华东政法大学学报》2022 年第 5 期。

从平台企业作为业务经营者本身理应承担的义务和责任出发是强化平台工人权益保护的重要路径。

(1) 我国对平台用工进行多维度监管的实践

事实上,我国对平台从业人员权益的保护也遵循平台治理和劳动保护等多重维度。典型的例子是上述2021年7月国家市场监管总局、国家网信办、国家发展改革委、公安部、人力资源社会保障部、商务部、中华全国总工会联合印发《关于落实网络餐饮平台责任切实维护外卖送餐员权益的指导意见》。该意见以"落实网络餐饮平台责任"作为保护外卖送餐员权益的重要手段。内容涉及平台科学设置报酬规则、完善绩效考核制度、优化平台派单机制、加强外卖服务规范、综合运用保险工具、优化从业环境、加强风险防控措施,对平台的义务和责任进行了全面的规定。[①] 该意见内容丰富,也不乏具体规定,例如,规定"合理管控在线工作时长,对于连续送单超过4小时的,系统发出疲劳提示,20分钟内不再派单"。但由于该意见效力和强制力有限,一些规定还难以落实。

除了外卖行业对平台义务和责任的强化,我国在平台相关义务和责任的规定中也涉及了用工平台的具体义务和责任。如,上述网信办等部门发布的、2022年3月开始实施的《互联网信息服务算法推荐管理规定》加强了算法管理。其中第二十条规定,"算法推荐服务提供者向劳动者提供工作调度服务的,应当保护劳动者取得劳动报酬、休息休假等合法权益,建立完善平台订单分配、报酬构成及支付、工作时间、奖惩等相关算法"。这也是从平台义务和责任的角度规定平台对工人的保护措施。

除了从平台治理的角度规定平台的义务和责任加强对平台工人的权益保护,从行业管理的角度,对行业从业人员进行相应的管理和保护也是促进平台工人保护的重要手段。例如,2016年7月27日交通运输部、工业和信息化部、公安部、商务部、工商总局、质检总局、国家网信办发布《网络预约出租汽车经营服务管理暂行办法》(2016年发布,2019年、2022年修正)涉及对从事网约车服务的驾驶员保护的诸多规定,并从保护消费者(乘客)权益的角度强化了对驾驶员的权益保护。例如,第十四条规定了驾驶员的条件。第十六条规定,"网约车平台公司承担承运人责任,应当保证运营安全,保障乘客合法权益",将平台公司作为承运人

[①] 《市场监管总局 国家网信办 国家发展改革委 公安部 人力资源社会保障部 商务部 中华全国总工会关于落实网络餐饮平台责任切实维护外卖送餐员权益的指导意见》,国家市场监督管理总局,https://www.samr.gov.cn/wjys/g22d/art/2023/art358bb68f79a497a245531b7abac0.html,2021年7月16日。

也有利于对驾驶员的保护。第十八条规定,"网约车平台公司应当保证提供服务的驾驶员具有合法从业资格,按照有关法律法规规定,根据工作时长、服务频次等特点,与驾驶员签订多种形式的劳动合同或者协议,明确双方的权利和义务。网约车平台公司应当维护和保障驾驶员合法权益,开展有关法律法规、职业道德、服务规范、安全运营等方面的岗前培训和日常教育"。这些规定从规范网约车的经营行为和消费者的利益侧面强化了对平台从业人员的保护。

此外,交通运输部等八部门于2021年11月联合发布《关于加强交通运输新业态从业人员权益保障工作的意见》(以下简称《意见》)。《意见》结合各部门职责,提出了加强新业态从业人员权益保障工作的举措,要求完善平台和从业人员利益分配机制,督促网约车平台企业公告计价规则、收入分配规则,合理设定抽成比例,每次订单完成后告知驾驶员抽成比例;鼓励网约车平台企业积极参加职业伤害保障试点,为网约车驾驶员在线服务期间的劳动安全提供保障,督促网约车平台企业依法为符合劳动关系情形的驾驶员办理社会保险。在保障从业人员合理劳动报酬和休息权益方面,《意见》要求相关行业主管部门、工会组织、行业协会持续跟踪行业运营情况及从业人员收入水平,并适时公开发布,引导驾驶员形成合理收入预期;督促网约车平台企业向提供正常劳动的网约车驾驶员支付不低于当地最低工资标准的劳动报酬。要科学确定网约车驾驶员工作时长和劳动强度,保障驾驶员获得足够的休息时间;督促网约车平台企业持续优化派单机制,提高车辆运营效率,不能以冲单奖励等方式诱使驾驶员提供超时服务。为改善从业环境和工作条件,《意见》积极推进设置出租汽车临时停靠区,破解"就餐难、停车难、如厕难"等问题。督促网约车平台企业加强对用工合作单位的管理,不得以高额风险抵押金、保证金转嫁经营风险,不得将驾驶员服务计分与服务时长、派单机制等挂钩,不得变相违法阻碍驾驶员自由选择服务平台。[①] 这些内容虽然主要针对行业的规范和健康发展而提出,但许多内容都涉及驾驶员的劳动和社会保障权益保护。

(2)美国和欧盟对平台用工进行多维监管的考察

上述平台从业人员权益保护的综合治理方式也是许多国家和地区采取

---

① 《市场监管总局 国家网信办 国家发展改革委 公安部 人力资源社会保障部 商务部 中华全国总工会关于落实网络餐饮平台责任切实维护外卖送餐员权益的指导意见》,国家市场监督管理总局,https://www.samr.gov.cn/wjys/g22d/art/2023/art358bb68f79a497a245531b7abaco.html,2021年7月16日。

的做法。例如，在美国，相关法律赋予联邦贸易委员会（FTC）广泛的权力以"防止伤害公众以及对竞争对手不公平的行为或做法"。如今，联邦贸易委员会同时执行反垄断和消费者保护的双重职权，其关于零工经济的政策声明考虑利用这两项权力。① 联邦贸易委员会广泛的职权使得其也享有规制平台行为的权力，包括规制平台对待平台工人的行为的权力。

2022年3月，联邦贸易委员会就"如何最有效地……解决零工平台和其他情形下使用虚假、未经证实或其他误导性收入声明的某些欺骗性或不公平行为或做法"征求意见。2022年7月，美国联邦贸易委员会与国家劳动关系委员会（National Labor Relations Board）正式达成协议，将多类零工平台做法列为共同关注的领域。在2022年9月的政策声明中，联邦贸易委员会宣布计划全面瞄准零工平台。联邦贸易委员会以对这个快速扩张的行业的工作条件的担忧为由，宣布打算利用其全部权力"保护这些工人免受不公平、欺骗性和反竞争行为的侵害"。声明指出了三个令人担忧的领域：（1）平台实施缺乏责任的控制，（2）平台工人谈判能力减弱，以及（3）市场集中。联邦贸易委员会解释：虽然许多平台声称零工工人是灵活和独立的，但事实上，平台工人的工作受到雇主很大程度的控制——具备雇主和雇员关系（employer-employee relationship）的特征。该机构打算审查的行为包括"零工平台做出的关于零工财务提议（financial proposition）的承诺或未披露的信息"。此外，还有两个领域的实践尚未被认为是不公平或具有欺骗性：一是，由于双方力量失衡，零工工人无法通过法院或集体谈判挑战平台的行为；二是，集中的零工市场相对缺乏竞争使得零工工人更容易受到不公平和欺骗性做法的影响。零工市场的集中使得平台可以"施加市场力量"，包括压低工资、降低工作质量或强加苛刻条款，等等。联邦贸易委员会确定了可能属于其消费者保护权力范围内的各种做法，包括"对收入做出虚假、误导性或未经证实的声明"，"未经同意扣留工人收入"，使用"包含不公平条款的格式合同"。至关重要的是，联邦贸易委员会声称，保护措施并不取决于零工公司如何对平台工人的身份进行分类。②

由于联邦贸易委员会享有的巨大权力，可以从规制企业的市场行为角度，对用工平台对待工人的行为进行规制。而且，联邦贸易委员会的监管

---

① "Developments—Labor and Employment", *Harvard Law Review*, Vol. 136, 2023, p. 1640.
② "Developments—Labor and Employment", *Harvard Law Review*, Vol. 136, 2023, pp. 1643~1644.

行为不必拘泥于平台工人和平台之间是否建立劳动关系，而主要考虑平台的行为是否属于"不公正或欺骗性"的行为，因此具有很大的灵活性。同时，联邦贸易委员会也着眼于平台企业的特殊性，包括其和平台工人之间力量的显著差异以及平台市场相对集中可能导致平台的不公正行为。可见，美国联邦贸易委员会对平台的监督以及平台工人权利的保护也是从行业规制和平台企业作为特殊企业所应承担的特殊义务和责任的角度展开的。

在欧洲，对用工平台的治理以及对平台工人的保护也是采取多重角度。一方面，如上所述，欧盟委员会《改善平台用工工作条件指令》的主要目的是改善平台用工的工作条件，通过识别平台工人的身份等措施，给予平台工人相关保护，其主要从劳动法的角度展开。同时，欧盟还从平台治理的角度对用工平台进行规制。欧盟2019年出台《平台—企业条例》[*Platform-to-Business（P2B）Regulation 2019/1150*]，2020年公布了《数字市场法案》(*Digital Markets Act*)和《数字服务法案》(*Digital Services Act*)，并于2022年获得最终通过。这些立法措施的核心是规定平台以下义务：(1) 透明度（Transparency）；(2) 负责任，包括审查的义务（Accountability），以及(3) 提供救济措施（Remedies），这三项义务被称为"TAR义务"（"TAR" Obligations）。[①] 相比之下，有关改善平台用工工作条件的指令的内容主要来源于劳动法上的权利，而《平台—企业条例》和《数字服务法》则聚焦于对平台强加上述三项义务，即透明、负责和提供救济的义务。[②]

欧盟2024年《改善平台用工工作条件指令》的内容也反映了对平台用工的综合治理思路。指令旨在确保对平台工作人员的就业身份进行正确分类，并引入有史以来第一个关于职场算法管理和人工智能使用的欧盟规则。该指令的主要内容包括：引入雇员身份推定规则，完善平台工人身份认定方法；增加平台算法运行及其行为如何影响自动系统决策的信息透明；要求更多的关于自动决策和监督系统的人工监督；加强对个人数据使用和处理的限制；对平台企业使用中介机构进行规制，即成员国应确保和

[①] Barnard Catherine, "The Serious Business of Having Fun: EU Legal Protection for Those Working Online in the Digital Economy", *International Journal of Comparative Labour Law and Industrial Relations*, Vol. 39, No. 2, 2023, p. 128.

[②] Barnard Catherine, "The Serious Business of Having Fun: EU Legal Protection for Those Working Online in the Digital Economy", *International Journal of Comparative Labour Law and Industrial Relations*, Vol. 39, No. 2, 2023, pp. 139~140.

第三方而非平台订立协议的平台工人享有和与平台直接订立协议的平台工人相同的保护。① 从指令内容看，其除了聚焦传统的劳动关系认定问题之外，也侧重于强化平台的义务、数据保护和算法规制等内容，换言之，也是综合使用劳动法以及数字规制工具。

因此，无论是平台工人权益保护的劳动法规则，还是平台作为特殊主体所应承担的义务和责任，抑或行业规制，都是维护平台工人劳动和社会保障权益的重要手段。多种手段综合施策可以从不同角度，通过不同方式强化对平台工人劳动权益的保障，但不同手段之间也需要彼此协调，避免内容的冲突。目前中国平台工人权益保护综合治理的主要依据是行政机关的指导意见，主要手段是行政指导和行政监督。指导意见往往缺乏应有的强制力和权威性，对平台工人的保护措施难以转化为平台工人的权利，因此，保护平台工人劳动和社会保障权益的劳动法立法路径无疑具有突出的意义。

虽然对用工平台的治理存在上述多种路径，但劳动法的路径是核心的路径，因为劳动法的保护强度是最大的。因此，从劳动法的角度对平台用工进行专门立法仍显必要。从立法内容上看，当前立法面临两项主要任务：一是如何对平台工人进行分类，分清不同类型平台工人与相关主体的法律关系及其性质，识别其法律地位；二是规定平台工人的具体权益以及平台及相关主体的义务和责任。从立法形式上看，美国加利福尼亚州、欧盟、西班牙、法国、意大利、澳大利亚、新加坡等通过专门立法或在相关法律中加入有关平台用工的专门条款，与之相比，由于我国平台工人数量众多，我国更宜采取专门立法形式。考虑到平台用工还在发展之中，可以以制定行政法规的方式进行专门立法。

六　平台基本义务和平台工人主要权利

对于平台工人中不符合劳动关系认定条件，或者实践中未被正确归类为劳动者的平台工人应该给予哪些保护是平台工人立法的核心内容。正如Orly Lobel教授所指出的，在雇佣关系和劳动法中，我们应努力使监管恰

---

① European Parliament, "Platform Work: Deal on New Rules on Employment Status", https://www.europarl.europa.eu/news/en/press-room/20231207IPR15738/platform-workers-deal-on-new-rules-on-employment-status, last visited on April 18, 2024.

到好处：监管不能太少而使工人不受保护，也不能太多而扭曲市场和抑制就业。① 在立法赋予平台工人权益的同时，必须探讨赋予这些权益的法理基础。

（一）平台工人劳动权益范围的法理依据

第一，工人应普遍享有的权利。

尽管传统劳动法以保护具有劳动关系的"雇员"为其主要任务，但由于雇员身份认定具有很大弹性，雇员身份的认定存在较大的偶然性和不确定性，许多提供劳务但未建立劳动关系的工人和雇员并无多大差异，他们也需要保护。国际劳工组织长期以来呼吁并主张一些基本权利和基本原则应适用于所有工人，而不仅仅是具有劳动关系的雇员。例如，1998年国际劳工组织《关于工作中基本原则和权利宣言》宣布，一些基本权利和原则一律适用于所有成员国。这些权利和原则包括：（a）结社自由和有效承认集体谈判权利；（b）消除一切形式的强迫或强制劳动；（c）有效废除童工；（d）消除就业与职业歧视；以及（e）安全和卫生的工作环境。② 这些权利一律适用于所有成员国的所有劳动者，无论其经济发展水平如何，因而也适用于平台经济。③

近年来，随着非正规就业的发展，加强对非正规就业中不具有雇员身份的工人保护被提上日程。国际劳工组织2015年《关于从非正规经济向正规经济转型建议书》（第204号）为各国制定综合政策框架提供了指引，以逐步促进经济向正规化转型，同时防止经济非正规化。该建议书呼吁成员国在法律和实践层面，将职业安全卫生保护、社会保障、生育保护、体面工作条件和最低工资逐步扩大到非正规经济中的所有工人；成员国应逐步将社会保险覆盖面扩大到非正规经济中的人员。④ 2019年6月21

---

① Orly Lobel, "The Debate over How to Classify Gig Workers Is Missing the Bigger Picture", *Harvard Business Review*, July 24, 2019, p. 3.

② 国际劳工组织：《关于工作中基本原则和权利宣言及其后续措施》（国际劳工大会第86届会议，1998年6月18日于日内瓦通过，2022年修订），https://www.ilo.org/declaration/thedeclaration/textdeclaration/WCMS_652158/lang--fr/index.htm，最后访问时间：2024年3月10日。

③ 周畅：《中国数字劳工平台和工人权益保障》，《国际劳工组织工作报告》，2020年，第40页。

④ 国际劳工组织：《关于从非正规经济向正规经济转型建议书》（第204号，2015年），第17、18、20条，https://www.ilo.org/ilc/ILCSessions/previous-sessions/104/reports/reports-to-the-conference/WCMS_379392/lang--en/index.htm，最后访问时间：2024年3月10日。

日，国际劳工组织通过了《关于劳动世界的未来百年宣言》。宣言重申雇佣关系的持续相关性，以此作为向工人提供法律保护的方式。宣言指出"所有工人都应根据体面劳动议程享有适当保护，同时考虑到：(i) 对其基本权利的尊重；(ii) 适当的法定最低工资或通过谈判达成的最低工资；(iii) 工时的最长限度；以及 (iv) 工作中的安全与卫生。"[1] 国际劳工组织《关于劳动世界的未来百年宣言》是在平台用工兴起的背景下通过的，因此，其强调对所有工人的基本权益的保障范围具有重要参考价值。概括起来，国际劳工组织强调对所有工人的保护包括结社和集体协商、反强迫劳动、禁止童工和反歧视的基本原则；以及工资、工时、安全卫生等基本劳动基准。因此，这些权利可以也应当赋予平台工人。

在2022年6月举行的第110届国际劳工大会上，国际劳工大会决定修订国际劳工组织《关于工作中的基本原则和权利宣言》（1998）第2段，将"安全和健康的工作环境"作为工作中的一项基本原则和权利。随着关于将安全和健康的工作环境纳入劳工组织工作基本原则和权利框架的决议的通过，国际劳工大会决定将1981年《职业安全与健康公约》（第155号）和2006年《职业安全和健康促进框架公约》（第187号）作为基本公约。[2] 因此，有关职业安全和健康的权利也应赋予平台工人。

还有学者从零工本身的重要性为零工工人的保护进行论证，认为零工工人所提供的送餐服务、医疗服务、出行服务等涉及民众的基本生活和基本需要，他们的劳动是社会运行所不可或缺的，因此，零工工作也被称为"不可或缺的工作"（essential work），相应地，零工工人也被称为"不可或缺的工人"（essential workers）。但现实存在悖论，一方面这些零工工人被认为是"不可或缺的"，但同时，当他们希望获得雇员享有的基本保护时却被忽视了。[3]

在新冠疫情期间，零工工人为许多市民提供了重要的服务，他们送食品和杂货，提供交通工具，并增加了与病毒的接触机会，以便其他人在封锁期间可以待在家里。对这些牺牲的充分承认应该使零工工人获得与雇员

---

[1] 国际劳工组织：《关于劳动世界的未来百年宣言》（国际劳工大会第108届会议2019年6月21日于日内瓦通过），第Ⅲ，https://www.ilo.org/wcmsp5/groups/public/---ed_norm/---relconf/documents/meetingdocument/wcms_714054.pdf，最后访问时间：2024年3月10日。

[2] 参见国际劳工组织网站，https://www.ilo.org/global/topics/safety-and-health-at-work/areasofwork/fundamental-principle/lang--en/index.htm，最后访问时间：2024年3月10日。

[3] Miriam A. Cherry, "Employee Status for 'Essential Workers': The Case for Gig Worker Parity", *Loyola of Los Angeles Law Review*, Vol. 55, 2022, pp. 732~733.

相同的劳动法保护和福利。毫无疑问，零工工人已经证明自己值得获得与法律规定的雇员同等的劳动力市场保护。① 以上主要从零工工人工作的不可或缺性及其重要性来论证平台工人应该获得和雇员相同的保护。由于劳动关系的认定具有一定的社会政策色彩，其旨在为需要劳动法保护的群体提供相应保护，因此，从工作本身的重要性来论证其应获得劳动法保护具有一定的说服力。当然，这只是劳动关系认定的一个考虑因素，就零工工人而言，更主要的还得从零工工人和平台等主体的关系事实入手。

将雇员的部分权利或福利扩大至所有工人的主张得到越来越多的支持。国际劳工局专家 Janine Berg 指出，"是时候重新聚焦于如何减少劳动力市场的不稳定以及制定策略以确保所有工人能够从劳动法的基本劳动保护受益的讨论了"。②

第二，平台工人和"雇员"的类似程度及其灵活性。

虽然平台工人享有一定程度的自由，包括是否提供服务以及服务时间和地点的自由，但部分平台工人，尤其是全职的平台工人和传统雇员相比并无多少实质差别。许多平台制定了严格的规章制度，对服务过程进行了严格管理和监督，平台拥有服务的单方定价权，制定了严格的惩戒措施等。从某种意义上看，平台企业对工人的控制不是减少而是加强了。因此，对于这些由于技术发展而"被平台化"的工人，立法者应着眼于其实质而不是表面的"灵活"形式，为其提供应有的保护。美国学者 Miriam A. Cherry 教授指出，实质上，因为雇主和工人之间力量的不平衡，零工工人应当享有和雇员同样的权利。③ 换言之，虽然平台工人享有一定的灵活性和自由度，但平台工人和平台之间力量不平衡的实质并未改变，雇员享有的基本权利也应给予平台工人，以克服双方之间的不平衡。

同时，立法也有必要保持平台用工的灵活性。在立法上可以参照劳动法的一些规定，同时也需要一些变通或特殊的规则。例如，由于平台用工的灵活性和特殊性，特别是平台工人进入和退出平台的灵活性，传统劳动法的解雇保护规则就难以直接适用于平台工人。美国学者 Orly Lobel 教授

---

① Miriam A. Cherry, "Employee Status for 'Essential Workers': The Case for Gig Worker Parity", *Loyola of Los Angeles Law Review*, Vol. 55, 2022, p. 737.

② Janine Berg, "Protecting Workers in the Digital Age: Technology, Outsourcing, and the Growing Precariousness of Work", *Comparative Labor Law & Policy Journal*, Vol. 41, No. 1, 2019, p. 93.

③ Miriam A. Cherry and Ana Santos Rutschman, "Gig Workers as Essential Workers: How to Correct the Gig Economy Beyond the COVID-19 Pandemic", *ABA Journal of Labor & Employment Law*, Vol. 35, No. 1, 2020, p. 16.

也指出,"我们需要创设针对平台零工(gig worker)的专门规则。因为,不是所有的工资和工时的法律可以无缝地适用于平台工作"。[①]

第三,算法的应用及其规制需求。

平台业务的开展,包括对工人的管理主要依赖算法,算法是平台得以运行的基础。工人的算法管理是平台业务模式的核心。[②] 对工人进行算法管理也是互联网平台用工管理和传统劳动关系中雇主对雇员指挥管理的最大区别。因此,如何确保算法内容的合法性、合理性,算法内容不损害劳动者的基本权益,以及确保算法规则制定的正当性成为平台工人权益保护的重要内容。

第四,我国平台工人权益保障存在的问题。

上文分析了我国平台工人权益保障的突出问题,包括平台工人身份不明确、工作时间过长、劳动安全卫生保障和社会保险不健全、算法不合理等。这些问题反映了平台工人的保护需求,我国宜以问题为导向,给予平台工人相应的保护。

(二) 平台工人的具体权益

根据上文分析,一般的平台工人在其无法或难以确立劳动关系的背景下,我国可参考《指导意见》的规定,通过立法给予其下列权益保障。

第一,平等就业的权利。

反就业歧视和平等就业涉及公民平等权的基本权利,是国际劳工组织确立的工人基本权利之一,也是许多国家赋予所有工人的权利。因此,应赋予平台工人平等就业、不受歧视的权利。

第二,劳动安全卫生的权利。

安全卫生关涉工人的健康权和生命权,应为包括平台工人在内的所有工人所享有。韩国政府在 2019 年 1 月宣布修订《工业安全与健康法》,修订的一项内容是将平台从业者纳入该法的保护范围。[③] 2021 年,我国修改《安全生产法》,根据该法第四条,平台经济的生产经营单位也应履行

---

① See Orly Lobel, "The Debate over How to Classify Gig Workers Is Missing the Bigger Picture", *Harvard Business Review*, July 24, 2019, p. 3.

② International Labour Organization, World Employment and Social Outlook 2021: The Role of Digital Labour Platforms in Transforming the World of Work, International Labour Office-Geneva: ILO, 2021, https://www.ilo.org/global/research/global-reports/weso/2021/WCMS_771749/lang--en/index.htm, last visited on April 16, 2024.

③ 周畅:《中国数字劳工平台和工人权益保障》,《国际劳工组织工作报告》,2020 年,第 36~37 页。

该法规定的安全生产义务。因此,《安全生产法》有关劳动安全卫生的规定应适用于平台工人。相应地,平台或其合作企业应当承担安全卫生保障义务,在平台工人遭遇工作伤害时,应承担损害赔偿责任。2021年人力资源和社会保障部等八部门发布的《关于维护新就业形态劳动者劳动保障权益的指导意见》都提及平台工人的平等就业和劳动安全卫生的保障,因此,平台工人的平等就业和劳动安全卫生的权利应得到确立。

目前,关于新就业形态劳动者致人损害的责任认定,较有影响的司法机关的研究报告指出,法院对这一问题的不同裁判尺度反映了不同的审理视角,即:是从"平台—第三人"的外部视角还是从"平台—劳动者"的内部视角去审查责任主体和责任形式。如果基于外部视角,法院无须对平台与劳动者的内在法律关系进行实质审查,只需要判断劳动者是否属于执行平台的工作任务,若属于,则平台对第三人承担责任。如果基于内部视角,则法院需要首要解决的是平台与劳动者的内部法律关系,并据此判断平台是否需要对第三人承担责任。[1] 笔者认为,虽然两种视角各有侧重,但在理论和实务上并不能将二者截然分开。上述报告认为,"行为外观是证明执行职务的客观判断标准",[2] 这种观点似乎过于简单。事实上,是否属于职务行为和平台与劳动者之间的内部关系密切,且往往只有透过平台与劳动者之间的内部关系,才能判定劳动者的行为是否属于"执行职务"的行为,因此,"外部视角"和"内部视角"无法割裂。

就平台用工导致的人身损害赔偿责任,在立法未做出专门规定之前,还应回到侵权责任的基本法理,参考《民法典》第一千一百六十五条的规定,[3] 行为人承担侵权责任的要件通常包括:行为、过错、损害和因果关系,其中过错的认定和因果关系认定是关键。[4] 在平台用工中平台或合作商是否存在过错,是认定责任的重要因素。比如,平台或合作商是否提供了应有的防护措施、是否进行培训、算法规则是否公平合理、平台在选任合作商时是否尽了合理注意、平台对合作商是否进行有效监督等。对于因果关系,应考虑平台用工的特点,特别是平台依靠算法对劳动者进行管

---

① 北京市第三中级人民法院课题组:《完善新就业形态劳动者合法权益保障的司法路径》,《人民司法》2023年第10期。

② 北京市第三中级人民法院课题组:《完善新就业形态劳动者合法权益保障的司法路径》,《人民司法》2023年第10期。

③ 《民法典》第一千一百六十五条规定:行为人因过错侵害他人民事权益造成损害的,应当承担侵权责任。依照法律规定推定行为人有过错,其不能证明自己没有过错的,应当承担侵权责任。

④ 黄薇主编:《中华人民共和国民法典侵权责任编释义》,法律出版社,2020,第3~9页。

理的事实。不管是否自主接单，平台或合作商对劳动者的服务过程进行了严格的指示、监督和考核，劳动者在服务过程中缺乏自主性，因此，平台或合作商对劳动者的服务过程施加了严格控制，可以将其作为认定劳动者的行为是履行职务行为的重要因素，同时，平台或合作商对从业人员的控制管理，也可以作为行为和损害之间的因果关系的重要认定因素。

除了《民法典》第一千一百九十一条关于用人单位的工作人员执行工作造成他人损害的责任规定提供规则依据或参考,[①]《民法典》关于侵权的其他相关条款也可作为参照。第一，个人之间劳务关系造成人身损害的规则借鉴。《民法典》第一千一百九十二条规定："个人之间形成劳务关系，提供劳务一方因劳务造成他人损害的，由接受劳务一方承担侵权责任。接受劳务一方承担侵权责任后，可以向有故意或者重大过失的提供劳务一方追偿。提供劳务一方因劳务受到损害的，根据双方各自的过错承担相应的责任。"个人之间的劳务关系中，双方的地位和实力相当，相比之下，即便平台或合作商与劳动者之间的关系不是劳动关系，而仅是"劳务关系"时，不管是平台还是合作商相比劳动者都处于优势地位，平台或合作商承担的责任不应低于个人之间形成劳务关系的接受劳务一方的责任。第二，承揽关系中的侵权责任规则。平台或合作商往往将其和劳动者的关系模糊为合作关系，《民法典》中有关承揽人的侵权责任的规定也可以提供相应的参考。《民法典》第一千一百九十三条规定：承揽人在完成工作过程中造成第三人损害或者自己损害的，定作人不承担侵权责任。但是，定作人对定作、指示或者选任有过错的，应当承担相应的责任。假定将平台或合作商和劳动者之间的关系认定为承揽关系，平台或合作商作为"定作人"，由于其对作为"承揽人"的劳动者做了相当的指示和控制，其依然不能完全免责。第三，劳务派遣中的侵权责任规则。《民法典》第一千一百九十一条第二款规定：劳务派遣期间，被派遣的工作人员因执行工作任务造成他人损害的，由接受劳务派遣的用工单位承担侵权责任；劳务派遣单位有过错的，承担相应的责任。平台和合作商的关系非常类似于派遣单位和用工单位，主要不同在于平台保留着对劳动者的管理，因此，前述有关劳务派遣中的侵权责任规则，即用工单位和劳务派遣单位的责任

[①] 《民法典》第一千一百九十一条规定：用人单位的工作人员因执行工作任务造成他人损害的，由用人单位承担侵权责任。用人单位承担侵权责任后，可以向有故意或者重大过失的工作人员追偿。劳务派遣期间，被派遣的工作人员因执行工作任务造成他人损害的，由接受劳务派遣的用工单位承担侵权责任；劳务派遣单位有过错的，承担相应的责任。

类似于平台企业和合作商的责任，据此，平台企业和合作商也难以免责。

目前，在平台用工中，以骑手为例，平台企业和骑手难以认定劳动关系，对专送骑手而言，认定其和合作商之间的劳动关系较为容易，对众包骑手而言，认定其和合作商之间的劳动关系则较难。由于目前司法实践不统一，在正式出台立法之前，可以通过司法解释统一相关的规则。例如，对于专送骑手，由于其和合作商存在劳动关系，骑手造成他人损害的，可适用《民法典》第一千一百九十一条第一款的规定，骑手自身遭受损害的，按照工伤保险的规定处理。如果平台企业存在过错的，承担相应的责任。对于众包骑手，根据目前规则，难以认定其和平台或合作商的劳动关系，可参考第一千一百九十二条的规定，即"个人之间形成劳务关系"的规则来处理，对于众包骑手，平台是主要的管理者，合作商的管理控制因素较弱，因此，当劳动者造成他人损害的，应由平台承担侵权责任，平台承担后，可以向有故意或者重大过失的劳动者追偿。当然，由于劳动者的责任承担能力有限，可以对劳动者的责任做适当限制。对于众包骑手在提供服务过程中自身遭受损害的，由于平台的控制力以及双方地位和实力的差距，不宜借鉴个人之间形成劳动关系的规则，即"提供劳务一方因劳务受到损害的，根据双方各自的过错承担相应的责任"，个人应仅在具有故意或重大过失的情形下承担责任。当然，对于劳动者遭受人身伤害的，还应通过职业伤害保障试点等具有社会保险性质的项目加强对平台从业人员的保护。此外，在职业伤害保障试点项目以及对第三人的损害赔偿责任规则不完善时，宜强制平台或合作商购买第三人责任以及劳动者人身意外伤害的商业保险，以此降低各方的风险。

第三，与工时和工资相关的权利。

工时和工资涉及工人的健康权和基本生活保障，这些权利属于劳动者的基本保障。

工作时间问题对于平台用工的整体模式具有重要影响，同时也涉及劳动法的重要问题，即在这一系统中应否给予更大的灵活性和个人的自主选择。[1] 关于平台工人工作时间以及相关的规则设计应平衡好平台工作的灵活性以及平台工人安全性的问题。平台工作的重要特征在于平台工人享有一定的是否登录系统提供服务以及服务时间的自由，这是平台用工模式的重要特征，而且这一特征对平台工人和平台都具有一定的吸引力。平台工

---

[1] Tammy Katsabian and Guy Davidov, "Flexibility, Choice, and Labour Law: The Challenge of On-demand Platforms", *University of Toronto Law Journal*, Vol. 73, July 2023, p. 348.

人享有工作时间的自主性，平台根据平台工人提供的工作量支付报酬，不必根据工作时间支付报酬。因此，关于平台工人工作时间的规则应考虑平台用工的自身特点，既保持平台用工的灵活性，又保障平台工人的休息权以及相应的工资权利。而且，鉴于目前平台多采用计件报酬的形式，对平台工人工作时间过于严格的控制可能影响其收入水平。

关于工时的控制，应根据劳动法关于工作时间的规定，考虑平台特点制定平台工人工作时间规则。可在劳动法规定基础上作出较为宽松的灵活安排，比如可以考虑每天工作不得超过一定小时数，每周工作不得超过一定小时数，并应保障平台工人的休息权。同时应对平台工人的工作时间进行界定，包括在线等待时间是否以及如何计入工作时间，以及相应的报酬。对于平台工人为顾客提供服务的时间，其自然计入工作时间，比较有争议的是平台工人等待的时间是否以及如何计算报酬的问题。工作时间的认定主要有两个维度，一是平台工人是否提供了服务，二是平台工人是否具有自主支配的权利。就等待时间而言，虽然平台工人并未真正为顾客提供服务，但其是提供服务的必要准备和组成部分，因此，不能将其作为完全的休息时间；同时，在等待期间，平台工人并不能完全自主支配其活动，尤其是在采取派单的模式下，其必须随时待命，因此，平台工人的在线等待时间，不能完全等同于休息时间。同时，在等待期间，平台工人具有一定的自主性，比如活动地点较为灵活，在一定程度上可以自主从事不影响接单的事务，等待时间还可以进行一定的休息，工作强度显然不及为顾客提供服务期间的工作强度，因此，完全获得和为顾客提供服务期间同等的报酬也不具有合理性。

为此，有国外学者提出了解决平台工人待命时间收入支付的三种方案。第一种方案是所有的平台工人在等待时间（on-call time）可以获得其基本的小时工资的50%；对平台工人等待时间的报酬支付有利于保持平台"按需服务模式"（on-demand model）继续存在。第二种方案是将平台工人分为两类，并假定他们具有不同的偏好和需求。一类是将平台工作作为其主要收入来源的群体，他们需要更多的保护和稳定性；另一类是具有其他工作作为主要收入来源，只是偶尔从事平台工作，他们更需要平台按需服务的模式带来的灵活性以及随时登录系统提供服务的自由。对于第二类平台工人，为维持其目前享有的灵活性，可不给予待命时间的报酬；而对于第一类工人，平台可根据事先规定的轮班工作时间（pre-set shifts）而获得报酬。换言之，第一类工人必须遵守平台制定的轮班工作时间而在待命时间获得报酬，其代价是可能牺牲工作时间的自主性。第三种方案是依靠工会的作用，考虑上述两类工人的不同诉求，通过工人和平台之间双方的集体协议来寻求解决方案。① 上述三种方案，无疑都具有相当的参考价值，且彼此之间并非相互排斥。第一种方案简单易行，第二种方案考虑不同类型平台工人的不同诉求，第三种方案寄希望于工会发挥应有的作用，三者都有可取之处。当然，现实中，平台的报酬支付方式大多采取按件计酬的方式，平台容易以按件计酬的报酬已包含等待时间的报酬为由，拒绝支付等待时间的报酬。相较而言，第一种方案，简单易行，但也面临上述提及的一般问题。第二种方案，则还面临如何区分平台工人是否以平台工作收入作为其主要收入来源的问题，且可能导致上述第一类平台工人工作时间僵化的问题，损害平台工人工作的灵活性。第三种方案是一种理想方案，但工会是否享有集体协商的权利，工会是否具有谈判的能力并能和平台达成一致协议，仍存在疑问。

对我国而言，为保障平台工人的基本权利，并考虑平台的合理负担，可要求平台支付平台工人等待期间不低于最低工资的报酬水平。如果平台工人没有正当理由，拒绝接单或者怠于抢单的，因未接单而产生的等待时间应相应扣除，确保平台工人在积极接单的情形下，产生的正常等待时间可以获得相应的报酬。上述第一种方案，需要计算平台工人正常提供服务的小时报酬金额，存在一定的操作困难，且如果等待时间的报酬过高，平台可能相应地调整服务的单价，对平台工人未必有利，因此，在目前我国平台工人保护的规则尚不完善的背景下，要求平台按照不低于最低工资标准向工人支付等待时间的报酬，具有较大的合理性和可操作性。

最低工资属于生活基本保障，事关工人的生存权益，也是国际劳工组织多个文件提及的所有工人应享有的权利，应将最低工资制度适用于平台工人。《关于维护新就业形态劳动者劳动保障权益的指导意见》也提及要求平台企业或其他企业支付平台工人不低于最低工资标准的待遇。

第四，职业伤害保障和其他社会保险权益。

职业伤害保障是工人安全卫生权利的延伸，也是社会保险制度的重要内容。职业伤害也是当前外卖骑手和网约车司机等面临的突出职业风险。职业伤害制度的建立首先需要更新工伤保险和职业伤害保障制度与劳动关系存否的关系的认识。

当前我国相当一部分社会保险项目，包括职工养老保险、职工医疗保

---

① Tammy Katsabian and Guy Davidov, "Flexibility, Choice, and Labour Law: The Challenge of On-demand Platforms", *University of Toronto Law Journal*, Vol. 73, July 2023, p. 379.

险、工伤保险、失业保险、生育保险等是建立在劳动关系存在的前提下，从业人员如果无法明确劳动者身份，社会保险的权益就会受到影响。美国目前也面临类似的困境：许多社会福利和劳动关系关联，包括健康保险、退休福利、工伤保险以及休假等。美国学者也指出，"这种关联日益过时，并且产生了助推使用自雇者提供劳动的道德风险"。[1] 未来劳动法的改革路径包括："将特定的基本保护扩展到所有劳动者，而不问其是否具有劳动关系"；"基本社会福利项目与劳动关系脱钩"。[2]这些理念和建议对我国不无启发意义。工伤保险责任和劳动关系并不一定挂钩，我国在工伤保险中已突破了劳动关系的束缚，而且工伤保险等社会保险具有很强的社会政策色彩，应根据需要保护的对象进行适度的安排。因此，新就业形态劳动者的职业伤害保障制度应突破劳动关系的束缚。为了加强对网络平台服务提供者的保护，应当适当地阻隔劳动关系和社会保险制度之间的关联，使网络平台工人在未明确其劳动者身份时也可以参加社会保险，享受社会保险权益。由于职业伤害是平台工人面临的重要风险，平台对平台工人的工作履行或工作过程施加了管理，根据平台工人享有的安全卫生的权利，平台对平台工人的职业伤害依法负有赔偿责任，如果平台工人和其他合作商建立劳动关系的，也可向其合作商主张赔偿。

我国一些地方已开展灵活就业人员职业伤害保障试点并取得初步成效，因此，应加快出台新就业形态劳动者职业伤害保障制度。一是坚持社会保险定位。只有通过社会保险才能扩大覆盖面，保证参保者待遇，不宜采取商业保险模式。二是坚持公平统一原则。可建立单独的平台从业人员职业伤害保险基金，便于制度调整和完善。但职业伤害保障制度应尽量和工伤保险制度保持规则一致，包括职业伤害的范围、职业伤害的认定机构和程序、职业伤害保险待遇项目和水平，在制度和机构人员等方面应尽量充分利用已有资源，避免制度碎片化。三是适应平台用工特点。对于在工伤保险制度中由用人单位承担的待遇部分，可适当调整和简化，分别由基金和平台企业承担。职业伤害保障制度和工伤保险制度类似，因此，在规则上可以充分借鉴传统的工伤保险制度。有学者指出，平台从业者职业伤害保障可以工伤保险为参照，在社会保险体系内建立职业伤害保险，在缴费规则、职业伤害认定范围、保障项目、待遇给付、经办模式等方面结合

---

[1] Orly Lobel, "The Gig Economy & the Future of Employment and Labor Law", *University of San Francisco Law Review*, Vol. 51, 2017, pp. 69~70.

[2] Orly Lobel, "The Gig Economy & the Future of Employment and Labor Law", *University of San Francisco Law Review*, Vol. 51, 2017, p. 73.

平台用工特点制定特别规则，在坚持职业伤害险社会属性的同时兼顾效率原则。①

我国开展平台就业人员职业伤害保障试点时间不长，目前应总结实践经验，在"职业伤害"的覆盖范围以及申请和认定程序上进行总结完善，包括"职业伤害"认定和平台工人是否"上线"的关系、平台申请职业伤害的期限、职业伤害的待遇等。目前，我国新就业形态劳动者职业伤害保障试点也取得了积极的阶段性成效。主要体现在以下几点：一是制度覆盖稳步推进。试点工作在北京、上海、江苏、广东、海南、重庆、四川7个省市的出行、外卖、即时配送、同城货运4个行业开展，涵盖了曹操出行、美团、饿了么、达达、闪送、货拉拉、快狗打车7家平台企业。7个省份、7个平台企业。截至2023年9月，累计有668万人纳入职业伤害保障范围，试点对象总体做到应保尽保。二是保障功能有效发挥。一年多来，试点省份累计做出职业伤害确认结论3.2万人次，支付职业伤害保障待遇共计4.9亿元，切实保障了新就业形态就业人员职业伤害权益，特别是对重大伤亡事故兜底保障功能得到有效的发挥。同时，也分散了平台企业经济风险，对促进平台经济规范健康发展发挥了积极的作用。三是相关经验正在积累。对新就业形态就业人员这一新兴群体如何参加社会保险，先行先试，积累了宝贵经验。同时，依托职业伤害保障全国信息平台归集汇总的基础数据，为做好新就业形态群体就业服务和社保扩面等工作提供了重要的数据支撑。②

目前，应在全面总结各地试点的基础上，明确新就业形态劳动者职业伤害的保障对象和范围，统一相关规则，通过立法或部门规章建立全国统一的职业伤害保障制度。新就业形态劳动者职业伤害保障制度需要从制度属性、筹资机制与基金管理、职业伤害确认、经办服务与管理、职业伤害保障待遇等方面构建。与此同时，应加强顶层设计，适时修改《社会保险法》和《工伤保险条例》，为新就业形态劳动者筑起坚实的职业伤害保障。③为解决当前职业伤害保障不足的问题，也可先通过部门规章规定新

---

① 田思路、郑辰煜：《平台从业者职业伤害保障的困境与模式选择：以外卖骑手为例》，《中国人力资源开发》2022年第11期。
② 参见《人力资源社会保障部举行2023年三季度新闻发布会》，https://www.mohrss.gov.cn/SYrlzyhshbzb/dongtaixinwen/buneiyaowen/rsxw/202310/t20231026_508233.html，最后访问时间：2023年11月1日。
③ 杨思斌：《新就业形态劳动者职业伤害保障制度研究——从地方自行试点到国家统一试点的探索》，《人民论坛·学术前沿》2023年第16期。

就业形态劳动者职业伤害保障的制度规则,待制度实践进一步检验后,再制定或修改相关的行政法规和法律。

关于平台工人的养老保险和医疗保险,目前建立专门针对平台工人的制度存在较大难度,并可能导致制度碎片化,可通过完善灵活就业人员社会保险制度加以推进。

第五,加入工会和集体协商的权利。

传统上只有雇员才能加入工会并享有集体协商权利。关于工会在保护平台工人中的地位和作用主要涉及两个法理问题。一是平台工人是否可以加入工会。从国际劳工组织公约的基本精神看,参与工会是工人的一项基本权利,不以工人的劳动者(雇员)身份为前提。从上述国际劳工组织的文件可以看出,加入工会被作为工人最基本的权利之一。因此,平台工人即使不是劳动者,加入工会并不存在障碍。二是平台工人是否享有集体协商的权利。从国际劳工组织公约精神看,工人应享有集体协商的权利,不管其是否具有劳动者身份。[①] 一些国家例如澳大利亚、加拿大和日本赋予自雇者集体协商权利。[②] 但由于集体协商作为一种权利,往往需要法律的确认,而且工会协商权意味着雇主的协商义务和责任,因此,在一些国家,协商权利往往只赋予雇员而不包括一般工人或自雇者。而且,在一些国家,如果缺乏雇员身份,自雇者组织起来和雇主协商可能面临反垄断法的问题,即自雇者的行为可能构成卡特尔。欧盟2020年以来也致力于扫清反垄断法对平台工人组建工会和集体协商的障碍,改善平台工人的工作条件,2020年6月欧盟采取一项措施确保竞争法规则不会阻碍需要开展集体协商的"个体自雇者"。[③]

2021年末中国修改《工会法》,在第三条增加了"工会适应企业组织形式、职工队伍结构、劳动关系、就业形态等方面的发展变化,依法维护劳动者参加和组织工会的权利"。[④] 按照立法机关的解释,这一规定明确

[①] International Labour Organization, World Employment and Social Outlook 2021: The Role of Digital Labour Platforms in Transforming the World of Work, pp. 204, 211.

[②] International Labour Organization, World Employment and Social Outlook 2021: The Role of Digital Labour Platforms in Transforming the World of Work, p. 249.

[③] See European Commission, Consultation Document: First Phase Consultation of Social Partners under Article 154 TFEU on Possible Action Addressing the Challenges Related to Working Conditions in Platform Work, p. 19.

[④] 《工会法》(2021)第三条。

新就业形态劳动者参加和组织工会的权利。① 这也意味着平台工人即使没有明确的劳动关系，也可以参加和组织工会，这对平台工人权益保护具有重要作用。在劳动法没有做出实质修改的情形下，直接修改《工会法》，明确平台工人加入和组织工会的权利，是重要的创新举措。

在实践中，中华全国总工会和地方各级总工会也积极推动平台工人以各种形式加入工会组织。2021 年，全国总工会制定《关于切实维护新就业形态劳动者劳动保障权益的意见》，印发《关于推进新就业形态劳动者入会工作的若干意见（试行）》，启动"新就业形态劳动者入会集中行动"，积极推动平台企业建立工会。② 截至 2021 年 9 月，来自货运、网约车、快递、外卖配送 4 个行业的 12 家头部平台企业都建立了工会。③ 自 2021 年至 2023 年 6 月底，全国已发展新就业形态劳动者会员 1227 万人。各级工会将持续围绕新就业形态劳动者工会工作"三年行动"计划，绵绵用力、久久为功，努力实现"到 2025 年末，全国新发展新就业形态劳动者会员 1000 万人"目标。④ 根据全国总工会 2024 年的数据，2023 年，全国新发展新就业形态劳动者会员 380 万人，全国发展新就业形态劳动者会员累计达到 1418 万人。同时，在全总和各级工会努力下，6 家快递企业和饿了么、滴滴建立了协商协调机制，覆盖 230 万快递员、300 万外卖员和 380 万网约车司机群体；为新就业形态劳动者调处化解劳动争议 1.55 万件，办理法律援助案件 7000 余件，挽回经济损失 2.15 亿元。⑤

各地也结合地方特点，积极开展新就业形态劳动者入会工作。北京市

---

① 《明确新就业形态劳动者参加和组织工会的权利》，中国人大网，https：//www. npc. gov. cn/npc/c2/c30834/202112/t20211221_315422. html，最后访问时间：2024 年 5 月 19 日。
② 全国总工会：《为新就业形态劳动者找到"娘家"》，https：//www. acftu. org/xwdt/ghyw/202112/t20211208_800697. html？7OkeOa4k = qAcycGcrv2hqfUNEoFOLDPPSNytET0r8C3ECEdx2JjlqqrEpcLY5qAqqUa，最后访问时间：2024 年 3 月 10 日。
③ 郑莉、郝赫：《12 家头部平台企业工会联合发出倡议——切实发挥工会作用维护新就业形态劳动者合法权益》，《工人日报》2021 年 9 月 4 日第 1 版。
④ 《全国新就业形态劳动者建会入会工作现场经验交流会在成都召开》，中华全国总工会，https：//www. acftu. org/ghjj/ghjczzjs/ghjczzjslbt/202311/t20231130_842110. html？sdiOEtCa = qqrRWsDKHEQTulL9rwZnXmFEkKPdzUZAQbHWmbNNoAvw1YeSc2fNJEG8OZVXhnECHZ4lbPlTfWkHqZ2YqqFAoViR7vNtiS40XbEue74BOn5v0QDRfXIQ2Mzcwpq. k7i. QmnOD8z3XavLWIo. tQdGghJ_aqn，最后访问时间：2023 年 12 月 13 日。
⑤ 《全国总工会发布支持 12 家头部平台企业工会工作 10 大项目》，全国总工会微信公众号，2024 年 3 月 2 日上传。

截至2021年11月，全市2021年新发展工会会员37.97万人，其中新就业形态劳动者13.8万人。[1]浙江省建立"赛马"机制，实行平台建会与惠企项目合作挂钩，充分发挥工会在会员规模、集量采购、协调资源等方面优势，促使同一行业的不同平台企业竞相与工会开展合作，有效增强平台企业建会入会动力。如大力推动"饿了么"和"美团"建会入会，两家平台的专送骑手入会率达到80%以上。2023年1~8月，全省新建外卖配送员工会50家，吸收会员34261人，外卖配送员总体入会率由原来的8%提升到28.8%。[2]当然，由于平台工人数量巨大，且非常分散，许多平台通过第三方管理平台工人，大量平台工人处于不同的第三方的管理之下，因此，如何组织平台工人加入工会，并有效开展集体协商仍面临不少挑战。但《工会法》的修改毫无疑问是巨大的进步，为平台工人维护自身权益提供了重要渠道。

第六，与平台算法相关的权利。本书将对算法进行专章分析，此处不赘。

七　小结

目前关于平台用工立法一般存在两种主要模式：一种是回避平台工人的身份问题，主要聚焦于对其基本权利的保护，例如美国加利福尼亚州等地以及法国、意大利等的立法。一种是综合性立法，这种立法模式一方面关注并规定平台工人身份的认定方法，另一方面聚焦数字劳工平台面临的新问题，重点内容在于算法透明、数据保护以及对自动决策等人工智能的规制，例如西班牙立法和欧盟平台用工指令。换言之，对平台用工的治理正在从起初主要侧重于基本劳动标准，包括工资、工时和安全卫生等的规制，逐渐将规制重点转向算法和人工智能使用的规制。对此，我国亦有学

---

[1] 参见北京市总工会网站，https：//www.bjzgh.org/ywdt/ywdt/202111/20211122/j_2021112218275300016375770256284095.html，最后访问时间：2024年3月10日。

[2] 《浙江省总工会：全力探索新就业形态劳动者建会入会工作新路径》，中华全国总工会，https：//www.acftu.org/ghjj/ghjczzjs/jczzjs/jczzjshy/202311/t20231103_839157.html？sdiOEtCa＝qqrYZKkM.xmwwvHcnrVw10Glt2uRjcTK8QKyma7_FyDvWPJn9yhBZ1DCSKA8FcDi.juZ34XXbCTR5aj88olCh_7dvOJV.mJLI09i3nuC5.aI8DKXmN3jhd0liZUMOilDLAa6b5vJlAkx5rtL2rK5RculqkT，最后访问时间：2023年12月13日。

者指出，平台用工规制重心应从"劳动关系"向"劳动权利"转向，以渐进式劳动基准不断完善劳动权利保障，形成公私协作治理的综合治理格局。①

就我国而言，由于我国平台工人面临的工作时间长、工作强度大、安全卫生保障不足等问题依然突出；同时，我国大型数字劳工平台包括交通出行平台和外卖配送平台等也普遍深度使用算法进行业务经营和用工管理，因此，我国平台用工的未来立法重点也应包括两个方面：一方面借助于传统的劳动法理念和调整机制，完善平台用工中劳动关系的判定规则，并明确平台工人的基本劳动标准，保障其工资、工时和安全卫生的基本权利；另一方面应着眼于数字劳工平台使用算法和人工智能的新动向和面临的新问题，综合运用平台治理、算法规制、数据保护和人工智能规制等理念和手段，对平台用工进行全面规制。在平台用工中，存在复杂的法律关系，部分从业人员难以被认定为劳动者，劳动法的作用空间受限。数据保护法、算法规制和人工智能规制等新型法律工具可以为平台用工提供更充分的保护。例如，"网约工"由于身份属性多元不能全部被认定为劳动者，现有的劳动法机制无法完全解决平台用工中算法管理和数据处理带来的新问题，需要探索通过数据法保护其劳动权益。②

平台用工法律规制路径的选择关涉平台用工规制的效果。形式上，我国目前主要采取行政指导和司法指导的方式，尚未出台定型的法律规则，这种规制方式在平台用工发展初期尚为合理。但在平台用工已发展多年，平台用工劳动权益问题显现，各国平台用工立法已日趋流行的背景下，行政指导和司法指导路径的弊端逐渐暴露，对此我国必须加以调整。未来，我国应通过专门立法和司法解释，建立内容全面、规则统一、权利内容和救济途径完备、兼具行为规范和裁判规范的制度规则。同时，应着眼于平台用工的新特点，除了完善平台用工劳动关系认定规则和基本劳动标准，还应完善有关算法管理、数据保护和人工智能规制等规则，建构系统的平台用工权益保护规则。鉴于理论争议和实务操作困难，当前我国不必急于引入"第三类主体"，也不必在立法上引入

---

① 中国人民大学、云账户（天津）共享经济信息咨询有限公司联合课题组（主持人：文继荣、丁晓东、邹永强）：《算法技术的法律规制研究》，《人民法院报》2024年1月4日第8版。

② 王倩：《论"网约工"劳动权益的数据法保护路径》，《法学》2023年第11期。

"不完全符合确立劳动关系情形"的概念，而应通过排除法，为大部分平台工人提供劳动法基本权利保护，在此基础上，通过完善平台用工背景下劳动关系认定标准和方法，将符合"雇员"定义的平台工人纳入劳动法的保护范围。

第二章　平台工人身份认定与劳动关系概念和认定规则完善

上一章分析了平台用工保护的立法路径，从目前看，多数国家面临平台用工的诉讼实践，在有关平台用工的仲裁或诉讼中，平台工人身份的认定是一个核心问题。2023年8月最高人民法院民一庭发表的《关于数字经济背景下民生权益司法保护问题的调研报告》指出了调研发现的五个主要问题，其中的第二个问题是："新就业形态劳动者权益司法保护难点问题。一是平台企业和用工合作企业与劳动者劳动关系认定考量因素不明确、不统一。二是劳动者执行工作任务过程中致人损害时，平台企业和用工合作企业责任分担存在争议。三是劳动者受到损害时，依法、合理、科学的责任承担规则尚未确立。"[①] 由此可见，平台企业和用工合作企业与劳动者劳动关系认定的重要性。

平台工人权益保护的司法路径主要是通过司法等裁判机关对平台工人与平台是否存在劳动关系作出裁判，将部分符合劳动关系定义的平台工人作为"劳动者（雇员）"给予保护。在立法存在介于雇员和一般自雇者之间的"第三类主体"的国家，裁判机关还可能将其认定为第三类主体并给予相应保护。由于许多平台工人相比传统雇员享有一定程度的"自由"，在一定程度上可以自行决定是否"接单"提供服务，以及服务时间和服务地点，和传统劳动者存在差异，导致实践中许多平台工人难以被认定为劳动者。尤其是，平台工人的一些特点使其具备劳动者的某些因素，一些特点又否定其劳动者身份，法官往往面临挑战甚至无所适从。例如，在美国的网约车平台优步（Uber）案件中，法官 Edward Chen 表达了已有

[①] 最高人民法院民一庭：《关于数字经济背景下民生权益司法保护问题的调研报告》，《人民法院报》2023年8月26日第4版。

劳动关系判断标准存在问题的看法。他指出，产生传统的劳动关系判断标准的经济模式和新的"共享经济"有很大不同。传统标准所包括的很多因素在新的背景下显得过时，另外一些存在于现行经济现实的因素并没有被现有标准所明确涵盖。或许，立法机关或上诉法院可以在新经济的背景下改善或修改现有标准。可以想象，立法机关将为新的"共享经济"制定新规则。[1] 这也道出了现有劳动关系判定理论和标准面临的困境。本章将从比较法的角度，探讨相关国家和地区如何认定平台工人的劳动关系，以及在平台用工背景下，"劳动关系"理论和制度的新发展。

一 近年来中外有关平台用工劳动关系认定的典型案例

近几年来，各国产生了一批有影响的案例，包括对 Uber 公司司机的裁判，表明了司法路径的作用及其存在的局限。

（一）英美法系国家的经典案例

2017 年，在澳大利亚 Kaseris v. Rasier Pacific V. O. F. 案中，Uber 成功辩称其司机是独立承包商而非雇员。[2] 近年来，澳大利亚高等法院在判决中倾向于尊重当事人合同约定的做法受到学者的批评。有学者指出，澳大利亚高等法院最近三项判决及其将当事人的合同约定置于认定劳动关系的首要地位的做法最令人担忧的是：它们诱使雇用机构（hirers）以规避大多数劳动法规制的方式来设置劳动合同安排（labour engagement arrangements）。这种现象已经在许多行业支持按需用工的平台中流行。迄今为止，根据澳大利亚法律，这些平台与工人签订的大多数合同都被认定为独立承包商合同，对此，有必要进行改革。[3]

澳大利亚高等法院一贯拒绝在有关劳动的普通法中提供任何发展空

---

[1] Bernd Waas, Wilma B. Liebman, Andrew Lyubarsky and Katsutoshi Kezuka, *Crowdwork - A Comparative Law Perspective*, Bund-Verlag GmbH, 2017, p.50.

[2] Fair Work Commission Decision: Mr Michail Kaseris v Rasier Pacific V. O. F (U2017/9452), Melbourne, 21 December 2017, https://www.fwc.gov.au/documents/decisionssigned/html/2017fwc6610.htm, last visited on March 10, 2024.

[3] Joellen Riley Munton, "Employment Contracts in the Australian High Court", *Labour Law e-Journal*, Issue 2, Vol.15, 2022, p.181.

间，这意味着如果法律要采取措施限制雇主规避劳动法的行为，必须依靠议会的立法。高等法院本身也指出，任何发展都必须来自立法机构，因为这种发展是政策问题，不适合由司法机关决定。"我们必须为当前的劳动力市场问题寻求立法解决方案。"① 可见在一些普通法国家，由于遵守先例传统的影响，法院可能固守传统，而难以在法律适用上与时俱进。但不同国家法院的立场存在较大不同。

英国最高法院有关 Uber 司机的判决产生了重要影响。2021 年 2 月，英国最高法院裁判 Uber 司机是"工人"，② Uber 司机可以获得工作时间、最低工资、带薪休假等保护。英国最高法院主要基于以下理由认定司机是工人：司机有义务亲自提供服务；Uber 决定服务的所有方面以及司机的报酬；双方谈判能力并不对等；Uber 发布指示并实施控制（例如对车辆的要求，司机和顾客之间不能订立另外的协议）；Uber 基于顾客的评分对司机实施处罚制度（包括警告以及最终禁止司机登入 APP）；司机完全依赖于 APP（例如事先并不知晓顾客的目的地）。虽然存在体现为自雇者的主要因素，即缺乏工作的义务以及可自由选择工作时间，但法院认为司机的这一自由由于 Uber 对司机接受或拒绝派单频率的监督以及多次拒绝派单可能导致暂时无法登录平台 APP 等惩罚，而受到严重限制。英国最高法院认为，"工人"概念应当基于劳动立法的目的进行解释，即保护对报酬和工作条件几乎没有发言权的脆弱的个人。因此，是否以及何时工作的自由并非决定性的。③

当然，2023 年底英国最高法院的判决表明，在欧洲各国对类似平台工人的身份认定仍存在差异。2023 年 11 月 21 日，英国最高法院裁决 Deliveroo 骑手和平台之间不存在劳动关系，主要理由是平台使用了"替代条款"，裁决也表明骑手无法进行集体协商。"替代条款"意味着骑手可以由其他人通过其账号代表骑手配送订单；作出该判决的其他因素包括骑手可能同时为多个平台工作。英国最高法院这一裁决和欧洲类似案件中法院

---

① Joellen Riley Munton, "Employment Contracts in the Australian High Court", Labour Law e-Journal, Issue 2, Vol. 15, 2022, pp. 182~183.
② The Supreme Court Judgment: Uber BV and others (Appellants) v Aslam and others (Respondents), [2021] UKSC 5, 19 February 2021, https://www.supremecourt.uk/cases/docs/uksc-2019-0029-judgment.pdf, last visited on March 10, 2024.
③ See Christina Hießl, "Case Law on the Classification of Platform Workers: Cross-European Comparative Analysis and Tentative Conclusions", Updated to February 2024, p.53, at https://papers.ssrn.com/sol3/papers.cfm?abstract_id=3839603&download=yes, last visited on May 19, 2024.

将 Deliveroo 骑手认定为雇员的裁决，例如荷兰最高法院的裁决不同。①

在美国，近年来，各州产生了众多有影响的案例。美国上诉法院最近也有关于平台工人身份问题的案例。2020 年，第三巡回法院发布了一个有影响力的判决，在 *Razak v. Uber* 案中倾向于零工工人具有雇员身份。Razak 和其他司机诉称 Uber 违反《公平劳动标准法》（FLSA），地区法院已将简易判决判给优步，实质上反驳了司机关于他们有权获得 FLSA 保护的论点。然而，在上诉中，第三巡回法院发现有必要进行审判，以确定这些司机是优步的雇员还是独立承包商。法院审查了之前 *Donovan v. Dial-America Marketing* 案中的因素，该案讨论了控制的表现、获利或承受损失的能力、工作所需的特殊技能程度、工作关系的持久性程度，以及履行的工作是"假定雇主"业务的一部分还是独立的业务。运用这些因素，第三巡回法院发现，司机的实际独立性（actual independence）程度存在悬而未决的问题。因此，Razak 案为争取零工的雇员身份开创了一个有利的先例。②

（二）欧洲大陆国家的经典案例

2020 年 3 月，法国最高法院确认 Uber 司机享有被视为公司"雇员"的资格。法院主要基于以下理由：司机的工作履行完全依赖于平台，平台阻止工人建立自己的客户，并决定工作条款和条件或价格；平台有效控制司机的工作路线，司机不遵守指示将导致收入的减少；司机对重要事实并不知情使其不可能独立组织劳务（例如对顾客的目的地事先并不知情）；Uber 对拒绝接单的行为以及其他平台认为不当的行为实施惩罚措施（例如司机三次拒绝接单将被暂时停止登入系统，超过一定的拒单次数可能被取消注册）。在认定司机是否具有雇员身份时，法院似乎注重考虑四个因素：司机是否自行决定工作的履行；平台是否进行强制性的指示；平台是否具有惩戒的权力；以及平台是否阻止司机与其竞争。尽管如此，法院的判决仍然缺乏统一性。多个更新的判决并未完全依据上述方法，许多最新的判决仍然基于传统的因素，即平台司机缺乏工作的义务以及自由决定工

---

① "UK Supreme Court: Deliveroo Riders Are Not Workers and Have No Collective Bargaining Rights", at https://apps.eurofound.europa.eu/platformeconomydb/uk-supreme-court-deliveroo-riders-are-not-workers-and-have-no-collective-bargaining-rights-110159#overview, last visited on January 7, 2024.

② Miriam A. Cherry, "An Update on Gig Worker Employment Status Across the United States", *The University of the Pacific Law Review*, Vol. 54, 2022, pp. 26~27.

作时间而认定平台司机属于自雇者。①

2020年9月，西班牙最高法院认定Glovo平台的配送骑手是雇员。法院主要基于以下理由：（1）Glovo单方决定服务的所有条款和条件，尤其是价格；（2）骑手们被纳入Glovo的业务模式；（3）Glovo拥有作为最关键生产要素的数字基础设施；（4）Glovo通过GPS跟踪、监控骑手的表现以及评级系统施加控制；（5）Glovo发布指示（例如关于配送的时限和配送过程的行为）；（6）由于缺乏必要的信息和基础设施，骑手们未从事真正的独立经营活动；（7）骑手面临因违规和不受欢迎行为的制裁（包括因反复拒绝订单而被取消注册资格）；（8）欧盟法院（CJEU）在Yodel案的判决中确认如果实际执行表明工人的自由是虚构的，则合同规定的自主劳动条款并不是决定性的。

法院承认存在传统上体现自雇劳动的重要指标，特别是：骑手没有工作的义务，享有选择工作时间的自由（包括甚至有权取消已经接受的订单）；缺乏排他性条款；骑手对货物配送的责任；选择路线的自由。在这方面，法官认为有必要"根据当时的社会现实调整依赖与自主的概念"，以发现这些因素无法超出上述表明骑手是雇员的指标。② 西班牙最高法院对判定骑手是雇员的理由论述较为充分，从多个角度论证了骑手事实上从事的不是独立劳动。

上述案件主要是网约车司机和外卖骑手的案件，在德国还发生了令人关注的其他类型平台的案件。

就众包工作者是否是"雇员"，德国学说上已有众多讨论，德国联邦劳动法院于2020年12月1日作出的判决，就某一零工众包之工作模式，认定为劳动契约关系。在该案中，原告为Roamler平台公司的客户提供服务，工作内容为协助零售商的展示商品拍照或回答商品广告的问题，在平台上注册的原告可以经由智能手机登入个人账户承接工作，同时也具有随时停止接受工作的自由，亦即原告不具有执行某件工作的义务。原告于完

---

① See Christina Hießl, "Case Law on the Classification of Platform Workers: Cross-European Comparative Analysis and Tentative Conclusions", Updated to February 2024, pp. 16-17, at https://papers.ssrn.com/sol3/papers.cfm?abstract_id=3839603&download=yes, last visited on May 19, 2024.

② See Christina Hießl, "Case Law on the Classification of Platform Workers: Cross-European Comparative Analysis and Tentative Conclusions", Updated to February 2024, pp. 39-40, at https://papers.ssrn.com/sol3/papers.cfm?abstract_id=3839603&download=yes, last visited on May 19, 2024.

成一件工作后，会在个人账户中获得报酬与经验值点数，随着经验值点数累积得愈高，众包工作者也会随之升级，原告在 11 个月内共曾执行 2978 件工作，平均周工时为 20 小时，月薪约为 1750 欧元。在平台公司通知原告将不再提供任何工作，并且注销原告的账户之后，原告提起诉讼要求确认与平台公司间存在不定期的劳动契约关系。

德国慕尼黑地方劳动法院与州劳动法院均否认原告与平台公司间有劳动关系存在，主要理由为依据双方签订的基础协议，原告并不因而负有承接工作的义务，故无从存在劳动关系。但德国联邦劳动法院强调，应依契约关系之事实上履行状况，并对所有状况为综合考虑，来认定劳动关系存否，不因其选择之契约名称而受影响。本案中，首先系争个案中之工作者需登入平台所设置之 APP 来承接工作，工作者均须亲自履行工作，也使平台得对于工作者施加控制。其次，就低技术性之简易工作而言，执行此类任务原本就不需复杂的组织上要求，由平台事先规定任务内容即可完成。最后，亦是本案中最受到关注的判决理由是联邦劳动法院强调 APP 的运用形成工作履行时为他主决定的认定。联邦劳动法院认定双方不因欠缺个别化的指示拘束而使工作者得自由履行工作，工作者仍处于他主决定中而具有从属性，主要系因劳务供给者（即平台）与众包工作者合作的在线平台，其经营方式让工作者在工作地点、时间与内容原则上均无从自由形成、决定。本案中，原告虽原则上不负有承接工作的义务，但是 Roamler 平台的运作方式与组织结构，使众包工作者持续地亲自履行一件接着一件简易低技术的小型工作，尤其是平台公司所设计的心理激励系统，让工作者产生持续地接受工作的动机，使原告于经常所在之地点持续地承接工作，法院认为这种模式让该平台之工作者已如同常态性受雇的劳工。[①] 该判决在德国引起了巨大争论，许多学者对此持批评态度，认为联邦劳动法院的判决偏离了德国《民法典》第 611a 条的文义。因为根据条文，劳动契约是指劳工有为他人提供劳务的义务，但根据原告与平台的基础协议，原告不负有提供劳务的义务。但是，也有学者指出，基础协议是否构成劳动契约并非依据协议本身，而应考量工作履行过程中，是否事实上已有构成契约义务的基础存在。需要考察平台在提供劳务中是否期待工作者在一定的时间内持续性工作，以至于工作者并非得以完全自由地决定

---

① 邱羽凡：《劳动契约从属性认定标准之趋势与反思——兼论平台工作者之"劳工性"》，《台北大学法学论丛》2021 年总第 119 期。

是否承接工作。如果未规律性承接工作，工作者将面临丧失津贴、奖金或是关闭账户之后果，就倾向认定已成立有提供劳务之义务。平台的激励机制如果对于工作者有持续性、长期性地承接工作进行奖励时，也会倾向认定已构成劳务提供之义务，至于是否为劳动契约则需再进一步判断有无从属性。①

该案对于在平台用工中如何判定劳动者是否有提供劳务之义务具有重要的参考价值。

在欧洲，虽然几年前，有关平台工人身份认定的诉求可能看起来很奇怪，但近年来数量却迅速扩大。截至2022年6月，欧洲各国法院和行政机构就平台工人分类争议作出了220多项裁决。15个国家的法院和/或行政机构对平台工人的身份作出裁决。在法国、德国、意大利、西班牙、瑞士和英国，个别案件甚至提交到终审法院。② 惊人的是，几乎所有国家对平台工人身份认定的结果都存在不一致。对不同平台类型的工人身份认定均是如此。然而，至少对于迄今为止在所有裁决中占多数的两类平台，即交通出行平台和外卖配送平台，可以看出一种趋势：对于这两类平台，大多数国家最近和/或最高审级的裁决都将平台工人归类为雇员（或类似的身份）。对于交通出行平台，这包括法国、瑞士和英国终审法院的裁决；对于送餐平台，包括法国、意大利、西班牙和瑞士的终审裁决，以及荷兰的一项二审判决。③

总而言之，迄今为止，在欧洲行政和/或司法机构（至今）最高审级裁决的四分之三以上的案件中，平台工人被认为是在从事从属性工作。④

同一网约车平台（例如 Uber）的运营模式基本相当，但在不同国家司法机构可能做出完全不同的裁判。从 Uber 在世界各地的判例中可以看出，有关司机的身份认定存在很大不确定性和不统一。即便在同一国家，司法机构对类似平台及其工人的法律关系也可能作出不同甚至相反的裁决。例如，随着意大利境内骑手与平台之间纠纷的司法案例不断增多，司

---

① 邱羽凡：《劳动契约从属性认定标准之趋势与反思——兼论平台工作者之"劳工性"》，《台北大学法学论丛》2021年总第119期。

② Christina Hießl, "The Legal Status of Platform Workers: Regulatory Approaches and Prospects of a European Solution", *Italian Labour Law e-Journal*, Issue 1, Vol. 15, 2022, p. 21.

③ Christina Hießl, "The Legal Status of Platform Workers: Regulatory Approaches and Prospects of a European Solution", *Italian Labour Law e-Journal*, Issue 1, Vol. 15, 2022, p. 22.

④ Christina Hießl, "The Legal Status of Platform Workers: Regulatory Approaches and Prospects of a European Solution", *Italian Labour Law e-Journal*, Issue 1, Vol. 15, 2022, p. 23.

法在界定二者关系时也出现不同观点。意大利近期产生重大影响的案例有三个。一个是最高法院2020年第1663号判决，在涉及骑手与平台关系的判断时，法院认为二者属于"类从属性"关系；一个是巴勒莫法院2020年第3570号判决，该法院直接确定骑手与平台之间存在的是从属性劳动关系；一个是2021年2月9日佛罗伦萨法院做出的判决，驳回了意大利总工会针对户户送有限公司的涉及工会的诉讼请求，认为骑手与户户送平台公司之间的关系是自由劳动关系。① 换言之，对外卖骑手的判决既有认定为雇员，有认定为"准雇员"，还有认定为自雇者。

在俄罗斯，关于通过数字平台工作的出租车司机地位的讨论主要集中在Yandex.Taxi公司。2019年已经有两起针对Yandex.Taxi公司的诉讼，涉及其与司机的关系是否构成劳动关系。在这两起诉讼中，法院均拒绝承认劳动关系的存在，理由是双方在书面协议中约定了其他性质的关系。引起这些诉讼的实际情况在裁决中几乎没有提及。在这些案件中，两家法院认为具有决定性的信息是平台和司机之间约定双方为民事法律关系的内容，以及合同中关于平台是司机和乘客的中介及司机有权拒绝接单的声明，法院认为司机拥有选择的自由。法院还认为，由于司机使用的汽车是从第三方租赁，不是由平台提供，因此排除了双方之间存在的劳动关系。两家法院的判决都没有对司机和公司之间的事实关系进行描述。②

（三）国际劳工组织引用的典型案例

国际劳工组织2022年10月发布的报告《平台经济中的体面工作》(*Decent Work in the Platform Economy*) 列举了全球2018年至2022年最为知名的9个案例，这些案例主要涉及网约车（大部分是Uber公司）和外卖配送员，包括英国最高法院（2021）、巴西高等法院（2019）、美国宾夕法尼亚州地区法院（2018）、美国加利福尼亚州最高法院（2018）、中国北京市海淀区人民法院（2018）、新西兰劳动法院（2020）、西班牙最高法院（2020）、澳大利亚公平工作委员会（2020）和乌拉圭蒙得维的亚一审法院（2022）的案例，这些案例涉及多个最高法院的判决，其中我国的案例为北京市海淀区人民法院裁判的"闪送案"。这9个案例的裁判

---

① 罗智敏：《算法歧视的司法审查——意大利户户送有限责任公司算法歧视案评析》，《交大法学》2021年第2期。
② Nikita Lyutov, Ilona Voitkovska, "Remote Work and Platform Work: The Prospects for Legal Regulation in Russia", *Russian Law Journal*, Volume IX, Issue 1, 2021, pp. 103~104.

结果中，有 5 个认定平台工人是"雇员"，其他 4 个认定为"自雇者"。[①]在这些知名判决中，判决结果各异，判定劳动关系是否成立的比例大约各占一半，可见由于案件事实和各国法律的差异，以及法院的自由裁量权，在平台用工劳动关系的认定结果上存在较大差异。

以上判决认定平台工人为"自雇者"的，主要基于以下四个理由：(1) 平台工人可能选择替代者代其履行合同；(2) 平台工人可以为多个而非独家平台服务；(3) 平台工人在提供服务上享有自主性，包括是否上线提供服务，上线的时长和时段，以及接受或拒绝提供服务；(4) 平台工人的收入取决于其自愿上线提供服务的时间。而判决认为平台工作是"从属性劳动"则主要基于以下理由：(1) 平台工人受到定位追踪使其服务过程是可追溯的，并受到平台的完全控制；(2) 如果存在评级体系和惩罚机制，平台工人接受或拒绝服务的自由非常有限，因为这意味着工人受制于平台的组织和惩戒措施；(3) 业务归属于平台而非工人，因为在公众看来，平台才是服务的提供者，消费者与平台进行联系，并且平台确定价格政策和市场策略，工人只是企业这个机器的一个组成部分。[②]

从上述国际案例，尤其是 Uber 司机的案例可以看出，不同国家对类似案件的裁判结果存在较大的不同，尤其是国际劳工组织发布的典型案例的结果几乎是对半，可见各国对平台工人身份认定标准和方法仍存在很大差异。同时，值得关注的是，在欧洲，尤其是在终审法院的裁判中，认定网约车司机和外卖配送员为雇员的比例较高，这显示了欧洲国家的法院在面对平台用工这类新型案件时，对传统劳动关系的认定标准和方法似乎更能与时俱进。

（四）我国的经典案例

在我国，网络平台工人和平台之间的法律关系也一直备受关注。一些

[①] International Labour Organization, Decent Work in the Platform Economy, Reference Document for the Meeting of Experts on Decent Work in the Platform Economy（Geneva, 10-14 October 2022）, Conditions of Work and Equality Department, Geneva, 2022, pp. 26~27, at https：//www.ilo.org/gb/GBSessions/GB346/pol/WCMS_859250/lang--en/index.htm, last visited on May 20, 2024.

[②] International Labour Organization, Decent Work in the Platform Economy, Reference Document for the Meeting of Experts on Decent Work in the Platform Economy（Geneva, 10-14 October 2022）, Conditions of Work and Equality Department, Geneva, 2022, p. 27, at https：//www.ilo.org/gb/GBSessions/GB346/pol/WCMS_859250/lang--en/index.htm, last visited on May 20, 2024.

案例也受到官方媒体的关注或发布。

在具有广泛影响的 2018 年李某诉北京某科技有限公司（"闪送"平台）案件中，法院经审理后认为：

> 事实上货物运输合同关系形成于同城必应科技公司与客户之间，且相关客户也相信是与闪送平台运营方——同城必应科技公司之间形成货物运输合同关系，而非与闪送员之间。闪送平台的运营公司实际上组织了货物运送的整个过程，因此本院认为，闪送平台的运营公司——同城必应科技公司并不是一家信息服务公司，而是一家从事货物运输业务经营的公司。李某提供的闪送服务是同城必应科技公司业务的组成部分。同城必应科技公司关于与李相国之间属于居间合同关系的辩解不能成立。
>
> 本院认为，基于劳动法之性质，当事人不可以协议约定的方式排除劳动法之适用。对于双方之间的法律关系，应依据劳动法律之相关规定及劳动法之相关原理，结合涉案法律事实进行分析判断。通常认为，从属性是劳动关系之本质特征。劳动者对于用人单位具有人格从属性、经济从属性，用人单位一方具有强势和主导地位。同城必应科技公司在招聘闪送员时，对工作方式、工作特点、收入计算、奖励等进行了说明，对担任闪送员的条件作出了要求，该内容具有招聘信息之性质。同城必应科技公司对报名闪送员进行了培训，说明其对提供服务的人员在工作方面有一定的标准要求。
>
> 同城必应科技公司为李某发放了工牌。该工牌具有身份识别功能，在李某佩戴工牌进行服务时，其代表同城必应科技公司。李某虽然可以自主决定是否接单，但其一旦接单，就需要按照同城必应科技公司规定的工作流程来完成服务。以上充分说明李某担任闪送员期间，与同城必应科技公司之间存在相当的人格从属性。
>
> 李某自 2016 年 5 月 29 日担任闪送员，至同年 7 月 25 日期间，每周有规律地收到报酬，李某每天工作时间在 10 小时左右。从事闪送员工作获取的报酬是李某的主要劳动收入。李某对同城必应科技公司在经济上的从属性亦十分明显。
>
> 但本院同时注意到，双方之关系与传统劳动关系有一定的区别，具有相对灵活性之特征。
>
> 正如同城必应科技公司所述，李某自主决定是否接单，自主决定使用何种交通工具，无须考勤，同城必应科技公司不限制其工作地

点、工作时间、工作量，不向其提供劳动工具。以上互联网信息技术介入传统劳动供求关系后产生的新工作岗位所呈现之特征，是否能够阻却双方劳动关系之判定？本院认为不能。

其一，李某可以自主决定是否接单，但只要其注册成为闪送员，并决定以此谋生，则其必须通过完成一定的工作量来挣取维持生活所需之收入，所以尽管从每一单闪送业务来看，李某有接单或不接单之选择自主权，但从其整体工作来看，李某并无更多的选择自主权。

其二，李某可以决定自己的工作时间，公司无须考勤。但从双方均认可的接单记录来看，李某在担任闪送员期间，每日基本工作10小时左右（指接单时间起始点），每周收入1400元左右。如果李某要保持这样的收入水平，其对工作时间、工作量并无过宽的选择自主权。并且灵活安排工作时间的特点本身并不排斥劳动关系的存在，因为劳动关系项下本身有多种用工的工时形式，包括相对灵活的用工工时形式。

其三，李某可以自主决定使用何种交通工具，同城必应科技公司并不向其提供劳动工具。但本院认为，在本案中所体现出来的这种互联网经济下新的用工模式中，所谓的交通工具并不是主要的生产资料，由闪送平台运营方——同城必应科技公司通过互联网技术所掌握的信息才是更为重要的生产资料，这些信息及信息技术手段，是李某个人无法掌握的，同城必应科技公司恰借助其对相关信息及技术手段的掌控权，而在与李某的用工关系中处于强势支配地位。

因此，本院认为，同城必应科技公司与李某之间用工关系的灵活性特点，并不能掩盖其劳动关系之本质。①

本案认定平台企业和从业人员具有劳动关系无疑具有重要的参考价值，特别是关于平台企业是经营具体业务的企业而不是中介机构，从业人员收入主要来源于平台对劳动关系认定的影响，从业人员对平台企业具有从属性的认定方法，平台从业人员享有的"自主性"事实上受到限制的观点，以及其中对于传统劳动关系认定方法的创新，对认识平台用工中劳动关系的新特点及其认定方法具有重要的参考价值。

---

① 《李某与北京同城必应科技有限公司劳动争议一审民事判决书》，北京市海淀区人民法院（2017）京0108民初53634号民事判决书。

从近期我国最大网约车平台"滴滴公司"的案例看,实践中裁判机构对平台和工人之间劳动关系的认定较为谨慎。例如,在"刘某与北京小桔科技有限公司、滴滴出行科技有限公司劳动争议"案件中,法院认为,滴滴公司通过"滴滴出行"网络平台向司机发送乘客信息,司机对于"滴滴出行"平台发出的乘车信息有权选择何时何地提供接单或者不接单服务,且由司机自行提供驾驶服务车辆,滴滴公司对服务车辆无法实现有效控制,故司机不受滴滴公司的劳动管理;司机以每次订单服务完成为依据获得报酬,不属于劳动关系意义上的"劳动对价",故不构成"用人单位安排的有报酬劳动"。因此,法院认为司机和平台不存在劳动关系。[①] 在"江西易至智行汽车运营服务有限公司与李某劳动争议"中,法院认为,从考勤来说,被告司机是否出车、出车的时长完全自主决定,并不受原告的监督管理;从工作内容来看,滴滴平台向被告派送订单,被告自主决定是否接受滴滴平台向其派送的订单,并不受原告的监督管理;从工作成效来看,被告接到滴滴平台向其派送的订单后,其如何完成该订单、完成该订单的质效,一天甚至一个周期内完成多少订单,都是被告自主决定,并不受原告的监督管理。法院认定双方不存在劳动关系。[②]

从2023年4月,人力资源和社会保障部和最高人民法院发布的新就业形态劳动争议典型案例看,部分案例认定从业人员和平台企业或平台合作方建立劳动关系。在此次发布的6个典型案例中,认定网约货车司机和平台企业存在劳动关系;认定平台用工合作企业通过劳务公司招用网约配送员,平台合作企业和配送员存在劳动关系;在配送员注册个体工商户与平台企业或其合作企业订立合作协议,认定平台合作企业和配送员存在劳动关系;认定网约家政服务人员与家政公司之间存在劳动关系。认定网约配送员(餐饮外卖平台众包骑手)与平台企业之间不存在劳动关系;认定网络主播与文化传播公司之间不存在劳动关系。[③] 虽然在上述典型案例中,法院认定劳动关系的比例较高,但从业人员和大型的外卖或出行平台

---

① 《刘某与北京小桔科技有限公司、滴滴出行科技有限公司劳动争议一审民事判决书》,成都市金牛区人民法院(2019)川0106民初13818号民事判决书。
② 《江西易至智行汽车运营服务有限公司与李某劳动争议一审民事判决书》,江西省南昌经济技术开发区人民法院(2020)赣0192民初1221号民事判决书。
③ 《人力资源社会保障部 最高人民法院关于联合发布第三批劳动人事争议典型案例的通知》,中华人民共和国最高人民法院,https://www.court.gov.cn/zixun/xiangqing/401172.html,最后访问时间:2023年9月14日。

企业或其合作方仍然难以成立劳动关系。

以上述典型案例之二（网约配送员与平台企业之间是否存在劳动关系）为例，在该案中，徐某于 2019 年 7 月 5 日从某科技公司餐饮外卖平台众包骑手入口注册成为网约配送员，并在线订立了《网约配送协议》，协议载明：徐某同意按照平台发送的配送信息自主选择接受服务订单，接单后及时完成配送，服务费按照平台统一标准按单结算。从事餐饮外卖配送业务期间，公司未对徐某上线接单时间提出要求，徐某每周实际上线接单天数为 3~6 天不等，每天上线接单时长为 2 至 5 小时不等。平台按照算法规则向一定区域内不特定的多名配送员发送订单信息，徐某通过抢单获得配送机会，平台向其按单结算服务费。出现配送超时、客户差评等情形时，平台核实情况后按照统一标准扣减服务费。2020 年 1 月 4 日，徐某向平台客服提出订立劳动合同、缴纳社会保险费等要求，被平台客服拒绝，遂向仲裁委员会申请仲裁。仲裁委员会裁决：驳回徐某的仲裁请求。人力资源和社会保障部和最高人民法院的《关于联合发布第三批劳动人事争议典型案例的通知》指出，"本案中，徐某在某科技公司餐饮外卖平台上注册成为网约配送员，其与某科技公司均具备建立劳动关系的主体资格。认定徐某与某科技公司之间是否符合确立劳动关系的情形，需要查明某科技公司是否对徐某进行了较强程度的劳动管理。从用工事实看，徐某须遵守某科技公司制定的餐饮外卖平台配送服务规则，其订单完成时间、客户评价等均作为平台结算服务费的依据，但平台对其上线接单时间、接单量均无要求，徐某能够完全自主决定工作时间及工作量，因此，双方之间人格从属性较标准劳动关系有所弱化。某科技公司掌握徐某从事网约配送业务所必需的数据信息，制定餐饮外卖平台配送服务费结算标准和办法，徐某通过平台获得收入，双方之间具有一定的经济从属性。虽然徐某依托平台从事餐饮外卖配送业务，但某科技公司并未将其纳入平台配送业务组织体系进行管理，未按照传统劳动管理方式要求其承担组织成员义务，因此，双方之间的组织从属性较弱。综上，虽然某科技公司通过平台对徐某进行一定的劳动管理，但其程度不足以认定劳动关系。因此，对徐某提出的确认劳动关系等仲裁请求，仲裁委员会不予支持。"[1] 可见，法

---

[1] 《人力资源社会保障部 最高人民法院关于联合发布第三批劳动人事争议典型案例的通知》，中华人民共和国最高人民法院，https://www.court.gov.cn/zixun/xiangqing/401172.html，最后访问时间：2023 年 9 月 14 日。

院虽然认可平台对平台从业者具有一定的管理，但管理的程度不足以达到"劳动关系"的程度，这也说明判断劳动关系的从属性，通常不是从属性的有无，而是从属性的"强弱"。

除了"众包骑手"和平台之间难以认定劳动关系，"专送骑手"和平台或其合作企业似乎也难以认定劳动关系。以天津市高级人民法院2022年发布的典型案例为例。2018年，邱某入职某信息技术公司担任送餐骑手。双方签订《合作协议》约定，乙方（邱某）根据甲方（某信息技术公司）合作平台发布的有偿任务提供送餐服务，乙方应当按照合作平台关于订单配送的流程和结果标准开展送餐服务，乙方自行准备劳动工具，如配送时需要的交通工具电动车、摩托车，配送箱、头盔、服装也由乙方自行购买，其所有权属于乙方所有。乙方接取外卖配送订单并完成外卖送单任务的数量为结算服务费的依据。乙方使用APP软件接单，自行安排时间，自行决定是否接单，也可以选择拒绝接单。乙方接单并完成派送任务后，根据实际完成外卖派送订单数量计算服务费。邱某自行扫码注册美团骑手APP，通过在美团APP操作上线、下线、接单及转单等方式从事送餐工作。工作期间，双方未签订书面劳动合同，考勤记录方式为美团骑手APP签到。工作初期，邱某租用某信息技术公司的电动车，后自行购买电动车用于送餐。工作报酬通过银行转账发放，每天工作满8小时送满15单且连续工作28天以上有基本工资1800元，另有好评奖励，其他收入按照单量计算，采用系统自行派单，每日可转单3次。邱某离职后，向天津市南开区劳动人事争议仲裁委员会申请仲裁，要求确认双方之间存在劳动关系等，仲裁委裁决驳回其仲裁请求。邱某不服向人民法院提起诉讼。

天津市南开区人民法院认为，双方签订的是《合作协议》而非劳动合同，并没有达成建立劳动关系的合意。结合庭审陈述，邱某报酬按照接单数量核算，送餐所需车辆等由其自行购买。美团骑手APP由其自行扫码注册，上线、下线、接单及转单等操作均在APP上完成，其可在美团骑手APP选择上下线时间，选择是否承接订单，也可进行转单操作。邱某提交的证据不能充分证明其与某信息技术公司之间存在劳动关系，故对其主张确认劳动关系的诉讼请求，不予支持。邱某提起上诉后，天津市第一中级人民法院认为，结合双方《合作协议》约定内容以及实际合作模式，二者之间不具备劳动合同法律关系所必需的从属性特点，劳动者和用工单位之间无人身依附性。法院判决驳回上诉，维持原判。①

本案中，作为平台合作方的技术公司对骑手施加了相当的管理，但法院仍没有认定劳动关系。而且，法院认为双方签订的是《合作协议》而非劳动合同，并没有达成建立劳动关系的合意。事实上，如上述，由于平台以及合作商的强势地位，实践中骑手等平台从业者几乎没有与平台或其合作商签订劳动合同的，以双方协议作为依据考察双方是否具有建立劳动关系的合意，既违背了劳动关系认定的事实优先原则，而且也未考虑平台从业者的弱势地位。同时，法院认为"邱某提交的证据不能充分证明其与某信息技术公司之间存在劳动关系，故对其主张确认劳动关系的诉讼请求，不予支持"。这是值得商榷的。对于骑手而言，平台和技术公司依靠APP的算法分别对骑手施加管理，APP由平台和合作商开发和运行，骑手获取相关信息的渠道和能力受限，骑手要证明平台或技术公司（合作商）存在劳动关系，难度极大。

可见在实践中，大部分平台工人，尤其是大型的出行和外卖配送平台工人，难以被认定和平台或其合作方存在劳动关系，因此也难以受到劳动法的有效保护。根据法院统计，在司法实践中认定平台工人和平台或其合作商的比例相当低。以上述上海第二中级人民法院的报告为例，在该院审结的新业态用工纠纷案件中，从业者诉请与平台或平台合作企业或劳务外包企业确认劳动关系的案件有38件，认定劳动关系8件，整体认定率仅21.05%。其中，从业者以平台为诉请确认劳动关系相对方的案件有25件，认定5件（均为快递行业），认定率20%。以平台合作企业或劳务外包企业为诉请确认劳动关系相对方的案件有13件，认定3件（外卖行业2件、快递行业1件），认定率稍高于前者，为23.08%。在外卖行业中，从业者诉请确认劳动关系案件有12件，认定2件，认定率仅16.67%。其中，其一，诉请与外卖平台确认劳动关系5件，认定0件，认定率为0，另，有2件在二审中以调解、和解方式结案，调解率达40%。可见，裁判者对从业者诉请确认与平台存在劳动关系案件之处理持极为审慎态度。②此外，根据一项对2016年4月至2021年6月有关外卖平台与骑手认定劳

---

① 《邱某与天津吉城美家信息技术有限公司劳动争议一审民事判决书》，天津市南开区人民法院（2019）津0104民初16696号民事判决书；《天津法院发布劳动争议典型案例》，天津高法微信公众号，2022年4月29日上传。
② 上海市第二中级人民法院：《2017—2022年上半年新业态用工纠纷案件审判白皮书》，2022年11月，第6~7页，https://www.hshfy.sh.cn/css/2022/11/17/20221117095951 3934920.pdf，最后访问时间：2024年5月25日。

动关系判决的研究，在课题组分析的 1907 份有效判决中，没有一份判决确认合作用工模式（即在平台用工中引入合作商作为第三方）下的平台企业与专送骑手之间存在劳动关系。在相关侵权（例如，骑手撞伤路人等）案件中平台企业被认定需承担雇主责任的比例也不超过 15%，其中绝大多数法律责任仅由合作企业承担。这与平台企业在合作用工模式中的实质主导地位极不相称，也损害了劳动者的合法权益。[1] 同时，相比上述欧洲国家法院对网约车和外卖配送员平台从业人员劳动关系认定的比例，我国认定从业人员与平台成立劳动关系的比例明显偏低。

（五）司法路径的局限性

以上案例表明，通过司法路径保护平台工人的作用具有局限性。

司法路径的优势是可以根据个案，充分考虑平台用工的特点做出灵活处理，可以依据现有立法做出裁判，减少立法成本。但司法路径在保护平台工人权益上的局限性也是明显的。

第一，从实践结果看，司法认定劳动关系难。由于平台用工的新特点，裁判机关较少认定平台工人和平台之间存在劳动关系，尤其是我国司法实践中认定平台用工中劳动关系成立的比例非常低，因此司法路径难以为大部分平台工人提供保护。尤其是许多大型平台从业人员数量众多，裁判机构往往担心认定劳动关系后会带来其他平台工人的连锁反应，在认定劳动关系上较为谨慎。从我国司法实践看，在大型外卖配送或出行平台中，难以认定从业人员和平台或合作方之间存在劳动关系。

第二，裁判结果存在不确定性，缺乏统一性。这也是各国普遍存在的问题。例如美国法律并没有提供明确和广泛适用的规则来解决由此产生的歧义和模糊性，而且也无法确保裁决者能够作出一致以及可预测的决定。"持续的法律模糊将会导致产生高昂的交易成本，因此各方被迫去寻求途径以解决法律的模糊性。"[2] 上述各国有关平台用工劳动关系认定的结果，包括国际劳工组织列举的知名案例结果也清楚表明这一点。我国司法实践也面临类似问题。

第三，司法路径主要是事后救济，难以对平台工人提供全过程保护。当事人到法院等裁判机构寻求救济一般都在发生纠纷之后，即使平台工人

---

[1] 北京致诚农民工法律援助与研究中心课题组：《平台经济下合作用工模式劳动关系分析——以外卖平台为例》，《人民司法》2022 年第 7 期。

[2] ［美］赛思·D.哈瑞斯：《美国"零工经济"中的从业者、保障和福利》，《环球法律评论》2018 年第 4 期。

胜诉，平台工人在合同订立和合同履行等环节，包括工作时间、休息休假、安全卫生等方面也难以得到事前和事中的周全保护。

第四，司法具有被动性。由于司法的被动性，部分身份被错误归类的平台工人因考虑诉讼成本等因素也可能放弃寻求司法救济，而无法获得法律的保护。从我国有关诉讼情况看，大部分平台用工劳动争议与人身伤害有关，即争议是由于发生了交通事故等造成平台工人或第三方人身损害，平台工人才提起相关的仲裁或诉讼。例如，经初步统计，2018年至2020年期间，北京、上海、广东、浙江四省市共审结涉外卖、快递新就业形态相关民事纠纷一审案件2000余件，结案数呈逐年上升趋势。纠纷集中在侵权纠纷与劳动争议两大类，侵权类纠纷案件约占71%，劳动争议案件约占29%。前者绝大多数为外卖、快递配送车辆发生交通事故致人损害引发的赔偿纠纷，后者则主要是要求确认劳动关系、追索劳动报酬及加班费、索要工伤保险待遇的案件。[①] 由此可见，大部分平台用工争议都是在发生人身损害后才提起的，平台从业人员在非发生人身损害的情形下较少提起仲裁或诉讼，这也表明平台工人通常只有在涉及人身损害等重要权利和重大责任时才会申请仲裁或提起诉讼。

值得注意的是，从荷兰、澳大利亚和意大利等国的裁判机构看，当平台工人没有被法院认定为"雇员"时，法院经常呼吁立法者填补监管空白，并为工人提供基本保护，无论他们在法律上是否被归类为雇员。[②] 可见，法院也认为法院对平台工人的保护是有限的，解决这一问题还需要通过立法。

二 域外平台用工劳动关系认定的立法和裁判规则完善

对于平台工人的权益保障而言，身份识别是首要的。如果平台工人和平台或平台合作方存在劳动关系，其自然可以获得劳动法的全面保护，因此平台工人身份认定的重要性不言而喻。正如美国学者所言，"被认定为

---

① 北京市第一中级人民法院课题组：《新就业形态下平台用工关系法律性质的界定规则》，《人民法院报》2021年9月23日第7版。

② William B. Gould IV and Marco Biasi, "The Rebuttable Presumption of Employment Subordination in the US ABC-Test and in the EU Platform Work Directive Proposal: A Comparative Overview", *Italian Labour Law e-Journal*, Issue 1, Vol. 15, 2022, p. 86.

雇员对确保零工工人体面的劳动标准和工作条件是关键性的"。[1] 而且，平台用工的主要问题是平台工人的雇员身份不明确或错误归类。[2] 因此，将那些本属于劳动法保护范围的平台工人正确归类为"雇员（劳动者）"，防止其被错误归类为独立承包商或自雇者，是保护平台工人的首要任务。

劳动关系是劳动法的核心和基础概念，各国通过成文法或判例法都对劳动关系的概念和判定方法进行了界定。为此，为了适应平台用工的新特点，也为了进一步明确平台工人的身份认定规则，一些国家和地区对劳动关系的判定方法进行了改革。分析这些国家和地区劳动关系概念及其判定方法，对于把握劳动关系概念和判定规则的发展趋势，应对平台用工劳动保护的需要具有重要意义。

（一）美国加利福尼亚州"AB5"法案及"ABC"规则

美国加利福尼亚州 2019 年 9 月通过了"AB5"法案，该法案于 2020 年 1 月生效。根据该州劳动法典，为获取报酬而提供劳动或服务的人应被视为雇员而非独立承包商，除非雇用单位证明"提供劳动或服务的人"满足了以下所有条件：（1）在履行工作中不受雇用单位的控制或指示；（2）从事的工作不属于雇主的通常业务范围；（3）通常地从事独立设立的贸易、职业或业务。[3] 由于该规则要求雇主证明同时满足三个条件，该规则也被称为"ABC"规则或标准。当然，上述规定也存在很多例外。按照该立法，平台工人很有可能被认定为雇员。

1. ABC 规则的主要内容

在"AB5"法案出台之前，美国法院对劳动关系的判定通常采用两个标准。一是普通法的"控制"标准，是一个包含多重因素，并将"控制"作为主导因素的标准。该标准通常包括 12 个判断因素，包括雇用方有权控制工作完成的"方式和方法"。另一个标准是美国《公平劳动标准法》

---

[1] Miriam A. Cherry, "Employee Status for 'Essential Workers': The Case for Gig Worker Parity", *Loyola of Los Angeles Law Review*, Vol. 55, 2022, pp. 705~706.

[2] Annika Rosin, "Towards a European Employment Status: The EU Proposal for a Directive on Improving Working Conditions in Platform Work", *Industrial Law Journal*, Vol. 51, No. 2, 2022, p. 492.

[3] International Labour Organization, World Employment and Social Outlook 2021: The Role of Digital Labour Platforms in Transforming the World of Work, International Labour Office-Geneva: ILO, 2021, https://www.ilo.org/global/research/global-reports/weso/2021/WCMS_771749/lang--en/index.htm, last visited on April 16, 2024.

(*Fair Labor Standards Act*)使用的"经济现实标准"(economic realities test),该标准通常包含五至六个要素,其总体目标是寻找存在经济上的依赖性或脆弱性的受雇者。与备受批评的普通法"控制"标准相比,经济现实标准更具包容性,被认为更符合劳动法的保护目的。但与控制标准类似,经济现实标准也依赖于一系列因素,这使得法院在适用该标准时享有很大的自由裁量空间,无法产生一致的结果,以确保覆盖所有需要保护的人。同时,由于法律的不确定性给雇主留下了巨大的规避空间。而且,技术创新和现代就业形式的兴起使得以一致和可预测的方式适用"多因素标准"更为困难。这些困难使得加利福尼亚州最高法院2018年在Dynamex案件中,决定放弃传统的"多因素Borello标准",即经济现实标准,而采取"ABC"标准,并做出更具根本性的变化。在法院看来,ABC标准更为简单,也更容易得到一致适用,从而减少了雇主规避法律的机会。[①]

虽然ABC标准和之前的"多因素标准"存在相似之处:其也包含一些判断因素,这些因素和之前标准包含的因素类似,但ABC标准有两个重要变化:首先,该标准推定雇员身份存在,并实行证明责任归于雇主的举证转移规则。这一方法被美国加利福尼亚州和其他一些国家所采用,具有重要意义。其次也更为重要的是,雇用单位如要反驳对雇员身份的推定,必须同时符合该标准的三个要件,即"不受控制""不属于通常业务范围""经济自主性",以证明不存在雇员身份。换言之,雇主只要无法证明其中一项要件就无法推翻雇员的身份,而在传统的"多因素标准"中,应综合考虑多种因素,且没有一个因素是决定性的。当然在判断ABC标准三个条件或要素时仍可参考传统"多因素标准"的判断"因素"。与此同时,"AB5"法案对一些职业和行业进行了豁免,换言之,这些职业或行业仍适用传统的类似于"经济现实标准"的"Borello标准"。2020年9月,"AB2257"法案修改了"AB5"法案,修改并扩大了豁免的职业和行业。[②] 因此,对AB5规则应有完整和准确的理解,其包含四部分的内容:雇员身份的推定,雇主负有严格的反驳推定的举证责任,

---

[①] Guy Davidov and Pnina Alon-Shenker, "The ABC Test: A New Model for Employment Status Determination?" *Industrial Law Journal*, Vol. 51, No. 2, 2022, pp. 242~244.

[②] Guy Davidov and Pnina Alon-Shenker, "The ABC Test: A New Model for Employment Status Determination?" *Industrial Law Journal*, Vol. 51, No. 2, 2022, pp. 244~245.

多重因素的考虑（至少三个因素），以及一系列职业和行业的豁免。① 只有完整把握 ABC 规则，才能对其利弊做出客观的评价。

2. AB5 法案出台的背景

AB5 法案的通过具有特定背景，主要背景是美国现有的工人分类制度受到广泛批评。有学者指出，美国联邦现有用于解决工人错误分类的标准"复杂、主观（complex，subjective），且不同法律之间存在差异"。具体而言，近年来，将"雇员"错误归类为独立承包商是一个持续存在的问题。众多的工人分类的标准和因素在零工经济背景下适用起来特别具有挑战性。用于对工人进行分类的法律标准常常"令人困惑且模棱两可"②。三个主要原因解释了这种混乱和歧义。第一，在特定情况下，哪种标准（test）应被适用并不总是清晰的。第二，所有的标准都需要复杂的多因素分析，可能导致基本事实相似的情形而结果并不相同。第三，这些标准需要考虑一些法院认为难以适用和过时的因素。③ 在分析案件时可能考虑 5 个因素或 20 个因素，这通常涉及主观和客观判断的结合，但每个因素的权重并没有明确方向。④ 可见，美国在劳动关系判定上判定标准多，判定方法需要考虑的因素多，由此导致法律适用的困难，以及裁判结果的不一致，特别是多因素判定方法在零工经济背景下适用起来更为困难。法院也认为现有雇员分类标准有不足之处。在有关平台用工的 Cotter 和 O'Conner 两个案件中，法官都表达了对普通法"控制"标准适用于共享汽车司机的不满，均呼吁对现有的雇员分类制度进行立法改革。因此，学者指出，应进一步完善立法：清晰的成文法定义是成功区分雇员和独立承包商所不可或缺的。而且，法定的定义不仅必须有助于防止错误分类；定义还应促成法院在解释法律时可以决定适用"清晰而公正的标准"。成功的改革需要建立统一的标准，该标准始终用于解释依赖于区分独立承包商

---

① Guy Davidov and Pnina Alon-Shenker, "The ABC Test: A New Model for Employment Status Determination?" *Industrial Law Journal*, Vol. 51, No. 2, 2022, pp. 255~256.

② John A. II Pearce & Jonathan P. Silva, "The Future of Independent Contractors and Their Status as Non-Employees: Moving on from a Common Law Standard", *Hastings Business Law Journal*, Vol. 14, No. 1, 2018, pp. 3, 13, 15.

③ John A. II Pearce & Jonathan P. Silva, "The Future of Independent Contractors and Their Status as Non-Employees: Moving on from a Common Law Standard", *Hastings Business Law Journal*, Vol. 14, No. 1, 2018, p. 15.

④ John A. II Pearce & Jonathan P. Silva, "The Future of Independent Contractors and Their Status as Non-Employees: Moving on from a Common Law Standard", *Hastings Business Law Journal*, Vol. 14, No. 1, 2018, p. 17.

和雇员的所有法律场景。① 这说明了劳动关系定义和判定方法成文化的重要意义以及建立统一的劳动关系概念和判定标准的必要性。

当然，AB5 法案的目的除了应对长期以来雇员分类制度存在的缺陷，也是为了应对平台工人身份认定所带来的新挑战。例如，有学者指出，尽管 AB5 法案不仅适用于零工工作或基于应用程序（APP）的工作，但许多人将 AB5 法案视为"零工工人法"（Gig Worker Law）。② 可见，AB5 法案在平台工人身份认定上是很有针对性的。

3. ABC 规则在美国各州的使用情况

ABC 标准于 1935 年起源于缅因州，自被马萨诸塞州于 2004 年采用以来，已成为多州独立承包商（非雇员）定义的主要改革内容。然而，该标准在联邦层面上尚未被采用。从主要内容看，ABC 标准是普通法"控制"标准（"right to control"test）的简化版。在 2004 年至 2016 年期间，共有 16 个州的立法机关明确支持 ABC 标准，并使用该标准用于转化独立承包商的定义。截至 2018 年，共有 38 个州采用了某种形式的 ABC 标准。③ 可见，ABC 规则得到各州的广泛使用。ABC 标准广泛流行具有许多原因，包括以下四个原因：首先，劳动关系的推定"使无良雇主更难将雇员错误分类为独立承包商，以逃避法律义务"，因为推定规则将证明义务施加于雇主。其次，ABC 标准消除了最容易操纵的因素，例如双方意图和工作地点；方便对三个必须同时满足的决定性因素进行简单测试。ABC 标准的三个方面成为法院适用该标准的客观因素的便利清单。与当前普通法雇员标准的复杂性相比，条件数量少且其整体适用的简便性使得 ABC 标准对法官、工人和企业而言更加便利。再次，ABC 标准通常包括严格的执行措施，包括潜在的民事责任和刑事责任，以阻止企业对员工进行错误分类。最后，ABC 标准的一个主要优点是当它被普遍地作为区分雇员和独立承包商的基础时，将发挥最大效用。各州不同领域的成文法中雇员和独立承包商的定义往往不同，而 ABC 标准可以为所有相关法律的

---

① John A. II Pearce & Jonathan P. Silva, "The Future of Independent Contractors and Their Status as Non-Employees: Moving on from a Common Law Standard", *Hastings Business Law Journal*, Vol. 14, No. 1, 2018, pp. 24, 26.

② Samantha J. Prince, "The AB5 Experiment-Should States Adopt California's Worker Classification Law?" *American University Business Law Review*, Vol. 11, No. 1, 2022, p. 56.

③ John A. II Pearce & Jonathan P. Silva, "The Future of Independent Contractors and Their Status as Non-Employees: Moving on from a Common Law Standard", *Hastings Business Law Journal*, Vol. 14, No. 1, 2018, p. 27.

定义带来一致性，将有助于为雇主和工人提供更容易遵守的规则，并带来一致的预期。① 换言之，ABC 标准被适用于各州劳动法的不同领域，有利于规则的统一，并增加各方主体的预期。

4. 对 ABC 规则的评价和争议

对于 ABC 规则，学者褒贬不一，既有赞同者，也有人认为其并不完美，甚至还有人持批评甚至否定的态度。

有学者对 ABC 规则持总体肯定态度并对该规则的完善提出了意见。该观点认为 ABC 规则的结构相比"多因素标准"是一个进步，其规则更为明确，也更具可预测性；较好平衡了确定性和灵活性的关系，只要符合三个条件之一就可以确定雇员身份，同时，任何一个条件都是"开放式标准"，这一点保持了多重因素标准的灵活性。② 当然，ABC 规则并非完美无缺，该规则中的第二项要素"工人从事的工作不属于雇主的通常业务范围"含义过宽，可能不当地扩大了雇员范围，例如一些工人从事的工作可能属于雇主的业务范围，但其可能是真正的独立承包商，因此，应该用"组织控制"而非"业务范围"来表明从属性。③ 同时，可以增加一个因素 D，审查雇主是否控制工人向第三人提供服务的条件，包括是否有权进行定价，以适应平台用工保护的需要，从而将 ABC 规则改造成更为完善的"ABCD"规则。④ 这一观点总体赞同 ABC 规则的理念和结构，同时，提出了改良方案，尤其是解决雇员范围覆盖过宽的问题。

还有学者充分肯定了 ABC 规则的重要意义，同时指出了其功能上的欠缺，并提出了补充方案。例如，有学者指出，"三要件"的 ABC 标准被证明是最受欢迎的区分雇员和独立承包商的法律方法，可以统一地作为所有与劳动相关的成文法的定义结构。但 ABC 标准也存在缺陷，该标准无法适用于功能上是独立承包商但由于依赖于单一雇主而经济上处于脆弱地位的工人，因此，主张引入第三类主体"依赖性承包商"，并认为 ABC

---

① John A. II Pearce & Jonathan P. Silva, "The Future of Independent Contractors and Their Status as Non-Employees: Moving on from a Common Law Standard", *Hastings Business Law Journal*, Vol. 14, No. 1, 2018, pp. 27~29.

② Guy Davidov and Pnina Alon-Shenker, "The ABC Test: A New Model for Employment Status Determination?" *Industrial Law Journal*, Vol. 51, No. 2, 2022, p. 274.

③ Guy Davidov and Pnina Alon-Shenker, "The ABC Test: A New Model for Employment Status Determination?" *Industrial Law Journal*, Vol. 51, No. 2, 2022, pp. 267~269.

④ Guy Davidov and Pnina Alon-Shenker, "The ABC Test: A New Model for Employment Status Determination?" *Industrial Law Journal*, Vol. 51, No. 2, 2022, pp. 274~276.

规则和"依赖性承包商"规则相结合可以为工人分类的实质改进提供基础。[1] 该观点还认为,尽管ABC标准有诸多重要优点,但不幸的是,这不是完美的解决方案。首先,"劳动关系推定"难以推翻,给雇主带来了相比普通法标准更重的举证责任。其次,ABC标准也被批评过于简单明了,因为它隐藏了其替代的普通法"控制"标准的其他因素,因为在一些案件中法院仍然必须考察传统标准中的多个因素,以评估"控制"是否存在。最后,ABC标准欠缺灵活性,可能导致有明显的证据表明某人不应该被归类为"雇员",但由于雇主无法证明其满足所有条件,而不得不将其归类为雇员。[2] 可见,和上述观点一致,该ABC标准可能存在范围过宽,以及雇主举证责任过重的问题。

还有学者持较为中立的态度,认为ABC规则弱化了传统标准中的控制因素,ABC规则的实施也需要法官和监管者进行理念更新。该学者指出,普通法的控制权标准和经济现实标准都将控制和支配作为其核心问题。[3] 但在ABC标准中,控制因素被削弱了,因为如果条件B或C不成立,无论对从事工作有多少控制权(或缺乏控制权),工人都会被归类为雇员。为了满足ABC标准的A条件,"雇主必须证明它既没有对工人工作的完成行使控制权,也没有能力行使控制权。但雇主不一定要控制工人工作的每个方面。相反,某种程度的控制可能就足够了"。[4] 虽然有人认为条件A只是采用了普通法标准中的控制因素,但至少有两个州的最高法院认为,条件A不应该被理解为完全等同于普通法控制标准中的控制因素。[5] 因此,ABC规则一方面弱化了"控制"在雇员身份认定上的核心

---

[1] John A. Ⅱ Pearce & Jonathan P. Silva, "The Future of Independent Contractors and Their Status as Non-Employees: Moving on from a Common Law Standard", *Hastings Business Law Journal*, Vol. 14, No. 1, 2018, pp. 1~2.

[2] John A. Ⅱ Pearce & Jonathan P. Silva, "The Future of Independent Contractors and Their Status as Non-Employees: Moving on from a Common Law Standard", *Hastings Business Law Journal*, Vol. 14, No. 1, 2018, pp. 29~30.

[3] Robert Sprague, "Using the ABC Test to Classify Workers: End of the Platform-Based Business Model or Status Quo Ante?" *William and Mary Business Law Review*, Vol. 11, No. 3, 2020, pp. 744~745.

[4] Robert Sprague, "Using the ABC Test to Classify Workers: End of the Platform-Based Business Model or Status Quo Ante?" *William and Mary Business Law Review*, Vol. 11, No. 3, 2020, pp. 750~751.

[5] Robert Sprague, "Using the ABC Test to Classify Workers: End of the Platform-Based Business Model or Status Quo Ante?" *William and Mary Business Law Review*, Vol. 11, No. 3, 2020, pp. 751~752.

地位，另一方面，ABC 规则中的"控制"因素和传统的多因素标准的"控制"因素究竟是否相同，判断标准是否一致也存在未解之谜。

该学者还指出，广泛采用 ABC 标准可能会改变游戏规则。它大大降低了控制权在工人分类分析中的地位。而且，ABC 标准在雇员和独立承包商分类方面并不是万能的。法院和监管者似乎仍在强加老式的工作概念，即由于工人不是专门为某一雇主工作，也不是定期于特定时间出现在特定地点，该工人的劳动在某种程度上就是独立劳动，从而该工人就不是雇员。虽然 ABC 标准的最终目标是识别真正独立于雇用方经营的自雇者（businesses），但存在的风险是，法院反而会将现代工作关系的不稳定性与独立性混淆。① 换言之，要使 ABC 规则得到真正的落实，还需要更新观点，摒弃传统劳动关系认定方法观念的束缚。

当然，还有一些学者对 ABC 规则提出了激烈的批评意见。该意见指出，AB5 法案及其 ABC 标准的使用，为被推定为雇员的工人提供了重要的成文法的保护措施。然而，企业、工人和组织对雇员推定方法也提出了强烈的反对声音。而且，一些工人认为 AB5 法案将摧毁他们的行业。因此，加利福尼亚州立法机构不得不继续修订法规，通过 AB5 法案中 ABC 标准的例外条款来解决人们的担忧。②

批评意见指出了 ABC 规则存在的几个不足。

第一，ABC 规则对雇员的覆盖范围并不科学。由于 AB5 法案的 ABC 标准部分只有三个因素，它比较简单，可以提高可预测性，从而减少不确定性。因此，工人代表将其誉为"最客观"的标准和"最难被雇主操纵的"。但 ABC 标准在区分雇员和独立承包商上不是万能的，它不是"清晰的模式"，它"可能同时导致过度和不足的包容性"，它"为雇员身份认定带来了新的解释上的挑战"。AB5 法案（以及随后的 AB2257 法案）规定的例外情况似乎是加利福尼亚州用来处理该定义覆盖雇员范围过宽问题的方式；然而，人们可能认为，法律的例外规定走得太远了——许多工人现在又回到了他们的起点，使法律对雇员的覆盖（再次）不足。③ ABC

---

① Robert Sprague, "Using the ABC Test to Classify Workers: End of the Platform-Based Business Model or Status Quo Ante?" *William and Mary Business Law Review*, Vol. 11, No. 3, 2020, p. 767.
② Samantha J. Prince, "The AB5 Experiment-Should States Adopt California's Worker Classification Law?" *American University Business Law Review*, Vol. 11, No. 1, 2022, p. 55.
③ Samantha J. Prince, "The AB5 Experiment-Should States Adopt California's Worker Classification Law?" *American University Business Law Review*, Vol. 11, No. 1, 2022, pp. 58~59.

规则的这一缺陷,上述其他学者的观点也有提及,尤其是 ABC 规则可能导致雇员覆盖范围过宽。

第二,ABC 规则并不明确,适用上仍存在诸多困难。虽然 AB5 法案的制定是为了明晰 Dynamex 案的意见,但使用 ABC 标准的要素并不一定能实现这一目标。例如,就第二个要素而言,如何定义"通常业务范围"一词?以及何为"超出"其范围?加利福尼亚州的法院将不得不决定如何定义这些模糊不清的表述,而这可能会导致不确定性。"将这一任务交给司法部门,有可能需要数年时间才能明确确定如何适用这一标准,也可能不完全符合立法意图。"① 这一缺陷上述观点也有提及。ABC 规则看似简单,但其适用中仍有诸多类似于传统标准所包含的因素需要考虑。换言之,传统的劳动关系判断标准存在的缺陷也可能将继续存在。

第三,过度扩大雇员的范围可能牺牲工作灵活性。该意见指出,并非所有工人都希望或能够放弃其独立的工作关系。许多目前被归类为独立承包商的工人,享受工作的自主权,想什么时候工作就什么时候工作,想干几个小时就干几个小时,他们认为把他们重新分类的法律剥夺了他们的自由。②

第四,ABC 规则存在过多的例外规则,导致了诸多不确定性。由于 AB5 法案对一些工人进行了全面的重新分类,许多企业和工人都表达了他们的担忧、失望,甚至是不满。因此,代表产业的组织发表了意见。为了响应相应组织的呼吁,2020 年 9 月,加利福尼亚州立法机构通过了 AB2257 法案取代 AB5 法案,引入更多的豁免事项(现在豁免事项总共有 109 项)。而且,由于立法机构和 Uber 无法就网约车司机的豁免达成协议,著名的交通出行平台公司通过赢得加利福尼亚州 2020 年 11 月的投票倡议,即 22 号提案,成功地获得了 AB5 法案的豁免(尽管是暂时的)。③

最初,ABC 标准包含 50 多项例外情况,这些例外情形依然适用 Borello 标准。这些例外情况可以被看作是回应政界和产业界批评意见的产物。这些例外情况也代表了加利福尼亚州对 ABC 标准的调整,以适应

---

① Samantha J. Prince, "The AB5 Experiment-Should States Adopt California's Worker Classification Law?" *American University Business Law Review*, Vol. 11, No. 1, 2022, p. 61.

② Samantha J. Prince, "The AB5 Experiment-Should States Adopt California's Worker Classification Law?" *American University Business Law Review*, Vol. 11, No. 1, 2022, pp. 61~62.

③ Samantha J. Prince, "The AB5 Experiment-Should States Adopt California's Worker Classification Law?" *American University Business Law Review*, Vol. 11, No. 1, 2022, pp. 65~66.

相关主体的需求，并试图避免雇员身份的过度覆盖。虽然一些评论家批评这些例外情况，但也有称赞的。① 但是通过 AB2257 法案，目前，ABC 标准共有 109 项豁免情形。因此，AB2257 法案并没有简化或明确工人的分类方法，而是创设了附带详细条件的"僵化的豁免"。② 由于存在广泛的豁免，使得规则的统一性受到影响。"AB5 法案充满了例外、豁免和解释上的挑战，使雇员认定的法律甚至比以前更加复杂和不明确。"③

因此，该观点认为，总的来说，加利福尼亚州 AB5 法案的试验似乎不应该扩散到其他州或联邦政府。加利福尼亚州通过反复修正的持续实验，虽然用意良好，但已经超出了为其他州提供可采用的立法的范围。为了最大限度地发挥实验性联邦制（experimental fedrealism）的好处，一些州，包括与加州同质和异质的州，应该进行实验，并努力为工人的（错误）分类找到一个更理想的解决方案。该观点指出，工人需要保护，但加利福尼亚州的工人分类法并没有充分满足这一需要。④

虽然由于 2020 年 11 月"第 22 号提案"的通过，AB5 法案不再适用于加利福尼亚州的平台工人，但加利福尼亚州以及其他州的 ABC 规则仍具有重要影响，并充满争议。概括而言，ABC 规则的优势在于：一是扩大了雇员的范围，使平台工人等可能被纳入其中，适应了平台用工等新型用工的需要；二是采取了雇主负责举证的证明规则，减轻了雇员的负担；三是相对量化的 ABC 三个条件，简化和便利了对劳动关系的认定；四是 ABC 条件的量化以及相应的豁免规则保持了规则的统一性和灵活性。相应的缺点也是存在的：一是认定条件的宽松可能不当地扩大了雇员范围；二是雇主负有举证责任，在某些情形下可能造成雇主的举证困难；三是虽然 ABC 三个条件的量化便利了劳动关系的认定，但三个条件的具体认定仍然需要考虑传统的多重因素判断方法之中的具体认定因素，传统的认定方法面临的难题并没有完全克服；四是过多的例外情形虽然避免了规则的僵化，但却使规则更加复杂和不统一。总体而言，ABC 规则通过要求雇主证明同时满足三个条件而推翻劳动关系存在的规则相比传统的多因素判

---

① Samantha J. Prince, "The AB5 Experiment-Should States Adopt California's Worker Classification Law?" *American University Business Law Review*, Vol. 11, No. 1, 2022, p. 66.
② Samantha J. Prince, "The AB5 Experiment-Should States Adopt California's Worker Classification Law?" *American University Business Law Review*, Vol. 11, No. 1, 2022, p. 68.
③ Samantha J. Prince, "The AB5 Experiment-Should States Adopt California's Worker Classification Law?" *American University Business Law Review*, Vol. 11, No. 1, 2022, p. 66.
④ Samantha J. Prince, "The AB5 Experiment-Should States Adopt California's Worker Classification Law?" *American University Business Law Review*, Vol. 11, No. 1, 2022, pp. 92~93.

定方法，在一定程度上扩大了雇员的范围，减少了劳动关系认定的不确定性，减轻了雇员的举证责任，这三点是最具实质意义的，因此，ABC 规则虽然充满争议，但仍然是值得肯定的。诚如美国著名的平台用工专家 Mariam A. Cherry 所言，值得关注的是，新的 ABC 标准扩大了雇员范围，因此，其实际效果是使更多工人成为雇员。①

ABC 规则的争议以及面临的挑战也再次提醒我们：劳动关系的概念和认定方法的成文化仍然面临不少挑战，成文化固然具有优势，但不可能毕其功于一役，即便是对劳动关系的概念和认定方法进行成文化，仍然离不开对相关概念的解释。因此，判例法或者行政机关的具体解释意见仍然必要，劳动关系概念和判定的规则仍然需要立法、行政和司法机关共同努力，以解决这一经典而复杂的劳动法的基础问题。

（二）欧盟指令建议对平台工人雇员身份的判定规则

2021 年 12 月《欧洲议会和欧盟理事会关于改善平台用工工作条件的指令建议》（*Proposal for a Directive of the European Parliament and of the Council on Improving Working Conditions in Platform Work*，以下简称《指令建议》）也引入了劳动关系推定规则，明确了平台用工背景下，判定平台和工人劳动关系存否的规则。②

《指令建议》第 4 条规定，"控制""工作履行"（performance of work）的数字劳工平台与通过该平台从事平台工作的人之间的合同关系应在法律上推定为劳动关系。《指令建议》规定，"控制工作履行"应理解为至少满足以下条件中的两项。

（a）有效确定或设定报酬水平的上限。

（b）要求从事平台工作的人在外观、对服务接受者的行为或工作履行方面遵守有约束力的具体规则。

（c）监督工作的履行情况或核实工作成果的质量，包括通过电子手段。

（d）通过制裁等手段，有效地限制从事平台工作的人安排工作特别

---

① Miriam A. Cherry, "Employee Status for 'Essential Workers': The Case for Gig Worker Parity", *Loyola of Los Angeles Law Review*, Vol. 55, 2022, p. 707.
② European Commission, Proposal for a Directive of the European Parliament and of the Council on Improving Working Conditions in Platform Work, Brussels, 9.12.2021, COM（2021）762 final, 2021/0414（COD）, https://eur-lex.europa.eu/legal-content/EN/TXT/?uri=COM%3A2021%3A762%3AFIN&qid=1639058069638, last visited on March 10, 2024.

是选择工作时间或缺勤时间，接受或拒绝任务，以及使用分包商或劳务提供替代者的自由。

(e) 有效限制建立客户基础或为任何第三方履行工作的可能性。

同时，根据《指令建议》第5条，平台可以推翻上述推定，但举证责任由平台承担，也即，如果数字劳工平台主张有关合同关系不是有关成员国现行法律、集体协议或惯例所定义的劳动关系，并考虑到法院的判例，则数字劳工平台应承担举证责任。此类诉讼对法律推定的适用不具有中止效果。如果平台工人主张有关合同关系不是劳动关系，数字劳工平台应协助妥善解决诉讼，特别是提供其掌握的所有相关信息。[1]

欧盟《指令建议》的内容也是可圈可点，一是明确了劳动关系的推定规则，将"控制工作履行"作为判断劳动关系的核心要义；二是将如何判定"控制工作履行"的因素具体化和量化，只要符合两项因素，即可推定劳动关系成立；三是允许平台和工人对推定的劳动关系进行反驳，但举证责任由平台承担。欧盟《指令建议》对平台劳动关系的推定规则具有重要参考价值，其不仅明确了数字时代劳动关系的核心要素（"控制工作过程"），界定了具体的判断方法，同时允许雇主进行反驳，也尊重了成员国劳动关系的基本含义，较好地处理了安全性和灵活性的问题，并且具有很强的操作性。

在欧盟，雇员的概念，包括雇员身份推定规则一直受到学者的关注和支持。因此，欧盟《指令建议》对劳动关系的认定，尤其是推定规则也受到广泛关注，尽管欧盟2024年最终公布的正式指令删除了推定劳动关系成立的具体条件。

有学者指出，存在劳动合同或劳动关系，或者被认定为"劳动者"仍然是获得劳动法保护的关键。一些欧盟成员国存在"中间"的工人类型（in-between worker categories），即所谓的"类雇员"（employee-like persons），并给予这类主体劳动法和社会保障法的部分保护。虽然这种方式为工人提供了一些保护，但在欧盟的社会法律中增加第三类主体，即中间类主体，会起到反作用。增加中间或第三类主体，很大程度上无法降低法律的复杂性，虽然一方面可以增加平台工人和平台的法律

---

[1] European Commission, Article 4, 5, Proposal for a Directive of the European Parliament and of the Council on Improving Working Conditions in Platform Work, Brussels, 9.12.2021 COM (2021) 762 final, 2021/0414（COD），https://eur-lex.europa.eu/legal-content/EN/TXT/?uri=COM%3A2021%3A762%3AFIN&qid=1639058069638, last visited on March 10, 2024.

确定性，但另一方面，这一类型将从法律上排除平台工人获得劳动法更大或更好的保护。"关系的法律分类现在是，未来也将继续是劳动法的核心部分。"①

大多数欧盟成员国（即17个）没有或不再有关于劳动关系的法律推定。其余10个有法律推定的欧盟成员国或存在广泛适用于各种工作关系的一般推定（克罗地亚、爱沙尼亚、希腊、马耳他、荷兰、葡萄牙、斯洛文尼亚、西班牙）或存在适用于特定工人群体或部门的推定（比利时、法国）。② 可见，欧盟成员国中建立法律推定规则的国家占有相当比例。

该学者进一步指出，在欧盟法律中引入可反驳的法律推定可能存在三个益处。首先，该规则可能在参与劳动力市场的不同利益相关者之间提供法律的确定性，包括最重要的平台工人和在线平台之间的关系。其次，与前面提到的优势一致，法律推定也可能给社会伙伴，特别是工会带来重要的益处。通过明确平台工人和平台之间的法律关系，工会可以更容易地专注于在集体协议中代表平台工人，平台工人也将被协议所覆盖。如前所述，第三个益处是，法律推定可以改善劳动法的监督和执行，因为参与监督和执行的机构可以从平台工人存在劳动关系的假设出发。③ 该学者同时指出，劳动关系推定原则可能存在局限。尽管建立一个适用于全欧洲的法律推定规则对改善平台工人保护将带来好处，但这并不是解决与平台工作有关的所有分类问题的万能药。有两个局限性值得关注。一是法律推定规则的适用仍然需要采取个案处理的方法。但这并不是反对推定规则的有力理由。因为，不管是否存在法律推定规则，工人的分类总体上一直都依赖于个案评估。二是引入新的法律推定规则可能导致雇主改变工作组织的方式，从而开启新的不确定性。但是，如果我们的目标首先是确保对需要保护的人提供保护，而不是确保确定性，那么司法的自由裁量权是不可避免的。法律推定可以很好地发挥作用，前提是必须得到执法机构的有效支持。如果企业希望规避劳动法规，最大限度地降低劳动成本，他们总能找到办法，因此，实际执法成为其中的一个关键因素。相比上述优点，这两

---

① Miriam Kullmann, "'Platformisation' of Work: An EU Perspective on Introducing a Legal Presumption", *European Labour Law Journal*, Vol. 13, No. 1, 2022, p. 68.
② Miriam Kullmann, "'Platformisation' of Work: An EU Perspective on Introducing a Legal Presumption", *European Labour Law Journal*, Vol. 13, No. 1, 2022, p. 68.
③ Miriam Kullmann, "'Platformisation' of Work: An EU Perspective on Introducing a Legal Presumption", *European Labour Law Journal*, Vol. 13, No. 1, 2022, pp. 70~72.

个局限性似乎都不是反对在欧盟法采取推定规则的理由。① 该观点总体上支持法律推定规则,并认识到其局限性,但同时认为局限性并不是反对推定规则的理由。

还有学者指出,欧盟《指令建议》采用的劳动关系推定规则是促进劳动关系认定的路径之一,并且学者在数十年前就已提出建议。推定规则是平台工人劳动关系认定的有效工具,平台工人没有办法获得必要的信息来证明其雇员身份。由于平台是服务的组织者,只有它能提供证据揭示所涉合同的确切关系,以及工作关系的实际履行情况。因此,合理做法是将平台和工人之间的合同推定为劳动合同,除非平台证明情况相反。近年来,一些学者也提出了在欧盟采用推定规则的建议。② 法律推定的好处通常包括雇员身份的法律确定性,雇员可以获得与集体劳动合同法相关的福利(加入工会和集体协商的权利),以及劳动法合规的监督和执行的改善。③ 2024年11月,欧盟《改善平台用工工作条件指令》最终公布,其规定了平台工人雇员身份法律推定的一般规则,但删除了有关"控制工作履行"认定的具体条件。因此,雇员身份推定的一般规则得到正式确立。

由此可见,关于雇员身份推定规则的积极意义,欧美学者的观点是大体一致的。就此而言,欧盟《改善平台用工工作条件指令》的推定规则无疑具有积极意义。尽管如此,也有学者指出,欧盟《指令建议》中推定规则的效果很可能不及预期。该观点认为,法律推定的理念在于便利劳动关系的认定,这意味着推定劳动关系的因素应容易被识别。但欧盟《指令建议》并没有采取简单模式,相反,平台工人必须证明平台对其工作履行施加了控制,而证明平台工人的工作关系存在"控制",对平台工人而言是最棘手的问题。平台工人通常难以证明这些事实,因为他们对工作的组织、分配和控制以及基本机制只有有限的了解,特别是当这些内容是由算法决定时。因此《指令建议》纳入的控制标准应比法院通常用于

---

① Miriam Kullmann, "'Platformisation' of Work: An EU Perspective on Introducing a Legal Presumption", *European Labour Law Journal*, Vol. 13, No. 1, 2022, pp. 72~73.

② Annika Rosin, "Towards a European Employment Status: The EU Proposal for a Directive on Improving Working Conditions in Platform Work", *Industrial Law Journal*, Vol. 51, No. 2, June 2022, p. 486.

③ Annika Rosin, "Towards a European Employment Status: The EU Proposal for a Directive on Improving Working Conditions in Platform Work", *Industrial Law Journal*, Vol. 51, No. 2, June 2022, pp. 486~487.

确定从属关系的标准更容易证明。① 由于平台普遍使用算法进行管理，推定规则中的五项条件的证明难度不同，其中第三、四项条件最难以证明。指令建议的法律推定规则虽然可以简化雇员身份的认定，但其并不能完全消除平台工人身份认定存在的问题。因此，有学者甚至主张平台工人应被视为雇员，而无须证明平台施加了控制。② 这一建议与美国加利福尼亚州的 ABC 规则推定规则的门槛是一致的，即平台工人无须证明任何事实即可适用推定规则。

从比较法角度看，美国加利福尼亚州关于劳动关系推定的 ABC 规则和欧盟《改善平台用工工作条件指令》的推定规则具有相同之处，同时也存在重大区别。相同之处是：二者都采取雇员推定规则，雇主都承担反驳推定的举证责任。但二者也有重要区别：第一，美国加利福尼亚州的 ABC 规则适用于一般的雇员身份认定，同时包含诸多行业和产业的豁免适用；欧盟《改善平台用工工作条件指令》的推定规则仅限于平台用工，而不是一般性雇员的劳动关系推定规则。第二，美国加利福尼亚州 ABC 规则的适用前提极为宽松，并不设定门槛；相反欧盟《改善平台用工工作条件指令》的推定规则要求平台工人必须证明平台对工作履行施加了"控制"，这不仅是推定规则的前提，同时也为平台工人施加了证明义务。第三，美国加利福尼亚州对雇主施加了严格的反驳责任，雇主必须证明工人同时符合三项条件才能反驳推定，换言之，工人只要符合其中一项条件即为雇员；而欧盟《改善平台用工工作条件指令》的推定规则总体上仍尊重成员国现有的关于劳动关系的概念，并没有放宽雇员的定义。总体上，二者各有优缺，由于加利福尼亚州 ABC 规则中的雇主要证明同时符合三个条件才能反驳推定，因此，其覆盖的雇员范围似乎更宽。

和劳动关系的概念和判定方法密切相关的问题是，雇员范围的宽窄，还和一国劳动法对劳动者保护的程度有关。如果劳动法给予劳动者的权利很多，雇员范围则不宜过宽，反之如果劳动者权利较少，覆盖范围则可以适当扩大。整体而言，欧洲国家对劳动者的保护程度要高于美国，因此，在雇员范围的确定上可能更为谨慎。事实是，很多欧洲国家相比美国给予

---

① Annika Rosin, "Towards a European Employment Status: The EU Proposal for a Directive on Improving Working Conditions in Platform Work", *Industrial Law Journal*, Vol. 51, No. 2, 2022, pp. 487~488.

② Annika Rosin, "Towards a European Employment Status: The EU Proposal for a Directive on Improving Working Conditions in Platform Work", *Industrial Law Journal*, Vol. 51, No. 2, 2022, pp. 490~492.

雇员更加多样化的各种权利，使得采取和美国相似的宽泛的雇员概念将给这些欧洲国家带来更多挑战。① 因此，欧盟及其成员国在雇员范围的扩大上将会更为谨慎。

值得注意的是，专门针对平台用工的美国加利福尼亚州"第22号提案"的立法模式和欧盟指令模式理念也并不相同。"第22号提案"并未将平台工人作为"雇员"，而是将其作为一类"特殊主体"，并给予特定保护，其保护力度低于劳动法，但符合特定资格的人可以获得一定程度的保护，避免被归为独立承包商而无法得到任何保护。欧盟指令的模式是将符合一定条件的平台工人推定为雇员，如果雇主不反驳或反驳不成立，其将被视为劳动法上的"雇员"得到劳动法保护，反之，如果雇主反驳成立，其将不被认定为"雇员"，而被认定为独立承包商，从而不能获得劳动法保护。因此，欧盟模式总体上仍是"劳动关系"或"非劳动关系"的"二选一"模式。可见，美国加利福尼亚州以及其他州的立法和欧盟的做法存在重大区别。因此，有学者指出，简而言之，当涉及劳动保护（不仅是平台工人）时，大西洋两岸的距离似乎是无法跨越的。②

从美国加利福尼亚州等州以及欧盟指令的推定规则看，雇员身份的推定规则具有重要意义，特别是在平台用工中，由于平台主要依靠算法等技术对工人实行管理，平台的主导性更强，平台和平台工人之间信息不对称的问题更为突出，平台工人掌握的信息非常有限，平台和工人之间的协议内容及其实际履行情况的信息主要由平台控制，因此，推定规则有利于减轻平台工人不合理的举证负担，对双方更为公平，引入该规则也更有必要，更有价值。

事实上，劳动关系推定规则的主张并非新颖的观点，只是平台用工的背景下，凸显了其重要意义。在国际劳工组织第198号建议中，国际劳工组织很早就确定，各国除其他措施，应考虑采用法律推定规则：即在具备一个或多个相关指标的情况下推定存在劳动关系。③ 当然，任何制度都不

---

① See Christina Hießl, "Case Law on the Classification of Platform Workers: Cross-European Comparative Analysis and Tentative Conclusions", Updated to February 2024, p. 86, https://papers.ssrn.com/sol3/papers.cfm?abstract_id=3839603&download=yes, last visited on May 19, 2024.

② William B. Gould IV and Marco Biasi, "The Rebuttable Presumption of Employment Subordination in the US ABC-Test and in the EU Platform Work Directive Proposal: A Comparative Overview", *Italian Labour Law e-Journal*, Issue 1, Vol. 15, 2022, p. 96.

③ International Labour Organization, R 198 - Employment Relationship Recommendation, 2006 (No. 198), Article 11.

是完美的，如上所述，推定规则也不是万能。推定规则的采用还存在两个问题需要解决：一是推定规则的适用前提，即雇员需要满足什么条件，才可以适用推定规则。美国加利福尼亚州 ABC 规则没有设定门槛，对工人较为友好，但可能导致雇员的覆盖范围过宽；而欧盟指令设定了"控制"的前提，被认为对工人过于苛刻。是否以及如何设定推定的前提仍是一个值得探讨的问题。二是虽然推定规则将举证责任归于雇用单位，但由于雇主具有强势和优势地位，其可能举出各种证据来反驳雇员身份，司法实践也是如此。有学者通过考察荷兰、西班牙等国家关于平台工人身份认定的实践指出，"雇主承担举证责任这一事实对雇员重新分类几乎没有决定性意义（barely decisive）"。① 同时，雇主的举证是否成立还需要依赖于传统的多因素标准中的各种因素的判定方法，传统的判定方法中存在的难题仍然无法彻底解决。因此，对劳动关系推定规则的作用及局限性应有全面的认识。

（三）德国民法典 611a 条关于劳动合同的定义

针对如何界定"雇员""劳动契约"之标准，德国民法典制定之初并未以法律对之加以定义，长久以来依赖学说与司法实务的发展而形成，于民法典制定百余年后，立法者终于在 2017 年将劳动契约之定义明文规定于新增之第 611a 条中。该条规定："（1）雇员通过劳动合同负有向他人以受指挥权约束和非自主性劳动的人格从属的方式提供劳务的义务。指挥权可以涉及工作的内容、实施方式、时间和地点。指挥约束性意味着不能在实质上自由开展劳动并决定工作时间。人格从属性的程度与工作性质相关。劳动合同的认定需要全面考量所有的个案要件。如果合同关系的实际开展系劳动关系，则合同的名称不在考虑之列。（2）雇主有义务支付约定的报酬。"② 也有学者指出，依据德国民法典第 611a 条第 1 项第 1 句之规范，"劳动契约系指，劳工基于人格上从属性，有为他人提供受其指示之拘束、由他人决定之劳务的义务"。德国民法典第 611a 条未仅规定人格上从属性，而是进一步规定"有为他人提供受其指示之拘束、由他人决定之劳务的义务"，亦即以前者之劳工"受指示拘束"，或/和后者之由他

---

① Christina Hießl, "The Legal Status of Platform Workers: Regulatory Approaches and Prospects of a European Solution", *Italian Labour Law e-Journal*, Issue 1, Vol. 15, 2022, p.19.

② 娄宇：《民法典的选择：劳动合同抑或雇佣合同——〈德国民法典〉第 611a 条修订的教义学分析与启示》，《法律科学》2019 年第 5 期。

人指定劳务之"他主决定",来衡量人格上从属性的高低。需再进一步探究的是受指示拘束性与他主决定两项特征与人格上从属性的关系为何？德国民法典第611a条规定本身并未提供线索或答案,立法理由则表示此为采取法院过去一贯见解的结果。[1]

该学者还指出,就此问题,在德国民法典第611a条的适用下,因除受指示拘束性之外,还有"他主决定"之特征,若将"他主决定"列为独立于"指示拘束"的一项标准,在劳务提供之方式由劳工非自主决定,但雇主亦未为指示时,例如契约就劳务提供方式、工作时间与地点已有详尽之约定时,工作者亦丧失自主决定权,此时亦应肯定人格上从属性的存在,这是将指示拘束性列为独立标准的实益。虽学说上有认为"他主决定"是"受指示拘束"的同义重复规定：因受指示拘束而提供劳务即是他主决定、而非自主决定,反之,若不是自主决定如何提供劳务,即是受他人指示；但让劳工处于"他主决定"之因素,并非仅能来自雇主行使指示权,而仍有肯定指示拘束性以外因素的必要,因此,应认为"他主决定"并非"受指示拘束"的重复规定。[2]

德国本次修法历经多次变动,最终的修法也褒贬不一,存在诸多争议。在德国本次立法历程中,草案经历三次重大之变动,在第一次版本中详尽列出认定劳动关系之各种标准与特征,唯此版本遭受到极大之反弹声浪,经各方折中协调后,德国立法者最终采取较为保守之立法方式,德国民法典第611a条几乎是将过去德国联邦劳动法院（BAG）发展出来的主要判断原则以一比一之方式明订于实定法中,而此种立法方式是否妥当,在学说上引起激烈之讨论。有认为德国民法典第611a条虽为新增之规定,却毫无新意,有学者认为修法是"旧酒装新瓶",也有学者批评此为错误立法,德国民法典第611a条之规定显属多余,其无法因应数字时代之劳动生活。但也有学者对修法持肯定态度,认为此一规范在立法技术上或有欠缺,唯其至少对于契约种类之定性确立了其法定基础,若观察第611a条之文字,其包含了多个能使操作上具有弹性之构成要件要素,借此可以预见德国民法典第611a条具有因应数字劳动世界多元劳务提供模式之潜力。由本条第1句之规定可知立法者对于劳动契约之描述主要有三点,亦

---

[1] 邱羽凡:《劳动契约从属性认定标准之趋势与反思——兼论平台工作者之"劳工性"》,《台北大学法学论丛》2021年总第119期。

[2] 邱羽凡:《劳动契约从属性认定标准之趋势与反思——兼论平台工作者之"劳工性"》,《台北大学法学论丛》2021年总第119期。

即"指示拘束性""由他人指定工作"以及"人格从属性"。依据 Preis 教授的观点，人格从属性应为上位概念，劳务提供者是否为劳工（雇员）之判断，则应从"指示拘束性"或"由他人指定工作"之面向而判断，而后者被视为可资因应数字劳动世界之重要特征。申言之，借助于科技之发展，传统需要劳工在特定时间出现在固定事业场所之工作越来越少，透过网络与相关设备之设置使得工作得不受场域、时间限制，劳务提供者纵使为在地球另一端之企业工作，而未受该企业之指示拘束，只要其符合"由他人指定工作"之要件，仍不失其人格从属性。也就是说，在新法的结构下，"指示拘束性"对于劳动关系存否之判断非属不可动摇之必要特征。再者，本条第 4 句明订人格从属性之程度依"工作之性质"而定，且于第 5 句强调对于劳动契约之认定，应依个案为"整体考虑"，上述构成要件皆提供了必要的弹性，此对于因应将来劳动世界之发展有所帮助。此外，德国民法典第 611a 条并未将"纳入他人之组织"列入作为判定劳动契约之标准，此在过去的判决中一向被认为系具有人格从属性之重要特征，唯受惠于科技之发展，透过网络平台单独工作之劳务提供者渐渐增加，当新法不再坚持以纳入组织作为核心标准，或许更能契合新型劳务提供形态之发展。①

综上所述，德国学界对于民法典第 611a 条之内容虽有正反不一之意见，唯其系立法者多年以来首次将劳动契约之定义以法律加以明文化，在劳动法的发展历程中具有重大之意义。②

还有德国学者认为，德国民法典第 611a 条的规定具有相当的弹性，可以适应数字用工的需求：一些学者认识到，立法者在通过确定劳动关系的法定定义来把握多样化的劳动世界上面临巨大困难。一些人认为，在寻找标准时，立法者使用了熟悉但足够抽象的术语。数字劳动关系的特点是雇员可以在任何地点工作，没有关于提供服务的地点和时间的承诺，工作履行的内容通常以结果为导向，此外，总体上缺乏"控制"。为了抓住这一点，立法者已经给出了明确提示，因为第 611a 条（1）第 1 句也可以被理解为："如果义务人受指示约束或者以其他方式由他人决定（externally determined）而具人身从属性，则存在劳动合同关系。"换言之，一些人

---

① 洪莹容：《从平台经济之多元劳务提供模式谈劳务提供者之法律地位与劳动权益之保护》，《中正大学法学集刊》2021 年总第 72 期。
② 洪莹容：《从平台经济之多元劳务提供模式谈劳务提供者之法律地位与劳动权益之保护》，《中正大学法学集刊》2021 年总第 72 期。

充满希望,因为立法者明确提到了"他人决定(external determination)"的特征("由第三方决定"),该标准可能比"经典"的服从他人指示更宽泛。①

总体上德国学者对德国民法典关于劳动合同的定义的评价似乎非常纠结。有学者总体认为:乍一看,失望似乎占了上风,该规定在技术上并不精确,包含了冗余内容,且莫名其妙地偏离了既定目标。鉴于批评意见,试图以法律形式使相关标准透明化的立法者并没有完全公正地完成使命;但是,第611a条是对"雇员"的一个痛苦而必要的规定,其既不是概念上的错误,也并非多余。期待一个可以消除所有边界问题并确保全面社会保护的规定,那是痴心妄想。②

也有学者指出,立法者让大多数学者失望了。他们曾希望从一个他们不得不等待这么久的定义中得到更多,另一些人则不那么挑剔。最终,还得由法院根据第611a条来决定具体案件中是否存在劳动关系。不管如何,德国的立法是一个教训,因为立法和司法之间的关系往往很复杂,而且,在当前时代背景下定义劳动合同非常困难。③

可见,德国对劳动关系的定义存在较大争议,一方面劳动关系的成文化使劳动关系的概念和判定方法更具确定性,但这种确定性是有限的,其可能无法囊括劳动关系的现有情形以及可能发生的变动,并可能影响规则的灵活性。因此,数字时代劳动关系应否以及如何成文化仍是一个充满争议的话题。

(四)俄罗斯的认定规则

俄罗斯《劳动法典》2013年引入"存疑从有"的认定规则,法典第19.1条第4段规定,围绕法院审议有关承认基于民事合同的关系是劳动关系的争议存在不可克服的疑点时,应以有利于劳动关系存在的方式加以

---

① Bernd Waas, "The Legal Definition of the Employment Contract in Section 611a of the Civil Code in Germany: An Important Step or Does Everything Remain the Same?" *Italian Labour Law e-Journal*, Issue 1, Vol. 12, 2019, p. 33.
② Bernd Waas, "The Legal Definition of the Employment Contract in Section 611a of the Civil Code in Germany: An Important Step or Does Everything Remain the Same?" *Italian Labour Law e-Journal*, Issue 1, Vol. 12, 2019, p. 33.
③ Bernd Waas, "The Legal Definition of the Employment Contract in Section 611a of the Civil Code in Germany: An Important Step or Does Everything Remain the Same?" *Italian Labour Law e-Journal*, Issue 1, Vol. 12, 2019, p. 33.

解决。这并不是完全的举证责任转移规则,但有助于在疑难案件中减轻雇员举证的困难。然而,在实践中法院很少适用该规则。[1]

(五) 比较与小结

从比较上述国家和地区的做法可以看出,对平台工人的身份识别以及相应的保护方式包括以下几种类型:

一是"特殊群体、特殊保护"模式,即将平台工人作为特殊群体,给予部分劳动法保护。例如,美国加利福尼亚州"第22号提案"将平台工人视为"特殊群体",明确赋予其部分劳动者的权利,主要是劳动法上的基本权利,法国、意大利的立法也是采取这类模式。这种模式并不对平台工人的身份进行识别,总体上将其定性为自雇者,但为其提供了特定保护。

二是"附条件的雇员身份推定模式",典型代表是欧盟指令模式,即将符合一定条件的平台工人推定为"雇员",并允许平台进行反驳。如果未反驳或反驳不成立,平台工人将受到劳动法保护。同时,有资格适用推定规则的平台工人必须具备一定条件。

三是"完全的雇员身份认定模式",典型代表就是西班牙"骑手法",即只要平台通过算法对平台工人进行指示和控制,平台工人(骑手)将被认定为雇员。相比欧盟指令模式,西班牙对骑手劳动者身份的推定门槛更低,更为直接,但该种模式只适用于外卖送餐骑手。美国加利福尼亚州的AB5法案也属于这一模式,只是平台公司不适用该规则。

四是"更新劳动关系判定方法模式",即适应数字用工需要,进一步明确劳动关系概念和判定方法,新规则不仅仅适用于平台工人。例如,德国2017年对劳动关系概念和判定的成文法界定,虽然其出台的规则并不仅仅适用于平台工人,但是在平台用工兴起的背景下出台的,无疑也是为了因应数字时代新就业形态的现实需要。

上述国家和地区的应对措施,对我国都具有借鉴价值。

上述各种模式各有优劣。相较而言,美国加利福尼亚州等的ABC规则对劳动关系的判定标准进行重大改革,并明确具体的判定方法,欧盟指令专门针对平台用工明确劳动关系的判定方法。二者路径不同,但也有相同之处:一是相比传统的劳动关系判定标准,劳动关系的判定方

---

[1] Nikita Lyutov, Ilona Voitkovska, "Remote Work and Platform Work: The Prospects for Legal Regulation in Russia", *Russian Law Journal*, Volume IX, Issue 1, 2021, p. 109.

法有所更新，劳动关系的范围都有所扩张；二是两者都采取了推定规则，并将反驳劳动关系的举证责任归于雇主。德国《民法典》第611a条采取对劳动契约进行定义，以及对核心要素（人格从属性）进行界定，辅之相应的判定方法。相较而言，美国州和欧盟指令关于劳动关系的概念和判定的改革力度更大，德国主要是对以往判例规则的总结并照顾数字时代的需求。

从以上论述亦可看出，虽然典型国家和地区在成文法中对劳动关系进行了界定，但仍离不开法院或行政机关的解释，因此，判例或行政机关的解释依然重要。正如有学者指出的，迄今为止，雇员、自雇者这些概念在一些欧洲国家仍然是部分或全部未成文的；在其他国家，成文法中规定的标准非常模糊，如果不深入了解法院和行政机构如何适用，这些标准似乎几乎毫无意义。近年来，在对法定定义进行修正或增加的情况下，这往往相当于对以往存在的判例法进行成文化，而不是立法者有意识的引导或调整。[1]

三　我国劳动关系概念及认定方法的规则完善

（一）劳动关系概念和认定规则成文化的趋势

从近年来德国、美国、欧盟的立法、判例和行政指导意见可以看出，劳动关系概念及其判定的成文法化似乎成为趋势。概括起来，这其中主要有两个方面的原因。

一是以往劳动关系的概念和判定方法多采用判例法的形式，这种方式具有很大灵活性，可以立足劳动法的目的，维护个案的公平正义，但也存在巨大缺陷。劳动法以保护处于弱势地位的雇员（劳动者）为其立法目的，具有很强的政策性，保持劳动关系和雇员概念的弹性，可以因时因地在个案中将需要保护的个体纳入劳动法。因此，劳动关系的概念和认定规则交由法院可以发挥个案处理的优势，更好应对复杂而多变的劳动世界对法律调整的需求。意大利学者指出，"雇员的概念不是静态的，而是动态的，而判例法（jurisprudence）是使雇员的概念适应社会和经济背景变化的主要手段。德国和法国就是如此"。在法国，也没有"从属"的法律定

---

[1] Christina Hießl, "The Legal Status of Platform Workers: Regulatory Approaches and Prospects of a European Solution", *Italian Labour Law e-Journal*, Issue 1, Vol. 15, 2022, p.14.

义，判例在重塑雇员概念上发挥决定性作用。① 因此，长期以来，劳动关系的概念及其认定规则主要依赖判例法与劳动关系的复杂多变以及劳动法的立法目的是相适应的，这一点在美国、英国等英美法系国家以及德国、法国等大陆法系国家均是如此。但这种以判例法为主的规则形式，主要采取多因素的判定方法，使法官具有很大的自由裁量权，类似案件往往产生不同结果，而且这种规则生成机制，使当事人包括用人单位和劳务提供者缺乏可预测性，当事人之间的法律关系往往处于不稳定状态。

二是随着平台用工等新型用工方式的兴起，传统的劳动关系判定标准和方法，遭遇了重大挑战，越来越难以对新就业形态形成的工作关系做出判定，也难以认定其为劳动关系，无法为新就业形态劳动者提供相应保护。美国著名的研究平台用工的劳动法专家 Miriam A. Cherry 更是直截了当地指出，"在过去的十年里，平台经济不仅颠覆了既定的商业和用工模式，而且也挑战了传统上用于雇员身份认定的法律标准和结构"。② 有鉴于此，有必要通过界定劳动关系的概念，完善其判定方法，以使劳动关系的概念更能识别新就业形态的劳动关系，明确新就业形态从业者的身份，并为其提供相应的保护。上述美国、欧盟、德国等对劳动关系概念或判定方法的改革和优化，无不为了适应新就业形态蓬勃发展的要求，努力为新就业形态劳动者提供应有的保护。

（二）我国现有劳动关系认定规则的缺陷

众所周知，我国一直未在劳动法或劳动合同法等成文法中对"劳动关系"的概念进行界定，目前法院和仲裁机构主要适用原劳动和社会保障部《关于确立劳动关系有关事项的通知》（以下简称《通知》）。由于缺乏法律规定，该通知被劳动仲裁机构和法院普遍适用，在实践中发挥了重要作用。但该通知也存在重大缺陷。

第一，从形式上看，该规定位阶过低，权威性不足。该规定仅属于部门"通知"，甚至不属于正式的部门规章，无论对裁判机构还是当事人的效力均不足。特别是该通知的强制力有限，法院并没有适用的法定义务。例如，在 2016 年"丛某、中华人民共和国最高人民检察院劳动争议再审"争议案件中，最高人民法院针对《关于确立劳动关系有关事项的通

---

① Adalberto Perulli, "The Legal and Jurisprudential Evolution of the Notion of Employee", *European Labour Law Journal*, Vol. 11, No. 2, 2020, p. 119.

② Miriam A. Cherry, "Employee Status for 'Essential Workers': The Case for Gig Worker Parity", *Loyola of Los Angeles Law Review*, Vol. 55, 2022, p. 705.

知》明确指出,"该《通知》的性质是部门规范性文件。依据《中华人民共和国立法法》规定,部门规范性文件不属于法律范畴,又《中华人民共和国民事诉讼法》规定,人民法院审理民事案件,必须以事实为依据,以法律为准绳,故不能以人民法院未引用规范性文件作为认定法律适用错误的理由。"[1] 根据该意见,可推断出法院并没有适用该《通知》的义务。由于法院对该《通知》没有适用的义务,由此可能导致法院在司法裁判中"无法可依"的局面。

第二,从内容上看,该《通知》缺乏对劳动关系本质的基本界定。该《通知》主要列明了劳动关系的判断因素,并未对劳动关系进行界定,没有体现劳动关系的核心要义,使得无论是裁判机构还是当事人都难以把握劳动关系的实质,因此必然影响劳动关系的认定。从比较法角度看,无论是大陆法系国家,还是英美法系国家,普遍认为劳动关系的实质是雇员相对于雇主的"从属性"或缺乏"独立性"。《通知》的内容并未明确揭示大陆法系国家普遍认可的劳动关系的"从属性"。

第三,该通知缺乏劳动关系认定的基本原则和基本方法。如上述,《通知》仅简单列明了判断劳动关系的若干因素,包括主体资格、接受劳动管理和业务归属,并未明确劳动关系判定的基本原则和基本方法。在基本原则上,未明确被国际劳工组织公约所包含以及各国实践所普遍采用的"事实优先原则",导致在司法实践中,裁判机构往往以当事人之间的协议内容作为判断劳动关系存否的重要依据。例如,天津市高级人民法院2022年发布的典型案例"邱某与天津吉城美家信息技术有限公司劳动争议",[2] 一审法院认为,"原、被告签订的是《合作协议》,而非劳动合同,双方并没有达成建立劳动关系的合意",并将其作为否定劳动关系存在的理由之一。[3] 劳动仲裁机构也往往将当事人的协议作为认定劳动关系存否的重要依据。在《中国劳动保障报》2023年2月推送的"骑手与平台企业有无劳动关系?"的典型案例中,2021年尹某与网络信息技术有限公司签订期限为一年的承包协议,仲裁庭也认为,"从双方意思表示看,尹某与网络信息技术有限公司签订了承包协议,该协议内容合法,根据协

---

[1] 《丛某、中华人民共和国最高人民检察院劳动争议再审民事判决书》,最高人民法院(2016)最高法民再148号民事判决书。
[2] 天津市高级人民法院:《天津法院发布劳动争议典型案例》,天津高院微信公众号,2022年4月29日上传。
[3] 《邱某与天津吉城美家信息技术有限公司劳动争议一审民事判决书》,天津市南开区人民法院(2019)津0104民初16696号民事判决书。

议约定，双方自愿建立承包关系，并无建立劳动关系的合意"。[1] 将协议作为否定劳动关系的重要理由。上述做法值得商榷。

众所周知，在平台用工背景下，强大的平台及其合作商和广大弱小、分散的平台工人的地位和实力极为悬殊，部分平台总是力图规避劳动关系，以其他协议隐藏劳动关系，当事人之间的协议内容并不能反映双方真实本意以及合同的实际情况，尤其是平台普遍采取格式化的电子合同，平台工人无法真正了解协议的性质和内容，以当事人的协议内容作为判断双方是否存在劳动关系的重要因素对平台工人十分不利。因此，通过立法明确规定裁判机关必须根据案件事实而非双方约定的合同类型或内容做出裁判的基本原则十分必要。

同时，该通知并未明确"个案"和"整体"判断的基本方法。劳动关系的判定异常复杂，需要就个案进行整体判定，"个案"和"整体"判断是两个不同的面向。强调"个案"判定是因为雇用单位和劳务提供者之间的劳动用工实践丰富，裁判机关需要在个案中对细节进行考量，对类似的情形不可一概而论，而必须考察"个案"的差异。强调"整体"判定是因为劳动关系的判定需要考察多种因素和各种细节，不可过分依赖于某一或某些特定因素，而多种因素和各种细节之间可能存在得出不同结论的冲突，因此，需要进行整体的综合考量。

第四，该通知关于劳动关系的判定因素的结构和内容过于简单。

《通知》规定，"用人单位招用劳动者未订立书面劳动合同，但同时具备下列情形的，劳动关系成立。（一）用人单位和劳动者符合法律、法规规定的主体资格；（二）用人单位依法制定的各项劳动规章制度适用于劳动者，劳动者受用人单位的劳动管理，从事用人单位安排的有报酬的劳动；（三）劳动者提供的劳动是用人单位业务的组成部分。"

可见，目前通知采取的是"要件式"的方法，即劳务提供者要同时满足三个要件才能认定劳动关系。这种要件式的要求，对劳动者要求较高，可能造成劳动关系认定难度的增加。从属性是劳动关系的基本属性，但从属性可能体现为人格、经济、组织从属性不同侧面，因此，难以对从属性进行要件式的定义。例如，如上所述，德国法的定义是"劳动契约系指，劳工基于人格上从属性，有为他人提供受其指示之拘束、由他人决定之劳务的义务"，该定义强调的是人格从属性，在此之下从两个方面揭示从属性，即受他人指示、由他人决定。同时定义中明确指示权可能包含

---

[1] 《骑手与平台企业有无劳动关系?》，中国劳动保障报微信公众号，2023年2月6日上传。

的内容,即工作内容、履行、时间和地点,以及"在他人指示下工作"的含义,即"原则上"不能自由决定工作安排和工作时间。① 可见定义中使用的都是较为弹性的用语。我国目前采取要件式的认定方法显然过于僵化,条件可能过于苛刻。

实事求是地看,《通知》包含的劳动关系认定因素具有较大的科学性。除了主体资格外,该《通知》列明的第二个条件强调"劳动者受用人单位的劳动管理""用人单位安排"突出了人格从属性;第三个条件"劳动者提供的劳动是用人单位业务的组成部分"突出了经济从属性,即业务归属和风险承担属于用人单位,否定劳动者经营的独立性,这也是雇员的重要特征。因此,《通知》的内容虽然简短,但抓住了劳动关系和雇员的本质,其内容具有较大的科学性。当然这两个因素仍是从属性不同侧面的反映,不应同时作为从属性的要件。

一方面《通知》采取要件式的认定方法存在弊端,同时作为行政机关的具体指导原则,规则仍过于抽象,而缺乏可操作性。相比德国民法典对劳动关系的定义,《通知》内容操作性不足。

第五,《通知》已落后于实践需要,尤其是平台用工兴起的规则需求。随着新就业形态的不断发展,平台等雇用单位对平台工人等服务提供者的管理方式更为现代化,其对工人的管理和控制通过算法等手段也更为隐蔽,平台工人表面上具有更多的灵活性,根据《通知》越来越难以认定劳动关系。从上述上海第二中级人民法院关于劳动关系的认定比例即可看出。此外,根据上述对2016年4月至2021年6月五年多时间内1907份有关外卖平台与骑手认定劳动关系的有效判决的研究结果亦可看出。质言之,根据《通知》确立的劳动关系认定规则,认定平台工人和平台合作商成立劳动关系的比例很低,认定平台工人和平台成立劳动关系的比例微乎其微。这与上述其他国家和地区认定平台和工人之间存在劳动关系的比例较高形成了鲜明对比。这也反映了我国劳动关系的认定标准已经严重落后,难以为平台工人提供应有的保护。因此,需要认真反思平台用工背景下劳动关系的定义和判定方法,以适应平台用工的实践需要。

实践中我国法院也指出,平台用工法律关系的性质难以把握。与传统劳动关系中的劳动相比,大部分从业人员对是否接单、接哪个单、什么时候接单、什么时候休息等往往具有一定程度的自主性;与传统劳动关系中

---

① 洪莹容:《从平台经济之多元劳务提供模式谈劳务提供者之法律地位与劳动权益之保护》,《中正大学法学集刊》2021年总第72期。

的用工相比，他们在用工主体的经营场所内往往没有固定的工位；平台经营者等用工主体对他们往往不实行直接的考勤、绩效考核等劳动管理，因此，这种劳动似乎没有传统劳动关系中那样强烈的从属性；但是，用工主体往往又通过特定的算法逻辑、评价机制等管理手段对从业人员的工作和报酬进行监督与控制，这又使得这种用工关系体现出一定的从属性，从而有别于承揽、合作等民法上的合同关系。上述这些因素叠加，导致裁判者对新就业形态下用工关系的法律性质认识模糊，增加了认定事实和适用法律的难度，也导致司法尺度不统一。① 因此，《通知》确立的劳动关系认定规则已难以满足实践的需求。

（三）平台工人的自主性与劳动关系的认定

在平台用工中，平台工人享有一定程度的自由，包括是否履行工作、工作时间、工作地点和工作方式的自由，尤其是享有决定是否提供服务以及服务时间的自由是否定劳动关系存在的重要因素甚至是主要因素。在平台用工的劳动关系认定中，这是一个棘手而又核心的问题。笔者认为平台工人享有是否提供服务以及服务时间的自由，并不一概否定劳动关系的成立。换言之，即便平台工人享有一定程度的决定是否提供服务及服务时间的自由，也可能和平台或其合作方成立劳动关系。主要理由如下。

第一，劳动关系的从属性需要综合判定各种因素。如上所述，在传统的劳动关系判定方法中，法官反复强调，没有任何单一因素是决定性的，也没有任何单一因素是不可或缺的，② 因此，仅因为平台工人享有一定程度的决定是否提供服务以及服务时间的自由，并不能完全排除劳动关系的存在。在平台用工中，平台工人可能在一定程度上享有是否提供服务以及服务时间、服务地点的自由，但其服务的方式尤其是服务过程通常受到平台的严格控制，缺乏自主性，因此，必须从可否自主决定是否提供服务、服务时间、服务地点、服务方式等方面综合判定平台工人是否具有从属性。

第二，平台工人的自由受到了诸多限制，并不完全享有真正的自由。尽管平台工人表面上享有一定程度的决定是否提供服务和服务时间的自由，但平台通过施加一定的工作量要求以及接单和拒单的激励、惩罚机制

---

① 北京市第一中级人民法院课题组：《新就业形态下平台用工法律关系定性研究》，《人民司法》2022 年第 7 期。

② Bernd Waas, Wilma B. Liebman, Andrew Lyubarsky and Katsutoshi Kezuka, *Crowdwork – A Comparative Law Perspective*, Bund-Verlag GmbH, 2017, p. 147.

对平台工人的自由进行了限制，包括拒绝接单可能面临被关闭 APP 系统的严厉惩罚。以上提及的英国 Uber 司机案、西班牙的骑手案例、德国的众包工人案，都明确指出了平台工人的自主决定是否提供服务的自由不同程度地受到了限制。更进一步说，如果平台工人希望以平台工作作为其主要收入来源，其必须完成相当的工作量，方可维持其生活，因此，其是否接单的自由是受到限制的。

第三，平台工人享有的自由是由平台工人提供服务的特点所决定的。以交通出行和外卖配送平台为例，平台工人所提供的服务经由算法管理都是标准化、零散的服务，和传统工厂式的工作，即需要工人在固定时间、固定地点，在不同岗位相互配合协作完全不同。交通出行和外卖服务中，平台工人在固定时间、固定地点提供服务缺乏实质意义，或者可能徒增不必要的成本，相反，平台通过大数据分析以及定价机制和相应的激励惩戒机制完全可以实现对某一时段提供服务的平台工人数量的调控。因此，平台工人享有一定程度的自由，主要是由平台工作的特点决定的，并不是平台主动放弃对平台工人管理的权力而获得的。

第四，从比较法角度看，平台工人享有的自由并不影响劳动关系的成立。在一些国家，雇员没有承诺必须提供劳务，也不影响劳动关系的存在。例如，通过零工时合同（zero-hours contracts）的规定，快递员在签订劳务提供合同时可以获得雇员身份。在芬兰，零时工（zero-hours workers）被视为雇员，尽管他们在签订合同时没有承诺执行任何工作。因此，Foodora 和 Wolt 的送餐快递员从劳务合同签订之日起也可以被视为雇员。换言之，与欧盟法律不同的是，在芬兰，快递员决定是否以及何时工作的自由并不影响其被归类为雇员。[①] 由此可见，对提供劳动的承诺并非劳动关系成立不可动摇的要件。更何况，平台工人在是否提供劳务以及提供劳务的时间上事实上都受到了不同程度的限制。

（四）我国劳动关系概念和认定规则的具体建构

虽然从属性的本质属性是人格从属性，但其还可从经济从属性、组织从属性等进行考察，而且人格从属性、经济从属性、组织从属性难以完全划清界限，因此，在劳动关系概念的界定上可借鉴意大利等的做法，将劳

[①] Annika Rosin, "The Right of a Platform Worker to Decide Whether and When to Work: An Obstacle to Their Employee Status?", *European Labour Law Journal*, Vol. 13, No. 4, 2022, p. 541.

动关系的本质属性界定为"从属性",而不必局限于人格从属性。例如,在意大利,根据流行的观点,"从属性"是界定典型的劳动关系和劳动合同的核心要素,并且在区分劳动关系(劳动合同)和自雇或其他类型劳动上是决定性的。① 从上述"闪送案"等司法实践看,实务上也普遍认可劳动关系的本质属性是"从属性"。而且,使用"从属性"的表述将具有更大包容性,避免人格、经济、组织从属性三者的界定困难和关系之争,更能适应数字时代企业对雇员控制和指示方式的变化。

值得注意的是,2022年最高人民法院发布《关于为稳定就业提供司法服务和保障的意见》(以下简称《意见》),其内容涉及"依法合理认定新就业形态劳动关系"。《意见》指出,"未订立书面劳动合同,劳动者主张与平台企业或者用工合作单位存在劳动关系的,人民法院应当根据用工事实和劳动管理程度,综合考虑劳动者对工作时间及工作量的自主决定程度、劳动过程受管理控制程度、劳动者是否需要遵守有关工作规则、劳动纪律和奖惩办法、劳动者工作的持续性、劳动者能否决定或者改变交易价格等因素,依法审慎予以认定"。《意见》具有许多亮点:首次提出了事实优先原则和综合判断方法,而且强调应考虑"劳动过程受管理控制程度",突出了劳动过程在劳动管理中的重要地位,反映了平台用工的新特点,并提出了《通知》未提及的若干具体认定因素,具有较大参考价值。这些规则创新可吸收到劳动关系概念和认定的立法以及相关行政意见或者司法解释当中。

此外,我国人力资源社会保障部和最高人民法院2023年发布的典型案例报告对相关司法实践,以及劳动关系的概念界定和认定规则完善也具有重要参考价值。报告案例1指出,"认定劳动关系应当坚持事实优先原则"。"劳动关系的核心特征为'劳动管理',即劳动者与用人单位之间具有人格从属性、经济从属性、组织从属性"。"当前,认定新就业形态劳动者与平台企业之间是否存在劳动关系,应当对照劳动管理的相关要素,综合考量人格从属性、经济从属性、组织从属性的有无及强弱"。报告内容也是可圈可点:第一,劳动关系的从属性被官方机构认可。该报告应是人力资源社会保障部和最高人民法院首次在文件中将劳动关系的核心特征概括为劳动管理,同时指出了劳动者与用人单位之间具有人格从属性、经济从属性、组织从属性。换言之,从属性不再仅仅是学术界流行的理论通说,而是被相关部门认可的政策性话语。第二,报告强调"综合考量人

---

① T. Treu, *Labour Law in Italy*, Sixth Edition, Kluwer Law International B. V., 2020, p. 41.

格从属性、经济从属性、组织从属性的有无及强弱",说明从属性并非简单的有无,而有强弱之分,这符合从属性的性质。因此,从属性具有相当的弹性,从属性必须达到一定程度,劳动关系的存在方可被认定。第三,报告再次强调事实优先原则和综合判断方法。第四,如上述,报告还提出了判断人格从属性、经济从属性和组织从属性应考察的具体因素,体现了新就业形态的突出特点,也颇具参考价值。报告的上述内容具有相当的科学性,既符合国际上对劳动关系性质的一般理解,也体现了中国特色和中国经验。例如,国际上通常将从属性的外在特征表述为控制,我国则将其表述为劳动管理,既符合中国语境,也更富包容性。

上述典型案例报告和司法意见的内容也存在一些问题:一方面,上述意见提供的规则缺乏体系性和完整性,无法涵盖劳动关系的概念界定和认定的主要原则和基本规则,对三个从属性的具体因素的描述尚不完整,并未针对数字化带来的挑战作出全面、系统的回应。另一方面,上述颇具中国特色的创新内容主要体现在司法意见或典型案例报告中,未能体现在正式的法律法规或司法解释等效力更高的规范之中,对司法实践指导的效果仍非常受限。因此,我国对劳动关系的概念界定和认定进行立法仍有必要,未来上述规则创新应吸收到正式立法以及相关行政意见或者司法解释当中。

因此,关于劳动关系的定义,应根据我国理论和实务的普遍观点,尽量保留《通知》已有的合理表述,采取如下定义:"劳动关系指劳动者受用人单位的劳动管理,从事用人单位安排的有报酬的劳动的从属性合同关系。劳动关系认定应考虑当事人合同实际履行的总体情况进行综合判断,不受合同形式或合同名称拘束"。至于劳动关系认定的具体因素可从人格从属性、经济从属性、组织从属性等角度列举具体的认定因素,通过行政机关的指导意见或司法解释加以明确,这样有利于根据数字时代劳动用工的新特点,增加并不断更新劳动关系的具体认定因素,增强规则的灵活性,并确保立法中劳动关系概念的稳定性。

第三章　远程工作的法律规制

　　近年来，随着互联网和通信技术的发展和普及，远程工作越来越成为一种流行的用工和工作方式。远程工作主要起源于 20 世纪 70 年代的美国加利福尼亚州，是信息产业发展的产物。[①] 21 世纪以来，远程工作在欧美等国家逐渐流行，许多国家和地区以远程工作为常态的劳动者比例较高。国际劳工组织 2019 年的研究报告显示，美国远程工人（teleworkers）占全部劳动者的比例约为 20%，欧盟 28 个国家的总体比例为 8%，日本为 16%，印度为 19%。[②] 英国国家统计办公室 2020 年 3 月发布的报告表明，2019 年英国 3260 万雇员中，约有 170 万人主要在家工作，约 870 万人表示曾经在家工作。[③] 国际劳工组织 2020 年发布的一份报告指出，新冠疫情暴发之前，国际劳工组织根据 118 个国家的数据，估算全世界劳动力中常规性地从事家庭办公的比例约为 7.9%，工人人数约 2.60 亿。[④] 由于疫情期间远程工作或居家办公广为流行，疫情高峰之后的远程工作比例有所

[①] Jon C. Messenger, "Introduction: Telework in the 21st Century-an Evolutionary Perspective", in Jon C. Messenger eds., *Telework in the 21st Century-an Evolutionary Perspective*, International Labour Organization, Edward Elgar Publishing Limited, 2019, p. 4.

[②] Jon C. Messenger, "Conclusions and Recommendations for Policy and Practice", in Jon C. Messenger eds., *Telework in the 21st Century-an Evolutionary Perspective*, International Labour Organization, Edward Elgar Publishing Limited, 2019, p. 294. 该数据是对一些研究报告的综合。该数据中不同国家和地区关于常规性远程工作的使用频率和时间要求、劳动者的范围界定等有所不同。关于远程工人的数量及其比例，不同统计口径往往得出不同数据。

[③] Office for National Statistics, "Coronvirus and Homeworking in the UK Labour Market: 2019", March 24, 2020, p. 2, at https://www.ons.gov.uk/releases/coronavirusandhomeworkinginth-euklabourmarket2019, last visited on April 26, 2024.

[④] International Labour Organization, "Working from Home: Estimating the Worldwide Potential", Policy Brief, April 2020, p. 2, at https://www.ilo.org/wcmsp5/groups/public/---ed_protect/---protrav/---travail/documents/briefingnote/wcms_743447.pdf, last visited on April 26, 2024.

上升。根据统计，2021年德国远程工作的比例为17%，欧盟27个国家的比例为13.4%。[1]

在我国随着互联网技术的发展和普及，远程工作亦被广泛使用。2020年新冠疫情暴发，远程工作一时成为一种普遍的工作方式。一款知名在线办公平台的统计数据显示，在2020年2月3日当天，全国有上千万家企业、近两亿人开启在家远程办公模式。[2] 远程工作有利于减少人员流动和人员聚集，推动复产复工，为政府机构和企事业单位的正常运转及疫情防控发挥了独特作用。2020年2月，人力资源和社会保障部、全国总工会等部门联合发布的文件也鼓励企业"安排职工通过电话、网络等灵活的工作方式在家上班完成工作任务"[3]。2020年2月，工业和信息化部也发布文件，提出"面对疫情对中小企业复工复产的严重影响，支持运用云计算大力推动企业上云，重点推行远程办公、居家办公、视频会议、网上培训、协同研发和电子商务等在线工作方式"。[4] 可见，远程办公已成为一种重要的用工方式，并在疫情期间发挥了独特作用。

虽然实践中远程工作已被广泛使用，但目前我国劳动法律法规并没有关于远程工作的规定，远程工作立法尚属空白。近年来，随着远程办公的流行，司法实践中因远程办公产生的纠纷案件数量亦不少，特别是用人单位是否允许劳动者在家办公、[5] 劳动者在家是否提供了劳动、[6] 在家工作如何视为提供了正常劳动、劳动者在家办公的工资如何计算发生了

---

[1] Effrosyni Bakirtzi, "Remote Work Regulation during and after the Pandemic in Greece and Germany: Comparative Legal Frameworks and Challenges for the Future of Work", *Italian Labour Law e-Journal*, Issue 2, Vol. 15, 2022, p. 32.

[2] 王鹏：《远程办公不误工》，《人民日报》2020年2月11日第5版。

[3] 《人力资源社会保障部、全国总工会等关于做好新型冠状病毒感染肺炎疫情防控期间稳定劳动关系支持企业复工复产的意见》指出，"对因受疫情影响职工不能按期到岗或企业不能开工生产的，要指导企业主动与职工沟通，有条件的企业可安排职工通过电话、网络等灵活的工作方式在家上班完成工作任务"。

[4] 《工业和信息化部办公厅关于运用新一代信息技术支撑服务疫情防控和复工复产工作的通知》，2020年2月18日发布。

[5] 参见案例：上海市第一中级人民法院（2019）沪01民终7247号、重庆市第五中级人民法院（2018）渝05民终4219号、上海市闵行区人民法院（2018）沪0112民初27685号民事判决书。

[6] 参见案例：广东省深圳市中级人民法院（2018）粤03民终15410号、广东省珠海市中级人民法院（2018）粤04民终1072号、上海市第一中级人民法院（2017）沪01民终3615号民事判决书。

不少争议，①甚至发生了多起劳动者一方认为其在家工作，用人单位认为劳动者旷工，而将劳动者解雇的案件。② 2020年4月23日，北京市高级人民法院、北京市劳动人事争议仲裁委员会印发的《关于审理新型冠状病毒感染肺炎疫情防控期间劳动争议案件法律适用问题的解答》还专门针对在家上班的问题进行了解答，③也说明了疫情期间在家办公可能发生的纠纷。近年来，有关使用电子设备和通信工具进行工作而引发是否加班以及应否支付加班工资的争议成为实践中一个广受关注的问题。例如，由最高人民法院与中央广播电视总台共同主办的"新时代推动法治进程2023年度十大案件"就包含了北京市第三中级人民法院审理的"隐形加班"劳动争议案，该案系全国首例在裁判文书中明确"隐形加班"问题，首次对利用微信等社交媒体进行隐形加班提出相关认定标准的案件。④因此，远程工作成为我国立法、司法以及法理上需要深入研究的重要课题。目前，学界对这一问题的研究不足。因此，远程工作的法律问题亟待深入研究。本章拟从比较法角度，分析远程工作的定义、利弊以及远程工作的立法理念和相应的制度建构，以期为我国远程工作的立法完善以及司法裁判提供参考。

一　远程工作的概念与特征

关于"远程工作"（telework）的概念，不同国家和地区略有不同。

---

① 参见案例：江苏省无锡市中级人民法院（2018）苏02民终3920号、江苏省淮安市清江浦区人民法院（2019）苏0812民初7238号、广东省深圳市龙岗区人民法院（2019）粤0307民初14681号民事判决书。

② 参见案例：上海市第二中级人民法院（2019）沪02民终1880号、上海市第一中级人民法院（2018）沪01民终412号、上海市第一中级人民法院（2017）沪01民终9709号、江苏省苏州市中级人民法院（2015）苏中民终字第05045、05046号、上海市闵行区人民法院（2018）沪0112民初27685号、上海市静安区人民法院（2018）沪0106民初15403号民事判决书。

③ 2020年4月23日，北京市高级人民法院、北京市劳动人事争议仲裁委员会印发的《关于审理新型冠状病毒感染肺炎疫情防控期间劳动争议案件法律适用问题的解答》（9）专门对"疫情防控期间，用人单位安排劳动者在家上班或灵活办公，用人单位降低劳动报酬，劳动者要求支付工资差额的，是否支持？"的问题进行了解答。

④ 北京市第三中级人民法院官方微信公众号：《揭晓！北京三中院"隐形加班"劳动争议案入选"新时代推动法治进程2023年度十大案件"》，2024年1月24日上传。另参见《李某与北京智能研选科技有限公司劳动争议纠纷上诉案》，北京市第三中级人民法院（2022）京03民终9602号民事判决书。

在不同概念中，欧洲工会联合会（ETUC）和欧洲商业联合会（UNICE）等组织在2002年达成的《远程工作框架协议》（Framework Agreement on Telework）对"远程工作"的定义影响最为广泛，并被许多欧洲国家采用。[1] 根据该协议，远程工作是指"使用信息技术，在劳动合同或劳动关系背景下，常规性地在雇主场所之外从事工作（该工作也可在雇主场所完成）的一种组织和（或）履行工作的形式"。该定义强调了远程工作的四个特征：一是工作地点是"远程"，二是使用信息技术，三是工作具有常规性，四是存在劳动关系。其中前两个要素，即"远程"以及使用信息技术和电子数据传输是远程工作定义的核心要素。[2] 该定义对远程工作要素的规定较为严格。这一定义被欧洲一些国家的成文法所采纳。法国是较少在劳动法中对远程工作下定义的国家之一。根据其2018年修订的法国《劳动法典》第L1222-9条规定，远程工作指"雇员在自愿基础上借助信息和通信技术完成本应在雇主场所完成的工作的任何工作组织形式"[3]。该定义体现了《远程工作框架协议》关于"远程工作"定义的主要特征。除此之外，该定义还强调了远程工作是建立在"自愿"基础上的。美国在2010年制定的《远程工作促进法》（Telework Enhancement Act of 2010）中，将远程工作界定为"一项工作弹性安排，据此，雇员在其本应工作的地点以外被许可的工作地点履行该雇员岗位义务和职责及其他被授权的活动"[4]。该定义强调雇员在一般雇员的工作场所之外的地点履行工作职责，而且强调"雇员"身份，即存在劳动关系。

和远程工作相近的概念是"家庭工作"（Home work）。国际劳工组织在《家庭工作公约》（Home Work Convention）（国际劳工组织第177号公约，1996年）指出，"家庭工作"是指，雇员为获得劳动报酬，在其"家中"或者其选择的"雇主工作场所之外的其他场所"，按照雇主的要

---

[1] Implementation of the European Framework Agreement on Telework, Report by the European Social Partners, Adopted by the Social Dialogue Committee on June 28, 2006, p.4, at https://resourcecentre.etuc.org/sites/default/files/2019-09/Telework%202006_Final%20Joint%20Implementation%20Report%20-%20EN.pdf, last visited on April 27, 2024.

[2] "Framework Agreement on Telework", (2), Brussels, 16 July, 2002, at https://www.etuc.org/en/framework-agreement-telework, last visited on April 27, 2024.

[3] 法国于2017年、2018年通过法令对《劳动法典》第L1222-9、L1222-10、L1222-11条有关远程工作的条款进行了修改，以下如无特别说明，有关法国《劳动法典》远程工作的条文均为2018年修订后的条文。

[4] Telework Enhancement Act of 2010, §6501, at https://www.telework.gov/guidance-legislation/telework-legislation/telework-enhancement-act/, last visited on April 27, 2024.

求提供相应的产品或者服务，而无论生产设备、材料或其他投入由谁提供。① 可见，"家庭工作"和远程工作概念非常相近，都强调在雇主场所之外的地点履行工作。因此，也有学者认为家庭工作是远程工作的前身。② 不过，严格而言，"家庭工作"和"远程工作"二者存在较大差异：第一，家庭工作属于传统的工作方式，主要强调工作地点位于家中，并没有强调使用信息通信技术。第二，《家庭工作公约》没有强调"家庭工作"一定存在劳动关系，现实中，很多家庭工人可能缺乏劳动关系而属于独立承包人。第三，家庭工作的地点一般为家中，而远程工作的工作地点除了家中，还可能是家庭之外的其他场所，例如公共部门或私人机构运营的位于雇主场所和家庭之外的"远程工作中心"（telework center）。③ 不过，随着信息通信技术的普及，大量在家工作者也使用网络通信技术，而大量远程工作者亦在家办公，因此，二者存在很大交叉，并经常混用。

  由于远程工作是灵活用工和信息技术发展的产物，因此，随着用工方式的不断变化以及技术的不断发展，"远程工作"的内涵和外延也处于发展变化当中。2020年欧盟机构Eurofound发布了《远程工作及基于网络通信技术的移动工作：数字时代的灵活工作》（*Telework and ICT-based Mobile Work: Flexible Working in the Digital Age*）报告，提出了"远程工作及基于网络通信技术的移动工作（TICTM）"的整体概念，认为TICTM指，"工人使用数字技术，例如网络、移动电脑、移动手机和互联网，在雇主场所或固定地点之外进行远程工作的任何类型的工作安排"，"其为工人提供了何地工作、何时工作的前所未有的灵活性"。④ 可见，TICTM比欧洲《远程工作框架协议》关于远程工作的定义更为宽泛。根据2015年的统计，欧盟大约19%的工人在工作中使用TICTM安排，其中大约一半具

---

① Article 1, Home Work Convention (C177), 1996.
② Jon C. Messenger, "Introduction: Telework in the 21st Century-an Evolutionary Perspective", in Jon C. Messenger eds., *Telework in the 21st Century-an Evolutionary Perspective*, International Labour Organization, Edward Elgar Publishing Limited, 2019, pp. 11~12.
③ W. C. Bunting, "Unlocking the Housing-Related Benefits of Telework: A Case for Government Intervention", *Real Estate Law Journal*, Vol. 46, 2017, p. 312.
④ Eurofound, "Telework and ICT-based Mobile Work: Flexible Working in the Digital Age", New Forms of Employment Series, Publications Office of the European Union, Luxembourg, 2020, p. 1, at https://www.eurofound.europa.eu/publications/report/2020/telework-and-ict-based-mobile-work-flexible-working-in-the-digital-age, last visited on April 27, 2024.

有"劳动者"身份。[1] 可见，虽然"远程工作"的概念和具体形式可能变化，但其核心要素相对稳定，即工作地点的灵活性以及使用信息通信技术。远程工作的使用也日益广泛。本章主要使用 2002 年欧洲《远程工作框架协议》关于远程工作的定义。

二 远程工作的利与弊

（一）远程工作的优势和作用

信息和通信技术的发展促进了远程工作的流行。远程工作的广泛使用和流行得益于远程工作本身的特点和优势。相比在雇主场所工作的传统模式，远程工作具有下列明显优势和积极作用。

第一，有利于减少雇员通勤以及雇主办公场所等成本。减少雇员通勤时间和金钱成本是远程工作最直接、最明显的效果，尤其是对于居住地距离雇主场所较远的劳动者，这一效果更为明显。对于大城市，这一作用更为突出。与减少通勤相关，大量人员远程工作有助于减少车辆使用、公共交通拥挤以及相应的碳排放，从而有利于环境保护。雇员在家办公，还可以节省其他费用。例如，雇员可以选择在远离市中心的郊区或农村等购买房屋，降低购房成本，雇员还可以节省因在雇主场所上班而可能支出的其他费用，包括购买车辆的费用、停车费、午餐费以及服装费等。[2] 远程工作也有利于雇主减少办公场所的成本，尤其是对位于城市中心、办公场所价值或租金昂贵的企业，雇员远程办公可以大大减少雇主办公场所成本以及相关费用。

第二，有利于提高雇员工作自主性尤其是工作时间自主性。通常实行远程劳动的雇员可以根据个人偏好，选择最有效率或者最有利于平衡工作和其他职责的时间和方式进行工作。此外，由于在家办公，雇员可以以更适合自己的方式履行工作，还可以减少在雇主场所工作可能面临的各种干扰。工作时间和工作方式的灵活性对雇员也具有很大吸引力。例如，在美

---

[1] Eurofound, "Telework and ICT-based Mobile Work: Flexible Working in the Digital Age", *New Forms of Employment Series*, Publications Office of the European Union, Luxembourg, 2020, p. 7.

[2] W. C. Bunting, "Unlocking the Housing-Related Benefits of Telework: A Case for Government Intervention", *Real Estate Law Journal*, Vol. 46, 2017, pp. 287~288, 292.

国，2015年的一项研究表明，除了高薪和福利，吸引雇员的重要因素中，靠前的因素包括："可以灵活地工作，并处于被提拔的轨道"，以及"和同事包括上司共事，且上司支持雇员灵活工作的努力"。2013年的一项研究也表明，80%的受访人认为工作日程的灵活性对于工作和生活的平衡是极其或非常重要的。①

第三，有利于雇员兼顾家庭职责，尤其是照顾未成年人、老年人等，从而促进工作和生活的平衡。选择远程办公尤其是在家办公，雇员可以使用部分时间用于承担家庭责任或者在工作间隙承担家庭责任。例如，在欧洲，职场的数字化以及平衡工作和生活的需求提高，这两项趋势是欧洲大陆远程工作共同的推动力。2012年对德国工人的一项调查显示，62%的受访者表示选择在家办公的远程工作是为了平衡受薪工作和个人生活；相比之下，只有27%的受访者表示选择在家工作是由于提高了工作满意度。② 远程工作的这一特点和优势在日本受到了极大重视。根据日本土地、基础设施、交通和旅游省的报告，2016年日本约有14.2%的工人从事远程工作。政府热衷于推动远程工作，将其作为改善"工作—生活"平衡以及增加劳动力数量的措施之一。③

第四，促进特定人群尤其是残疾人的就业。远程工作可以为行动不便的残障人士提供就业机会。特别是随着信息通信技术的发展，雇员通过技术手段接收工作任务、完成工作内容、提交工作成果、与同事沟通、接受雇主指挥管理等工作的各个环节大都可以通过网络完成，因此，远程办公为出行不便的残障人士提供了更多就业机会，对于他们更好融入社会，提高平等就业机会和福利具有重要作用。欧洲2002年《远程工作框架协议》在制定之初就将"提高残障人士在劳动力市场的机会"作为其目标之一。④

第五，有利于克服极端天气、重大疫情、恐怖活动等突发事件对工作

---

① Kate Lister & Tom Harnish, "Telework and Its Effect in the United States", in Jon C. Messenger eds., *Telework in the 21st Century-an Evolutionary Perspective*, International Labour Organization, Edward Elgar Publishing Limited, 2019, pp. 133~134.

② Lutz Gschwind & Oscar Vargas, "Telework and Its Effects in Europe", in Jon C. Messenger eds., *Telework in the 21st Century-an Evolutionary Perspective*, International Labour Organization, Edward Elgar Publishing Limited, 2019, pp. 38~39.

③ Akio Sato, "Telework and Its Effect in Japan", in Jon C. Messenger eds., *Telework in the 21st Century-an Evolutionary Perspective*, International Labour Organization, Edward Elgar Publishing Limited, 2019, p. 76.

④ "Framework Agreement on Telework", (1), Brussels, 16 July, 2002, at https://www.etuc.org/en/framework-agreement-telework, last visited on April 27, 2024.

的影响，保持紧急状态下工作的正常开展。当出现极端天气、重大疫情、恐怖活动等突发事件时，劳动者往往不易或者不宜出行，此时远程工作一方面可以避免出行，减少风险，另一方面可以保障工作的正常开展，特别是可以保障政府机关等承担特殊职责的公共部门或其他重要私人部门开展工作。美国有关远程工作立法的直接原因就是为了保障联邦政府雇员在禽流感等特殊期间在家工作而避免政府机构停摆。自2000年起，美国联邦法律就要求联邦政府雇员尽最大可能地在家工作，最初的推动力是担心由于禽流感导致政府停摆。此后，恐怖行为、极端天气以及其他疫情的威胁不断提醒美国领导人有必要采取措施，使远程工作成为政府持续运转的基石。经过多年努力，美国最终于2010年通过了《远程工作促进法》。[1] 在法国，远程工作也被立法者视为应对疫情等不可抗力的手段。法国《劳动法典》第L1222~11条规定："在特殊情况下，尤其是受到传染病威胁或不可抗力，施行远程办公可以被视为是维持公司的运转和保护员工必要的工作岗位的调整。"因此，远程工作作为应对疫情等突发事件的重要措施，其价值应得到重视。

远程工作的上述优势和作用得到普遍认可。美国《远程工作促进法》通过后，美国人事管理办公室（United States Office of Personnel Management, OPM）制定了《联邦政府远程工作指引》（Guide to Telework in the Federal Government）（2011），2021年发布了《2021年联邦政府远程工作指引》（2021 Guide to Telework and Remote Work in the Federal Government）以代替2011年的指引。2021年指引指出：我们知晓远程工作对工作组织和雇主的好处。一个强大且实践良好的远程工作计划可以提高员工的绩效和敬业度，并提高生产率和效率。远程工作可以作为一种关键的工作场所灵活性，使各机构能够满足关键任务需求。远程工作可以帮助联邦工作人员平衡工作和个人责任，并利用有利的工作环境，从而提高员工的满意度和幸福感，这有助于留住员工，并吸引潜在的求职者。我们还必须为各种突发事件做好计划，包括恶劣天气事件、突发公共卫生事件等。[2] 在欧

---

[1] Kate Lister & Tom Harnish, "Telework and Its Effect in the United States", in Jon C. Messenger eds., *Telework in the 21st Century-an Evolutionary Perspective*, International Labour Organization, Edward Elgar Publishing Limited, 2019, pp. 157~158.

[2] United States Office of Personnel Management, "2021 Guide to Telework and Remote Work in the Federal Government: Leveraging Telework and Remote Work in the Federal Government to Better Meet Our Human Capital Needs and Improve Mission Delivery", November 2021, pp. 1~2, at https://www.opm.gov/telework/documents-for-telework/2021-guide-to-telework-and-remote-work.pdf, last visited on April 27, 2024.

洲，远程工作也得到了政府、企业和工会的普遍认可。许多国家的研究表明远程工作劳动者相比普通劳动者具有更高的生产率。例如，英国2013年一项研究表明，雇员的灵活性和自主性有利于改进业绩。根据该研究，在家工作的远程工作者生产率更高。在法国也有类似的研究结果。依据2015年一项研究，84%的远程工作者表示他们的生产率由于远程工作提高了，81%的人表示他们的远程工作相比办公室工作具有更高质量。[①] 2021年世界卫生组织和国际劳工组织联合发布的《健康和安全的远程工作：技术简报》(*Healthy and Safe Telework: Technical Brief*) 指出，如果组织和执行得当，远程工作有益于身心健康和社会福祉。它可以改善工作与生活的平衡，减少交通和通勤时间，减少空气污染，所有这些都可以间接改善身心健康。远程工作还可以促进公共卫生和社会效益。[②]

（二）远程工作存在的弊端及带来的问题

远程工作在具备上述优点和带来积极作用的同时，也存在一定的缺陷并带来相应问题。远程工作本身存在的缺陷包括：第一，雇主的指挥管理较难实现，雇员难以接受雇主的指挥监督。美国有专家指出，对雇主而言，实行远程工作的主要成本是监督雇员表现以及评价雇员表现潜在的困难。[③] 因此，并非所有岗位均适合远程工作。第二，在家庭办公中，雇员工作场所和家庭难以区分，如何认定雇员处于工作场所及处于工作状态、如何计算雇员工作时间以及是否存在加班、如何判定雇员所受伤害是否属于工伤等难度较大。第三，雇员隐私权以及雇主信息安全都存在风险。居家办公一方面使雇员的隐私或个人信息容易暴露，另一方面公司的信息数据也容易遭到泄露。第四，远程办公使雇员与雇主以及雇员之间的交流受到一定影响，劳动者集体权利的行使也受到影响。因此，尽管较多的研究表明远程工作提高了生产率，但也有研究认为远程工作对生产率的影响是不同的，其特别取决于远程工人与管理者和家庭成员之间社会互动的质量

[①] Lutz Gschwind & Oscar Vargas, "Telework and Its Effects in Europe", in Jon C. Messenger eds., *Telework in the 21st Century-an Evolutionary Perspective*, International Labour Organization, Edward Elgar Publishing Limited, 2019, p. 58.

[②] World Health Organization and the International Labour Organization, "Healthy and Safe Telework: Technical Brief", Geneva, 2021, p. V.

[③] W. C. Bunting, "Unlocking the Housing-Related Benefits of Telework: A Case for Government Intervention", *Real Estate Law Journal*, Vol. 46, 2017, p. 295.

等。而且，远程工作和雇员福利之间的关系也存在争议。[1]

由于上述缺陷，远程劳动也带来相应的劳动保护问题。第一，工作时间长。例如，一项针对欧洲国家的研究报告表明，远程工人相比一般劳动者工作时间更长，许多远程工人存在超时加班而没有获得加班工资的情形。[2] 第二，工作和生活边界模糊。远程工作一方面促进了工作和生活的平衡，另一方面也模糊了工作和生活的边界，工作和休息时间界限模糊，从而容易导致更长工作时间，甚至造成工作和生活的冲突。第三，远程工作也带来危害安全和健康的问题，包括生理和心理问题。远程工作带来的健康问题包括：（1）肌肉骨骼健康问题，在家久坐、使用计算机工作带来了身体的肌肉骨骼健康问题。（2）孤独和沮丧。远程工人通常和同事交流较少，长时间的远程工作可能导致孤单和孤独。（3）压力和劳累。远程工作一方面给远程工人带来了更多自由，同时也面临承担家庭责任、工作和生活边界模糊等压力，而且工作时间长也会导致压力和劳累。[3] 2021年世界卫生组织和国际劳工组织的报告也指出：远程办公环境可能无法满足传统工作场所的职业安全和健康标准。恶劣的物理环境和工作场所设计以及设备和支持不足会导致肌肉骨骼疾病、眼睛疲劳和伤害。在与同事物理隔离的数字环境中工作，加上在雇主直接控制之外的场所管理工作与私人生活平衡的潜在困难，可能导致心理健康问题和不健康行为。[4] 可见，远程工作产生的问题与其优点是相伴相随的。因此，远程工作的缺陷以及引发的问题是远程工作立法和实践需要加以克服的。

正因为远程工作具有上述优点和缺点，比较理想的工作方式是采取雇员部分时间远程工作的模式，实行办公室工作和远程工作相结合，雇员在一周某些时段，例如一至三天进行远程办公，其余时间从事办公室工作。这种方式可以发挥远程工作的优势，同时可以克服或减少远程工作带来的问题。当然，远程工作的最佳或合理的实施方式取决于不同行业和雇主的特点、文化等因素。

---

[1] Anne Aguilera, et al., "Home-based Telework in France: Characteristics, Barriers and Perspectives", *Transportation Research*, Part A 92 1-11, 2016, p. 3.

[2] Lutz Gschwind & Oscar Vargas, "Telework and Its Effects in Europe", in Jon C. Messenger eds., *Telework in the 21st Century-an Evolutionary Perspective*, International Labour Organization, Edward Elgar Publishing Limited, 2019, pp. 48~50.

[3] Aida Isabel Tavares, "Telework and Health Effects Review", *International Journal of Healthcare*, Vol. 3, No. 2, 2017, pp. 33~34.

[4] World Health Organization and the International Labour Organization: "Healthy and Safe Telework: Technical Brief", Geneva, 2021, p. V.

三 远程工作立法的国际经验

(一) 欧盟

欧盟是远程工作政策和立法最早进行探索的地区。21 世纪以来，欧洲理事会邀请社会合作方，主要是产业或雇主组织和工会组织的代表就工作的组织的现代化，包括灵活的工作安排进行协商。[①] 2002 年 7 月，各方签署了《远程工作框架协议》。该协议并非欧盟成员国签署的正式法律文件或欧盟正式指令，而是产业和雇主组织以及工会组织作为社会合作组织签署的协议。该协议建立了远程工作规则的总体框架，目的在于促进这种工作新形式的发展，并为雇员保护和雇主利益提供保障。该协议一方面强调远程工人享有和在雇主场所工作的雇员同样的保护，另一方面也指出了远程工作需要雇主作出调整或给予特别关注的方面。[②] 该协议的主要内容包括十个方面，主要包括：强调远程工作的自愿性，远程工作应由工人和雇主自愿协商后采用；强调远程工人和其他工人享有同等权利；规定了雇主和雇员在数据保护方面的权利义务、雇主在技术设备提供及相关费用上的义务、雇主对远程工人健康和安全的保障义务；以及远程工人隐私权保护；等等。此外，协议还对工作的组织、培训和集体权利等方面，以及协议执行做了规定。该协议主要通过签署协议的社会合作方在欧盟成员国的成员组织负责实施，成员组织有义务报告对该协议的执行情况。[③]

该协议对欧洲远程工作的政策和立法产生了重要影响。签署协议的国家采取不同方式实施了协议内容，这些方式包括签署全国性跨行业或者行业集体协议、"社会合作方之间的协议"（劳资双方的集体协议）、"指引或建议"、"联合声明"、"社会合作方推荐的模范协议"等"软法"以及国家立法等"硬法"。协议影响的重要表现是推动了欧洲许多国家出台了远程工作的集体协议及相关立法，特别是许多国家将远程工作纳入劳动

---

① "Framework Agreement on Telework", (1), 2002.

② Commission of the European Communities, "Report on the Implementation of the European Social Partners' Framework Agreement on Telework", *Commission Staff Working Paper*, Brussels, 2. 7. 2008, p. 4, at https://eur-lex.europa.eu/legal-content/EN/TXT/PDF/? uri = CELEX: 52008SC2178, last visited on April 27, 2024.

③ "Framework Agreement on Telework", (12), 2002.

法。目前已有波兰、匈牙利、斯洛伐克、捷克、葡萄牙、斯洛文尼亚,[①]以及法国、意大利、希腊、德国等国家对远程工作及类似工作形态在法律上作出明确规定。

(二) 欧盟部分成员国

法国是目前欧洲主要国家中将远程工作纳入劳动法典的国家之一。2002 年《远程工作框架协议》签署之后,法国于 2005 年在国内达成了一个全国性的跨行业集体合同。这一集体合同通过政府 2006 年的法令,对所有雇主和工人具有法律效力。[②] 2012 年 3 月,法律将远程工作制度予以规范并引入劳动法典。根据 2008 年的一项统计,法国使用远程工作的工人占劳动人口的比例约为 8%,其中偶尔从事远程工作的工人占比为 5%,从事常规性远程工作的工人占比为 3%。[③] 法国于 2017 年、2018 年对远程工作的相关条款做了修改,目前有关远程工作的内容规定在《劳动法典》第 L1222~9、L1222~10、L1222~11 条,内容相当丰富,涵盖远程工作和远程工人的定义、远程工作使用条件、集体协议和章程有关远程工作的内容、远程工人主要权利以及雇主主要义务。法国远程工作立法较为完善,许多理念和规则值得借鉴。

意大利主要通过由全国性的主要雇主组织和工会组织联合会签署协议实施《远程工作框架协议》。协议对签署的组织覆盖的雇主和工人具有约束力。[④] 2007 年政府和主要的工会组织签署了一项协议,规定了若干措施推进公共部门的现代化,包括提高意大利远程工人数量的措施。[⑤] 2017

[①] Commission of the European Communities, "Report on the Implementation of the European Social Partners' Framework Agreement on Telework", *Commission Staff Working Paper*, Brussels, 2.7.2008, p.49.

[②] Commission of the European Communities, "Report on the Implementation of the European Social Partners' Framework Agreement on Telework", *Commission Staff Working Paper*, Brussels, 2.7.2008, pp.15~16.

[③] Anne Aguilera, et al., "Home-based Telework in France: Characteristics, Barriers and Perspectives", *Transportation Research*, Part A 92 1-11, 2016, p.5.

[④] Commission of the European Communities, "Report on the Implementation of the European Social Partners' Framework Agreement on Telework", *Commission Staff Working Paper*, Brussels, 2.7.2008, pp.20~21.

[⑤] European Foundation for the Improvement of Living and Working Conditions, "Telework in the European Union", 2010, Annex: Forms of Implementation of European Framework Agreement on Telework, at https://digitalcommons.ilr.cornell.edu/intl/428/, last visited on April 27, 2024.

年，意大利通过了《自主劳动工作法》(Jobs Act on Autonomous Work No. 81)，该法引入了"智能工作"(smart work)的概念。根据该法，"智能工作"是当事人依据书面协议确立的一种从属劳动(subordinate work)模式。智能工作可以根据阶段、周期和目标进行安排，而没有事先确定工作时间和工作地点，并且允许使用技术装置。从定义看，智能工作和远程工作非常相似。根据统计，意大利大约有30万名"智能工人"，约占意大利工人总数的8%。超过50%的大公司采用"智能工作"，且生产效率提高了15%，原因是缺勤率下降、出行成本降低、工作和生活的更好平衡以及污染的下降。[1] 由于"智能工作"的定义宽泛，其和远程工作的关系也存在争议。但意大利将与远程工作类似的"智能工作"纳入法律，无疑具有积极意义。

在通过立法规定远程工作的欧盟成员国中，波兰关于远程工作的立法较为详尽，值得关注。波兰于2007年通过修改劳动法典以及其他法律将远程工作纳入劳动法典。[2]《劳动法典》第67~5条至第67~17条共13个条文均是关于远程工作的规定，内容十分详尽。[3] 其立法的重要特点是，远程工作的使用必须经过工会同意或者经由雇主和工会或雇员代表协商。[4] 除了远程工作的定义，劳动法典对使用远程工作的程序、远程工作协议、雇主的义务以及远程工人的权利做了规定。[5] 波兰等国家采用立法形式规制远程工作具有重要意义，可以提高对远程工作保护和规制的覆盖面和强制力。当然，这些国家采用立法的形式也有其特殊背景。这些国家相对缺乏发达的集体谈判特别是行业层面集体谈判的传统，而且雇主组织和工会组织等社会协商组织的入会率相对较低，因此，通过立法可以提高远程工作规则的覆盖面和强制力。[6] 可见，对远程工作的规制方式也和一国传统的调整劳动关系方式，比如劳资双方自治程度、集体协商发达程度

---

[1] Olga Rymkevich, "An Overview of the Regulatory Framework for Smart Work in Italy: Some Critical Remarks", *Kutafin University Law Review*, Volume 5, Issue 1, 2018, pp. 48~49.
[2] Krzysztof W. Baran, ed., *Outline of Polish Labour Law System*, Wolters Kluwer, 2016, p. 144.
[3] "The Labour Code (Kodeks Pracy)", Translated by Agnieszka Jamrozy, Wydawnictwo C. H. Beck, 2019, pp. 71~81.
[4] Krzysztof W. Baran, ed., *Outline of Polish Labour Law System*, Wolters Kluwer, 2016, p. 144.
[5] Krzysztof W. Baran, ed., *Outline of Polish Labour Law System*, Wolters Kluwer, 2016, p. 145.
[6] European Foundation for the Improvement of Living and Working Conditions, "Telework in the European Union", 2010, p. 10.

等相关。

为应对疫情，希腊于2020年3月通过一项法律，引入了更为宽泛的远程工作（remote/distance work）的概念。在疫情期间，雇主可基于其管理权限单方要求雇员进行远程工作，无须事先得到雇员的同意。2021年希腊通过了一项新的法律，对远程工作规制的内容进行了修改，新法对远程工作的定义与《远程工作框架协议》的定义相近。①

德国在2016年一项名为《工作场所条例》（Ordinance on Workplace）的立法对远程工作进行了法律界定，其主要从工作场所角度进行界定，"远程工作"的范围较窄。依照该法，远程工作场所指雇主在雇员私人/个人场所进行永久性设备装置的可监督的工作场所，且雇主和雇员协商确定了每周的工作时间以及设备装置时长。该定义较窄，如果雇员使用个人的电脑和桌椅等用于履行工作，则不属于该条例的覆盖范围。②

（三）美国

美国由于其长期的技术领先优势，远程工作一直较为流行。雇主也普遍重视远程工作的使用和规则制定，2013年大约29%的美国雇主制定了正式的远程工作政策。③ 美国远程工作立法和政策的突出特点是重视联邦政府远程工作的使用和推广。2010年通过的《远程工作促进法》对联邦政府机构如何推广使用远程工作做了详尽规定。近年来，美国将远程工作作为应对极端天气和其他紧急情况干扰的战略措施，以及降低联邦政府办公场所和其他费用的一项对策，确保联邦政府可以持续向公众提供及时的服务。④

《远程工作促进法》要求美国联邦政府机构在远程工作方面必须做到：制定政策使适格雇员被允许从事远程工作；指定一名远程工作管理官

---

① Effrosyni Bakirtzi, "Remote Work Regulation during and after the Pandemic in Greece and Germany: Comparative Legal Frameworks and Challenges for the Future of Work", *Italian Labour Law e-Journal*, Issue 2, Vol. 15, 2022, pp. 21, 23.

② Effrosyni Bakirtzi, "Remote Work Regulation during and after the Pandemic in Greece and Germany: Comparative Legal Frameworks and Challenges for the Future of Work", *Italian Labour Law e-Journal*, Issue 2, Vol. 15, 2022, pp. 25~26.

③ Kate Lister & Tom Harnish, "Telework and Its Effect in the United States", in Jon C. Messenger eds., *Telework in the 21st Century-an Evolutionary Perspective*, International Labour Organization, Edward Elgar Publishing Limited, 2019, p. 139.

④ 参见美国有关远程工作的官方网站（www.telework.gov）关于远程工作立法背景和历史的介绍，https://www.opm.gov/telework/history-legislation-reports/，最后访问时间：2024年1月26日。

员；决定可远程工作雇员的资格（eligibility）；指定一名高级管理人员负责协调各个机构的远程工作计划；要求机构管理人员与被允许远程工作的雇员签订书面协议；为管理人员和雇员开发和实施远程工作培训项目；确保为适格雇员及其管理人员提供互动式培训；将远程工作作为机构持续运行计划的一部分，等等。[1] 该法还规定了美国人事管理办公室在该法中的职责，包括为远程工作提供咨询、制定政策和政策指引，帮助联邦机构建立远程工作的目标和措施，等等。[2] 美国远程工作立法和政策大大促进了联邦政府本身对远程工作的使用。随着《远程工作促进法》的签署，联邦政府雇员每周从事一天以上远程工作的比例从 2011 年的 4% 提高到 2014 年的 14%。[3] 另一份 2005~2014 年的统计数字也表明，政府部门以及非政府部门从事远程工作的雇员数量增长较快。2005~2014 年，联邦政府使用远程工作的雇员数量增长 424.3%，州政府远程工作雇员增长 130.9%，地方政府远程工作雇员数量增长 78.5%；在非政府部门，营利性公司远程工作雇员数量增长 94.8%，非营利性公司远程工作雇员数量增长 105.1%。[4] 从统计数字可以看出，政府部门尤其是联邦政府部门在立法和政策的推动下，远程工作雇员数量的增长速度总体上明显高于私营机构。值得关注的是，虽然美国非政府部门的远程工作也较为流行，远程工人数量增长较快，但迄今为止美国并没有专门立法对一般的远程工作加以规范。其原因可能是美国向来崇尚市场体制和自由竞争，原本在劳工保护方面的立法和政策并不周全，远程工作属于灵活用工方式，自然也主要依靠市场规则和当事人的意愿加以调整。联邦政府为了应对疫情等突发事件，将立法和政策推动的重心放在联邦政府雇员远程工作的推广和使用上也不足为奇。

---

[1] Kate Lister & Tom Harnish, "Telework and Its Effect in the United States", in Jon C. Messenger eds., *Telework in the 21st Century-an Evolutionary Perspective*, International Labour Organization, Edward Elgar Publishing Limited, 2019, p. 158.
[2] United States Office of Personnel ManageMent, "2021 Guide to Telework and Remote Work in the Federal Government: Leveraging Telework and Remote Work in the Federal Government to Better Meet Our Human Capital Needs and Improve Mission Delivery", November 2021, pp. 8~9.
[3] Kate Lister & Tom Harnish, "Telework and Its Effect in the United States", in Jon C. Messenger eds., *Telework in the 21st Century-an Evolutionary Perspective*, International Labour Organization, Edward Elgar Publishing Limited, 2019, p. 159.
[4] W. C. Bunting, "Unlocking the Housing-Related Benefits of Telework: A Case for Government Intervention", *Real Estate Law Journal*, Vol. 46, 2017, pp. 290~291.

（四）巴西

巴西作为新兴国家，近年来对远程工作以及立法问题也较为重视。根据 2012 年的报告，其使用远程工作的比例约为 16.2%。[1] 在巴西联邦政府层面，许多部门已实行远程工作，致力于创造一种有利于雇员和提高生产效率的灵活用工模式。2011 年以来，巴西多项立法涉及远程工作。2011 年的联邦法律（No. 12. 551/2011）对巴西劳动法典（CLT）进行了修订，该法规定：只要劳动关系存在，工作在雇主场所、家庭或者远程履行并无差异。2012 年的一项法律（4.793/2012）对远程工作的报酬做了规定。[2] 2017 年的一项重要法律（No. 13. 467）对劳动法进行了改革，并将以往涉及远程工作的法律条款以及立法设想纳入劳动法典。该法律涉及远程工作的主要内容包括：进一步明确了工作时间的概念；减少了对积极从事远程工作劳动者日常工作日程的控制；规定远程工作的实施必须通过书面劳动合同或者补充协议约定；规定了远程工作技术设备设施提供和相关费用支付的义务；雇员远程工作和在雇主场所工作方式转换的要求；雇主维护雇员健康和安全的义务；远程工作中的集体协商；等等。[3]

（五）俄罗斯

俄罗斯 2013 年在劳动法典中增加第 49.1 章"远程工人的劳动规制"，专门规定远程工作，并于 2020 年进行修正，法典对远程工作的各个方面进行了翔实规定。法典第 312.1 条是关于远程工人的一般规定，包括远程工作的定义、远程工作协议的订立以及远程工作工人和雇主的主要义务；第 312.2 条规定关于远程工作的劳动合同或其他协议的订立；第 312.3 条是关于远程工人和雇主互动程序的规定；第 312.4 条是关于远程工人的工作时间和休息时间的规定；第 312.5 条是关于远程工人报酬收入的规定；第 312.6 条是关于远程工人工作组织的规定（包括工作设备和硬件、软件

---

[1] Alvaro Mello & Armando Dal Colletto, "Telework and Its Effects in Brazil", in Jon C. Messenger eds., *Telework in the 21st Century-an Evolutionary Perspective*, International Labour Organization, Edward Elgar Publishing Limited, 2019, pp. 215~217.

[2] Alvaro Mello & Armando Dal Colletto, "Telework and Its Effects in Brazil", in Jon C. Messenger eds., *Telework in the 21st Century-an Evolutionary Perspective*, International Labour Organization, Edward Elgar Publishing Limited, 2019, pp. 233~234.

[3] Alvaro Mello & Armando Dal Colletto, "Telework and Its Effects in Brazil", in Jon C. Messenger eds., *Telework in the 21st Century-an Evolutionary Perspective*, International Labour Organization, Edward Elgar Publishing Limited, 2019, pp. 237~238.

等）；第312.7条是关于远程工人劳动保护，即有关安全卫生的规定；第312.8条是关于远程工人劳动合同终止额外事由的规定；第312.9条是关于特定情形下雇主提议雇员进行临时远程工作的程序（包括自然或人为灾害、工业事故、火灾、洪水、地震、疫情以及其他危及生命或正常生活条件的情形等）。① 俄罗斯关于远程工作的立法修改是在新冠疫情暴发后完成的，内容十分全面具体，从条文看堪称立法的典范。

从上述国家远程工作立法看，有几个趋势值得关注：一是不管发达经济体，比如美国和欧盟，还是新兴经济体，比如巴西、俄罗斯，普遍重视远程工作立法，尤其是近年来许多原先主要依靠集体协议规范远程工作的国家也采用立法形式，包括法国、意大利、巴西等。二是许多国家对远程工作这一灵活的用工方式采取国家立法和集体协议、行动指引等"硬法"和"软法"相结合的方式，许多国家都是在集体协议等"软法"的基础上，再采取国家立法的方式，传统的集体协议、规章制度、行为守则等柔性规则目前依然发挥了重要作用。三是一些国家重视政府机构远程工作的推广和使用，并通过立法加以推进，例如美国、意大利、巴西、俄罗斯等。远程工作对政府机构的特殊意义值得关注。四是不同国家虽然劳动法律制度有所差别，但在远程工作立法上存在一些共通原则和相似制度。因此，总结这些相同或类似的原则和规则，有利于认识远程工作的本质，并为我国的立法完善提供参考。

四 远程工作立法的基本原则和规制重点

根据远程工作自身的特点及远程工作的利弊，并借鉴境外远程工作的立法经验，远程工作立法应体现如下原则，并通过具体规则加以实现。

（一）自愿原则

1. 远程工作的使用应经双方协商同意

远程工作的地点较为灵活，工作场所可能是雇员家中，也可能是其他远程场所，与此相关，雇员工作时间一般也较为灵活，因此，远程工作对

---

① 有关俄罗斯《劳动法典》的内容根据2024年俄文版条文，"Трудовойкодекс-РоссийскойФедерации" от30.12.2001 N197－ФЗ（ред.от25.12.2023）（сизм.идоп.，вступ.всилус01.01.2024），http://www.consultant.ru/document/cons_doc_LAW_34683/，last visited on January 26，2024.

雇主管理雇员的方式包括考核方式等带来挑战,雇主因远程工作也可能需要支付额外的设备和技术上的成本和费用等。对劳动者而言,远程工作虽然带来了诸多便利,但同时也可能带来了诸如占用家庭空间、工作和生活界限模糊、远离雇主和其他同事等弊端。雇主和雇员并非都愿意实行远程工作。因此,相比传统的办公室工作方式,远程工作对雇主和雇员双方的权利义务产生重要影响。故而,对远程工作的采用须充分体现双方的意愿,尤其是劳动者的意愿,只有双方达成一致协议方可采用。从欧洲《远程工作框架协议》和大部分国家立法看,一般都要求双方对使用远程工作采取书面协议的方式,以充分体现双方的自由意志。换言之,雇主或者雇员都不可单方要求远程办公。为了保护双方的自由意愿,一些立法或文件还专门规定雇员拒绝远程工作的,不得成为雇主解雇雇员的理由。例如,欧洲《远程工作框架协议》第3条明确指出,工人拒绝或接受远程工作,并不构成工人劳动关系终止或者劳动条款或条件变化的理由。[①] 法国《劳动法典》第L1222~9条第3款也规定,雇员"拒绝接受远程办公岗位,不构成终止劳动合同的理由"。

2. 雇员是否享有远程工作的请求权

原则上远程工作的采用须由双方协商确定。同时,如果雇员提出远程工作的请求,雇员是否具有法律上的请求权,雇主是否负有同意义务,是一个值得探讨的问题。美国明确雇主有权拒绝雇员远程工作的请求,即雇员并不享有远程工作的请求权。美国《联邦政府远程工作指引》明确指出,远程工作并不是雇员的一项权利,联邦法律要求联邦政府机构实施远程工作计划,但并没有给予雇员远程工作的"法定权利或资格"。[②] 在英国,自2014年开始,所有雇员享有请求灵活工作的权利,包括在家办公,但雇员不享有要求灵活工作的权利(the right to demand flexible working),雇主只需对雇员的请求给予适当考虑。[③] 换言之,雇员也不享有请求从事

[①] "Framework Agreement on Telework", (3), 2002.

[②] United States Office of Personnel ManageMent, "2021 Guide to Telework and Remote Work in the Federal Government: Leveraging Telework and Remote Work in the Federal Government to Better Meet Our Human Capital Needs and Improve Mission Delivery", November 2021, p. 14.

[③] Eurofound and the International Labour Office, "Working Anytime, Anywhere: The Effects on the World of Work", Publications Office of the European Union, Luxembourg, and the International Labour Office, Geneva, 2017, p. 47, at https://www.ilo.org/wcmsp5/groups/public/---dgreports/---dcomm/---publ/documents/publication/wcms_544138.pdf, last visited on April 27, 2024.

远程工作的法律上的权利。

由于远程工作总体上对雇员有利，特别是对于负有家庭责任以及出行不便的雇员而言，其优点更为突出，因此当雇员尤其是特殊雇员请求从事远程工作时，雇主也负有一定义务。例如，法国《劳动法典》第L222~9条第1款规定，"如果本法典第L5212~13条所指的残疾雇员或符合《社会行动与家庭法典》第L113~1~3条规定的照护者要求远程办公，雇主如果不同意则应提供理由。"换言之，雇主负有说明拒绝远程工作理由的义务。波兰似乎更进一步，在一定程度上规定了雇主同意雇员关于远程工作的请求的义务。波兰《劳动法典》第67~7条第3款规定，在雇佣过程中，履行工作的条件可以应雇员或雇主一方请求，或通过双方协议，改变为远程工作。雇主在"可行时"，应同意雇员以远程工作的形式履行工作的请求。从该条文看，雇主应根据情况，对雇员请求给予考虑。当然，雇主作为义务的程度尚不清晰。对于一些特殊雇员，雇主负有更高义务。波兰《劳动法典》第67~6条第6款规定，对于符合特定条件的儿童的父母以及需要照顾残疾子女等的雇员（符合《劳动法典》第142~1条第1款第2、3项的规定）请求以远程工作形式履行劳动的，除非因工作的组织或者雇员从事的工作类型而不可能的，雇主应同意雇员的请求。雇主不同意的，应以书面或电子形式告知雇员拒绝请求的理由。在希腊，根据2021年的法律，当雇员存在健康状况，或作为父母或照护者，或在受到骚扰时作为保护措施，可以要求并有权进行远程工作。[1] 可见，总体上雇员并没有享有使用远程工作的法律上的请求权，但对于雇员尤其是特殊雇员的请求，雇主负有适当考虑义务和说明义务，部分雇员甚至享有远程工作的权利。这也体现了雇主对特殊雇员的照顾义务。

3. 特殊情形下雇主的单方决定权

虽然远程工作的实施原则上必须经过双方同意，但在特殊情况下，雇主可以单独作出决定。例如，如前述，法国《劳动法典》第L1222~11条规定，"在特殊情况下，尤其是受到传染病威胁或不可抗力，施行远程办公可以被视为是维持公司的运转和保护员工必要的工作岗位的调整"。在希腊，上已提及，因公共健康保护需要，远程工作可以由雇主单方决定或因雇员申请而实施。在德国，根据健康和安全的公法要求，为了防止病毒

---

[1] Effrosyni Bakirtzi, "Remote Work Regulation during and after the Pandemic in Greece and Germany: Comparative Legal Frameworks and Challenges for the Future of Work", *Italian Labour Law e-Journal*, Issue 2, Vol. 15, 2022, p. 24.

传播，雇员负有在家办公的临时义务。① 换言之，当疫情等不可抗力发生时雇主可以自行安排远程工作，不必经过雇员同意。当疫情等不可抗力发生时，从合同法角度看，一方当事人可以依法请求变更或解除合同，在劳动法中直接规定当出现疫情等不可抗力等情形时，雇主可单方使用远程工作，有利于事先明确双方的权利义务，避免紧急情形下的协商过程，有利于应对紧急情况，值得肯定。

（二）平等原则

远程工作在工作地点和工作时间上具有特殊性和灵活性，但远程工人与雇主之间的劳动关系与一般的劳动关系并没有本质区别，因此，远程工人享有一般劳动者的权利，雇主也负有一般雇主的义务。远程工人不应因其特殊性和灵活性而受到歧视或者权利受到减损。因此，作为一种灵活用工方式，劳动法的一般规则都可以适用于远程工作。这是远程工作立法的重要原则，也是远程工人的重要权利。例如欧洲《远程工作框架协议》第 4 条明确指出，"关于劳动条件，远程工人享有受适用的法律和集体协议保护的，与相对应的（comparable）在雇主场所工作的工人相同的权利"。法国《劳动法典》第 L1222-9 条第 3 款明确规定，"远程工作雇员与在雇主场所工作的雇员享有同等的权利"。波兰《劳动法典》第 67-15 条也明文规定，不得对远程工人实施歧视：远程工人相比相同或类似岗位的工人，在建立或终止劳动关系、劳动条件、晋升以及为改善职业水平的培训机会上，不得受到不利的待遇。平等原则还意味着，应根据远程工人的特点，特别是其远离雇主的不利因素，通过相应规则保证其平等权利的实现。例如，波兰《劳动法典》针对远程工人不在雇主场所工作的特点，专门规定了雇员"进入工作场所"（access to the workplace）的权利。该法典第 67-16 条规定，"雇主必须确保远程工人根据适用于所有雇员的规则，可以进入雇用的机构的场所，与其他雇员联系，使用雇主的办公场所、技术设备和社交设施，并且参与雇主的社交活动。"远程工人远离雇主场所和其他雇员，彼此分散，因此，在法律上应该保障雇员获取信息、和雇主及其他雇员沟通，以及参与集体活动、表达集体声音等方面的权利。

---

① Effrosyni Bakirtzi, "Remote Work Regulation during and after the Pandemic in Greece and Germany: Comparative Legal Frameworks and Challenges for the Future of Work", *Italian Labour Law e-Journal*, Issue 2, Vol. 15, 2022, pp. 24-27.

（三）保护原则

远程工作作为一种灵活用工方式，雇主负有劳动法上的一般义务，包括保护雇员的义务。劳动法上一般雇主的保护义务对远程工人的雇主都是适用的。除此之外，基于远程工作的特点，远程工人的雇主还应履行对其特殊保护义务。

1. 因工作地点特殊产生的义务

第一，雇员工作地点不在雇主场所，因此，雇主有关对工作场所的义务和责任，特别是有关保护雇员健康、安全的义务应相应延伸至雇员的工作场所。例如欧洲《远程工作框架协议》第8条明确指出，雇主有义务按照欧盟相关指令、国家立法和集体协议保护远程工人的健康和安全。雇主应告知雇员公司有关职业健康和安全的政策。

关于雇主保障雇员健康和安全的义务，工伤保护是一个重要问题。远程工作雇员的工作场所往往在家中，且工作和生活的界限模糊，为工伤认定带来了一定困难。远程工人的工伤认定首先应适用工伤认定的一般规则。如果双方约定工作地点为家中，雇员住所可以视为工作地点，因此判断伤害是否为工伤的关键是伤害是否和工作相关。如果伤害发生于履行工作过程中，或者属于与工作密不可分的活动，诸如如厕、必要的休息等导致的伤害也可认定为工伤。从我国实践看，裁判机关也认可这一基本原则。例如，2022年5月北京市朝阳区人民法院推送了一个居家办公工伤的典型案例，也坚持这一原则。该案例中，窦某生前为某销售公司员工，工种为销售业务员。2020年新冠疫情蔓延，公司要求窦某以在家办公的方式开展工作，从2021年2月14日至事发当日，窦某一直在家通过线上方式与客户沟通发货及付款问题。2021年3月13日下午5：05，窦某向客户网上介绍公司情况，下午5：22左右，窦某突发疾病，后经抢救无效死亡。人社部门作出不予认定工伤决定后，窦某家属诉至法院，法院判决撤销该不予认定决定书。[1] 在美国，"个人舒适原则"是工伤认定的重要规则，若雇员在工作期间从事满足个人需求的行为，是劳动关系所必不可少的或者有利于提升雇主利益的，也可将其

---

[1] 孙雯：《居家办公发生意外，算工伤吗？》，朝阳法苑（北京市朝阳区人民法院官方微信公众号），2022年5月6日上传。

纳入工伤保护范围。①"家内劳动者在工作时间内基于一些基本生理需求而发生事故时，应当认定为工伤"。② 对远程工作的工伤，也有一些国家对此专门做了规定。比如，法国《劳动法典》第 L1222~9 条第 3 款规定，"远程办公员工在远程办公地点和工作时间内发生意外事故，应推定为符合《社会安全法典》第 L411~1 条所定义的工伤事故"。这一规定对远程工人更为有利，雇主负有举证责任，证明伤害不属于工伤。法国的规定可资借鉴。

德国在这方面的立法也有明显进展。在德国，根据以往判例法，法定职业保险不包括远程工作时在家发生事故的情况，因为这些情况被定性为雇员个人的经济活动。关于法定事故保险的《社会法典》第七编（SGB VII）于 2021 年 5 月进行了修订，其将移动工作（mobile work）期间所有与工作相关的活动纳入该保险。其中第 8 条规定，"如果被保险的活动是在被保险人的家庭或其他地点进行的，则提供的保险范围与在营业地进行的活动相同"。这样的修正案是为了弥补疫情期间更多使用家庭办公而产生的保护缺口。③ 因此，远程工作或家庭办公期间和工作相关的事故也受到工伤保险的保护。实务的问题是雇员证明事故和工作有关存在一定困难，这需要应用工伤举证的一般规则加以处理。

第二，由于雇员往往在家办公，雇员隐私权应受到关注。首先，和雇主对雇员的健康和安全义务相关，传统上雇主和行政部门可对工作场所进行检查或监察，但在远程工作中雇主和行政部门进入雇员家中应受到限制，通常只有得到雇员同意，雇主或者行政部门才能进入雇员家中。例如，欧洲《远程工作框架协议》第 8 条明确规定，为了确保有关健康和安全的规定得到正确实施，雇主、工人代表和/或有关机构，在国家立法和集体协议的限定下，可以进入远程工作地点。如果远程工人在家办公，则需要事先通知远程工人，并得到其同意。此外，雇员的其他隐私权也应受到保护。尤其是雇主可能对雇员采取远程监控，或者为了实时了解雇员的工作情况采取其他措施，雇主的这些行为不得侵犯远程工人的隐私。欧

---

① 谢增毅：《"工作过程"与美国工伤认定——兼评我国工伤认定的不足与完善》，《环球法律评论》2008 年第 5 期。
② 班小辉：《远程工作形态下职业安全保护制度的困境与因应》，《甘肃政法学院学报》2019 年第 5 期。
③ Effrosyni Bakirtzi, "Remote Work Regulation during and after the Pandemic in Greece and Germany: Comparative Legal Frameworks and Challenges for the Future of Work", *Italian Labour Law e-Journal*, Issue 2, Vol. 15, 2022, p. 30.

洲《远程工作框架协议》第 6 条明确规定,"雇主尊重远程工人的隐私"。"如果设置任何类型的监控系统,其应当与目标成比例,并且按照有关视频显示装置的指令(90/270)而引入。"

第三,由于雇员远离雇主场所,一般雇员所享有的权利应给予关注。例如,远程工人获取信息的权利、进入雇主场所的权利、参加雇主组织的活动的权利以及集体表达的权利等。这类权利原本就是一般雇员应享有的权利,只是由于远程工人工作地点的特殊性,其行使容易被忽视或受到影响,而有必要加以强调。欧洲《远程工作框架协议》第 9~11 条明确规定,雇主应采取措施防止远程工人和公司中其他雇员的隔离,包括为其提供与其他雇员经常性见面的机会,为其提供获取公司信息的渠道;远程工人和其他雇员享有同样的接受培训和职业发展机会,并且适用相同的评价政策;远程工人享有和在雇主场所工作的工人同样的集体权利。匈牙利《劳动法典》(2016 年修订)第 196 条也明确规定,雇主应向远程工作的雇员提供与其他雇员相同的所有信息。雇主应允许远程工作雇员进入雇主场所,并与其他工人交流。

因远程工人的最大特点是工作地点为"远程",因此上述措施在远程工作立法中应予以特别关注。

2. 因使用信息通信技术产生的义务

远程工作一般需要借助信息通信技术,由此产生了两方面的义务和责任。第一,因有关技术设备、设施的安装、维护和使用以及相关的费用而发生的义务。除非双方有相反约定,原则上雇主应承担设备的安装及相关费用。第二,雇主和雇员关于数据保护的义务。远程办公往往使用信息通信技术,涉及数据传输等,因此,雇主应规定数据保护的规章制度,远程工人也应遵守。例如,欧洲《远程工作框架协议》第 5 条也规定,雇主负责采取适当措施,特别是使用软件,以确保远程工人为职业目的而使用和处理的数据得到保护。雇主应告知远程工人所有有关数据保护的相关立法和公司规则。远程工人也有义务遵守这些规则。法国《劳动法典》第 L1222~10 条也规定,雇主应告知远程雇员使用信息技术设备、工具和电子通信服务的各种限制,以及违反该限制的处罚措施。

如上所述,远程工作具备两个基本特征:工作地点位于雇主之外以及使用信息通信技术,因此,雇主应基于远程工作的特殊性承担上述特殊义务。希腊 2021 年的法律明确规定,远程工作的工人享有以下重要权利:明确的离线权(雇员在工作时间之外和法定假期无须履行工作,包括通过电子手段与雇主联系，回应雇主的电话、邮件以及其他通信方式等），隐私和个人数据受到保护的权利，健康和安全、职业伤害受到保护的权利，以及雇主提供设备及其维护、支付相关费用的义务。[①] 该立法明确了远程工人的主要权利。

3. 因工作时间灵活产生的义务

与工作地点的灵活性相适应，远程工作雇员的工作时间往往较为灵活，雇主对雇员的管理方式和考核方式较为灵活，因此，对雇员的工作时间和工作内容应给予关注。工作时间长是远程工作普遍存在的问题，因此，应合理控制远程工人的工作时间。而工作时间往往取决于工作内容和工作成果要求，因此，对雇主分配给雇员的工作内容，包括工作量以及工作成果要求也应给予关注。

第一，工作时间的规制。原则上远程工人应适用工作时间的一般规则。但远程工人一般工作时间较为灵活，且工作和休息时间界限模糊，因此，双方在遵守法律规定以及保证雇员休息权的前提下，对工作时间应进行约定或者通过雇主的规章制度明确。例如欧洲《远程工作框架协议》第9条规定，在适用的法律、集体协议和公司规则的框架内，远程工人管理其工作时间安排，该规定突出了法律、集体协议和公司规则的作用，以及远程工人的自主性。法国《劳动法典》第L1222~9条第2款也明确规定，适用的集体协议或雇主制定的规则应明确说明的内容包括"控制工作时间或调节工作量的方式"。关于具体工作时间，由于雇员并非在雇主场所工作，原则上雇员负有记录和报告的义务。远程工作的工作时间首先依赖于双方约定，对于实际工作时间和约定不同的，雇员负有记录并报告雇主的义务，对于延长工作时间原则上应征得雇主的同意或者通过双方事先的约定。在这方面，上述希腊的立法具有较强针对性，即明确远程工人享有在约定工作时间之外无须工作，包括免于进行数字通信以及回应数字通信的权利。远程工作的雇主和雇员主要通过线上方式进行联系，雇员容易在工作时间之外被雇主联系或收到雇主指示，导致造成额外的加班，因此明确其"离线权"具有较大意义。"离线权"对远程工作或者其他工作时间自由的工作方式意义更为突出。例如，意大利规定的"离线权"只

[①] Effrosyni Bakirtzi, "Remote Work Regulation during and after the Pandemic in Greece and Germany: Comparative Legal Frameworks and Challenges for the Future of Work", *Italian Labour Law e-Journal*, Issue 2, Vol. 15, 2022, p. 34.

适用于灵活用工方式——"智能工人"（smart workers）。[1]

第二，工作量的控制。雇主对远程工人工作过程的控制较难，因而，雇主对远程工人的管理并非以工作时间和工作过程为主，而主要是以工作内容（工作量）和工作成果要求为主。因此，为了避免远程工人工作时间过长，也有必要关注雇主对远程工作量的分配。欧洲《远程工作框架协议》第9条也指出，远程工人的工作量及其履行标准应和在雇主场所工作的类似雇员相同。如上述，法国《劳动法典》第L1222~9条第2款规定，集体协议或雇主制定的规则应明确说明的内容包括"控制工作时间或调节工作量的方式"，此外，第L1222~10条规定，雇主对雇员还负有"就员工的工作条件和工作量每年组织一次谈话"的义务。这些原则表明雇主对远程工人的工作量安排应和普通劳动者相同，工作量应适当，且雇主和雇员要定期沟通协商，确保雇员不因其远程工作而承担过重的工作量，从而导致工作时间过长。

第三，加班控制及加班认定。随着网络通信技术的发展，大量的远程工作工人可能在约定的工作时间之外工作，一般雇员也可能在下班之后在家或其他场所通过网络通信方式工作，从而导致加班，由此引发了有关雇员是否加班以及雇主应否支付加班工资的劳动争议。上述"隐形加班"案入选"新时代推动法治进程2023年度十大案件"也说明了此类案件具有典型意义以及重要影响。从举证责任角度看，雇员在家办公，是否处于工作状态以及工作时间往往难以认定，这也是容易造成双方争议的主要原因。我国此类案件较多，法院已积累了相当经验，同时也面临一些尚待解决的问题。

例如，在"李某与北京智能研选科技有限公司劳动争议纠纷上诉案"中，对于非在用人单位提供劳动的情形，法院指出，"劳动者在工作时间、工作场所以外利用微信等社交媒体开展工作等情况并不鲜见，对于此类劳动者隐形加班问题，不能仅因劳动者未在用人单位工作场所进行工作来否定加班，而应虚化工作场所概念，综合考虑劳动者是否提供了实质工作内容认定加班情况。对于利用微信等社交媒体开展工作的情形，如果劳动者在非工作时间使用社交媒体开展工作已经超出了一般简单沟通的范

---

[1] Eurofound, "Telework and ICT-based Mobile Work: Flexible Working in the Digital Age", *New Forms of Employment Series*, Publications Office of the European Union, Luxembourg, 2020, p. 49.

畴，劳动者付出了实质性劳动内容或者使用社交媒体工作具有周期性和固定性特点，明显占用了劳动者休息时间的，应当认定为加班"。就加班时长及加班费数额问题，法院认为，由于利用社交媒体的加班不同于传统的在工作岗位上的加班，加班时长等往往难以客观量化，用人单位亦无法客观上予以掌握。且本案中的加班主要体现为微信群中的客户维护，主要以解答问题为主，劳动者在加班同时亦可从事其他生活活动，以全部时长作为加班时长亦有失公平。因此，对于公司应支付的加班费数额，法院根据在案证据情况予以酌定，综合考虑李某加班的频率、时长、内容及其薪资标准，法院酌定公司支付李某加班费3万元。[1]

在另一起类似案件中，法院认为，劳动者在不影响休息的情况下，秉持诚信原则，对用人单位的工作给予必要的协助和配合，一般不应当被认定为加班，特别是此系廖某（劳动者）的岗位职责所在。但是，根据本案在案证据及查明之事实，廖某所提供的通话记录打印件、电子邮件、钉钉记录等显示除前述临时、短暂的工作交流外，其尚存有实质性的劳动内容，诸如外出现场工作、偶有召开例会、提交工作报告、提供售后维修支持等内容。同时廖某使用前述社交媒体从事具有工作内容的劳动，明显占用了其休息时间，应当认定为加班。法院对于上述两种情况予以区分，同时考虑到廖某利用社交媒体进行工作不同于在传统工作岗位上之加班，用人单位已无法客观上予以掌握，以及廖某在线工作时可从事其他生活活动等情形，法院剔除此间廖某不合理的主张，根据廖某基本工资所得，酌定其2021年2月1日至2021年8月31日期间加班费为10000元。[2]

从上述两个案例看，法院的裁判思路基本可取，其判断加班的主要标准包含两个要素：雇员是否从事了"实质性劳动"或从事"具有工作内容的劳动"，以及明显占用劳动者休息时间。换言之，偶尔的简单沟通并不构成"加班"。这种思路是基本可行的，因为偶尔的简单沟通难以认定为加班，即便认定为"加班"也无多大实质意义。当然从劳动者权益保护更为周全的角度看，虽然雇主偶尔"打扰"劳动者并不构成劳动者的加班，但劳动者在工作时间之外受到打扰，可能影响其休息的质量，也应受到一定的限制，需要通过其他手段，比如"离线权"的引入等加以解

---

[1] 另参见"李某与北京智能研选科技有限公司劳动争议纠纷上诉案"，北京市第三中级人民法院（2022）京03民终9602号民事判决书。
[2] 《廖某与杭州溥弛信息技术有限公司劳动合同纠纷二审民事判决书》，上海市第二中级人民法院（2023）沪02民终973号民事判决书。

决。同时，从法院判决看，其对加班时间和加班工资的认定具有较大自由裁量权，其主要理由是用人单位对劳动者是否加班无法掌握，且劳动者在加班同时亦可从事其他生活活动，因此，不能将在线时间等同于工作时间，因此考虑"加班的频率、时长、内容及其薪资标准"等确定加班费，在加班时间以及加班工资的确定上具有较大的弹性。而且，法院对加班时长和加班工资的裁判和当事人的诉求存在较大差距。例如，在上述李某案件中，李某主张的加班费超过40万元，法院最后判决用人单位支付加班费3万元；在廖某案件中，廖某主张的加班费约为19.7万元，法院最后判决单位支付1万元。这也显示了在认定加班时间和加班工资上还缺乏明确的依据，导致当事人诉求和法院的判决相差甚远，金额甚至相差超过十倍。此类问题存在一定普遍性。例如，2023年10月湖北高级人民法院推送的一案例也反映了此问题。2023年7月，武汉市洪山区人民法院法院审结一起劳动争议案件。原告（张某）长时间在下班后用社交媒体处理工作事务，后发生争议张某要求公司支付延长工作时间加班工资8万元，最终法院（二审法院）判决公司向其支付加班费5000元。法院的裁判思路和理由和上述两个案件类似。①

对于加班和加班费认定困难的问题，可从两方面作出努力。一是从裁判角度看，应完善有关加班的举证规则。由于是否加班的证据不仅由劳动者掌握，部分证据也可能由用人单位掌握，因此，应考虑双方对证据的掌握情况，合理分配二者对加班的举证责任。二是从预防纠纷角度看，应强化用人单位的管理责任。由于远程工作的工作时间确定具有一定难度，用人单位应和远程工作劳动者约定工作时间、计算方式和确定方式，对于是否存在加班事实应进行及时记录和确认，用人单位疏于履行管理职责的应当承担相应的不利后果。通过上述两种路径，可以提高对是否加班和加班时长认定的精准程度。

（四）协商原则

由于远程工作的工作地点和工作时间较为灵活，雇主对雇员的监督管

---

① 湖北省高级人民法院官方微信公众号：《下班后还要微信办公，算加班吗？》，2023年10月11日。该案中，法院认为"张某利用休息时间回复工作相关问题，已超出了简单沟通范畴，需要进行实质性处理，应当认定张某存在加班情形，又因通过社交媒体进行加班时长难以量化，全部时长认定加班有失公平，故综合考虑到原告的工资情况、职务要求、加班频率、时长、内容等酌情支付该项加班费用为5000元"。

理也较为松散，加上实行远程工作的多为非传统的新兴产业，不同行业也有不同需求，因此在法律上不宜也难以将远程工作双方的权利义务详细规定下来，否则远程工作的"灵活性"就会下降，也可能不符合当事人的意愿。特别是雇主难以对雇员实行实时监督，雇员工作时间的确认、雇员日常的监督管理等都需要双方作出适当的自主安排。欧洲2020年的一份报告也指出，在大部分国家，集体协议是规范远程工作使用及与其相关的实践中工作和生活平衡的安排的主要方式。① 因此，虽然许多国家对远程工作进行了专门立法，但在法律上仍给当事人留下较大空间，甚至在法律上要求双方应就某些事项进行协商，以体现远程工作的灵活性，这也是远程工作立法的重要特征。当事人之间的协商既可以通过集体协议、企业规章制度，也可以通过双方的劳动合同或单独的协议实现。在这方面，许多国家的法律都突出了这一特征。例如法国《劳动法典》第L1222~9条第1、2款规定，"远程办公应根据集体协议或者（在没有集体协议的情况下）根据雇主在咨询社会和经济委员会（如果该委员会存在）后制定的章程施行"。"在没有集体协议或章程的情况下，员工与雇主就远程办公达成一致的，可采用任意方式形成协议。"集体协议或雇主制定的章程应明确说明：采取远程办公的条件，员工接受远程办公施行条件的方式，控制工作时间或调节工作量的方式，雇主通常可以联系远程办公员工的时间段的确定，等等。值得关注的是，巴西的立法赋予远程工作集体协议高于法律的效力。巴西2017年的立法规定，远程工作的条件，工作日的控制、监督、待命等，都可进行集体协商。作为一项规则，工作日程可通过集体协商确定，因为《劳动法典》第611~A条规定，有关远程工作事项的集体协议优先于法律。② 由此可见，远程工作集体协议具有重要地位。换言之，法律应尊重当事人之间的自由协商，不可能也不应将远程工作双方的权利义务一一列明，应在强制性和灵活性之间保持平衡。

远程工作立法必须坚持上述四项原则，并通过具体规则加以落实。自愿原则是远程工作采用的前提。平等原则是对远程工人的基本保护，着眼于远程工人和一般雇员的共性。保护原则着眼于远程工人的特殊性，对雇

---

① Eurofound, "Telework and ICT-based Mobile Work: Flexible Working in the Digital Age", *New Forms of Employment Series*, Publications Office of the European Union, Luxembourg, 2020, pp. 47~48.
② Alvaro Mello & Armando Dal Colletto, "Telework and Its Effects in Brazil", in Jon C. Messenger eds., *Telework in the 21st Century-an Evolutionary Perspective*, International Labour Organization, Edward Elgar Publishing Limited, 2019, p. 238.

主施加特殊义务。协商原则着眼于远程工作的灵活性，旨在实现法律强制和当事人自治的协调配合。因此四项原则围绕远程工作的适用前提、本质属性、特殊性以及灵活性，构成相对完整的远程工作立法的原则体系。

五 我国远程工作的政策措施和立法进路

（一）使用远程工作对我国的特殊意义

上文分析了远程工作的优点和作用，这些优点和作用对我国而言，具有特殊的重要意义。

第一，我国人口众多、大中城市数量较多，远程工作对于减少出行成本和环境污染的作用显著。我国拥有14多亿人口，人口百万以上的城市数量众多。特别是我国存在一些特大城市，例如，北京市2024年末，全市常住人口2183.2万人，[①] 上海市2024年末，全市常住人口总数为2480.26万人。[②] 大城市人口多，城市面积大，许多劳动者居住地距离上班地点较远，通勤时间较长，远程工作的优势凸显。根据北京交通发展研究院发布《2022北京通勤特征年度报告》，2022年北京中心城平均通勤时耗50分钟，平均通勤距离13.2公里，45分钟通勤出行比例为54%。此外，环京地区进京的平均通勤距离约43公里，通勤时耗普遍较长，一般在1.5小时至2小时，进京通勤规模最庞大的北三县平均通勤距离约36.3公里，通勤时耗约1小时47分钟。[③] 对于大城市尤其是特大城市，远程工作的优势十分明显。

第二，远程工作对于我国部分劳动者协调工作和家庭责任的意义显著。2021年以来，我国实行"三孩"政策。随着"三孩"政策的实施，很多家庭面临看护儿童的责任。同时，我国人口老龄化加速，很多家庭也面临照护老年人的责任。远程工作，对于解决一些家庭照护儿童、老年人，促进工作和家庭责任的平衡具有积极意义。根据统计，我国2024年全年出生人口954万人，出生率为6.77‰，自然增长率为-0.99‰；2024

[①] 北京市统计局、国家统计局北京调查总队：《北京市2024年国民经济和社会发展统计公报》，2025年3月。

[②] 上海市统计局、国家统计局上海调查总队：《2024年上海市国民经济和社会发展统计公报》，2025年3月。

[③] 《〈2022北京通勤特征年度报告〉发布——中心城区平均通勤距离13.2公里》，《北京日报》2023年5月13日第5版。

年末全国内地总人口 140828 万人，比上年末减少 139 万人，其中 60 周岁及以上人口数量为 31031 万人，占比为 22.0%，其中 65 周岁及以上人口 22023 万人，占比 15.6%。[1] 而且我国人口老龄化还将加速。据预测，到 2040 年前后，我国 65 周岁以上老年人口占总人口的比重将超过 20%，到 2050 年这一比重将继续提升到 26%。[2] 因此，推行远程办公在我国也具有重要的人口社会意义。

第三，远程工作对于促进我国残疾人就业具有巨大潜力。2023 年，我国有约 8500 万残疾人。[3] 2022 年全国城乡持证残疾人就业人数为 905.5 万人，其中按比例就业 86.7 万人，集中就业 26.0 万人，个体就业 64.1 万人，公益性岗位就业 17.9 万人，辅助性就业 15.2 万人，灵活就业 265.6 万人，从事农业种养加 430.0 万人。[4] 总体上，我国残疾人就业的比例不高，居家就业人数有限。随着互联网技术和通信技术等的发展，许多出行不便的残疾人可通过远程办公实现就业。

第四，远程工作对于我国应对疫情等突发公共事件的作用显著。我国地域辽阔，人口众多，自然灾害和传染病等重大公共事件时有发生。因此，作为自然灾害、极端天气、重大疫情等突发事件易发多发的国家，远程工作在突发事件中的作用对我国具有特殊重要意义。尤其是远程工作在疫情等突发事件发生时，对于减少企事业职工和机关工作人员出行，减少疫情传播，确保机关、企事业单位等工作正常运转意义重大。2020 年新冠疫情暴发以来，我国多地根据疫情防控需要对特定区域居民实行居家办公，居家办公有效配合了疫情防控，对于疫情期间最大限度减少停工停产发挥了重要作用。

远程工作除了上述功能之外，其本身也存在巨大的商机和市场潜力。人们逐渐意识到，在"数字时代"远程办公对于协同合作和数字经济发展的重要性。一些地方将远程工作作为数字经济发展的重要内容。2020 年 4 月 8 日，上海市人民政府办公厅印发《上海市促进在线新经济发展行动方案（2020—2022 年）》。《行动方案》提出的"聚焦发展重点"包

---

[1] 国家统计局：《2024 年经济运行稳中有进 主要发展目标顺利实现》，2025 年 1 月 17 日。
[2] 董克用、王振振、张栋：《中国人口老龄化与养老体系建设》，《经济社会体制比较》2020 年第 1 期。
[3] 《中国残疾人联合会第八次全国代表大会在京开幕》，中国残疾人联合会，https://www.cdpf.org.cn/ztzl/zxzt1/2023/bdh/ywhd/176e15ce4b3442309152fd92954733c4.htm，最后访问时间：2024 年 1 月 27 日。
[4] 中国残疾人联合会：《2022 年残疾人事业发展统计公报》，2023 年 4 月 6 日。

括,"推广远程办公模式。顺应在家办公、异地办公、移动办公等需求,鼓励发展无边界协同、全场景协作的远程办公新模式"。① 远程工作本身也对经济发展具有促进作用。

(二)加强远程工作政策扶持,并将其纳入突发事件应急管理

远程工作不仅事关雇主和远程劳动者之间的权利义务,也具有重要的社会意义,因此,政府应采取措施促进远程工作的使用。

第一,通过政策扶持,鼓励企事业单位等采取远程工作的形式。我国应充分认识到远程工作的社会意义,将推行远程工作作为政府工作的一项内容。政府通过政策手段,扶持和推进远程工作的使用,也是很多国家的普遍做法。例如,日本近年来,由于低出生率和老龄化,劳动力人口下降,政府希望通过推动远程工作的使用,使女性可以在承担家庭责任的同时也参与工作,从而提高女性的就业参与率,提高劳动力人口数量。2012年以来,日本政府部门出台了多项政策措施推动远程工作。② 荷兰对使用远程工作的雇主在社会保险缴费和税收上实行优惠政策,政府认为远程工作有利于促进残疾人和其他边缘群体的就业。匈牙利政府也对使用远程工作的劳动者实行补贴政策,政府认为远程工作可以创造新的就业机会,并促进残疾人、未成年人的母亲、少数族群以及居住在农村地区的人群的就业。③ 在美国,由于远程工作通常被认为具有正向积极的社会福利影响,各州和联邦政府也采取各种措施激励私人和公共部门使用远程劳动。这些激励措施包括税收政策以及支持建立远程工作中心(telework centers)等。④

2020年新冠疫情期间,大量劳动者在家办公,使人们认识到远程工作具有巨大潜力。国际劳工组织在2020年4月的一份政策简介中指出,截至2020年4月中旬,共有59个国家对公共部门非核心雇员实行远程办

---

① 上海市人民政府办公厅:《上海市促进在线新经济发展行动方案(2020—2022年)》,2020年4月8日。

② Akio Sato, "Telework and Its Effect in Japan", in Jon C. Messenger eds., *Telework in the 21st Century-an Evolutionary Perspective*, International Labour Organization, Edward Elgar Publishing Limited, 2019, pp. 76~81.

③ European Foundation for the Improvement of Living and Working Conditions, "Telework in the European Union", 2010, pp. 18~19.

④ W. C. Bunting, "Unlocking the Housing-Related Benefits of Telework: A Case for Government Intervention", *Real Estate Law Journal*, Vol. 46, 2017, pp. 304, 312.

公。疫情使人们加强了对远程办公应对危机潜力的研究。国际劳工组织的报告指出，据估算，在美国，34%的工作可以合理地在家履行，阿根廷的比例为26%~29%，意大利的比例为24%，法国的比例为28%，德国的比例为29%，西班牙的比例为25%，瑞典和英国的比例为31%。[1] 可见，远程工作具有巨大潜力，政府的扶持政策也大有可为。当然，远程工作的推广和一国的技术发展、经济结构以及工作文化密切相关。[2] 因此，我国应借鉴国外有益经验，通过税收或社会保险优惠措施等，鼓励远程工作的使用。尤其是对于使用远程工作较多的企业，应该给予相应优惠。

第二，将远程工作纳入应急管理，政府机构和企事业单位做好实施远程工作的预案。2020年新冠疫情暴发，远程工作或在家办公的作用凸显。上文提及，美国2010年专门出台了促进政府机构远程工作的《远程工作促进法》，其最初原因也是为了防止疫情暴发可能导致的政府停摆。意大利1998年就通过立法规定了公共部门远程工作的规则，2012年的法令要求公共行政部门每年应提交远程工作计划。[3] 法国2012年修改《劳动法典》，也将远程工作作为应对疫情的对策。因此，我国也应总结新冠疫情的影响，将远程工作纳入应对突发公共卫生事件、极端天气和其他自然灾害的紧急措施。政府部门应从硬件设备和软件技术、数据保护和规章制度等方面做好应对准备，以在疫情等突发事件发生时使用远程办公，确保政府机关的正常运转。政府也应鼓励企事业单位将远程工作纳入应急管理措施，提前做好技术和制度准备，以避免紧急状态发生时准备不足。例如，国际劳工组织的报告指出，日本在2020年4月7日政府宣布进入紧急状态之前，日本公司首席财务官（CFOs）协会的一项调查发现，尽管96%的受访者同意远程工作的重要性，但31%的公司无法采取远程办公，因为文书并未数字化、公司内部规则和程序准备不足。对信息保密性的担心

---

[1] International Labour Organization,"Working from Home: Estimating the Worldwide Potential", *Policy Brief*, April 2020, p. 1.

[2] Jon Messenger,"Working Time and the Future of Work", ILO Future of Work Research Paper Series, International Labour Organization, 2018, p. 20, at https://www.ilo.org/wcmsp5/groups/public/---dgreports/---cabinet/documents/publication/wcms_649907.pdf, last visited on April 27, 2024.

[3] Eurofound and the International Labour Office,"Working Anytime, Anywhere: The Effects on the World of Work", Publications Office of the European Union, Luxembourg, and the International Labour Office, Geneva, 2017, p. 47, at https://www.ilo.org/wcmsp5/groups/public/---dgreports/---dcomm/---publ/documents/publication/wcms_544138.pdf, last visited on April 27, 2024.

或可能的安全漏洞也限制了远程办公的使用。① 因此,远程办公需要在平时做好技术和规则准备,以便在紧急情况下启用。

(三) 远程工作的立法进路

如上所述,越来越多的国家将远程工作纳入劳动法。由于远程工作对我国的特殊意义,我国宜在总结远程工作实践经验基础上,结合我国司法实践的纠纷类型,将远程工作纳入立法。远程工作作为一种灵活用工方式,现行劳动法除了少数条款,例如劳动监察部门对雇主现场监察的规定外,均可适用,因此,远程工作立法的重点是针对其特殊性做出特别规定。

第一,我国可考虑将远程工作纳入《劳动法》或《劳动合同法》,对远程工作的概念及基本原则和基本制度作出规定。同时,也可制定专门的远程工作条例,作出详细规定。立法应突出"促进"和"规范"并重的原则。② 条例一方面应对政府如何促进远程工作、如何把远程工作纳入应急管理措施,政府机关自身如何建立远程工作的相关设施和制度等政府职能作出规定,同时也应对远程工作当事人双方的权利义务,包括上文概括的四大原则,即自愿原则、平等原则、保护原则及协商原则所应包括的具体规则进行规定。在制定条例之前,也可先通过制定部门规章的形式明确远程工作用人单位和劳动者的权利义务。

第二,我国立法应突出问题导向,明确相关权利义务。一是针对我国司法实践中当事人是否就使用远程工作以及工作时间、工资等内容达成一致意见经常发生纠纷的现实,应规定当事人使用远程工作必须订立书面合同,远程工作合同应包括工作地点、工作时间、工作内容、工资报酬以及雇主对雇员的日常监督管理等内容。二是应吸收借鉴域外的有益经验,解决各国远程工作普遍存在的工作时间过长的问题。由于智能手机和即时通信(微信等社交媒体)等软件的流行,许多雇员经常处于随时接受雇主指示的状态,应对远程工人工作时间的规则作出规定。在立法中可要求使用远程工作的用人单位根据法律关于工作时间的规定,在保持工作时间弹性的前提下,通过集体协议、规章制度或劳动合同,与劳动者约定工作时

---

① International Labour Organization,"Working from Home: Estimating the Worldwide Potential", *Policy Brief*, April 2020, p. 5.
② Jon C. Messenger, "Conclusions and Recommendations for Policy and Practice", in Jon C. Messenger eds., *Telework in the 21st Century-an Evolutionary Perspective*, International Labour Organization, Edward Elgar Publishing Limited, 2019, pp. 307~308.

间、工作时间的具体确定方式、劳动者的休息时间、加班执行和认定等事项，切实保障劳动者的生活安宁和休息权。

第三，远程工作作为一种灵活用工方式，除了完善立法，也应发挥政府等机构的政策指引作用。我国人社部门可发布有关远程工作的指引。同时，人力资源和社会保障部门、工会组织和企业组织也可通过协商共同发布意见指导企业和远程工人，促进远程工作的健康发展。

第四章　电子劳动合同的法律规则

随着网络信息技术的普及和电子商务的发展，电子合同被广泛应用。在劳动领域，电子劳动合同逐渐被用人单位和劳动者接受和使用，特别是新冠疫情暴发以来，为减少人员接触，电子劳动合同得到进一步使用，并被政府所推广。例如，2020年，北京市发布了《关于推进电子劳动合同相关工作的实施意见》，2021年人力资源和社会保障部办公厅发布了《电子劳动合同订立指引》，表明了电子劳动合同的使用不仅是用人单位和劳动者自愿选择的合同订立方式，也得到政府部门的认可和积极推广。天津市、深圳市、苏州市等地于2021年发布了相关的行政或裁判指导意见，表明电子劳动合同的使用和推广得到各地重视。然而，目前有关电子合同的研究主要聚焦在电子商务领域的电子合同，[①] 学界对电子劳动合同这一问题的研究几乎还处于空白。[②] 劳动合同和一般电子合同存在很大差异，尤其是劳动合同内容和双方地位与一般民事合同明显不同，电子劳动合同规则亟待完善。有鉴于此，本章拟就电子劳动合同的订立、效力和风险分配等理论问题，结合司法实践展开研究，以期推动电子劳动合同立法规则和司法实践的完善。

一　电子劳动合同的利与弊

随着网络信息技术的发展，电子劳动合同在职场得到广泛应用。相比传统的纸质书面合同，电子劳动合同具有诸多优势。

第一，便利用人单位和劳动者订立合同，并在一定程度上降低企业管

[①] 参见薛军《电子合同成立问题探析》，《法律适用》2021年第3期；王洪亮《电子合同订立新规则的评析与构建》，《法学杂志》2018年第4期。

[②] 李文涛：《人工智能时代电子劳动合同的订立及其风险防范：以意思表示的归责理论为基础》，《中国人力资源开发》2020年第10期。

理成本。首先，电子劳动合同订立方便，只要当事人同意，电子劳动合同可以随时随地订立，避免签字和合同文书管理等环节带来的不便。特别是电子劳动合同极大便利了用人单位对异地员工的管理，在疫情期间，订立电子合同可以避免人员的流动和接触，劳动合同电子化的优势凸显。其次，订立电子合同有利于降低用人单位特别是员工数量巨大的企业订立劳动合同的成本。电子劳动合同极大便利了拥有海量员工或服务提供者的平台等企业的用工管理。对于平台企业，电子劳动合同的作用几乎是无可替代的。当前，我国许多平台企业拥有数百万服务提供者。2023年，在美团平台获得收入的骑手数量约745万。[①] 这类企业与劳动者订立合同通常只能采用电子合同，订立传统书面合同几乎是不可能的。

第二，促进用人单位人力资源管理和服务的智能化。使用电子劳动合同有利于减轻用人单位合同订立、保管、储存、统计等带来的不便和成本。"从合同的归档、装订、保存、使用、损毁灭失风险控制等角度看，电子劳动合同具有纸质劳动合同无法比拟的优势。"[②] 而且，电子合同不仅在订立环节体现优势，还有利于用人单位在员工履行合同、日常考核、离职等环节以及规章制度的制定和实施等方面实行信息化和智能化管理。一些企业"所有的人力资源服务基本上都可以通过手机和电脑进行办理，实现零跑腿、零接触服务"。[③] 电子劳动合同是企业实现人力资源管理信息化和智能化的重要基础。

第三，便利政府提供公共服务。政府通过开发或提供电子劳动合同服务平台，有利于政府掌握劳动力市场状况，实现数据共享，并提供相应的政务服务。例如，2021年人力资源和社会保障部发布的《电子劳动合同订立指引》的通知，指出各地"要结合本地实际，加快建设电子劳动合同业务信息系统和公共服务平台，及时公布接收电子劳动合同的数据格式和标准，逐步推进电子劳动合同在人力资源和社会保障政务服务中的全面应用"。2020年北京市发布的《关于推进电子劳动合同相关工作的实施意见》指出，"长远谋划、分步推进，逐步推动电子劳动合同广泛应用和管理服务优化，实现劳动关系治理体系和治理能力现代化"。"加快电子劳动合同在人力资源和社会保障领域内共享与应用，运用区块链技术逐步推

[①] 美团：《美团2023企业社会责任报告》，第10页，美团官网，https：//www.meituan.com/csr，最后访问时间：2024年5月18日。
[②] 苏文蔚：《电子劳动合同，看起来很美》，《法人》2020年第4期。
[③] 木槿：《推广电子劳动合同 助力人力资源信息化管理》，《中国人力资源社会保障》2020年第5期。

广至全市政务服务、司法与行政执法领域,并逐渐拓展至京津冀劳动关系协同领域。"可见,政府希望通过电子劳动合同实现劳动合同管理和相关服务的信息化,并将相关数据应用于政务服务中,这也是人力资源和社会保障部以及地方推广电子劳动合同的重要初衷。各地也积极落实人社部关于推行电子劳动合同的要求,建立电子劳动合同平台。例如,为进一步推进劳动关系治理能力建设,大力推行电子劳动合同管理与服务,根据人力资源和社会保障部关于推广应用电子劳动合同工作部署,广东省人力资源和社会保障厅完成了广东省电子劳动合同平台建设,于2023年9月18日正式上线运行。该平台是面向全省人社系统、用人单位和劳动者提供全链条、全周期的电子劳动合同签订、管理和服务的数字化平台。[1]

总体上看,随着网络技术的发展,人力资源管理和公共服务的信息化和智能化是大势所趋,电子劳动合同的使用也将更加普及。虽然电子劳动合同具有上述优势,但电子劳动合同也存在缺陷和风险。第一,电子劳动合同具有一定技术门槛。电子劳动合同需要"可靠的电子签名"技术和电子劳动合同订立平台作为支撑,需要技术开发或付费使用,对于员工较少的企业,使用电子劳动合同未必能降低成本。部分劳动者习惯于传统的纸质书面合同,未必能接受电子劳动合同这一新方式,而且劳动者使用电子劳动合同也需要相应配置的计算机或手机支持,并非人人都方便使用电子合同。第二,电子劳动合同存在一定技术风险。技术总是存在漏洞或可能被滥用,保证劳动合同内容的真实、完整、准确、不被篡改需要相应的技术支撑,与之相关的法律纠纷易发生。从司法实践看,"对于涉及电子合同的劳动争议案件,在裁审中会重点审查电子劳动合同的生成、传递、储存等是否满足《电子签名法》等法律法规规定的要求,是否能够确保电子劳动合同的完整、准确、不被篡改"。[2] 第三,电子劳动合同的使用面临数据安全以及用人单位商业秘密保护和劳动者个人信息保护的挑战。因劳动合同中包含大量个人信息,甚至包含敏感信息,诸如身份信息、医疗健康、金融账户等,这些信息的处理需要加以规范,以充分保证数据安全以及劳动者的个人信息得到保护。另外,电子劳动合同还包含用人单位的大量信息,甚至包含商业秘密,如何确保服务平台保护用人单位的商业秘密也是一大挑战。从发展趋势看,随着网络信息技术的发展和使用成本

---

[1] 广东人社:《广东省电子劳动合同平台正式上线运行》,2023年9月28日上传。
[2] 木槿:《推广电子劳动合同 助力人力资源信息化管理》,《中国人力资源社会保障》2020年第5期。

的下降，以及电子劳动合同安全性的提升，有关数据保护、商业秘密和个人信息保护制度的完善，电子劳动合同有望进一步使用和推广。

针对上述利弊，从立法角度看，一方面应积极推广电子劳动合同的使用，这是技术发展的必然趋势；另一方面应针对电子劳动合同存在的风险，加强风险管控，保护当事人尤其是劳动者的合法权益。目前，虽然人力资源和社会保障部发布了《电子劳动合同订立指引》，但该文件仅是指引性文件，并非具有强制力的规范性文件，如何规范电子劳动合同的订立、内容和效力，合理分配用人单位和劳动者与电子劳动合同相关的风险和举证责任，成为未来立法和司法实践需要解决的重要问题。

二　电子劳动合同的成立

（一）电子劳动合同的成立要件

按照《电子劳动合同订立指引》第一条规定，电子劳动合同"是指用人单位与劳动者按照《中华人民共和国劳动合同法》《中华人民共和国民法典》《中华人民共和国电子签名法》等法律法规规定，经协商一致，以可视为书面形式的数据电文为载体，使用可靠的电子签名订立的劳动合同"。根据该指引，电子劳动合同的成立应符合两个基本条件，一是内容"以可视为书面形式的数据电文为载体"，二是"使用可靠的电子签名"。前者要求内容确定，后者要求当事人同意，是合同成立的基本要素。该指引同时对"可靠的电子签名"做了严格规定。[①]

从实际看，目前我国还缺乏统一的电子劳动合同定义。按照《电子劳动合同订立指引》第三条的规定，"用人单位与劳动者订立电子劳动合同的，要通过电子劳动合同订立平台订立"。换言之，未通过平台订立合同的，可能无法被认定为电子劳动合同。但一些地方并未要求通过电子劳动合同订立平台。深圳市人力资源和社会保障局、深圳市劳动人事争议仲裁委员会2021年5月发布的《深圳市电子劳动合同争议处理规则（试行）》第一条规定，"本规则所称电子劳动合同，是指用人单位与劳动者

[①] 《电子劳动合同订立指引》第二十条（四）规定：可靠的电子签名，是指同时符合下列条件的电子签名：1.电子签名制作数据用于电子签名时，属于电子签名人专有；2.签署时电子签名制作数据仅由电子签名人控制；3.签署后对电子签名的任何改动能够被发现；4.签署后对数据电文内容和形式的任何改动能够被发现。

经协商一致，通过电子劳动合同服务平台，或以其他符合法律规定的可视为书面形式的数据电文为载体，使用可靠的电子签名订立的劳动合同。"根据该规则，只要以可视为书面形式的数据电文为载体，使用可靠的电子签名，即可订立合同。严格说来，合同本质是双方协商一致，只要内容存在数据载体和当事人签名，就应认定合同成立，是否通过合同订立平台只是手段，因此，不应以是否通过平台来决定电子劳动合同的成立或效力。电子劳动合同是否成立的关键是"可靠的电子签名"，而非通过平台。笔者认同这样的观点，"采取电子劳动合同，最核心的环节就是劳动合同的电子签名"。① 而从实践看，要保证"可靠的电子签名"往往需要通过平台，因此，具备"可靠的电子签名"往往已暗含通过平台，在立法上没必要将通过平台订立单独作为电子劳动合同成立的必备条件。

如上述，"可靠的电子签名"规则也成为合同订立规则的核心内容。《电子劳动合同订立指引》第八条规定，"用人单位和劳动者要使用符合《中华人民共和国电子签名法》要求、依法设立的电子认证服务机构颁发的数字证书和密钥，进行电子签名"。因此，电子签名应通过依法设立的电子认证服务机构提供服务。如果电子签名服务提供商未取得许可，电子签名可能不具合法性。例如在 2022 年"上饶市某人力资源服务有限公司与谢某、某（北京）餐饮管理有限公司延安第一分公司劳动争议"案件中，② 二审法院指出，"上诉人与被上诉人通过第三方深圳某网络科技有限公司电子合同云平台，采用手机短信验证码及人脸识别方式签订了电子《劳动合同书》《确认书》《应聘信息登记表》《声明书》及《员工手册》等材料，以上材料均通过北京某信息科技有限公司进行了《数字证书有效性证明》，上海市计算机行业协会司法鉴定所亦对以上材料出具了《电子数据存证/取证报告》，以上材料合法有效，应认定上诉人与被上诉人签订电子劳动合同"。在该案中，法院直接认定双方合同为电子劳动合同，是为数不多的直接认定电子劳动合同的案例。司法实践对"可靠的电子签名"的审查比较严格。例如，在 2016 年"北京某信息技术有限公

---

① 李文涛：《人工智能时代电子劳动合同的订立及其风险防范：以意思表示的归责理论为基础》，《中国人力资源开发》2020 年第 10 期。
② 《上饶市某人力资源服务有限公司与谢某、某（北京）餐饮管理有限公司延安第一分公司劳动争议二审民事判决书》，陕西省延安市中级人民法院（2022）陕 06 民终 304 号民事判决书。

司与马某劳动争议"案件中,[①] 一审法院认为,"某公司无证据证明其公司电子签名服务提供商取得我国主管部门许可,故在马某持有异议的情况下,相关电子签名证据合法性不足"。因此,我国司法实践中,认定电子劳动合同成立的关键是"可靠的电子签名"。从电子劳动合同订立过程看,可靠的电子签名既是电子劳动合同的关键要素,也是对签字之前程序的复核。为了保障电子劳动合同的安全性,减少当事人纠纷,目前我国司法实践对"可靠的电子签名"采取严格要求具有合理性。

(二) 订立电子劳动合同的合意

按照《电子劳动合同订立指引》第一条的规定,订立电子劳动合同应经双方"协商一致"。由于电子合同的优势在于"电子化""无纸化",因此,对采取电子劳动合同这一形式的"协商一致"不宜采取传统的"书面形式",同时,"这个协商一致的过程,并不能以电子签名方式进行"。[②]《电子劳动合同订立指引》对采取电子劳动合同的要约和承诺并未规定。《深圳市电子劳动合同争议处理规则(试行)》第八条对订立电子劳动合同的要约和承诺做了规定,"用人单位通过服务平台或其他数据电文方式向劳动者发起劳动合同在线签订要约,应当认定用人单位具有与该劳动者签订电子劳动合同的意思表示。劳动者在服务平台进行身份注册、登录、同意申请使用数字证书、确认开始签订劳动合同,或通过其他数据电文方式明确表示其愿意与用人单位以上述方式签订劳动合同的,可以认定劳动者具有与用人单位签订电子劳动合同的意思表示。"可见,劳动者以行为或意思表示都可以视为对采取电子劳动合同这一形式的同意。深圳市的规定较为合理。劳动合同双方对采取电子劳动合同形式的协商一致的形式不应要求过于严格,不必要求当事人签字,只要双方通过一定的行为或者数据电文方式明确表示同意即可,这有利于促进电子劳动合同的订立,推动劳动关系的建立。

(三) 电子劳动合同成立与否与用人单位双倍工资责任

从上可见,电子劳动合同具有严格定义,司法实践认定电子劳动合同

[①] 《北京某信息技术有限公司与马某劳动争议二审民事判决书》,北京市第一中级人民法院 (2016) 京 01 民终 726 号民事判决书。

[②] 苏文蔚:《电子劳动合同,看起来很美》,《法人》2020 年第 4 期。

也较为严格。因此，如果当事人仅以邮件、短信或微信的方式确定劳动合同内容，而缺乏"可靠的电子签名"，双方之间的电子劳动合同可能不成立。值得注意的是，当事人通过邮件、短信或微信方式对劳动合同的内容进行协商的，虽然裁判机关未必认定其为电子劳动合同，但往往并不支持劳动者要求双倍工资的诉求。

例如，在 2016 年"陈某与广州某船舶设备有限公司劳动合同纠纷"案件中，① 法院认为：电子邮件作为数据电文的一种形式，是《合同法》《电子签名法》等现行法律法规认可的"书面形式"。劳动者陈某与公司的工作往来、业务交流均是通过电子邮件的形式进行，电子邮件是双方交流的基本形式，故双方通过电子邮件的形式订立劳动合同具有合理性。陈某主张未签订书面劳动合同的二倍工资差额理据不足，法院不予支持。在该案中，法院认定邮件属于"书面形式"，但没有明确其是否属于电子劳动合同，而且最终否定劳动者双倍工资的主张。根据《民法典》第四百六十九条的规定，以电子邮件的形式也可以订立合同，而且合同"视为书面形式"。② 法院不支持劳动者双倍工资的诉求是合理的。在该案中，如果合同未"使用可靠的电子签名"，将不是《电子劳动合同订立指引》所称的"电子劳动合同"。因此，裁判机关不支持双倍工资并不意味着其就是电子劳动合同。

在 2021 年"济南某出国咨询有限公司、姜某劳动合同纠纷"案件中，③ 一审法院指出，姜某入职当日，济南某公司即向姜某发送了电子版劳动合同，姜某亦签了电子劳动合同，虽济南某公司未通过电子系统进行签署，但济南某公司提交了加盖公司印章的姜某签署的电子劳动合同纸质版，且双方也已按照劳动合同约定实际履行。故，对于济南某公司主张无须向姜某支付未签订劳动合同的二倍工资差额的诉讼请求一审法院予以支持。该案中，法院明确用人单位没有通过电子系统进行签署合同，双方的合同应不属于电子劳动合同。在 2021 年另一案件"李某、鹤壁市淇滨

---

① 《陈某与广州某船舶设备有限公司劳动合同纠纷申诉、申请民事裁定书》，广东省高级人民法院（2016）粤民申 2180 号民事裁定书。
② 《民法典》第四百六十九条规定：当事人订立合同，可以采用书面形式、口头形式或者其他形式。书面形式是合同书、信件、电报、电传、传真等可以有形地表现所载内容的形式。以电子数据交换、电子邮件等方式能够有形地表现所载内容，并可以随时调取查用的数据电文，视为书面形式。
③ 《济南某出国咨询有限公司、姜某劳动合同纠纷民事二审民事判决书》，山东省济南市中级人民法院（2021）鲁 01 民终 9107 号民事判决书。

区某培训学校有限公司劳动争议"中,① 二审法院认为,《职员转正申请表》《校区员工转正申请》等书面材料对劳动者的转正日期、任职校区、任职部门、任职岗位及转正后薪资待遇均有明确约定,并附有用人单位有关负责人的签字及审批,相关材料内容已经具备劳动合同的要件,带有书面合同性质,应视为劳动者与用人单位签订了书面劳动合同,至于其是否属于规范意义上的电子劳动合同,并不影响双方书面劳动合同的认定。故劳动者主张未签订劳动合同的二倍工资差额,法院未予支持。该案中法院也未明确双方之间的合同是否属于电子劳动合同。上述三个案件中,虽然法院没有支持劳动者双倍工资的请求,但也没有明确双方之间是否存在电子劳动合同。其中主要原因是我国缺乏明确的电子劳动合同的定义或认定标准。

当然,如果当事人通过邮件、微信、短信等方式进行协商,但缺乏合同的主要内容,则合同可能不成立,用人单位可能面临支付双倍工资的责任。例如,在2021年"某(北京)贸易有限公司与董某劳动争议"案件中,② 一审法院认为公司主张与董某以微信形式签订劳动合同,但该微信记录不具备劳动合同的必备条款,亦不符合订立电子合同的要求,对其该项主张,一审法院不予采信,其应支付未签订劳动合同双倍工资差额。因此,实践中,除了书面劳动合同、电子劳动合同之外,通过其他电子方式进行协商的,因协商的内容是否具备合同的主要条款,可能产生不同的法律后果,以及产生是否支付双倍工资的法律责任。

由上可知,司法实践中,在传统的书面劳动合同、《电子劳动合同订立指引》所称的"电子劳动合同"之外,还存在当事人以邮件、短信、微信等形式就劳动合同内容进行协商,这类形式往往不完全符合"书面劳动合同"或"电子劳动合同"的形式。仲裁机构或法院在处理此类劳动者要求支付双倍工资的诉求中普遍持谨慎态度,笔者赞同这一态度。双倍工资对于用人单位而言是严厉的责任,其本意是对用人单位故意不签订合同而损害劳动者利益的行为施加惩罚。虽然当事人之间没有传统书面合同或正式的电子劳动合同,只要双方存在以非纸质或电子的形式反映双方之间达成合议的证据,就不宜支持双倍工资的诉求,以

---

① 《李某、鹤壁市淇滨区某培训学校有限公司劳动争议民事二审民事判决书》,河南省鹤壁市中级人民法院(2021)豫06民终1481号民事判决书。
② 《某(北京)贸易有限公司与董某劳动争议二审民事判决书》,北京市第三中级人民法院(2021)京03民终16846号民事判决书。

免给用人单位造成过重的负担，并违背《劳动合同法》有关双倍工资责任规定的本意。总体上，裁判机关在裁判支付双倍工资责任的案件中，对非成立正式的电子劳动合同的电子协商形式不应要求太高，但合意的内容至少应包含劳动合同的主要条款，这样可以合理平衡劳动者的权益和用人单位的责任。

三 电子劳动合同的效力

《电子劳动合同订立指引》第二条规定，"依法订立的电子劳动合同具有法律效力，用人单位与劳动者应当按照电子劳动合同的约定，全面履行各自的义务。"这是人力资源和社会保障部的文件首次明确电子劳动合同的法律效力。从实践看，在该《电子劳动合同订立指引》出台以前，许多案件也认可电子劳动合同的效力。例如，在2019年"王某与天津某信息技术有限公司、厦门某科技有限公司劳动争议"中，① 法院认定，2018年7月4日，某公司通过电子签约云平台及可控的 SDK 发送并与王某签署合同编号×××的劳动合同，合同约定合同期限于2018年7月1日起至2018年11月18日止。法院指出，"依据王某与某公司签订劳动合同约定的内容，王某对某公司员工手册、销售管理办法等规章制度与违规行为及处理办法应当属于明知"。可见法院认可双方签订的电子劳动合同的效力。

关于电子劳动合同具备法律效力的条件，《电子劳动合同订立指引》第四条做了原则性的规定，总体上合同须"满足真实、完整、准确、不可篡改和可追溯等要求"。② 《深圳市电子劳动合同争议处理规则（试行）》做了相对详细的规定。其第四条规定，"具有真实性、合法性、关联性的电子劳动合同可以作为认定案件事实的依据"。第五条就电子劳动合同的真实性与合法性的审核认定，从主体要求、签署意愿、技术条件、

---

① 《王某与天津某信息技术有限公司、厦门某科技有限公司劳动争议二审民事判决书》，江苏省常州市中级人民法院（2019）苏04民终4243号民事判决书。
② 《电子劳动合同订立指引》第四条规定，"电子劳动合同订立平台要通过有效的现代信息技术手段提供劳动合同订立、调取、储存、应用等服务，具备身份认证、电子签名、意愿确认、数据安全防护等能力，确保电子劳动合同信息的订立、生成、传递、储存等符合法律法规规定，满足真实、完整、准确、不可篡改和可追溯等要求。"

存证要求、合同内容五个方面做了具体规定。①

既然电子劳动合同具有法律效力,也表明其法律效力和书面劳动合同的效力是一致的,不存在书面劳动合同和电子劳动合同效力的高低之分。对此,《深圳市电子劳动合同争议处理规则(试行)》第二十一条明确规定,"用人单位与劳动者之间订立了两份以上的纸质劳动合同或者电子劳动合同,且多份劳动合同的内容存在冲突的,应当以订立时间在后的劳动合同约定内容为准。用人单位与劳动者之间签订的多份纸质劳动合同或电子劳动合同的订立时间一致,但约定的内容存在冲突的,应当根据双方实际履行情况确定双方订立合同的真实意思,如无法确定的,以有利于劳动者的合同内容为准"。而《苏州工业园区劳动人事争议仲裁委员会电子劳动合同争议处理规则(试行)》(2021)第二条则直接规定,"依法订立且生成、传递、储存等符合法律法规的规定,满足真实、完整、准确、不被篡改等要求的电子劳动合同与纸质劳动合同具有同等法律效力"。因此,电子劳动合同具有和传统书面劳动合同同等的法律效力。

上文分析表明,电子劳动合同是人力资源管理信息化和智能化的基础,除了劳动合同本身的电子化,职场中的其他人力资源管理行为或者劳动者订立合同之外的行为,例如单位制定规章制度、当事人解除劳动合同等行为也可以采取电子化的形式。从相关立法和实践看,劳动合同之外的电子化行为也是被认可的。例如,在上述"王某与天津某信息技术有限公司、厦门某科技有限公司劳动争议"案件中,双方通过平台订立的电子劳动合同还包括"员工手册、阳光职场行为规范及其附件的全部内容,附件包括但不限于考勤管理制度、奖惩管理办法、销售管理办法等",②法院也给予认可。在 2019 年"李某与重庆某汽车零部件有限公司劳动争

---

① 《深圳市电子劳动合同争议处理规则(试行)》第五条规定:"电子劳动合同的真实性与合法性,可以从以下方面进行审核认定:(一)主体要求。签署电子劳动合同的主体身份是否真实、准确,是否符合法律、法规规定的主体资格。(二)签署意愿。用人单位与劳动者是否协商一致,签署电子劳动合同是否为双方真实意思表示。(三)技术条件。服务平台提供的签署系统是否符合相关法律和技术标准的要求,确保电子劳动合同的生成、传输、储存全过程完整、准确、不可篡改。(四)存证要求。服务平台是否记录劳动合同各方的签署意愿、身份认证、操作记录等全流程信息,保证电子证据链的完整性,保证相关信息可查询、可调用。(五)合同内容。电子劳动合同的内容是否具备《中华人民共和国劳动法》《中华人民共和国劳动合同法》等法律法规规定的必备条款和内容,约定条款是否符合法律法规的规定。"

② 《王某与天津某信息技术有限公司、厦门某科技有限公司劳动争议二审民事判决书》,江苏省常州市中级人民法院(2019)苏 04 民终 4243 号民事判决书。

议"案件中,① 法院也认可通过平台签署的"辞职申请书"。法院指出,深圳某网络科技有限公司出具的报告书证明了附录的辞职申请书与数据电文一致,在原告签名一栏中显示的辞职原因为"个人原因",原告并未举证证明该辞职原因并非其操作选择,故应承担其相应举证责任。

关于电子劳动合同之外电子文件的法律效力,《电子劳动合同订立指引》未做规定。而《深圳市电子劳动合同争议处理规则(试行)》则原则上认可电子劳动合同之外的电子文件的效力。其第二十三条规定,"用人单位与劳动者通过服务平台进行规章制度制定及公示、考勤管理、劳动报酬管理、培训管理、休息休假管理等其他与劳动合同履行有关的事项发生争议的,可以参照适用本规则"。笔者对这一规定表示赞同。电子劳动合同只是人力资源管理信息化和智能化的第一环,其还具有推动其他环节信息化和智能化的功能,订立劳动合同之外的人力资源管理行为及其文件的电子化同样重要,因此,有必要赋予这些电子文件法律效力。当然,电子劳动合同订立之外的其他人力资源管理行为,例如规章制度制定及公示、考勤管理、劳动报酬管理、培训管理、休息休假管理等,劳动法和劳动合同法对其内容和程序均有严格要求,上述行为的电子化形式参照适用的主要是电子劳动合同订立的形式要求。例如,规章制度的民主程序和公示程序也应和电子劳动合同的订立程序相当。对此《苏州工业园区劳动人事争议仲裁委员会电子劳动合同争议处理规则(试行)》第五条规定,"用人单位将规章制度作为电子劳动合同附件的,应当将规章制度转换为防篡改的文档完整展示给劳动者"。

概言之,订立劳动合同以及用人单位其他人力资源管理行为及劳动者具有法律意义的行为(例如辞职等)采用电子化形式的,只要行为符合一定形式要求,均应具有法律效力,这是数字时代人力资源管理的必然要求。

四 电子劳动合同的风险和举证责任分担

电子劳动合同依赖于相应的技术和设备,因此,由于技术或设备的失灵或者使用者操作失误都可能产生与当事人真实意思不同的行为表示,这

---

① 《李某与重庆某汽车零部件有限公司劳动争议一审民事判决书》,重庆市北碚区人民法院(2019)渝 0109 民初 5593 号民事判决书。

些行为的后果及其风险如何分担,当事人如何举证,也成为电子劳动合同规则的重要内容。

(一) 用人单位和劳动者风险和举证责任分担

由于订立劳动合同是用人单位的法定义务,电子劳动合同的发起和订立过程主要由用人单位负责,因此,在电子劳动合同订立过程中,用人单位负有更大义务和责任。在电子劳动合同订立过程中,用人单位可适用归责标准中的控制原则和风险原则,缺乏行为意思的用人单位之表示行为依然可成立意思表示,用人单位需要承担意思表示的法律责任,而且一般不享有撤销权。而对劳动者可适用归责标准中的过错原则,缺乏行为意思的劳动者之表示行为一般不成立意思表示,除非劳动者存在故意或重大过失。① 换言之,除非劳动者具有故意或重大过失,原则上电子劳动合同订立过程中的风险应由用人单位承担。同时,由于电子劳动合同的订立过程主要处于用人单位的控制和管理中,用人单位也承担主要的举证责任。

目前,《电子劳动合同订立指引》缺乏对相关风险和举证责任的规定,深圳、苏州等地方的规则涉及这方面的内容。例如,《深圳市电子劳动合同争议处理规则(试行)》总体上贯彻"谁主张、谁举证"的原则,同时考虑证据的保管方。其第十三条规定,"当事人对自己提出的主张,有责任提供相应的电子数据作为证据。与争议事项有关的电子数据属于用人单位掌握管理的,用人单位应当提供,用人单位无正当理由拒不提供的,应承担不利后果"。电子签名的举证也适用"谁主张谁举证"的原则。例如,其第十九条规定,"当事人承认电子劳动合同签署过程中用于验证身份的手机号码、数字证书等为电子签名人的信息,但否认签约过程系电子签名人操作的,应当就相应登录或验证方式脱离电子签名人掌握的事实进行举证。"由于电子签名的过程是电子劳动合同订立的核心环节,其设备和技术主要由用人单位提供,因此,该规定对于劳动者而言,举证责任似乎过重。《苏州工业园区劳动人事争议仲裁委员会电子劳动合同争议处理规则(试行)》也规定了举证责任的内容,总体上也贯彻"谁主张谁举证"的原则,其第八条规定,"当事人对自己提出的有关电子劳动合同的主张,有责任提供证据"。但对于特定事项做了由用人单位承担举证责任的规定。其第九条规定,"劳动者主张电子签名无效的,由用人单

---

① 李文涛:《人工智能时代电子劳动合同的订立及其风险防范:以意思表示的归责理论为基础》,《中国人力资源开发》2020年第10期。

位承担举证责任"。由于电子签名的平台和过程主要处于用人单位管理之中，该条规定似更为合理。其第十条还规定，"用人单位将规章制度作为电子劳动合同附件的，劳动者主张用人单位未告知规章制度，用人单位不予认可的，由用人单位承担举证责任"。由于规章制度的告知义务是用人单位的义务，因此，是否履行告知义务由其承担举证责任也具有合理性。

（二）第三方平台的责任

如上所述，《电子劳动合同订立指引》要求订立电子劳动合同必须通过平台订立。实践中，电子劳动合同服务平台，包括用人单位自建的服务平台与第三方的服务平台。第三方服务平台包括市场化服务平台与政府公共服务平台。[①] 由于电子签名的技术要求，通常电子劳动合同的订立都必须借助于第三方平台，因此，服务平台和用人单位的责任分配也是电子劳动合同订立规则的重要问题。虽然订立劳动合同是用人单位和劳动者的义务，但订立合同的发起和完成的主要义务在用人单位，第三方平台也由用人单位选任，劳动者对第三方平台往往并不知情，因此，因第三方平台原因对劳动者造成损害的，应由用人单位承担责任。对此，《深圳市电子劳动合同争议处理规则（试行）》第二十二条明确规定，"因服务平台提供的电子劳动合同订立和管理、传递、存储、调取等服务不当给劳动者造成损害的，由用人单位依法承担相应的法律责任"。该规定值得肯定。

五 完善电子劳动合同法律规则的主要思路

随着电子劳动合同实践的不断展开以及各地相关意见的出台，我国电子劳动合同的规则需求日益增加，电子劳动合同的规则完善需要坚持以下立法思路。

首先，应处理好效率和安全的关系。

一方面，随着网络信息技术的发展以及人力资源管理的信息化和智能化，特别是新冠疫情的长期流行导致的无纸化、电子化需求增大，电子劳动合同无疑具有广阔的发展空间，因此，在立法上应当承认电子劳动合同的效力，鼓励当事人使用电子劳动合同，这不仅有利于用人单位和劳动者，对于实现数据共享以及劳动力市场的数字政务服务也具有重大意义。

---

① 《深圳市电子劳动合同争议处理规则（试行）》第一条。

对电子劳动合同的立法应采取鼓励和促进的理念，合同订立的实体内容和程序规则不应过于严苛。另一方面，劳动关系具有强烈的人身属性且具有长期性，对当事人权利义务影响巨大，甚至关涉其基本生活保障，因此对当事人在合同订立时的自由意志具有较高要求，相应地必须充分保障当事人尤其是劳动者的自由意志，使其真实意思得以充分表达，不受到人为限制或被错误表达，防止技术应用损害劳动者的合法权益。因此，对订立劳动合同采取了"可靠的电子签名"这一关键要求是必要的。鉴于劳动关系的特殊性和内容的重要性，未来应继续坚持"可靠的电子签名"这一严格要求，而对于订立合同的其他要求，诸如是否通过第三方平台订立以及对第三方平台的要求、订立电子劳动合同的要约和承诺等可以做出相对灵活的规定。

其次，应处理好规则统一和差异的关系。

目前人力资源和社会保障部发布了《电子劳动合同订立指引》，北京、天津、深圳、苏州等地也发布了相关规则。由于电子劳动合同事关合同的成立和效力，且其优势在于克服了时空限制，实现用人单位和劳动者异地合同订立，因此，电子劳动合同的规则必须全国统一，不宜存在地方差异。尤其是，电子劳动合同一般也伴随第三方平台，第三方平台面向众多客户，其物理位置并不重要，因此，如果电子劳动合同订立规则各地存在差异，将极大影响电子劳动合同的规则适用和效力，使当事人之间的法律关系处于不确定状态。因此，电子劳动合同订立规则应尽快实现全国统一，特别是有关电子劳动合同的定义、订立程序、法律效力、认证、举证责任、数据安全和个人信息保护等有关电子劳动合同的规则内容必须全国统一，各地不应各自为政。各地可在电子劳动合同推广使用、电子劳动合同平台建设、政务服务等涉及政府职责的内容方面做出符合地方特点的规定。因此，建议在《电子劳动合同订立指引》基础上全面详细规定电子劳动合同规则，各地不应自行制定关于电子劳动合同的规则。

再次，应完善个人信息保护和数据安全保护等配套规则。

虽然电子劳动合同的推广有利于降低部分企业的管理成本，促进人力资源管理的信息化和智能化，提高政务服务的对象和事项，但也存在数据管理以及用人单位商业秘密和劳动者个人信息保护的艰巨任务。为此，应完善第三方服务平台，包括政府设立的电子劳动合同服务平台保守用人单位商业秘密和保护劳动者个人信息的义务，加强其数据安全保护的义务，同时强化用人单位保护劳动者个人信息权益的义务。目前我国虽然出台了《个人信息保护法》，但职场个人信息保护规则还不完善，应抓紧完善职场个人信息保护规则，促进电子劳动合同的规范发展和人力资源管理的数字化。

最后，总结司法实践和规范性文件实施经验，完善电子劳动合同规则的表达形式。

上文表明我国劳动仲裁机构和法院已处理了大量有关电子劳动合同的案件，总体上其裁判理念和思路是正确的，应当加以总结和推广。个别地方出台了电子劳动合同争议处理规则的意见也表明了裁判实践对规则的强烈需求。但目前人力资源和社会保障部办公厅发布的《电子劳动合同订立指引》内容不够全面，强制力有限。一些地方人社系统出台的电子劳动合同意见，例如北京市和天津市，主要从推广和促进用人单位使用电子劳动合同的角度，规范用人单位和第三方的行为，其内容主要是行为规范而非裁判规范；一些地方如深圳市或苏州市人社部门和劳动人事仲裁机构联合出台的意见虽具有裁判规范性质，但不同地方的规范内容存在差异，权威性不够，法院也难以参考。由于电子劳动合同涉及合同的订立和效力等重要规则，也存在和劳动合同法、民法典、电子签名法等法律的衔接，因此，建议当前由劳动监管部门和司法部门以联合发布文件的形式，出台兼具行为规范和裁判规范的文件，将上文分析的相关规则纳入其中。在实践进一步检验的基础上，未来有关电子劳动合同的行为规范和基本裁判规则应纳入劳动合同法，更为具体的裁判规则可体现在最高人民法院的司法解释当中。

中 编

新权利：数字时代劳动者权利体系的重构

第五章　劳动者社交媒体言论自由及其限制

　　近年来我国互联网快速发展，网民数量以及使用社交媒体的用户数量庞大，且增长速度快。截至2023年12月，我国网民规模达10.92亿人，互联网普及率77.5%。截至2023年12月，我国手机网民规模达10.91亿人，网民使用手机上网的比例为99.9%。[1] 截至2023年9月，我国"微信及WeChat的合并月活跃账户数"已达13.36亿户。[2] 在国外，社交媒体也非常流行。例如，截至2016年，接近3/4的美国成年人使用社交媒体。美国人27%的上网时间用于社交媒体，每天查看社交媒体账户达到惊人的17次，也即在非睡眠时间每小时至少查看一次。[3] 在澳大利亚，根据2011年的一项调查，80.1%的人使用网络，在这1700万人中，使用脸书（Facebook）的比例达69.5%。[4] 由于职场上的劳动者处于劳动年龄，大多是成年人，因此劳动者也是网民和社交媒体用户的主体。我国职场中的劳动者使用微信或其他社交媒体，包括在朋友圈、微信群以及微博等媒体上发表言论十分普遍。

　　早在2008年，就发生在知名跨国企业工作的劳动者因群发电子邮件

---

[1] 中国互联网络信息中心：《第53次中国互联网络发展状况统计报告》，第1页，2024年3月，国家互联网信息办公室网站，https://www.cnnic.net.cn/n4/2024/0322/c88-10964.html，最后访问时间：2024年6月2日。

[2] 《腾讯公布二零二三年第三季业绩》，https://static.www.tencent.com/uploads/2023/11/15/e2d2db9b5d85f9904e51082f5e69e7c7.pdf，最后访问时间：2024年3月4日。

[3] Jessica A. Magaldi, Jonathan S. Sales, "Exploring the NLRB's Jurisprudence Concerning Work Rules: Guidance on the Limits of Employer Policy to Regulate Employee Activity on Social Media", *University of San Francisco Law Review*, Vol. 52, 2018, p. 234.

[4] Louise Thornthwaite, "Social Media, Unfair Dismissal and the Regulation of Employees' Conduct Outside Work", *Australian Journal of Labour Law*, Vol. 26, 2013, p. 166.

而遭解雇的案例。① 近年来，劳动者使用社交媒体发表不利于用人单位（雇主）的言论，并造成劳动者和用人单位之间发生纠纷，成为职场热点问题之一。我国司法实践中，劳动者在社交媒体发表言论引发的劳动争议案件数量也相当可观。2019 年，我国法院裁判了两起在知名跨国企业工作的劳动者因在社交媒体发表不利于企业的言论而遭解雇的案例，产生了较大影响。② 近年来，有关劳动者在社交媒体发表言论导致遭用人单位解雇的案件增多。如上述，2022 年 4 月《人民日报》等官方媒体报道了一则案例，引发广泛关注。张女士因在朋友圈发表"我真羡慕人家按时发工资"的言论，被公司辞退。③ 2022 年 5 月 1 日，北京市第一中级人民法院推送了一则类似的典型案例。2020 年 4 月 1 日，吴某在公司微信群中发信息："这工资咋发的，上半个月和不上班的发的一样"，随后某汽车有限公司人力员工在群中回复："吴某直接来人事办手续。"次日该公司向吴某送达解除劳动合同通知，以吴某言论不当造成恶劣影响、严重违反规章制度为由与吴某解除劳动关系。吴某遂将公司诉至法院，请求支付违法解除劳动合同赔偿金。④ 从这两个案例可以看出，用人单位往往对劳动者的社交媒体行为严格限制，并动辄将其解雇，对劳动者影响巨大。2022 年一则某航空公司乘务员郭某因在朋友圈发布本人在机舱上身穿内衣照片而遭解雇的案例也引起广泛关注。一审法院认为公司的解雇行为违法，二

---

① 参见"洪某与 3M 中国有限公司劳动合同纠纷上诉案"，上海市第一中级人民法院（2008）沪一中民一（民）终字第 4467 号民事判决书。该案二审法院认为，该员工群发的电子邮件含有侵犯其他员工合法权益的内容，给公司正常秩序造成不便，也违反了公司的规章制度，从而支持单位的解雇行为。

② 参见"沈某与空中客车（中国）企业管理服务有限公司劳动争议上诉案"，北京市第三中级人民法院（2019）京 03 民终 12053 号民事判决书；"徐某与雀巢（中国）有限公司北京分公司劳动争议上诉案"，北京市第二中级人民法院（2019）京 02 民终 9499 号民事判决书。

③ "我真羡慕人家按时发工资"，因在朋友圈这样的发言，日前，河南省商丘市睢县的张女士被公司辞退。张女士称，自己发布朋友圈后，当天下午便被公司开除，同事因评论了这条朋友圈也被开除。经查，张某、彭某自 2022 年 2 月 19 日到睢县康梦园医养保健服务有限公司入职，该公司未依法与张某、彭某订立书面劳动合同。该公司于 2022 年 4 月 21 日开除两人时已将工资进行结算。2022 年 4 月 21 日 15 时，张某、彭某到睢县劳动保障监察大队投诉被睢县康梦园医养保健服务有限公司开除，睢县劳动保障监察大队立即介入调查。责令其依法限期支付张某、彭某自入职起的经济赔偿金。《"女子羡慕按时发工资被开除"事件，有后续了》，人民日报官方微信公众号，2022 年 4 月 25 日上传。

④ 北京市第一中级人民法院：《员工在微信群抱怨工资少遭辞退，怎么办?》（5·1 专刊），北京市第一中级人民法院官方微信，2022 年 5 月 1 日；北京市第一中级人民法院（2021）京 01 民终 5928 号民事判决书。

审法院认定公司的解雇行为不违法。① 从案件看，也存在类似案件的裁判结果差别较大的问题。因此，劳动者在社交媒体的言论自由与劳动者义务的关系，劳动者社交媒体言论自由的边界及其理论依据，成为重要的理论和实践问题。

当前，不管在我国还是其他国家，劳动者社交媒体言论自由及其限制都是一个新颖又受关注的话题。在美国，"职场社交媒体使用的法律框架还处于初期，这是新颖问题且有待研究，问题正在凸显出来"，② "社交媒体和劳动存在日益显现而不可预测的关系"。③ 在澳大利亚，"社交媒体技术对劳动关系产生了深远影响"，"社交媒体正开始成为劳动法案件的一个核心要素"。④ 尽管我国近年来已有较多案例，但目前我国学界对这一问题的研究还较为薄弱。因此，本章拟主要从劳动法角度出发，结合我国实践案例以及美国、澳大利亚、德国和英国等国家的理论和实践，探寻劳动者社交媒体言论自由的基础、对言论自由的限制及其依据，分析劳动者社交媒体言论自由的边界，以及平衡劳动者社交媒体言论自由和劳动者忠实义务的具体考量因素，以期为我国理论和实践提供有益参考。

一 言论自由是劳动者的一项重要权利

表达自由是民主社会的重要基础，是每个人发展与进步的基本条件。⑤ 言论自由（表达自由）被普遍认为是包括劳动者在内的公民的基本权利，而且在公民权利体系中，往往处于基础性地位。⑥ 言论自由也是国际公约和各国宪法保护的公民的重要权利。《世界人权宣言》第19条规定："人人有权享有主张和发表意见的自由；此项权利包括持有主张而不

---

① 《中国南方航空股份有限公司、郭某劳动争议民事二审民事判决书》，广东省广州市中级人民法院（2021）粤01民终27615、27616号民事判决书。
② Jessica Ireton, "Social Media: What Control do Employers Have over Employee Social Media Activity in the Workplace?" *Houston Business and Tax Law Journal*, Vol. 14, 2014, p. 145.
③ Tara R. Flomenhoft, "Balancing Employer and Employee Interests in Social Media Disputes", *American University Labor and Employment Law Forum*, Vol. 6, No. 1, 2016, p. 1.
④ Louise Thornthwaite, "Social Media, Unfair Dismissal and the Regulation of Employees' Conduct Outside Work", *Australian Journal of Labour Law*, Vol. 26, 2013, pp. 167, 173.
⑤ 参见陈欣新《表达自由的法律涵义》，《环球法律评论》2009年第1期。
⑥ 关于"言论自由"，亦有使用"表达自由"的表述，本章不对二者进行严格区分，根据语境使用相关表述。

受干涉的自由,和通过任何媒介和不论国界寻求、接受和传递消息和思想的自由。"① 《公民权利及政治权利国际公约》第 19 条第 1、2 款规定:"一、人人有保持意见不受干预之权利。二、人人有发表自由之权利;此种权利包括以语言、文字或出版物、艺术或自己选择之其他方式,不分国界,寻求、接受及传播各种消息及思想之自由。"② 许多国家也在宪法或其他法律明确规定公民的言论自由。美国《宪法》第一修正案明确禁止国会制定限制言论自由的法律。③ 德国《基本法》第 5 条规定:"人人享有以语言、文字和图画自由发表和传播观点以及不受阻扰地从普遍公开的来源中获取信息的权利。出版自由以及广播和电影的报道自由受到保障,对此不得进行审查。"④

与言论自由作为公民基本权利相对应,劳动者在社交媒体上也享有较充分的言论自由。在美国,除了宪法第一修正案,1935 年《国家劳动关系法》(National Labor Relations ACT,NLRA)也为劳动者的言论自由提供了有力保障。该法第 7 条、第 8 条保护劳动者参与"集体行动"的权利。⑤ 相应地,该法保护劳动者讨论有关工作条款和工作条件,例如工资、工时和福利的权利。⑥ 美国国家劳动关系委员会(National Labor Relations Board,NLRB)在界定"集体行动"时,往往比较宽泛,例如,劳动者在"脸书"上的行为,甚至为其他劳动者讨论共同的劳动条件"点赞",都可能被认为是"联合"其他劳动者的行动。⑦ 雇员对雇主的抱怨,甚至包括对其他雇员的抱怨,都受到《国家劳动关系法》以及长期存在的判例的保护。⑧ 因此,劳动者在社交媒体上的言论也受到《国家劳动关

---

① 参见联合国官方中文网站,https://www.un.org/zh/about-us/universal-declaration-of-human-rights,最后访问时间:2024 年 4 月 28 日。
② 参见联合国官方中文网站,https://www.un.org/zh/documents/treaty/A-RES-2200-XXI-2,最后访问时间:2024 年 4 月 28 日。
③ 参见周汉华《论互联网法》,《中国法学》2015 年第 3 期。
④ 《世界各国宪法》编辑委员会编译:《世界各国宪法·欧洲卷》,中国检察出版社,2012,第 178 页。
⑤ Jessica Ireton, "Social Media: What Control do Employers Have over Employee Social Media Activity in the Workplace?" *Houston Business and Tax Law Journal*, Vol. 14, 2014, p. 146.
⑥ Anna Mackin, "Employee Free Speech: Navigating Potential Legal Risks on Social Media", *Texas Bar Journal*, Vol. 81, 2018, p. 333.
⑦ Anna Mackin, "Employee Free Speech: Navigating Potential Legal Risks on Social Media", *Texas Bar Journal*, Vol. 81, 2018, p. 333.
⑧ Tara R. Flomenhoft, "Balancing Employer and Employee Interests in Social Media Disputes", *American University Labor and Employment Law Forum*, Vol. 6, No. 1, 2016, p. 29.

系法》的保护。

在德国，包括劳动者在内的公民言论自由受到《基本法》第5条的保护。相应地，言论自由在劳动关系中也得到保障。《魏玛共和国宪法》第118条第1款就已经明确将劳动关系中的雇员纳入言论自由的适用范围。雇员表达意见使用的是什么媒体并不重要，他可以通过口头阐述自己的观点，向报纸发出读者来信，也可以在"脸书"等社交媒体上表达意见。[①] 2011年初以来，德国劳动法院处理了一系列雇员在脸书、其他社交网络以及博客上正面攻击雇主的案件。有些案例的攻击对象是同事和客户。从案例看，德国法院在大部分案件中都认为，雇员的批评性意见甚至尖锐性的意见，属于德国《基本法》第5条第1款规定的言论自由的保护范围。换言之，雇员在社交媒体上的言论自由得到了较为充分的保护。在澳大利亚，劳动者在社交媒体的言论除了受言论自由权利的保护外，其通常被认为是劳动者的私生活领域，不应受到干涉。在澳大利亚，传统上雇主管理雇员工作之外的行为的权利受到限制。法院一般坚守这样的原则：雇主不应试图控制或管理劳动者的私人生活。雇主只有在例外的情形下才拥有延伸的权利监督雇员的私人活动。在大部分案件中，法院认为雇员的在线行为并不足以构成合法的解雇理由。[②]

在英国，学者也认为职场表达自由非常重要。如同其他领域的表达，"工作中的表达对于个人的自我发展及自主意识都是重要的"。[③]

在我国，公民言论自由受到宪法保护，劳动者也不例外。我国《宪法》第三十五条规定："中华人民共和国公民有言论、出版、集会、结社、游行、示威的自由。"除了宪法规定的公民言论自由权利外，从劳动法和劳动合同法的相关规定看，劳动者亦享有对用人单位提出意见建议等表达的权利。《劳动法》第六条规定："国家提倡劳动者参加社会义务劳动，开展劳动竞赛和合理化建议活动……"《劳动法》第八条规定："劳动者依照法律规定，通过职工大会、职工代表大会或者其他形式，参与民主管理或者就保护劳动者合法权益与用人单位进行平等协商。"《劳动合同法》第四条第三款明确规定："在规章制度和重大事项决定实施过程

---

① 参见［德］沃尔夫冈·多伊普勒《德国劳动法》（第11版），王倩译，上海人民出版社，2016，第218页。
② Louise Thornthwaite, "Social Media, Unfair Dismissal and the Regulation of Employees' Conduct Outside Work", *Australian Journal of Labour Law*, Vol. 26, 2013, pp. 169, 170, 182.
③ See Megan Pearson, "Offensive Expression and the Workplace", *Industrial Law Journal*, Vol. 43, No. 4, 2014, p. 430.

中，工会或者职工认为不适当的，有权向用人单位提出，通过协商予以修改完善。"因此，劳动者在社交媒体发表言论，包括对用人单位的批评性意见，也受到法律保护。从我国已有司法案例来看，法院在大部分案件中都认为劳动者在社交媒体的言论应受保护。在部分案件中，法院认为劳动者的言论虽然存在不当，但不足以构成解雇的事由。总体上看，法院在雇员因在社交媒体发表言论而遭雇主解雇的案件中，持比较谨慎的态度，主张对劳动者的言论给予保护。在一些案件中，法院直接指出了言论自由的地位和价值。例如，2017 年某案件的判决书指出："劳动者作为公民享有言论表达的自由，这种表达自由不因表达手段的不同而改变，言论自由在劳动关系中也应该得到保障。"① 在 2019 年某知名企业与员工的纠纷中，法院再次引用了上述内容。② 在 2019 年另一起涉及知名企业的案例中，法院也指出，"劳动者'职场的言论自由'应予保护"。③

笔者认为，职场劳动者言论自由应受保护，除了其具有公民言论自由的一般基本价值外，其还有其自身的特殊价值。首先，有利于矫正劳动者的弱势地位。劳动者相比雇主，处于相对弱势的地位，对劳动者的言论包括其对雇主的批评性言论的保护，有利于劳动者声音的表达，包括集体声音的表达，在一定程度上有利于矫正劳动者的弱势地位。其次，有利于劳动者对雇主的监督。劳动者的言论包括其对雇主批评性的言论，对雇主是一种监督，在许多情形下有利于改进雇主工作，对雇主发挥正面作用。最后，有利于社交媒体商业价值的充分利用。如今，网络社交媒体成为劳动者表达的主要渠道，许多劳动者使用社交媒体等手段对雇主的公司形象、产品和服务等进行宣传，促进了雇主的声誉和业务。社交媒体对公司具有重要的商业价值。与此相对应，雇主对于劳动者社交媒体的言论包括批评性言论也应适度容忍，这也是雇主允许或鼓励劳动者使用社交媒体从事有利于公司的行为的同时要面临的经营风险。如果对雇员的言论尤其是社交媒体的言论限制过多，可能会抑制社交媒体的使用及其商业价值的发挥，对雇主也未必有利。因此，劳动者职场言论自由，包括在社交媒体上的言论自由，应当受到充分保护。

---

① 参见"天脉聚源（北京）教育科技有限公司与马某劳动争议纠纷案"，北京市东城区人民法院（2017）京 0101 民初 19350 号民事判决书。
② 参见《沈某与空中客车（中国）企业管理服务有限公司劳动争议二审民事判决书》，北京市第三中级人民法院（2019）京 03 民终 12053 号民事判决书。
③ 参见《徐某与雀巢（中国）有限公司北京分公司劳动争议二审民事判决书》，北京市第二中级人民法院（2019）京 02 民终 9499 号民事判决书。

二 劳动者言论自由与雇主权利和利益的冲突

任何权利都不是绝对的，劳动者的言论自由也不例外。国际公约和各国宪法也对言论自由作出了限制。例如，《公民权利及政治权利国际公约》第 19 条第 1、2 款对公民的言论自由作了规定，但该条第 3 款规定："本条第二项所载权利之行使，附有特别责任及义务，故得予以某种限制，但此种限制已经法律规定，且为下列各项所必要者为限：（子）尊重他人权利或名誉；（丑）保障国家安全或公共秩序、或公共卫生或风化。"[①] 因此，公约允许通过制定法律对言论自由进行限制。德国《基本法》第 5 条规定了公民言论自由的权利，但该条第 2 款同时规定："一般法律的规定、有关青少年保护的法律规定以及个人名誉权构成上述权利的界限。"[②] 因此，言论自由也受到了法律规定以及名誉权保护的限制。值得关注的是，对言论自由的限制基本上限于法律规定，换言之，对言论自由的限制也受到严格限制。从一些主要国家的立法和实践看，劳动者言论自由，包括在社交媒体上的言论自由，也是受到限制的。从劳动法角度来看，劳动者言论自由受到限制的主要理由在于，其可能损害雇主的权利和利益，即劳动者的言论自由和雇主的权利和利益存在冲突。

在美国，尽管《国家劳动关系法》为劳动者的言论自由提供了相当的保护，但劳动者的言论自由也不是绝对的。《国家劳动关系法》保护劳动者结社以及参与其他集体行动的权利，但该法同时保护雇主管理企业的合法利益，包括"保持职场纪律及促进公司效率的无可争议的权利"。美国《国家劳动关系法》及美国联邦法院一贯认为，雇主有权利制定工作规则以保持"一个有秩序和有效率的工作环境"。雇主的这一权利需要与雇员参与集体行动的权利相互平衡和协调。雇主可以禁止劳动者在社交媒体发表批评雇主的意见，前提是劳动者的交流与"集体行动"无关。[③] 尽

[①] 参见联合国官方中文网站，https://www.un.org/zh/documents/treaty/A-RES-2200-XXI-2，最后访问时间：2024 年 4 月 28 日。

[②] 《世界各国宪法》编辑委员会编译：《世界各国宪法·欧洲卷》，中国检察出版社，2012，第 178 页。

[③] Jessica A. Magaldi, Jonathan S. Sales, "Exploring the NLRB's Jurisprudence Concerning Work Rules: Guidance on the Limits of Employer Policy to Regulate Employee Activity on Social Media", *University of San Francisco Law Review*, Vol. 52, 2018, pp. 236~237, 238~239, 266.

管《国家劳动关系法》第 7 条保护雇员在职场使用社交媒体的自我表达和隐私的权利和利益,但这并不意味着该法的政策是保护所有在社交媒体上的表达。[1] 因此,雇员言论自由受到雇主权利和利益的制约,二者也需要平衡。

在澳大利亚,雇员的社交媒体行为也受到限制。案例表明,雇员不能假设下班后的社交媒体行为属于私人行为或者不属于雇主的管理范围。执法官员表示,尽管雇员在网上抱怨雇主的行为越来越普遍,但如果网上言论可以被数量无法控制的人群看到,则网上留言不再属于私人性质而属于公开评论。因此,雇员以为他们可以在"脸书"页面随心所欲地留言而可以免责的想法,是"愚蠢的"。[2] 法院在案例中也提出,表达自由的权利并不是绝对的,也应保护职业机构和组织通过职业行为规范设定"合理和适当的限制"的权利。[3] 案例表明,在一些情形下,雇主可以因雇员下班后的行为而解雇或惩戒雇员。这些情形包括违反劳动合同默示义务的行为。质言之,这些义务的功能在于禁止雇员作出与劳动关系存续不相符的行为,因为此种行为破坏了彼此的信任或者损害了雇员合同义务的正确履行。[4] "对于所有权利,总是同时存在不同的利益。因此,没有任何权利是绝对的,必须保持灵活性以容纳其他权利。"[5] 可见,在澳大利亚,从雇主的利益、雇主和雇员之间的关系以及雇员的合同义务出发,雇员的言论自由也受到了限制。

在德国,如前所述,言论自由受到了法律以及名誉权保护的限制。具体到劳动者的言论自由,德国联邦劳动法院的判决表明,雇员的言论自由应该受到"劳动关系一般原则"的限制。比如,雇员不得公开贬低雇主及其所属的职业群体。但是,德国联邦劳动法院在之后的司法实践中往往强调个案特点,对言论自由的边界没有明确表态。德国目前司法实践的主

---

[1] Tara R. Flomenhoft, "Balancing Employer and Employee Interests in Social Media Disputes", *American University Labor and Employment Law Forum*, Vol. 6, No. 1, 2016, p. 28.

[2] Louise Thornthwaite, "Social Media, Unfair Dismissal and the Regulation of Employees' Conduct Outside Work", *Australian Journal of Labour Law*, Vol. 26, 2013, p. 176.

[3] See Alana Hudson, "Freedom of Expression vs the Employer's Right to Regulate Employee Behaviour: Why the Folau Case is Not about Religion", *Employment Law Bulletin*, November 2019, p. 44.

[4] Louise Thornthwaite, "Social Media, Unfair Dismissal and the Regulation of Employees' Conduct Outside Work", *Australian Journal of Labour Law*, Vol. 26, 2013, p. 170.

[5] Alana Hudson, "Freedom of Expression vs the Employer's Right to Regulate Employee Behaviour: Why the Folau Case is Not about Religion", *Employment Law Bulletin*, November 2019, p. 46.

流意见认为,一方面,言论自由在劳动关系中应该得到全面保障,另一方面,也应该顾及雇主受到基本法保障的权益。另外,雇员的言论自由还受到刑法的限制,特别是不得构成刑法规定的侮辱或诽谤。①

在英国,学者认为,尽管表达自由是一项重要权利,但在职场上还存在与此相反的其他利益。很明显,雇员并没有在任何时间以任何方式表达任何内容的权利。雇主享有"其业务经济且有效运行"的合法利益。雇员攻击性的言论除了使职场内部受到损害,还可能使雇主陷入困境或者影响雇主期待的外部形象或声誉,从而损害雇主的外部利益。② 总体上,英国学者认为,表达自由在职场环境下是一项重要权利,即便雇员的言论具有攻击性,仍然应预设支持自由表达,特别是涉及公共争议的话题。但是,其他雇员和雇主的利益也应该考虑。当雇员的言论发生在工作之外,只有当雇员的言论和劳动关系有明确关联时,雇员才可以受到惩戒。③ 因此,雇员的言论自由与雇主的利益也需要协调。

在我国,劳动者的言论自由同样受到限制。我国《宪法》第三十三条第四款规定:"任何公民享有宪法和法律规定的权利,同时必须履行宪法和法律规定的义务。"第五十一条也规定:"中华人民共和国公民在行使自由和权利的时候,不得损害国家的、社会的、集体的利益和其他公民的合法的自由和权利。"因此,劳动者的言论自由权也受到法律以及他人自由和权利的限制。从劳动法的规定来看,劳动者的言论自由也应当受到限制。《劳动法》第三条第二款规定:"劳动者应当完成劳动任务,提高职业技能,执行劳动安全卫生规程,遵守劳动纪律和职业道德。"相应地,劳动者也应当遵守有关社交媒体的规章制度和职业道德。

从劳动法的角度来看,劳动者的言论之所以应该受到限制,在于其可能对雇主的权利和利益造成损害。换言之,劳动者言论自由和雇主的权利和利益存在冲突。具体主要体现在三个方面。首先,劳动者的言论可能对雇主的管理权利和管理秩序构成挑战。雇主作为组织体,往往具有相对独立的意志和行动,并制定有员工言论表达等员工守则,劳动者的言论可能

---

① [德]沃尔夫冈·多伊普勒:《德国劳动法》(第11版),王倩译,上海人民出版社,2016,第219~220页。
② Megan Pearson, "Offensive Expression and the Workplace", *Industrial Law Journal*, Vol. 43, No. 4, December 2014, pp. 431, 432.
③ Megan Pearson, "Offensive Expression and the Workplace", *Industrial Law Journal*, Vol. 43, No. 4, December 2014, p. 429.

消减雇主统一的声音或破坏员工表达的规则，从而对雇主的管理权利和管理秩序造成影响。其次，劳动者的言论可能对企业的形象、声誉以及业务等造成损害。如果雇员发表不利于雇主的言论，可能会引起社会对雇主的负面评价，从而对雇主形象、声誉造成影响，甚至可能造成雇主业务下滑和利润下降。此外，雇员的言论可能泄露公司的商业秘密或经营信息、经营策略等内部信息，对公司造成负面影响。再次，劳动者的言论可能给其他劳动者造成损害。如果劳动者的言论直接针对雇主的其他雇员，则劳动者的言论不仅可能损害雇主的利益，也可能损害其他劳动者的权利或利益。上述三个方面是相互联系的，第一个方面主要表明雇员的言论可能损害雇主的权利，尤其是对雇员进行管理以及制定规章制度、维护职场秩序的权利，第二、三方面主要表明雇员的言论行为可能损害雇主的利益。概言之，劳动者的言论自由与雇主的权利和利益存在冲突，劳动者的言论自由应受到限制，二者的关系也需要协调。

三 劳动者忠实义务对言论自由的限制

从上述分析可以看出，劳动者的言论自由受到限制，这种限制既包括宪法中有关限制言论自由的机制，例如一般法律的限制、出于保护青少年的限制，也有出于公共利益和社会秩序的限制，还有来自劳动法本身的限制。从劳动法角度，劳动者的言论自由与雇主的权利和利益彼此之间存在一定张力，劳动者的言论自由受到劳动关系权利义务的限制。从劳动法角度看，对劳动者言论自由尤其是社交媒体言论自由加以限制的法理基础，是劳动者的忠实义务。

劳动法学界向来比较注重对劳动者权利的研究，对劳动者义务的关注并不多。究其原因，一方面是由于劳动法主要保护劳动者的权利，学界对劳动者权利关注较多；另一方面，我国在立法上对劳动者义务的规定较为原则和含糊。除了上文提及的《劳动法》第三条第二款的规定，劳动法并没有关于劳动者一般义务的具体规定。不仅我国如此，在许多国家，劳动者的义务在立法上都并非具体明确，而主要是通过判例确立相关规则。因此，劳动者究竟负有哪些义务，这些义务何以限制劳动者的言论自由，成为一个重要而困难的问题。

以德国法为例。由于劳动合同作为雇佣合同以及合同的一种类型，合同双方包括劳动者的主要义务适用德国民法典中"债务关系法"的规定。虽然德国民法典第611~630条规定了雇佣合同和劳动合同,但其内容主要侧重于规定雇用人的义务,较少涉及劳动者的义务。德国学者普遍认为,附随义务来源于民法的诚信原则。"基于民法典第242条的诚信原则,双方都负有顾及对方利益的注意义务。"[1] 因此,根据德国民法典第241条和第242条,劳动者在法律明文规定之外负有顾及对方权利和利益的附随义务。正如德国学者指出的,"司法实践确认了雇主有一系列的、没有明确规定的'照顾'义务,雇员则相应地负有'忠诚义务'"。[2] 可见,劳动者的附随义务来源于民法典的一般规定和诚信原则,主要通过司法实践确立,在理论上通常被概括为"忠实义务"或"忠诚义务"。

劳动者忠实义务来源于诚实信用原则,因为诚信原则是合同法乃至民法的"帝王条款",对劳动关系双方自然也具有重要指导价值。除此之外,基于诚信原则的忠实义务还源于劳动关系或劳动合同的特殊性质。具体而言:第一,劳动关系是持续性关系。劳动关系并非一时交易,双方关系往往存续时间较长,且双方的权利义务是概括而非具体的,权利义务内容往往无法事先通过合同详细约定,且当事人的义务内容可能随客观情况以及雇员和雇主尤其是雇主的情况变化而作出调整。因此,在法律明文规定的义务之外,需要为当事人的行为设立准则,指引当事人行为。第二,劳动关系内含人身信赖关系。劳动关系中雇员和雇主之间的关系并非此消彼长的一般合同交易关系,雇员要加入雇主,成为雇主的成员,劳动关系双方是"你中有我、我中有你"的合作关系,甚至在一定程度上是具有共同目标的利益共同体。因此,雇员对雇主的忠诚、顾及和维护雇主的利益,是劳动关系的本质所要求的。第三,劳动关系中双方具有特殊地位。劳动关系中,一方面雇员相对于雇主具有从属性,另一方面雇员又具有相对的独立性。雇主的业务通过雇员的劳动来实现,雇员掌握着雇主的秘密和其他信息,雇员在工作中形成的技能也掌握在雇员手中,雇主目标的实现在很大程度上依赖于雇员的行为表现,雇员对雇主的忠诚非常必要。因此,在成文规定之外,确立雇员的附随义务或忠实义务实有必要。

---

[1] [德]沃尔夫冈·多伊普勒:《德国劳动法》(第11版),王倩译,上海人民出版社,2016,第161页。
[2] [德]沃尔夫冈·多伊普勒:《德国劳动法》(第11版),王倩译,上海人民出版社,2016,第159页。

由于忠实义务并非法律明文确立的概念,而主要是从劳动关系的主要权利义务关系中引申出来的义务,因此,对其概念和内容的理解往往并不一致。德国学者多伊普勒将雇员的附随义务概括为"忠诚义务",并认为雇员的义务包括:小心使用机器和其他仪器,保守企业秘密、如实回答与工作有关的问题,不与雇主竞争,放弃从事具有挑衅性的政党政治行为。① 另一位德国学者瓦尔特曼则认为,劳动关系中还存在劳动者的从义务,以往多称为"忠实义务",其包括作为义务和不作为义务。作为义务包括通知义务和报告义务,不作为义务包括竞业禁止、沉默义务(不得泄密)、服从,以及"举报雇主"时应负的义务。举报雇主时应负的义务主要指雇员举报雇主时应考虑双方的信赖关系,并遵守比例原则等义务。②

值得关注的是,一些学者在概括劳动者附随义务或忠实义务的具体内容时,把不得发表伤害企业的言论作为其具体内容之一。例如,有学者指出,劳工在履行劳动关系的义务、行使劳动关系的权利以及维护与劳动关系相关的雇主利益时,应要求该劳工依诚实信用原则的方法合理地考虑自己在企业内的地位,除了注重自身利益外也要考量其他劳工利益。附随义务包括两大范围:一是雇主利益维护义务(不作为义务),二是保护义务(作为义务),此外,还包括劳工企业外行为负担的义务。其中不作为义务包括保密义务、竞业禁止义务、兼差限制义务、不伤害企业之言论义务、禁止不当影响同事义务。③ 根据该学者的观点,劳工的附随义务包含不伤害企业之言论义务。也有学者指出,劳动者忠实义务指劳动者应对用人单位履行的以服从、注意、保密、增进利益等为主要内容的各项不作为义务和作为义务的总称。不作为的义务包括不为伤害单位之言论和行为的义务。④ 另有学者指出:"雇员负有忠诚义务,不得以不当言论损害雇主利益。"⑤ 虽然这些观点把不为伤害企业的言论作为劳动者忠实义务的内容之一,有利于找寻限制劳动者言论自由的法律基础,但遗憾的是,这些

---

① [德]沃尔夫冈·多伊普勒:《德国劳动法》(第11版),王倩译,上海人民出版社,2016,第161~162页。
② 参见[德]雷蒙德·瓦尔特曼《德国劳动法》,沈建峰译,法律出版社,2014,第153~155页。
③ 参见焦兴铠等《"劳动基准规定"释义——施行二十年之回顾与展望》,(台北)新学林出版股份有限公司,2009,第113~121页。
④ 参见许建宇《劳动者忠实义务论》,《清华法学》2014年第6期。
⑤ 王倩:《从德国法看雇员的言论自由和忠诚义务》,《社会科学战线》2017年第5期。

观点并未指明忠实义务为何包含不得从事伤害企业的言论，以及忠实义务为何成为言论自由限制的法理基础。

从字面理解，"忠实"主要强调雇员的主观状态，即忠实于雇主利益、维护雇主利益、不损害雇主利益，不谋取个人私利。根据德国立法和理论，忠实义务的实质要求在于顾及对方的权利、法益和利益，着重强调雇员维护雇主利益的义务。德国联邦劳动法院近来曾有判决认为，"劳工有不得对雇主及企业作出有害的行为之忠实义务"，对此提供了经典注释。[①] 德国联邦法院的判决深刻指出了忠实义务的目的和实质，即雇员应维护雇主利益，不得损害雇主利益，而且忠实义务的主要内容体现在不作为义务中。而上文分析表明，雇员的言论可能在三个方面对雇主的权利和利益造成损害，因此，劳动者基于担负的顾及雇主权利和利益的忠实义务，其言论自由不得损害雇主的权利或利益，应受到限制。因此，从劳动法角度看，雇员的忠实义务是对雇员言论自由进行限制的法理基础。

从我国立法和司法实践看，成文法或司法解释并没有确立"忠实义务"的概念，但司法实践中一些案件的判决已认可劳动者的忠实义务。在 2019 年有关劳动者社交媒体言论的两起案件中，法院在判决书中也多次指出，劳动者负有忠实义务，并最终判决劳动者败诉。[②] 这说明我国在司法实践中也承认劳动者的忠实义务。当然，目前理论和实务界对忠实义务的概念、来源及其具体内容，以及忠实义务与主要义务、附随义务之间的关系，尚待深入研究并形成共识。

概言之，言论自由是包括劳动者在内的公民的一项基本权利，劳动者的言论自由应得到保护。诚如德国宪法法院所言，如果言论自由在劳动关系中得不到或者只得到部分实现，那显然和言论自由的基础性地位不符。[③] 另一方面，言论自由也受到法律的限制，劳动者的言论自由也因其忠实义务受到限制。因此，如何处理雇员言论自由和忠实义务的关系，是

---

① 焦兴铠等：《"劳动基准规定"释义——施行二十年之回顾与展望》，（台北）新学林出版股份有限公司，2009，第 101 页。
② 参见《沈某与空中客车（中国）企业管理服务有限公司劳动争议二审民事判决书》，北京市第三中级人民法院（2019）京 03 民终 12053 号民事判决书，及《徐某与雀巢（中国）有限公司北京分公司劳动争议二审民事判决书》，北京市第二中级人民法院（2019）京 02 民终 9499 号民事判决书等案例。
③ 参见王倩《从德国法看雇员的言论自由和忠诚义务》，《社会科学战线》2017 年第 5 期。

各国面临的共同话题。法国学者指出,"传统上,雇员特别是公司高管负有忠实义务,但这一义务不应损害工人的基本权利,比如表达自由,除非其被滥用,否则应受到保护"。① 因此,如何平衡劳动者的自由与雇主的利益,如何判断劳动者的言论是否违反忠实义务,成为实践中的一个核心问题。

四 我国司法实践中劳动者社交媒体行为合法性的判定方法

由于言论自由是一项基本权利,而劳动者的忠实义务具有较大弹性,二者关系如何处理,如何判定劳动者的言论尤其是社交媒体言论行为是否违反忠实义务,是一个实践的难题。目前,我国已有较多案例,法院在实践中也考虑多种因素以决定雇主对雇员社交媒体行为的惩戒措施尤其是解雇是否合法。总结这些因素,对于指导劳动关系当事人的行为,统一裁判尺度,提高此类案件的裁判质量,具有重要意义。

在一些典型案例中,法院通常会考虑企业的规章制度、劳动者社交媒体行为的散布范围、散布信息的真实性、劳动者是否听从企业的提示或要求等。例如,在2019年的一起典型案件中,法院认定:(1)劳动者长时间在不同的社交媒体持续、重复发布公司打压员工的信息,且文字内容的点击量达到三万多,以此认定劳动者对公司的声誉产生了负面影响;(2)原告劳动者无法举证证明发布内容的真实性;(3)单位多次与劳动者沟通,希望其停止发布不实信息并澄清相关内容,但劳动者不予接受;(4)企业的规章制度包括劳动者"传播有损公司声誉的言论、文字"的,公司可以严重违纪予以辞退等内容;法院最终支持单位的解雇行为。②

在2019年的一起涉及知名跨国公司的案件中,一审法院指出,"劳动者作为公民享有言论表达的自由","言论自由在劳动关系中也应该得到

---

① Michel Despax, Jean-Pierre Laborde, Jacques Rojot, *Labour Law in France*, 2nd. ed., Kluwer Law International, 2017, pp. 117~118.
② 参见"黄某与铭基食品有限公司劳动合同纠纷案",广东省深圳市罗湖区人民法院(2018)粤0303民初25557号民事判决书;广东省深圳市中级人民法院(2019)粤03民终15756号民事判决书。

保障","但是劳动者的言论自由应该受到劳动关系一般原则的限制,也就是不得侵犯公民、法人的名誉权、荣誉权、商业秘密等权利。同时,劳动关系具有一定的人身属性,劳动者亦负有忠实义务"。该案中,法院主要基于以下事实和因素作出裁判:(1)在一个多月里,劳动者在各大知名互联网及社交平台用多种文字共发表了42篇与公司相关的文章或录音;(2)除存在部分客观事实的表述之外,也存在大量具有贬损之意或攻击性的表述;(3)公司对于劳动者的申诉进行了调查,与之进行多次交谈,并提出转岗等建议;(4)劳动者的行为已超越言论自由的限度,对公司的声誉造成了影响;(5)公司向劳动者发出书面警告,要求其删除发布的文章,但劳动者予以拒绝;(6)公司根据《员工手册》作出解雇决定。一审法院基于上述事实,支持单位的解雇决定。二审法院认可一审法院的判决,认为劳动者的行为属于严重违反公司的规章制度。[①] 在该判决中,法院综合考虑劳动者发布信息的真实性、信息的影响范围、信息是否具有攻击性、公司是否采取沟通措施并给予警告、公司的声誉是否受到损害、公司是否存在规章制度等,这些因素对于判断雇员的行为是否违反忠实义务以及是否造成雇主的损害,都具有关联性,值得肯定。

在2019年的另一起涉及知名跨国企业的案件中,法院基于以下主要事实和要素作出裁决:(1)劳动者在公司已就劳动者的申诉事项进行调查并作出最终结论的情况下,仍持续反映该事项;(2)群发邮件的受众多、范围广,共有4个部门的40余名人员收到邮件;(3)群发邮件的内容涉及公司其他4名员工的履职情况;(4)劳动者的言辞激烈,无法证明群发邮件内容客观真实;(5)邮件多处明显针对4位员工而非公司,内容呈现主观判断、否定性评价及猜疑的情况,不排除对个人声誉造成影响;(6)劳动者的行为破坏公司的管理秩序,对管理人员的管理权威提出了挑战,可能造成管理人员的履职困难。基于前三项理由,法院认为劳动者的申诉不属于正常申诉,综合考虑以上因素,法院支持公司的解雇行为。[②] 该案法院考虑的因素也是可圈可点的,尤其是提到劳动者的行为对"管理权威提出了挑战",并进而破坏了公司的管理秩序。管理权威实际

[①] 参见《沈某与空中客车(中国)企业管理服务有限公司劳动争议二审民事判决书》,北京市第三中级人民法院(2019)京03民终12053号民事判决书。

[②] 参见《徐某与雀巢(中国)有限公司北京分公司劳动争议二审民事判决书》,北京市第二中级人民法院(2019)京02民终9499号民事判决书。

上是公司规章制度或雇主对雇员的指示权的效力的无形体现，是职场管理秩序的一部分，应当得到尊重。另外，在该案中，劳动者的言论主要涉及其他劳动者而非公司，其裁决也具有相当的指导意义。

上述三个案例是用人单位胜诉的案例。在法院作出对劳动者有利的判决中，法院通常会考虑以下因素：（1）劳动者反映的问题是否属实。如果劳动者反映的问题属实或者主要是表达合理诉求，法院将认为劳动者不存在恶意制造谣言、诽谤言论。① （2）行为是否对公司造成损害。在一些案件中，法院认为劳动者的行为并不恰当，但没有证据表明其行为对公司的名誉等造成损害，② 所以不支持用人单位的解雇行为。（3）行为的严重程度。在一些案件中，法院认为劳动者的行为没有达到"不利于公司工作"的程度或"严重程度"，③ 因此不支持用人单位的解雇行为。（4）言论的传播范围。在一些案例中，法院考虑言论的传播范围，诸如知晓的人数多少，朋友圈和公众媒体的差别，微信群是否属于公共空间，发布的言

---

① 参见郭某与北京东方车云信息技术有限公司劳动争议纠纷案，北京市朝阳区人民法院（2018）京0105民初29182号民事判决书；利纳马汽车系统（无锡）有限公司与侯某经济补偿金纠纷案，江苏省无锡市新吴区人民法院（2018）苏0214民初5349号民事判决书；梅某与苏州广贤电子有限公司劳动争议上诉案，江苏省苏州市中级人民法院（2019）苏05民终4057、4058号民事判决书；上海日邮汽车运输有限公司与冯某劳动合同纠纷上诉案，上海市第二中级人民法院（2019）沪02民终2765号民事判决书；上海日邮汽车运输有限公司与杨某劳动合同纠纷案，上海市宝山区人民法院（2018）沪0113民初13835号民事判决书；丸红（上海）有限公司与曹某经济补偿金纠纷上诉案，上海市第一中级人民法院（2019）沪01民终9108号民事判决书。

② 参见曹某与丸红（上海）有限公司经济补偿金纠纷案，上海市浦东新区人民法院（2019）沪0115民初20393号民事判决书；广东顶誉食品有限公司与程某劳动争议上诉案，广东省广州市中级人民法院（2019）粤01民终16899号民事判决书；国信证券股份有限公司宜宾航天路证券营业部与赵某劳动争议上诉案，四川省宜宾市中级人民法院（2019）川15民终1309号民事判决书；深圳市诺威达科技有限公司与陈某劳动合同纠纷案判决书，广东省深圳市中级人民法院（2018）粤03民终24601号民事判决书；中国石油运输有限公司山西分公司与卫某劳动争议纠纷案，太原市小店区人民法院（2019）晋0105民初5420号民事判决书。

③ 参见《东方时尚驾驶学校股份有限公司与康某劳动争议二审民事判决书》，北京市第二中级人民法院（2019）京02民终4030号民事判决书；《冠群驰骋投资管理（北京）有限公司等劳动争议二审民事判决书》，北京市第三中级人民法院（2019）京03民终4070号民事判决书；《国信证券股份有限公司宜宾航天路证券营业部、赵某劳动争议二审民事判决书》，四川省宜宾市中级人民法院（2019）川15民终1309号民事判决书；《深圳市诺威达科技有限公司与陈某劳动合同纠纷二审民事判决书》，广东省深圳市中级人民法院（2018）粤03民终24601号民事判决书；《刘某与东方时尚驾驶学校股份有限公司劳动争议一审民事判决书》，北京市大兴区人民法院（2018）京0115民初1487号民事判决书。

论是否已删除等情形。①（5）惩戒措施是否合理。在一些案件中，法院认为虽然劳动者的行为存在不妥，但尚不足以构成用人单位解雇的事由，用人单位应当先对劳动者进行教育或警告，解雇的惩戒措施过重。② 此外，在一个富有启发性的案例中，虽然用人单位的规章制度禁止劳动者"在媒体或公众场合作不利宣传"，法院认为用人单位不应以"模糊的概括性条款约束员工私人微信中的社交行为"，而应举证说明哪些行为视为在媒体对公司作不利宣传或者存在严重过失。③ 法院的这一观点值得赞赏。言论自由以及使用社交媒体是包括劳动者在内的公民的一项基本权利，公司不能概括性地排除劳动者的这一权利。

法院在用人单位败诉的案例中的具体考量因素也值得关注。在上述吴某与某汽车有限公司的纠纷中，一审法院认为，吴某因对其2020年2月实发工资数额问题在微信群中提出异议，并未在异议中泄露其工资数额，且考虑到其提出异议的背景和原因，该异议亦不足以构成公司在解除通知中所称的"因言论不当造成公司恶劣影响"，故公司对吴某作出的解雇行为构成违法。二审法院认为，公司的规章制度虽规定员工不得泄露、打探其他员工薪酬，但该行为并不必然导致解除劳动合同，仍应根据行为的性质、过错程度、后果等进行处理。吴某在异议中并未泄露、打探工资数额，公司虽主张吴某的行为造成恶劣影响，但对此未提交证据证明，故该公司主张吴某的行为构成严重违纪并与其解除劳动合同，缺乏事实依据和

---

① 参见《深圳市诺威达科技有限公司与陈某劳动合同纠纷二审民事判决书》，广东省深圳市中级人民法院（2018）粤03民终24601号民事判决书；《吉林省宏源防水材料有限公司与于某劳动合同纠纷一审民事判决书》，吉林省公主岭市人民法院（2019）吉0381民初759号民事判决书；《利纳马汽车系统（无锡）有限公司与侯某经济补偿金纠纷一审民事判决书》，江苏省无锡市新吴区人民法院（2018）苏0214民初5349号民事判决书；《青岛百安居家居有限公司、董某劳动争议二审民事判决书》，山东省青岛市中级人民法院（2018）鲁02民终4001号民事判决书。

② 参见《广东诺科冷暖设备有限公司、唐某劳动合同纠纷二审民事判决书》，广东省湛江市中级人民法院（2019）粤08民终1953号民事判决书；《广州家化化学有限公司与曹某劳动合同纠纷一审民事判决书》，广东省广州市黄埔区人民法院（2019）粤0112民初162号民事判决书；《刘某与东方时尚驾驶学校股份有限公司劳动争议一审民事判决书》，北京市大兴区人民法院（2018）京0115民初1487号民事判决书；《上海日邮汽车运输有限公司与杨某劳动合同纠纷一审民事判决书》，上海市宝山区人民法院（2018）沪0113民初13835号民事判决书；《丸红（上海）有限公司与曹某经济补偿金纠纷二审案件二审民事判决书》，上海市第一中级人民法院（2019）沪01民终9108号民事判决书。

③ 《吉林省宏源防水材料有限公司与于某劳动合同纠纷一审民事判决书》，吉林省公主岭市人民法院（2019）吉0381民初759号民事判决书。

法律依据，系违法解除。①

除了以文字等形式发表言论，以图片或者图片和文字结合的方式发表言论的裁判也具有重要参考价值。在 2022 年的航空公司乘务员案中，法院认为：郭某自拍行为所处的时间段应属于飞行值勤期内，没有证据显示乘务员当时可以休息。郭某从试穿、拍照、构思文案发朋友圈到关注反馈情况等活动中，分散了大量精力，与其应履行的职责相违背。从郭某发朋友圈的内容可知，其主观目的是宣传内衣商品，亦与其应履行的职责相违背。郭某作为乘务长，本身应起到示范作用与带头作用，但是其利用工作时间、工作场所发布不雅照宣传内衣商品，必然造成不良的社会示范效果，对航空公司的形象、安全声誉均会造成较大影响，从而影响社会公众对航空公司安全声誉的信任。郭某主张其内衣照并没有大范围的流传，没有引起大规模的讨论，但鉴于该照片已经实际经互联网发布且被人截图举报，结合互联网虚拟载体记忆难以消除的特征，二审法院认为郭某的举证不足以证明其发布不雅照的行为的影响轻微，对该项意见不予采纳。二审法院推翻一审法院判决，认定航空公司的解雇行为不违法。② 该案中，法院主要从行为的严重程度、造成的危害程度以及信息的传播范围等方面认定雇员的行为是否超出了言论自由的边界。该案中劳动者主要采取图片传播的方式而不是一般的文字言论，但本质上也是在社交媒体发布信息，只是发布的信息内容和公司并不直接相关，但其发表言论的行为仍和劳动者的义务存在张力。

从上可以看出，我国法院在上述案件中考虑劳动者的言论是否属实，是否存在恶意，是否给公司的名誉造成损害，是否违反单位的规章制度等，这些事实都是判断劳动者是否违反忠实义务尤其是否损害用人单位的权利和利益的重要因素，值得肯定。法院在多起案件中认为，虽然劳动者的行为存在不当，但尚未达到严重程度，因此不认可用人单位的解雇行为，或者认为劳动者的行为虽然不当，但单位不应采取解雇措施而应采取其他更为轻微的惩戒措施，体现了对劳动者言论自由的周全保护以及解雇理由应该充分的理念，值得肯定。由于劳动者忠实义务的内容宽泛，判断劳动者的行为是否对雇主造成损害也并非易事，法院在个案中通盘考量各种事实、综合考虑各种因素作出裁判的方法，值得肯定。

---

① 北京市第一中级人民法院民事判决书（2021）京 01 民终 5928 号。
② 《中国南方航空股份有限公司、郭某劳动争议民事二审民事判决书》，广东省广州市中级人民法院（2021）粤 01 民终 27615、27616 号民事判决书。

当然，我国目前的司法实践也存在需要改进的地方。一是一些裁判的说理过于简单，没有对裁判的理由作出充分说明。二是类似案件裁判结果不同的现象依然存在。三是在作出对劳动者不利的判决中，法院往往要求劳动者证明其言论的真实性，但劳动者表达的内容大多与工作相关，尤其是与单位管理者的行为有关，这些证据往往不掌握在劳动者手中，由劳动者证明其真实性，举证责任似乎过重。四是从案件的裁判结果看，此类案件中劳动者败诉的比例不低，换言之，法院对劳动者社交媒体言论的要求较为严格。笔者认为，法院应当从更多因素综合考虑劳动者社交媒体行为是否违法，对劳动者社交媒体行为的规制不宜过于严苛。目前的司法实践中，法院较少审查单位规章制度中有关社交媒体言论的规则是否合法以及是否合理，这是需要改进的，应防止用人单位通过制定社交媒体行为规则过分限制劳动者的言论自由。

五 确立劳动者社交媒体言论自由边界应考量的具体因素

（一）判断劳动者社交媒体言论行为是否合法的"四要素"

由于劳动者忠实义务主要通过判例规则确立，其内容本身具有较大弹性，劳动者是否损害雇主利益以及损害程度也较难确定，加上因劳动者发表对雇主不利的言论往往导致雇主的惩戒措施包括解雇，而惩戒措施包括解雇行为本身也具有很大弹性，因此，雇员社交媒体言论的边界如何确定，是一个富有挑战性的问题。英国学者指出："不断出现的案例将带来一个问题，即职场的表达自由应该在多大程度上受到保护。"[1] 确立劳动者社交媒体言论自由边界的核心任务，在于平衡劳动者言论自由的权利与雇主的权利和利益。因此，平衡劳动者和雇主的权利和利益，需要综合考量劳动者社交媒体行为的具体事实和各种要素，从而判断劳动者行为是否损害雇主利益、是否违反忠实义务，进而得出劳动者社交媒体行为是否超出言论自由边界以及合法与否的结论。故此，需要结合社交媒体的特点，总结归纳出裁判劳动者行为合法与否应考量的要素，以便为司法实践以及劳动者的社交媒体行为提供指引。根据言论自由和劳动者忠实义务的原理

---

[1] Megan Pearson, "Offensive Expression and the Workplace", *Industrial Law Journal*, Vol. 43, No. 4, December 2014, p. 450.

以及社交媒体的特点，结合我国司法实践以及国外相关理论和案例，笔者认为，在界定劳动者社交媒体言论自由的边界以及判定劳动者社交媒体言论是否违法或者构成惩戒事由时，应综合考虑以下"四要素"。

第一，用人单位关于劳动者社交媒体行为的规章制度。

雇主通过法定程序制定的规章制度对劳动者具有法律效力，规章制度往往也被纳入合同而具有约束力。由于言论自由的边界在法律上难以明文规定，因此，应允许雇主规定雇员使用社交媒体的规章制度或规则。如果雇主制定了有关社交媒体使用的规章制度而劳动者违反其规定，劳动者不仅应承受违反规章制度的不利后果，也可能要承担违反合同义务的后果。雇主有关使用社交媒体的规章制度往往成为判断雇员社交媒体行为是否合法的重要依据，并在案件审理中具有重要地位。例如，在澳大利亚，行政机关和法院的决定表明社交媒体规则的存在是决定雇员遭解雇或惩戒是否公正的一个"核心考虑因素"。[1] 需要强调的是，雇主的规章制度必须合法合理，不能过度限制劳动者社交媒体的使用。例如，在美国，雇主不能完全禁止雇员在工作中或利用职场资源从事或参与社交媒体，也不得对雇员使用保密或个人信息作出宽泛的限制。[2] 案例也表明，企业规章或规则需要明确具体。雇主的规章制度应"不使用宽泛的、包罗万象的用语，诸如'有攻击性的行为'和'不适当的讨论'"，规则应当具体，包括"列举禁止的行为类型的范例"。[3] 与规章制度关系密切的是雇主的指示权。如果雇主对雇员可能不当的言论提出警告或者提示，或者发出删除请求，雇员没有反应，则雇员行为可能构成对雇主指示的违反从而违反劳动者义务，其社交媒体行为的合法性可能遭到质疑。由于遵守雇主的规章制度以及指示是雇员的重要义务，因此，雇员是否违反雇主有关社交媒体的规章制度或指示成为此类案件的重要因素。

第二，劳动者言论的行为动机。

上述分析表明，忠实义务来自诚信原则，要求雇员以善意的方式行使权利、履行义务，因此，雇员在社交媒体上的行为动机或主观状态是判断

---

[1] Louise Thornthwaite, "Social Media, Unfair Dismissal and the Regulation of Employees' Conduct Outside Work", *Australian Journal of Labour Law*, Vol. 26, 2013, p. 184.

[2] Jessica A. Magaldi, Jonathan S. Sales, "Exploring the NLRB's Jurisprudence Concerning Work Rules: Guidance on the Limits of Employer Policy to Regulate Employee Activity on Social Media", *University of San Francisco Law Review*, Vol. 52, 2018, p. 265.

[3] Jessica Ireton, "Social Media: What Control do Employers Have over Employee Social Media Activity in the Workplace?" *Houston Business and Tax Law Journal*, Vol. 14, 2014, pp. 177~178.

其是否违反忠实义务的重要因素。实践中经常出现雇员由于自身权利受到损害或诉求无法得到满足而在社交媒体发表不利于雇主的言论,这类言论的动机往往是雇员为争取自身利益或表达合理诉求,因此对其行为应有较大的容忍度。如果雇员没有客观事由,纯粹或主要是为了损害雇主的利益而发表言论,则其合法性应遭到质疑。在一些国家,雇员发表社交媒体言论的动机也是判断其合法与否的重要因素。在美国,判例表明雇员"故意损害"企业的言论受到限制。[1] 尽管《国家劳动关系法》保护雇员对雇主的集体批评,但是雇员不得"故意或恶意发表虚假"的诽谤评论或声明。[2] 如果有足够证据表明雇员社交媒体的言论是出于"恶意动机",其不受《国家劳动关系法》第7条的保护。[3] 在澳大利亚,在判例中也考虑雇员社交媒体言论的"主观动机"。在一些行政案件中,主管机关不仅要求雇主证明雇员的社交媒体行为损害其利益,还要证明雇员的社交媒体言论是针对雇主或其他雇员的。[4] 实践中,在判断雇员动机时,往往要考察雇员言论的真实与否。

第三,劳动者言论造成的后果。

劳动者忠实义务强调劳动者应维护雇主利益,不应从事伤害雇主利益的言行,因此劳动者行为是否损害雇主利益也是判断其行为是否违法的重要依据。在判断雇员言论是否合法时,应考察其是否对雇主声誉、业务或其他利益造成了潜在或现实的损害。2019年在澳大利亚发生了一起著名橄榄球球员以色列·佛劳(Israel Folau)因发表言论遭到解雇的案例。该球员的言论遭到质疑,部分原因是其行为被认为属于与劳动合同持续不相符合的严重而故意的行为,而且对雇主"声誉、生存能力和盈利能力"造成了严重而紧迫的风险。由于该球员的言论,雇主面临主要赞助商终止合作的潜在损失。[5] 在美国,判例也表明,如果雇员尖锐地、公开地贬

---

[1] Tara R. Flomenhoft, "Balancing Employer and Employee Interests in Social Media Disputes", *American University Labor and Employment Law Forum*, Vol. 6, No. 1, 2016, p. 29.

[2] Jessica Ireton, "Social Media: What Control do Employers Have over Employee Social Media Activity in the Workplace?" *Houston Business and Tax Law Journal*, Vol. 14, 2014, p. 149.

[3] Jessica A. Magaldi, Jonathan S. Sales, "Exploring the NLRB's Jurisprudence Concerning Work Rules: Guidance on the Limits of Employer Policy to Regulate Employee Activity on Social Media", *University of San Francisco Law Review*, Vol. 52, 2018, p. 248.

[4] See Timothy Grellman and James Early, "When does Online Misbehaviour Constitute a 'Valid Reason' for Dismissal?" *Employment Law Bulletin*, June 2017, p. 61.

[5] Alana Hudson, "Freedom of Expression vs the Employer's Right to Regulate Employee Behaviour: Why the Folau Case Is Not about Religion", *Employment Law Bulletin*, November 2019, pp. 44~45.

损、攻击企业的产品和经营策略,并且其方式很可能损害企业声誉和减少其收入,则雇员的言论不受保护。[1] 因此,雇员的言行对雇主声誉是否造成影响,对雇主业务是否造成影响包括业务是否减少、利润是否减少及其他潜在影响,都是处理此类案件应考虑的因素。通常,只有雇员的行为对雇主声誉、业务或其他利益造成明显的、真实的影响或危险时,才构成对雇主利益的损害,雇员的言论才应受到限制。如果雇员只是一般的抱怨或批评,没有对雇主声誉或业务造成明确的现实或潜在影响,则雇员的言论不应受到追究。

第四,劳动者行为的具体情节及其严重程度。

由于言论自由是一项基本权利,劳动者忠实义务具有较大弹性,为了保护劳动者的言论自由和利益,通常只有当劳动者言论行为的情节达到严重程度,劳动者才应受到解雇或其他惩戒。雇员行为的具体情节及其严重程度,除了以上提及的主观动机和损害后果,还可以从行为本身来判断。这些具体因素包括:其一,言论的真实与否。如果雇员的言论属实,其合法性提高,如果雇员的言论与事实不符甚至捏造事实,则可能损害雇主声誉,其言论的合法性降低。其二,雇员发表言论的起因。如果劳动者发表言论是由于企业存在损害劳动者利益的行为,劳动者言论的合法性提高。反之,如果企业不存在损害劳动者利益的行为,雇员发表对雇主不利言论的合法性降低。如上述,雇员言论的起因也是判断雇员动机的因素。其三,社交媒体的传播范围。社交媒体传播范围越广,对雇主影响越大,对雇主的损害也可能越大,反之则越小。因此,雇员社交媒体的传播范围,对"好友"和公众的开放程度,比如朋友圈"好友"的数量,社交媒体是朋友圈还是微信群,邮件发送对象数量,雇员发表相同或类似评论的次数和频次,受众对言论的反应程度,雇员接到雇主提示后是否及时删除言论等,都是考察传播或影响范围时应当考虑的。其四,雇员是否可以采取其他替代方式。如果雇员可以通过其他内部途径反映情况或进行投诉,但仍直接在社交媒体发表言论,则雇员行为的合法性降低,反之,如果雇员通过雇主内部救济程序后再使用社交媒体,则其合法性提高。其五,雇员言论行为的对象。如果雇员言论不仅涉及企业,还涉及其他雇员并对其他

---

[1] Jessica Ireton, "Social Media: What Control do Employers Have over Employee Social Media Activity in the Workplace?" *Houston Business and Tax Law Journal*, Vol. 14, 2014, pp. 151~152.

雇员造成影响,其行为的合法性降低。英国 2012 年的一个案例也表明,如果雇员的行为针对明确、具体的其他雇员,且有侮辱、诽谤的嫌疑,则雇员言论的合法性应受质疑。① 其六,雇主是否对雇员进行了警告或提示。如果雇主已经对雇员可能违法的言论提出警告或提示,雇员置之不理,则雇员行为的合法性降低。因为雇员对雇主的警告或提示置之不理,可能构成雇员对遵守雇主指示义务的违反,从而增强了雇主对其惩戒的合法性。值得注意的是,虽然雇主通常只能对雇员工作时间内的行为进行监督,但由于网络的特殊性,雇员在下班时间使用自家电脑在网络上留言,对雇员行为的性质并没有影响。②

在上述"四要素"中,第一个要素关注劳动者社交媒体行为的规则依据,第二个要素关注行为动机,第三个要素关注行为后果,第四个要素关注行为情节。因此,"四要素"是一个相对完整的包含行为依据、动机、后果、情节的衡量体系,彼此之间的逻辑关系和侧重要点较为清晰,可以为劳动者的社交媒体行为以及司法机关裁判提供较为全面的指引和参考。需要指出的是,"四要素"是一个综合考虑的体系,要素之间也存在关联,对于认定劳动者行为的合法性并非"缺一不可"。因此,在司法实践中,判断劳动者言论是否合法,应当综合考虑"四要素"及其之下相应的具体因素,在个案中对案件的具体事实和各种因素作出全面的认定和考量。各国在实践中的做法也体现了这一点。例如,在澳大利亚,有关部门在处理劳动者社交媒体言论案件时也需要考虑诸多因素,这些因素包括:(1) 评论的性质和严重程度;(2) 信息的来源;(3) 雇主或组织的名称是否被提及;(4) 其他雇员是否看到信息;(5) 信息的公开程度;(6) 雇主业务和(或)产业是否受到损害以及损害的程度;(7) 评论是出于冲动还是故意;(8) 信息是否被及时撤回还是一直保留;(9) 雇员是否表示出后悔或自责;(10) 雇主对雇员社交媒体行为是否及时表达关注;(11) 雇主是否已制定并告知全面的社交媒体政策。③ 这些因素都值得参考。在美国也是如此,雇员的社交媒体行为是否受到法律保护,是一

---

① Megan Pearson, "Offensive Expression and the Workplace", *Industrial Law Journal*, Vol. 43, No. 4, December 2014, p. 449.

② Louise Thornthwaite, "Social Media, Unfair Dismissal and the Regulation of Employees' Conduct Outside Work", *Australian Journal of Labour Law*, Vol. 26, 2013, pp. 178, 183.

③ Louise Thornthwaite, "Social Media, Unfair Dismissal and the Regulation of Employees' Conduct Outside Work", *Australian Journal of Labour Law*, Vol. 26, 2013, p. 182.

个"事实密集"（fact-intensive）的问题，需要进行个案分析。① 从澳大利亚处理劳动者社交媒体言论案件所考虑的因素看，这些具体因素基本上可以被"四要素"所涵盖，各种具体因素也是围绕着雇主的规章制度、劳动者的行为动机、行为后果以及行为的具体情节等展开的。

（二）雇主对劳动者社交媒体行为的惩戒措施应符合"比例原则"

实践中，雇主经常对雇员可能损害雇主利益的社交媒体行为采取惩戒措施。这些惩戒措施是否正当，除了应考察上述雇员行为的"四要素"外，也应考量雇主采取的惩戒措施是否正当。雇主对雇员实施的惩戒制度一般应遵循三项原则：规则明确，公平合理，程序正当。其中，"公平合理"原则要求"惩戒事由和措施都必须符合'比例原则'"。② 在有关劳动者社交媒体行为的惩戒中，比例原则尤为重要。由于言论自由是一项基本权利，解雇保护也是劳动法的一项基本原则，只有当劳动者社交媒体行为的严重程度较高，且具有明显的现实或潜在损害时，雇主才可以对雇员行使解雇权。通常，如果雇员行为及其损害只是轻度或中度，雇主不可行使劳动合同解除权，雇主应该采取警告或者其他惩戒措施。2019年英国上诉法院有一个影响较大的案例。英国谢菲尔德大学认为学生菲利克斯·恩戈尔（Felix Ngole）在2015年发表不当言论，将其开除。高等法院在一审中支持了学校的决定，但上诉法院推翻了一审法院的判决，理由包括：学校没有为该学生提供如何在公共论坛上更恰当地发表言论的指引，而且学校没有考虑采取较为轻微的惩戒措施，例如警告。基于上述理由和其他理由，法院认为学校的决定对该学生是"有瑕疵、不成比例、不公正的"。③ 虽然该案发生在学校与学生之间，双方并不是劳动关系，但学校与学生以及雇主与雇员之间都存在一定的管理和从属关系，因此该案的裁判理念对劳动者社交媒体言论案件仍具有较大参考价值。从我国有关劳动者社交媒体行为的司法实践看，法院也经常运用这一原则。因此，比例原则是判断雇主对劳动者社交媒体言论行为采取的惩戒行为是否合法时应遵守的重要原则。

---

① See Susy Hassan, "The NLRB's Evolving Stance on Regulating Employee Social Media Use", *Business Law Today*, November 2011, p. 3.
② 参见谢增毅《用人单位惩戒权的法理基础与法律规制》，《比较法研究》2016年第1期。
③ Alana Hudson, "Freedom of Expression vs the Employer's Right to Regulate Employee Behaviour: Why the Folau Case Is Not about Religion", *Employment Law Bulletin*, November 2019, pp. 42~43.

六 小结

言论自由是公民的一项基本权利，劳动者职场的言论自由，包括在社交媒体发表言论的自由，应该得到保护。但任何权利都不是绝对的，劳动者与雇主之间存在劳动关系，劳动者承担着劳动关系中的义务包括忠实义务，劳动者在社交媒体上的言论自由受到限制，雇主在劳动关系中也有维护其合法利益、维护职场秩序的权利。因此，对于劳动者社交媒体行为需要综合考虑言论自由的价值、劳动者的义务以及雇主的权益等，平衡劳动者的言论自由权利与劳动者忠实义务的关系，并在雇员权利和雇主利益之间寻求平衡。由于社交媒体具有自身的特点，如何平衡雇员权利和雇主利益并不容易。美国有学者指出，"由于社交媒体的性质，它的广泛覆盖以及快速的变化和创新，雇主制定社交媒体政策以及雇员的哪些社交媒体行为受到法律的限制，都存在巨大的不确定性"[①]。我国同样面临这一挑战。言论自由具有重要价值，劳动者忠实义务的内容富有弹性，确立劳动者言论自由的边界需要在个案中考察劳动者行为的各种具体事实，包括行为是否符合雇主规章制度的要求以及行为动机、行为后果和具体情节，以此判断雇员行为是否合法，以及雇主对雇员社交媒体行为采取的惩戒措施是否合法。当前我国司法实践已出现了数量相当可观的案例，亟待通过理论深入和实务总结为司法裁判以及劳动者和用人单位的社交媒体行为和规则提供进一步指引，并不断提高司法裁判质量。

[①] Jessica A. Magaldi, Jonathan S. Sales, "Exploring the NLRB's Jurisprudence Concerning Work Rules: Guidance on the Limits of Employer Policy to Regulate Employee Activity on Social Media", *University of San Francisco Law Review*, Vol. 52, 2018, p. 263.

第六章　劳动者的个人信息保护

近年来，个人信息或个人数据保护成为法学界研究的热点。在《民法典》编纂过程中，个人信息保护被纳入民法典，2021年8月全国人大常委会通过《个人信息保护法》。与对个人信息保护的一般研究相比，学者对个人信息保护的具体领域研究相对薄弱，目前学界对劳动者个人信息保护的关注不足。现实中，由于劳动者和用人单位之间具有持续性关系，双方存在从属性，劳动者隐私或个人信息容易遭到侵害。实践中，我国有关劳动者职场的隐私或个人信息纠纷亦经常发生，包括雇主在招录过程中因体检或其他信息处理导致求职者或劳动者和雇主发生争议、雇主对劳动者人身或物品的搜查、雇主对劳动者和工作场所的监控、雇主在劳动者离职后信息处理不当，等等。在国外，有关职场个人信息保护问题也备受关注。例如，在加拿大，近年来隐私监管机构（Privacy Commissioner of Canada）审查了职场涉及雇员隐私的行为，包括保管雇佣记录、收集医疗信息、背景调查、向第三方披露个人信息、未经授权使用个人信息、使用生物识别信息、视频监控、定位技术（GPS）等。[①] 在美国，根据调查，2014年，公司管理人员常规性阅读雇员邮件或检查雇员个人电脑文件的比例达到43%；2017年大约70%的人力资源管理人员承认使用社交媒体用于筛查求职人员。[②] 随着技术发展，劳动者个人信息保护面临更大挑战。如上述，法国学者指出，雇员个人信息和隐私保护是21世纪劳动关系最核心的问题之一。[③] 因此，劳动者个人信息保护是个人信息保护法和

[①] Marta Otto, *The Right to Privacy in Employment: A Comparative Analysis*, Hart Publishing, 2016, p. 149.

[②] Tammy Katsabian, "Employees' Privacy in the Internet Age: Towards a New Procedural Approach", *Berkeley Journal of Employment and Labor Law*, Vol. 40, 2019, pp. 214~215.

[③] Benjamin Dabosville, Protection of Employee's Personal Information and Privacy in France, in the Japan Institute for Labour Policy and Training: Protection of Employees' Personal Information and Privacy, JILPT Report, No. 14, 2014, p. 31, at https://www.jil.go.jp/english/reports/jilpt_02.html, last visited on June 3, 2024. 该报告为日本劳动政策与培训研究所（The Japan Institute for Labour Policy and Training）公开发表的研究报告之一。

劳动法的重要话题。我国随着民法典颁布，民法典有关隐私和个人信息保护的规定如何适用于劳动关系领域，个人信息保护法如何保护劳动者个人信息，劳动法是否应当及如何规定劳动者个人信息保护的条款，这些成为劳动者个人信息保护的重要内容。本章将围绕劳动关系和劳动者个人信息保护的特殊性，分析劳动者个人信息保护的内涵和价值、基本原则及立法路径，以及劳动者个人信息处理规制的重点内容，以期推动我国劳动者个人信息保护立法及相关实践的完善。

一　劳动者个人信息保护的价值与法律框架

（一）从劳动者隐私权到个人信息保护

隐私权是一项传统的人格权，是民法保护的重要权利。近年来，关于个人信息是一项权利，抑或只是法律保护的利益，也引起了广泛讨论。[①] 同时，隐私权和个人信息保护之间的关系也成为研究热点。当前，学界主流观点认为，人格权（隐私权）保护与个人信息保护是两项不同制度。人格权是一项传统的民事权利，个人信息权则是完全独立的一项新型公法权利，是随着计算机大规模采用才出现的新事物。人格权在性质上属于对世权，对应的义务主体是普遍的。相反，个人信息保护法的义务主体往往是特定的、分层的，是个人信息控制者，不是一般的义务主体，通常不可能是个人，在性质上类似于对人权。[②] 与此相对应，传统的隐私权主要通过侵权法保护，对遭受损害的个人给予赔偿，被侵权人承担举证责任。而在个人信息保护中，只要数据控制者违反法定义务，不论是否造成信息主体实际损害，都可以认定为违法，个人信息保护执法机构可通过公法执法发现并制裁违法。[③] 关于制度适用，有学者指出，全球通行的个人信息权利保护制度只能适用于具有持续性信息不平等的关系，个人信息权利只能针对商业性或专业性收集信息的主体进行主张。[④] 关于利益衡量，有学者指出，相较于传统隐私权保护，个人信息保护与利用所涉利益主体和利益内容更加多元化。信息业者和政府作为信息利用角色的加入，将个人信息

[①] 周汉华：《个人信息保护的法律定位》，《法商研究》2020年第3期。
[②] 周汉华：《个人信息保护的法律定位》，《法商研究》2020年第3期。
[③] 周汉华：《个人信息保护的法律定位》，《法商研究》2020年第3期。
[④] 丁晓东：《个人信息权利的反思与重塑：论个人信息保护的适用前提与法益基础》，《中外法学》2020年第2期。

保护与利用的利益衡量放置于整体社会环境中进行，个人信息保护与利用的社会性使得其不同于传统隐私权保护中个体层面的利益衡量。①

由此可见，隐私权保护与个人信息保护在权利属性、义务相对人、权利具体内容、利益和价值衡量、保护机制等方面存在明显不同。在数字化时代，仅仅依靠传统的隐私权保护机制，对劳动者隐私和个人信息的保护是不够的。首先，随着信息技术的发展，涉及劳动者的信息越来越多，信息更容易被处理。例如，在求职过程中，雇主可能收到成千上万求职者的求职信息，其中可能含有大量信息，用人单位成为大量信息的"信息控制者"，而非一般主体。其次，劳动者或求职者和雇主存在不对等的关系。当前主流观点认为个人信息保护的义务主体非一般的个人，通常是具有信息收集和处理能力的机构，双方具有信息不平等的关系。在劳动关系中劳动者或求职者和雇主之间也具有不平等性，因此，个人信息保护机制可以也应当适用于劳动领域。第三，传统的隐私权保护机制难以对劳动者的隐私或个人信息提供周全保护。隐私权主要依靠传统侵权法保护，而个人信息保护机制有其独特性，还包括公法手段，即依靠公共执法机构对行为人的行为进行监督管理。有学者明确指出，"各国（地区）都是综合利用公法与私法来实现对个人信息的有效保护"。② 通过个人信息保护执法机制，可以弥补传统隐私权保护机制的不足。

因此，在劳动法中应引入个人信息保护的概念和原理，以更充分地保护劳动者的隐私权和个人信息。需要说明的是，虽然隐私权和个人信息保护在保护对象、保护方式和保护理念等方面存在差异，但二者的保护对象存在较大重合，大部分个人信息为隐私信息，加上不同国家隐私和个人信息的概念和范围存在不同，因此隐私权保护和个人信息保护二者也经常融合混用，不做严格区分。例如，美国将个人信息纳入隐私权的范畴加以保护，制定了一系列相关法律。③ 在澳大利亚，"隐私"一词指个人保护其个人信息，包括可以控制谁可以看到及使用其信息的能力。④ 从 20 世纪 70 年代开始，经济合作与发展组织、亚太经济合作组织和欧盟等先后出

---

① 张新宝：《从隐私到个人信息：利益再衡量的理论与制度安排》，《中国法学》2015 年第 3 期。
② 程啸：《民法典编纂视野下的个人信息保护》，《中国法学》2019 年第 4 期。
③ 黄薇主编：《中华人民共和国民法典人格权编释义》，法律出版社，2020，第 188 页。
④ Fair Work Ombudsman, Workplace Privacy Best Practice Guide, Last Updated: January 2023, p. 2, at https://www.fairwork.gov.au/how-we-will-help/templates-and-guides/best-practice-guides/workplace-privacy, last visited on February 28, 2024.

台了个人信息保护相关准则、指导原则和法规,有 140 多个国家和地区制定了个人信息保护方面的法律。[1] 可见个人信息保护的理念和规则已被广泛接受和采用。本章使用劳动者个人信息保护的概念,主要分析劳动关系中的个人信息保护及其机制,并根据语境和场景使用"隐私权"或"个人信息保护"的表述。

(二) 劳动者个人信息保护的独特价值

个人信息保护对于信息主体的人格尊严和自由价值,应当是个人信息保护立法中首要考虑的因素。[2] 换言之,个人信息保护的主要价值在于保护信息主体的人格尊严和自由。劳动者个人信息保护除了个人信息保护的一般价值之外,还具有其独特价值。这种独特价值主要体现在对隐私和个人信息的保护有助于保护劳动者(包括求职者)的平等权、言论自由权和工作中的权利等其他权利。有学者指出,劳动关系背景下的隐私权不仅有利于促进其他类型的自由(表达、宗教、免受歧视等)的实现,也有助于促进社会权利,包括工作中的尊严、正当的工作条件、工作中的健康和安全,以及就业的权利。[3] 具体而言,对劳动者个人信息保护有助于实现下列价值。

第一,保护求职者和劳动者的平等权。平等就业权是公民的一项基本权利。在求职阶段,雇主往往要求求职者提供各种信息或者主动收集信息,并在一定程度上基于收集的信息作出是否录用的决定。随着技术的发展,雇主除了传统上要求求职者提供个人信息之外,还可以通过网络手段收集到求职者信息,甚至包括通过第三方对求职者实施背景调查等。大量信息可能与工作有关,也可能与工作无关,如果不对雇主的信息处理行为进行规制,雇主可能基于法律禁止的理由或者其他不合理的理由拒绝求职者的申请,从而损害求职者的就业平等权。例如,以往我国许多雇主因求职者是乙肝表面抗原(病毒)携带者而拒绝录用,政府部门致力于从规范体检行为入手解决此问题。此外,随着技术的发展,一些公司通过计算

---

[1] 《关于〈中华人民共和国个人信息保护法(草案)〉的说明》,全国人大网,www.npc.gov.cn/npc/c2/c30834/202108/t20210820_313092.html,最后访问时间:2024 年 3 月 1 日。

[2] 张新宝:《从隐私到个人信息:利益再衡量的理论与制度安排》,《中国法学》2015 年第 3 期。

[3] Marta Otto, *The Right to Privacy in Employment: A Comparative Analysis*, Hart Publishing, 2016, p.195.

机算法，对求职者实行自动化筛选和录用，① 雇主可能通过复杂的算法掩盖其可能存在的歧视行为，对雇主处理信息的行为进行监管更显重要。雇主也可能基于其收集的信息在劳动关系存续期间对劳动者实行差别对待。因此，劳动者的个人信息保护对于保护其平等权尤其是平等就业权具有重要意义。

第二，保护劳动者的言论自由权。随着网络通信技术发展，社交媒体越来越流行。同时，越来越多的雇主对雇员言论尤其是在网络上的言论进行监控或者收集。言论自由是公民的一项基本权利，也是劳动者的一项基本权利。如果放任雇主对雇员言论尤其是社交媒体言论信息的处理，雇主可能基于雇员或求职者的言论作出对其不利的决定，包括解雇，雇员的言论自由权可能受到极大限制。

第三，保护劳动者工作中的权利。对雇员隐私和个人信息的不当侵入可能损害雇员工作中的权利，包括影响雇员的工作表现、人格尊严和身心健康。对雇员隐私和个人信息的不当处理，比如实时监控和实时定位，可能抑制雇员的创新和潜能，影响雇员的工作效率和工作表现，甚至可能造成雇员的紧张和忧虑，限制其行为自由，从而损害雇员的人格尊严和身心健康。

第四，矫正劳动关系中雇员的不利地位。职场的个人信息保护和其他领域个人信息保护不同。例如，消费者购买商品或者服务，由于大部分商品或服务市场是充分竞争的，如果交易对方对个人信息保护不力或者个人信息保护政策不佳，消费者可以选择其他交易对象，防止个人信息被不当处理。但在职场，如果雇员对雇主个人信息政策或者做法有异议，其选择权受到很大限制，难以像消费者选择商家一样，自由选择雇主，往往只能接受雇主的做法。此外，当雇员个人信息遭到侵害时，虽然其可以寻求救济，但由于雇主和雇员存在持续性的合作关系，雇员往往担心雇主对其采取不利措施不敢或不愿对雇主提起诉讼。因此，对劳动者个人信息保护给予特别关注非常必要。

可见，雇员的个人信息保护除了个人信息权利的一般价值，对于实现其他权利，并且减少雇员在劳动关系中的弱势地位意义重大。"雇员拥有隐私和隐私生活的权利和其享有尊严、平等以及工作机会的权利相互关联。"雇员担心雇主对其个人信息的使用，不仅只是因为雇员对隐私的渴

---

① Marta Otto, "'Workforce Analytics' v Fundamental Rights Protection in the EU in the Age of Big Data", *Comp. Labor Law & Pol'Y Journal*, Vol. 40, 2019, p. 396.

望，还因害怕其影响就业前景。① 这深刻表明了劳动者个人信息权利的重要意义。因此，劳动者个人信息保护不仅关涉其隐私和个人信息权利，还可能影响到几乎与工作有关的各种权利，这是劳动者个人信息保护的独特价值，也是强化劳动者个人信息保护的意义所在。

（三）劳动者个人信息保护的法律框架

根据上文分析，对劳动者隐私权和个人信息的保护不能仅靠传统的侵权法或民法，而需要利用包括一般的个人信息保护立法在内的法律及其实施机制。从劳动法角度看，对劳动者包括求职者的隐私和个人信息保护也不宜只局限在劳动法视野，而应放在人格权保护和个人信息保护等法律框架中。换言之，对劳动者隐私和个人信息保护是宪法，以及民法、个人信息保护法以及劳动法等的共同任务，只有通过不同部门、不同机制的协同努力，才能有效保护劳动者的隐私和个人信息。

从域外看，劳动者个人隐私或个人信息保护也是通过不同法律部门、不同机制实现的。例如，在英国，有关劳动者个人信息和隐私保护的法律包括：人权条约和立法、数据保护立法、截取通讯（interception of communications）立法、获取医疗报告立法、刑事犯罪信息立法、平等权立法，以及普通法。② 在日本，有关劳动者隐私和个人信息保护的立法，除了宪法、民法，主要包括《个人资讯保护法》《职业安定法》中有关求职阶段的个人信息规则，以及《劳动基准法》的个别规则。关于《个人资讯保护法》的适用，涉及雇用管理的个人资讯属于该法规定的"个人资讯"。③ 日本关于劳工隐私权之保护，具有民法、劳动法以及个人情报保护法三者交错之情形。④ 从域外经验看，一些国家例如波兰、匈牙利等在劳动法典中对个人信息保护有较为详细的规定。⑤ 一些国家劳动法并没有

---

① Tammy Katsabian, "Employees' Privacy in the Internet Age: Towards a New Procedural Approach", *Berkeley Journal of Employment and Labor Law*, Vol. 40, 2019, p. 232.
② Gillian Morris, Protection of Employees' Personal Information and Privacy in English Law, in the Japan Institute for Labour Policy and Training: Protection of Employees' Personal Information and Privacy, JILPT Report, No. 14, 2014, p. 72.
③ 张义德：《论劳工隐私权之保障——以日本法为借镜》，《政大法学评论》2018年总第156期。
④ 徐婉宁：《劳工隐私权之保护：以日本法上劳动关系存续中劳工健康资讯之隐私保护为中心》，《台大法学论丛》2017年第4期。
⑤ The Labour Code (Kodeks Pracy), Translated by Agnieszka Jamrozy, Wydawnictwo C. H. Beck, 2019, pp. 27~33. 匈牙利《劳动法典》的文本为2011年通过的劳动法典英文文本（Act I of 2012 on the Labor Code）以及后续的修正。

对劳动者个人信息保护作出具体全面的规定，较多的只是在雇员招聘环节，对雇主可以收集的信息进行规定。一些国家通过在个人数据（信息）保护法中规定职场个人信息保护的相关内容，例如德国。因此，劳动者的隐私和个人信息保护应当充分利用民法、个人信息或数据保护的专门立法、有关通信或网络立法、劳动法等。总体上看，劳动者的个人信息保护主要依靠劳动法、个人信息保护法以及民法有关个人信息保护和隐私权保护的规则，以及其他领域相关的规则，其中，劳动法和个人信息保护法是劳动者个人信息保护的主要立法。

当前，我国有关劳动者隐私和个人信息保护的规定较为分散，相关内容主要体现在以下立法当中。

第一，《民法典》和其他法律的规定。2020年出台的民法典在总则和人格权编中规定了隐私权和个人信息保护的内容。《民法典》在总则第一百一十条和第一百一十一条规定了隐私权保护和个人信息保护的原则性条款，确立了隐私权和个人信息保护的基本规则。民法典在第四编"人格权"第六章专章规定了"隐私权和个人信息保护"，具体规定了隐私权保护和个人信息保护的一般规则。关于隐私和个人信息的关系，第一千零三十四条第二款规定，"个人信息中的私密信息，适用有关隐私权的规定；没有规定的，适用有关个人信息保护的规定"。民法典确立了隐私权和个人信息保护的一般规则，对于规范劳动关系中雇主的信息处理行为，保护劳动者隐私和个人信息具有重要意义。此外，我国2016年通过的《网络安全法》第4章"网络信息安全"也对网络运营者收集、使用个人信息的原则、基本义务以及个人信息的删除、更正等做了规定，其内容也可能涉及职场的个人信息，包括网络招聘行为等。2021年通过的《数据安全法》也对相关主体的数据安全保护义务做了规定，这些规定适用于数据处理者包括雇主和相关企业的数据处理活动。

第二，《个人信息保护法》的规定。个人信息保护法聚焦个人信息保护领域的突出问题和人民群众的重大关切，在相关法律的基础上，进一步细化、完善个人信息保护应遵循的原则和个人信息处理规则，明确个人信息处理活动中的权利义务边界，健全个人信息保护工作体制机制。个人信息保护法的规定适用于职场的信息处理行为以及个人信息保护。该法第十三条在规定个人信息处理的合法性基础时涉及劳动者个人信息处理。该条第一款第二项规定，"为订立、履行个人作为一方当事人的合同所必需，或者按照依法制定的劳动规章制度和依法签订的集体合同实施人力资源管理所必需"是个人信息处理的合法性基础之一。根据此处规定，"按照依法制定的劳动规章制度和依法签订的集体合同实施人力资源管理所必需"可作为信息处理的合法性基础。

第三,劳动法的相关规定。我国 1994 年《劳动法》并没有涉及劳动者隐私和个人信息保护的条款。2007 年出台的《劳动合同法》在第八条有关合同订立时劳动者的说明义务的规定中涉及了劳动者隐私和个人信息保护的规定。第八条规定,"用人单位有权了解劳动者与劳动合同直接相关的基本情况,劳动者应当如实说明"。根据该规定,用人单位有权了解的信息仅包括"劳动者与劳动合同直接相关的基本情况"。但实践中对于如何理解这一规定并没有详细的规则或解释。此外,2007 年人社部出台的《就业服务与就业管理规定》(2022 年修订)第七条规定,"劳动者求职时,应当如实向公共就业服务机构或职业中介机构、用人单位提供个人基本情况以及与应聘岗位直接相关的知识技能、工作经历、就业现状等情况,并出示相关证明"。该条对劳动者求职阶段应提供的个人信息范围进行了限定。因此,《劳动合同法》第八条和《就业服务与就业管理规定》第七条规定的用人单位有权了解的劳动者个人信息之外的信息,属于劳动者隐私,用人单位无权获取。总体上,我国劳动法律法规中有关劳动者个人信息处理的规则简陋,亟待完善。

二 劳动者个人信息保护的基本原则

(一) 一般原则

劳动者个人信息保护作为个人信息保护的特定领域,个人信息保护的一般原则自然可适用。我国《民法典》第一千零三十五条规定,处理个人信息应当遵循合法、正当、必要原则,不得过度处理,并应符合个人同意等条件。[1] 立法部门组织编写的法律释义将处理个人信息的原则概括为四原则:合法原则(含信息主体的同意)、正当原则、必要原则、公开透明原则。[2] 具有广泛影响的欧盟 2016 年《保护自然人有关个人数据处理

---

[1] 《民法典》第一千零三十五条:处理个人信息的,应当遵循合法、正当、必要原则,不得过度处理,并符合下列条件:(一)征得该自然人或者其监护人同意,但是法律、行政法规另有规定的除外;(二)公开处理信息的规则;(三)明示处理信息的目的、方式和范围;(四)不违反法律、行政法规的规定和双方的约定。个人信息的处理包括个人信息的收集、存储、使用、加工、传输、提供、公开等。

[2] 黄薇主编:《中华人民共和国民法典人格权编释义》,法律出版社,2020,第 198~201 页。

及该种数据自由流动的条例》［以下简称《通用数据保护条例》（General Data Protection Regulation）］确立了个人信息处理的 7 项原则：第一，合法、公正和透明；第二，目的限制，即信息收集应具有特定、明确和合法的目的，信息处理方式不得超出目的；第三，数据最少化，即为特定目的的信息处理应适当、相关并限定于必需的范围；第四，准确，即信息应当准确，及时更新、更正；第五，存储限制，即信息存储不得超过必要时长；第六，完整和保密，即确保数据安全；第七，负责，即信息控制者负有责任确保遵守上述原则。[①]

可见，我国民法典和《通用数据保护条例》确立的原则是基本一致的。相较而言，我国《民法典》第一千零三十五条突出了知情同意原则，即处理信息原则上应经信息主体同意。《通用数据保护条例》确立的合法、公正和透明原则等属于基础性原则，第 2 至 6 项原则，即目的限制、数据最小化、准确、存储限制、完整和保密等原则属于技术性原则，主要是规定数据处理应限于必要范围并保证数据质量，这些原则对于雇主处理雇员个人信息也是适用的。

我国《个人信息保护法》（第五至九条）进一步明确了个人信息处理的原则。这些原则包括：（1）合法、正当、必要与诚信原则。处理个人信息应当遵循合法、正当、必要和诚信原则，不得通过误导、欺诈、胁迫等方式处理个人信息（第五条）。（2）目的明确合理与最小化处理原则。处理个人信息应当具有明确、合理的目的，并应当与处理目的直接相关，采取对个人权益影响最小的方式。收集个人信息，应当限于实现处理目的的最小范围，不得过度收集个人信息（第六条）。（3）公开透明原则。处理个人信息应当遵循公开、透明原则，公开个人信息处理规则，明示处理的目的、方式和范围（第七条）。（4）个人信息质量原则。处理个人信息应当保证个人信息的质量，避免因个人信息不准确、不完整对个人权益造成不利影响（第八条）。（5）个人信息处理者负责原则。个人信息处理者应当对其个人信息处理活动负责，并采取必要措施保障所处理的个人信息的安全（第九条）。这些原则和 GDPR 所规定的原则总体上内容是一致的，只是表述以及涵盖的具体内容有所差别。

---

① See Article 5, Regulation (EU) 2016/679 of the European Parliament and of the Council of 27 April 2016 on the Protection of Natural Persons with Regard to the Processing of Personal Data and on the Free Movement of Such Data, and Repealing Directive 95/46/EC (General Data Protection Regulation).

关于劳动者个人信息保护的具体原则，鲜有对其进行归纳。欧盟数据保护和隐私咨询机构——"29 条：数据保护工作组（Article 29：Data Protection Working Party）"（以下简称"欧盟数据保护工作组"）2001 年发布的《雇佣背景下处理个人信息的意见》提出了劳动关系领域个人信息处理的 7 项基本原则。[①] 具体包括：1. 确定性原则，即信息的收集应有特定、明确和合法的目的，处理信息不得超出目的。该原则与上述《通用数据保护条例》确立的目的限制原则内容基本一致。2. 透明原则。工人应该知晓信息处理的内容和目的。3. 合法性原则。工人个人信息处理应具有合法性。4. 合乎比例原则。个人信息必须适当、相关并不得超出目的的限制。即使工人已知情，信息处理也应具有合法性和合乎比例，信息处理对工人而言仍须是公正的。上述三项原则包含《通用数据保护条例》确立的合法、公正和透明原则，以及数据最小化原则。5. 数据准确和保存原则。6. 安全原则。雇主应采取适当技术和组织措施确保信息安全保管。上述两项原则和《通用数据保护条例》确立的第四、五和六项原则的内容也基本一致。7. 职员意识原则。负责信息处理的职员以及其他工人应知晓数据保护知识，并接受适当培训。[②] 该原则也是《通用数据保护条例》确立的"负责原则"所应包含的内容。可见，职场个人信息处理的基本原则和《通用数据保护条例》确立的信息处理原则是大致相同的。[③]

2022 年国际劳工组织发布的工作报告《工人个人数据保护：一般原则》（*Protection of Workers' Personal Data：General Principles*）根据国际组织和一些地区发布的有关职场个人数据保护的文件，将职场个人数据保护的原则概括为十项原则：公正、合法性、目的确定、合比例、数据质量、公开/透明、安全、数据保存、负责任、可及。其中"合比例"的含义是，

[①] "29 条：数据保护工作组（Article 29：Data Protection Working Party）"根据欧盟指令（Directive 95/46/EC）第 29 条建立并得名，是欧盟数据保护和隐私的独立咨询机构。See，Article 29 Working Party，Opinion 8/2001 on the Processing of Personal Data in the Employment Context，2001，p. 1，https：//ec. europa. eu/justice/article-29/documentation/opinion-recommendation/files/2001/wp48_en. pdf，last visited on March 1，2024.

[②] Article 29 Working Party，Opinion 8/2001 on the Processing of Personal Data in the Employment Context，2001，p. 3.

[③] Frank Hendrickx，Protection of Workers' Personal Data：General Principles，ILO Working Paper 62（Geneva，ILO），2022，pp. 18~19，at https：//www. ilo. org/sites/default/files/wcmsp5/groups/public/@ ed_protect/@ protrav/@ travail/documents/publication/wcms_844343. pdf，last visited on June 3，2024.

数据处理应考虑合比例原则的一般要求，数据最小化要求，不过度处理要求以及目的相关性原则；"数据保存"原则指数据不应保留超过处理目的所需的时长；"可及"原则指数据主体有权获得其个人信息，并对其数据进行更正或删除，以及更进一步的对数据处理的反对或异议的权利。国际劳工组织工作报告概括的职场个人信息保护原则和欧盟数据保护工作组发布的原则也是基本一致的。

值得注意的是，"欧盟数据保护工作组"以及国际劳工组织工作报告概括的原则包括比例原则，这在《通用数据保护条例》确立的个人信息处理原则中并没有明确提及。笔者认为，由于劳动关系的特殊性，比例原则和知情同意原则是职场领域所需要给予特别关注的。

（二）比例原则

1. 比例原则是劳动者个人信息保护的核心原则

职场个人信息保护存在特殊背景，雇主和雇员存在基础性法律关系，即以劳务提供为主要内容的持续性劳动关系。在劳动关系中，为了确保雇员履行劳务给付等义务，雇主具有指挥、命令和监督雇员的权利，因此，雇主具有持续处理雇员信息的动力和便利。雇主处理个人信息的必要性和正当性体现在以下方面。第一，在招聘阶段选择劳动者。和消费领域不同，雇主和雇员之间的劳动关系是持续、稳定且具有人身信赖性质的关系，因此，雇主需要充分了解求职者的相关信息，而且信息越充分越有利于其作出适当决定，因此在求职招聘阶段，雇主具有处理信息的必要性。第二，维护职场秩序和雇主利益。在工作过程中为了维护雇主利益，例如为了防止雇主的财产被盗或遭破坏，雇主可能实施监控；为了维护职场纪律，保证员工遵守法定义务或企业规章制度，例如防止雇员从事与工作无关的个人行为或其他不当行为等，保证工作的质量，雇主可能对雇员的工作过程进行监控，包括实施电子监控等。第三，保护雇员利益等履行法定义务。例如，雇主对具有一定工作危险性的雇员，比如长途汽车司机等实行监控或实时定位，为防止他人进入工作场所等对工作场所进行监控，等等。

与此同时，雇主上述处理个人信息的行为可能侵害雇员隐私和个人信息权利，上文已经分析了对求职者或雇员进行信息处理可能造成的负面影响。尽管雇主具有合理的考虑，但对雇员隐私的侵入也会"损害雇员士气和劳动关系"。① 可见,雇主的正当利益和诉求与雇员的隐私和个人信息权利存在冲突。因此,雇主法律上的正当利益以及雇主采取的措施对雇员隐私和个人信息的影响程度是否符合比例,雇主正当利益和雇员隐私权利之间的平衡,成为职场个人信息保护的一个重要甚至是核心的问题。对此,许多国家都将比例原则,即雇主正当利益和雇员权利受到侵扰的程度合乎比例,平衡雇主正当利益与雇员隐私和个人信息权利,作为职场个人信息保护的一项重要原则。

比例原则发源于行政法领域。比例原则是对限制公民权利的国家权力的限制,审查的是国家权力行使的合理性问题,② 强调国家对公民权利的限制应具有合理性。在个人信息处理中,由于个人信息权利是一种相对的权利,国家可通过立法或其他措施对个人信息权利进行限制,但国家对个人信息权利的限制也应受到限制,因此,比例原则也成为个人信息保护领域的一个重要原则。2019 年欧盟的独立数据保护机构——"欧洲数据保护监督者"(European Data Protection Supervisor)专门发布了有关数据保护比例原则的指南,即《隐私和个人数据保护基本权利限制措施的比例原则评估指南》,指南指出,比例原则要求的兴起被认为是欧洲数据隐私法过去十年最为显著的发展之一。③ 该原则还指出,比例原则要求欧盟机构为实现有关立法追求的合法目标的行动是适当的,并且不超过实现这些目标的适当和必要的限制。广义的比例原则包括措施的必要性和适当性(比例原则的狭义解释),措施和追求的合法目标之间存在逻辑关联。④ 虽然比例原则主要针对立法或行政机关的行为,但其核心要义强调对个人权利进行限制应具有合理性,且立法或行政机关通过的法律或其他政策也体现为特定主体之间的权利义务。因此,比例原则对个人信息处理法律关系中信息处理者的权利及其对信息主体个人信息权利的限制也具有重要指导作用。例如,欧洲理事会 2018 年通过的《关于个人信息处理的个人保护

---

① Susan Park, "Employee Internet Privacy: A Proposed Act that Balances Legitimate Employer Rights and Employee Privacy", *American Business Law Journal*, Vol. 51, 2014, p. 794.
② 梅扬:《比例原则的适用范围与限度》,《法学研究》2020 年第 2 期。
③ European Data Protection Supervisor, EDPS Guidelines on Assessing the Proportionality of Measures that Limit the Fundamental Rights to Privacy and to the Protection of Personal Data, 19 December 2019, p. 11, at https://edps.europa.eu/data-protection/our-work/publications/guidelines/assessing-proportionality-measures-limit_en, last visited on March 1, 2024.
④ European Data Protection Supervisor, EDPS Guidelines on Assessing the Proportionality of Measures that Limit the Fundamental Rights to Privacy and to the Protection of Personal Data, December 19, 2019, p. 9.

现代化公约》将比例原则纳入该公约。该公约第 5 条规定，数据处理应与追求的合法目的成比例，并在信息处理的所有阶段反映所有相关利益（无论是公共利益还是私人利益）与所涉及的权利和自由之间的公平平衡。[①] 可见，比例原则强调信息处理与目的成比例，相关主体的利益与权利和自由之间的平衡，比例原则贯穿于个人信息处理的所有环节，是个人信息保护的基础性原则。在职场领域，比例原则主要体现为雇主的合法商业利益和雇员个人信息权利之间的平衡，比例原则也相应成为职场个人信息保护的基本原则，并得到充分体现。

比例原则作为职场个人信息保护的基本原则也得到各国学者的普遍认同。例如，德国学者指出，不管技术如何发展，劳动关系中数据保护领域的根本冲突并未改变：如何平衡雇员的隐私需求和雇主的重要利益，比如雇主通过监控防止犯罪或其他违反企业规则的行为。这一利益冲突是所有数据保护问题的核心。因此，确保这些不同原则之间符合比例，对于劳动法领域数据保护立法的解释最为重要，不管欧盟法还是国内法均是如此。[②] 法国学者指出，在法国，许多方法用于平衡雇主利益和雇员利益，正如其他国家，比例原则发挥了重大作用。例如，当雇主意图收集雇员的个人信息，法国法的指导原则相当简单：雇主的行动必须具有合法目的，对雇员自由的干扰必须与雇主的目的成比例。[③] 在英国，一般认为雇主具有监控雇员工作表现的合法利益，包括工作的产出和质量以及他们是否遵守安全工作守则，但其实施的方法应当符合比例，并不得有非必要的侵扰。[④] 英国信息专员办公室（Information Commissioner Office）2011 年发布的《雇佣实践数据保护守则》（*Employment Practices Data Protection Code*）指出，该守则的目的在于在工人对个人信息被适当处理的合法期待与雇主

[①] Council of Europe, Article 5, Modernised Convention for the Protection of Individuals with Regard to the Processing of Personal Data (2018), Consolidated text, available at https://search.coe.int/cm/Pages/result_details.aspx? ObjectId = 09000016807c65bf, last visited on March 1, 2024.

[②] Gregor Thüsing, Data Protection in the Employment Relationship: The German View, in the Japan Institute for Labour Policy and Training: Protection of Employees' Personal Information and Privacy, JILPT Report, No. 14, 2014, p. 6.

[③] Benjamin Dabosville, Protection of Employee's Personal Information and Privacy in France, in the Japan Institute for Labour Policy and Training: Protection of Employees' Personal Information and Privacy, JILPT Report, No. 14, 2014, p. 37.

[④] Gillian Morris, Protection of Employees' Personal Information and Privacy in English Law, in the Japan Institute for Labour Policy and Training: Protection of Employees' Personal Information and Privacy, JILPT Report, No. 14, 2014, p. 82.

在法律范围内决定如何最佳运营自身业务之间达成平衡。① 在日本，雇员隐私和个人信息是通过判例法和制定法的组合来保护的，产生于这些法律发展的基本框架的核心是比例原则。② 在美国，比例原则也被法院所采用。例如堪萨斯州法院必须平衡雇主和雇员双方的权利和利益，在决定雇主是否侵犯雇员隐私权时，法院必须决定雇主处理信息的合法商业利益是否高于雇员的隐私利益。③ 还有学者明确指出，在理论上，在加拿大和欧洲，对雇员隐私权最终允许的限制程度来自比例标准。④ 国际劳工组织在其2022年发布的《雇员个人数据保护：一般原则》的报告更是明确指出，合比例原则似乎是雇员个人数据保护原则中最普遍和最重要的原则。⑤ 由此可见，比例原则成为各国职场个人信息保护法的核心原则，甚至可以称之为"帝王条款"。

从职场个人信息保护的指导意见看，比例原则也占据核心地位。"欧盟数据保护工作组"2001年发布的《雇佣背景下处理个人信息的意见》确立的职场个人数据保护原则和标准本质上聚焦于实现"雇主和雇员利益之间的充分平衡"。⑥ 该《意见》还指出，工人进入工作场所并不意味着其放弃隐私权，但是只要他们成为组织的一部分，他们的隐私将不得不受到一定程度的入侵，这是劳动关系和企业运营正常发展所必需的。作为一项基本原则，容忍雇员隐私受到侵扰的程度取决于劳动关系的性质、特定的周边环境及其与劳动关系的互动（interacting with the employment relationship）。⑦ "欧盟数据保护工作组"2017年发布的《工作中的数据保护

---

① Information Commissioner's Office, The Employment Practices Data Protection Code, November 2011, p. 4, at https://ico.org.uk/media/for-organisations/documents/1064/the_employment_practices_code.pdf, last visited on March 1, 2024.
② Ryoko Sakuraba, Protection of Personal Information and Privacy in the Japanese Workplace, in the Japan Institute for Labour Policy and Training: Protection of Employees' Personal Information and Privacy, JILPT Report, No. 14, 2014, p. 172.
③ Pamela V. Keller, "Balancing Employer Business Interests and Employee Privacy Interests: A Survey of Kansas Intrusion on Seclusion Cases in the Employment Context", *University of Kansas Law Review*, Vol. 61, 2013, p. 984.
④ Marta Otto, *The Right to Privacy in Employment: A Comparative Analysis*, Hart Publishing, 2016, p. 173.
⑤ Frank Hendrickx, Protection of Workers' Personal Data: General Principles, ILO Working Paper 62 (Geneva, ILO), 2022, p. 26.
⑥ Marta Otto, *The Right to Privacy in Employment: A Comparative Analysis*, Hart Publishing, 2016, p. 102.
⑦ Article 29 Working Party, Opinion 8/2001 on the Processing of Personal Data in the Employment Context, 2001, p. 3.

意见》也指出，《意见》通过描述新技术带来的挑战，使用比例原则，对新出现的诸多情况进行评估，对雇主的合法利益及雇员对隐私的合理期待的平衡作出新的评估。① 因此，从这些实践性很强的职场个人信息保护的具体指导意见看，比例原则即平衡雇主合法商业利益和雇员隐私权利始终是职场个人信息保护的核心原则和基本任务。

2. 比例原则的价值和适用

根据上文分析，在劳动关系领域，应充分考虑雇主合法利益与雇员个人信息权利之间的冲突和协调，并根据具体场景，对雇主信息处理行为是否合法及其边界作出判断。在一般的个人信息处理场景，信息处理者和信息主体的法律关系相对简单。例如，在消费领域，作为消费者相对方的企业获取信息主要围绕消费行为的完成而展开，信息处理的边界和方式较易确定。在劳动关系领域，雇主基于劳动关系处理信息的目的、范围和方式具有较大弹性，雇主利益和雇员权利衡量十分重要，比例原则的作用得到彰显。具体而言，比例原则的主要作用体现在以下两个方面。

第一，有助于判断雇主信息处理行为是否具备合法性。比例原则要求从劳动关系的本质和具体场景出发，认定雇主是否存在信息处理的正当利益，并和雇员隐私和个人信息权利受到侵扰程度进行比较和权衡，从而判断雇主的个人信息处理行为是否具有合法目的。从这点看，比例原则是雇主处理个人信息的基础。

从信息处理的合法性基础看，比例原则在劳动关系领域具有特殊重要性。例如，欧盟《通用数据保护条例》规定了6种处理信息的合法性基础，除了信息主体的同意外，为订立或者履行个人作为一方当事人的合同所必需，或者为履行法定义务所必需等可以作为处理信息的基础。② 我国2021年公布的《个人信息保护法》第十三条也做了类似的规定。该条第一款第二项规定了个人信息处理的合法性基础之一是"为订立、履行个人作为一方当事人的合同所必需，或者按照依法制定的劳动规章制度和依法签订的集体合同实施人力资源管理所必需"。在劳动关系领域，雇主为了劳动合同的订立或履行以及履行法定义务，都具有处理信息的合法性基础。但何为订立或履行劳动合同所必需、履行法定义务所必需，包括如何判断是否属于按照劳动规章制度或集体合同实施人力资源管理所必需，仍

---

① Article 29-Data Protection Working Party, Opinion 2/2017 on Data Processing at Work, 2017, p. 3, at https://ec.europa.eu/newsroom/article29/item-detail.cfm?item_id=610169, last visited on March 1, 2024.

② Article 6 (1), General Data Protection Regulation, (EU) 2016/679.

具有很大弹性，仍然需要对雇主是否具备正当目的，对雇员隐私权利的影响程度等作出综合判断。"欧盟数据保护工作组"2017年发布的《工作中的数据保护意见》指出，不管信息处理的法律基础为何，比例原则应该在雇主开始考虑信息处理是否是实现合法目的所必需，以及采取措施确保对雇员个人生活和通信秘密权利的损害限于最小之前被采用。[1] 由此可见，比例原则的适用是职场个人信息处理的首要步骤和基本前提。

第二，有助于判断雇主个人信息处理行为的合理性，并指导雇主的个人信息处理行为。比例原则要求雇主在具备信息处理正当理由的前提下，采取的信息处理方式应和目的成比例，遵守个人信息处理的一般原则。

根据比例原则的内涵及其地位，在具体实践中比例原则的应用通常应包括四步骤。首先，判断雇主基于劳动关系以及具体场景是否具有处理信息的正当目的，包括信息处理给雇主带来的益处；其次，考虑雇主行为对雇员个人信息的侵害程度；再次，雇主采取的信息处理方式的合理性，包括是否限于目的、是否符合最小化、公开透明等信息处理原则，以及是否具有替代方式等；最后，综合前三项因素，尤其是权衡雇主利益和雇员权利受损的大小判断雇主的信息处理行为是否合法。从各国实践看，不同国家在雇员个人信息处理比例原则的适用上，尤其是需要考虑的因素上，具有较大的相似性。在英国，以职场监控为例，英国信息专员办公室2011年发布的《雇佣实践数据保护守则》指出，雇主实施监控应该进行影响评估，考虑监控背后的目的及其可能给雇主带来的益处，确定可能造成的负面影响，考虑监控的替代方式或其他方式，考虑实施监控所应承担的义务，从而判断监控是否具有正当性。[2] 其考虑的因素基本上也包含上述四个步骤中包含的因素。在日本，职场个人信息保护的核心是比例原则，个人信息处理的合法性通常应考虑四个因素：一是雇主是否具有信息处理的正当目的，二是信息处理对个人造成不利影响的程度，三是处理个人信息是实现目的的必要程度，四是雇主处理个人信息的方式是否适当。通过平衡雇主信息处理的必要性和对雇员的不利影响程度得出结论。[3] 在美国，

---

[1] Article 29-Data Protection Working Party, Opinion 2/2017 on Data Processing at Work, 2017, p.4.

[2] Information Commissioner's Office, The Employment Practices Data Protection Code, November 2011, pp.60~61.

[3] Ryoko Sakuraba, Protection of Personal Information and Privacy in the Japanese Workplace, in the Japan Institute for Labour Policy and Training: Protection of Employees' Personal Information and Privacy, JILPT Report, No.14, 2014, pp.172~173.

州法院在雇员个人信息案件中，对雇主和雇员利益的明确平衡是必要的。法院需要考虑雇主的合法商业需要、雇员的隐私利益、雇主信息处理的范围和方式，总体上，雇主的商业利益必须足以为其处理雇员个人信息提供正当性基础。[1] 由此可见，总体上雇主的合法利益必须大于雇员的隐私权利，雇主方可进行信息处理。正如有学者指出，在任何情况下，"信息控制者（雇主）应该证明其令人信服和合法的利益优于数据主体的基本权利和自由"[2]。可见，比例原则的核心是通过综合考虑各种因素，衡量雇主利益和雇员权利的大小，从而判断雇主处理信息的合法性。

（三）知情同意原则

如上所述，我国民法典原则上将信息主体的同意作为信息处理者处理信息的必要条件。从欧洲等国家和地区看，信息主体同意是信息处理的合法性基础之一，信息处理者还可以基于其他合法性基础处理信息。我国《个人信息保护法》（第十三条）把"取得个人的同意"作为处理个人信息的合法性基础之一。由于知情同意原则较易实施，雇主等信息处理者倾向于将其作为信息处理的基础。因此，知情同意原则在个人信息保护法中具有重要地位。

作为处理信息的合法性情形之一，信息主体的同意是否是其真实意思表示非常重要，如果信息主体的"同意"并非其真实意思，其个人信息权利将受到侵害。如有学者指出，严峻的现实告诉我们，同意规则支配下的个人数据保护法，正逐渐从"信息自决"的美好预想，沦落至"信息他决"的危险境地。[3] 因此，很多个人信息保护立法例如《通用数据保护条例》，通常规定"同意须是自由作出的"，并且规定一些具体规则，确保信息主体的同意是其内心的真实表达。[4] 在劳动关系场合，由于雇主和雇员地位和实力的差异，如何确保劳动者的同意是内心真实表达，防止雇员因其弱势地位，在信息处理中被迫"同意"从而损害其个人信息权利成为一个重要而独特的问题。例如，在雇员求职过程中，雇主可能要求其

---

[1] Pamela V. Keller, "Balancing Employer Business Interests and Employee Privacy Interests: A Survey of Kansas Intrusion on Seclusion Cases in the Employment Context", *University of Kansas Law Review*, Vol. 61, 2013, pp. 993~994.

[2] Marta Otto, "'Workforce Analytics' v Fundamental Rights Protection in the EU in the Age of Big Data", *Comp. Labor Law & Pol'Y Journal*, Vol. 40, 2019, p. 397.

[3] 丁晓强：《个人数据保护中同意规则的"扬"与"抑"——卡-梅框架视域下的规则配置研究》，《法学评论》2020年第4期。

[4] Article 7, General Data Protection Regulation, (EU) 2016/679.

提供各种信息，雇员为了获得求职机会可能被迫同意雇主要求；在劳动关系存续过程中，雇员为了保住工作或维持双方良好关系可能对雇主提出的信息处理要求被动接受；等等。

因此，在劳动关系领域，如果对"同意"没有相应限制，可能使雇员的个人信息保护落空。例如，在美国，雇员对隐私的合理期待是其隐私获得保护的前提。法院在考虑雇员的隐私权是否受到侵害时，通常需要考虑三个要件：雇员是否存在"隐私合理期待"，雇主对合理期待的侵扰程度，雇主侵扰雇员隐私的合法商业理由。雇主往往通过事先通知、雇员书面同意等惯例或程序，使得雇员"隐私的合理期待"这一要件落空，从而使雇员的隐私权诉求难以主张。① 甚至有学者指出，美国并未明确表达一套统一和综合的有关职场隐私权保护的原则。这一失败的主要原因是隐私合理期待原则。司法实践采纳雇员同意的模式。一旦雇员对雇主的政策作出明示或默示的同意后，雇员对隐私的合理期待将被视为降低。导致的结果是，美国职场的隐私权逐渐成为"任意的合同附则"，受制于雇主的自由裁量。② 因此，雇员形式上的"同意"很难保障其个人信息不受侵害，甚至可能使有关个人信息保护的规定形同虚设。

为此，在劳动关系场合，需要对雇员同意作出更加严格的限制。许多国家都在信息主体"同意"的一般形式要求，包括同意一般必须是明示的而不能是默示的，同意的内容必须明确而不能模糊等个人信息处理的一般要求之外，对雇员的同意附加其他条件。单纯的雇员同意本身并非一定可以成为雇主处理信息的合法性基础。例如，在澳大利亚，案例表明，原则上雇主只有当信息处理的"目的被理性的人认为是适当"时，才可以要求雇员同意。其核心的考虑是信息收集本身是否合理。在劳动领域，案例的焦点已从备受争议的同意要求，转向雇主信息处理行为本身的合理性。③ 在欧洲国家，在劳动关系领域，劳动者同意本身一般也难以成为雇主处理信息的合法性基础。例如，在德国，有学者认为，劳动关系中双方固有的谈判能力的不对等，可能迫使雇员同意一些信息处理行为。由于这

---

① Emily J. Tewes, "Private Sphere: Can Privacy Law Adequately Protect Employees amidst the Complexities of the Modern Employment Relationship?" *Santa Clara Law Review*, Vol. 57, 2017, pp. 301, 308~309.

② Marta Otto, *The Right to Privacy in Employment: A Comparative Analysis*, Hart Publishing, 2016, pp. 63~64.

③ Marta Otto, *The Right to Privacy in Employment: A Comparative Analysis*, Hart Publishing, 2016, pp. 152~154.

个原因，德国政府曾经讨论改革数据法律，即原则上在劳动关系领域，雇员同意不得作为信息处理的合法性基础。在芬兰，职场隐私保护的立法规定，雇主只有在为了遵守劳动关系双方的权利义务所必需时才有权处理个人信息，即使雇员同意，这一必要性的要求也不得免除。在比利时，单独的个人同意不得作为处理敏感信息的合法性基础。① 芬兰在其《工作场所隐私保护法》(Finnish Act on Protection of Privacy in Working Life) 中明确排除了雇员同意作为处理雇员个人信息的一般合法性基础。换言之，雇员同意不能单独作为合法性基础，还需要其他的必要性要求。② 在法国，直到目前，雇员的同意对个人信息处理并不重要。雇员相比雇主处于从属地位，因此，雇员的同意并不是雇主信息处理行为充分的合法基础，法官对雇主决定的合法性和合乎比例的控制似乎仍是必要的。③ 在英国，英国工会联合会（Trades Union Congress）2018年发布的《职场监控报告》(A Report on Workplace Monitoring) 指出，通常雇主不能依赖雇员的同意而处理信息——因为劳动关系中权力存在不平衡。雇主必须在处理信息前进行风险评估。④

从法律规定看，德国和波兰的法律对职场的知情同意原则作出了较为详细的规定。德国2017年《联邦数据保护法》(Federal Data Protection Act) 第26条第2款规定，如果对雇员个人信息的处理是基于其同意，那么在评估该同意是否自由作出时应考虑劳动关系中雇员的依赖程度以及作出同意时所处环境。尤其，雇员的同意可能是自由作出的，如果同意和雇员法律或经济上的获益相关，或者雇主和雇员追求相同的利益。同意应当以书面或电子形式作出，除非因特定环境可以以其他形式作出。⑤ 从德国法的规定可以看出，雇员同意本身并不一定可以成为信息处理的基础，而应考虑雇员的地位以及作出同意所处的特定环境。通常只有当雇主处理个

---

① Gregor Thüsing, Data Protection in the Employment Relationship: the German View, in the Japan Institute for Labour Policy and Training: Protection of Employees' Personal Information and Privacy, JILPT Report, No. 14, 2014, p. 14.
② Halefom H. Abraha, "A Pragmatic Compromise? The Role of Article 88 GDPR in Upholding Privacy in the Workplace", International Data Privacy Law, Vol. 12, No. 4, 2022, p. 294.
③ Benjamin Dabosville, Protection of Employee's Personal Information and Privacy in France, in the Japan Institute for Labour Policy and Training: Protection of Employees' Personal Information and Privacy, JILPT Report, No. 14, 2014, pp. 39~40.
④ Trades Union Congress, I will be Watching You: A Report on Workplace Monitoring, 17 Aug 2018, p. 29, at https://www.tuc.org.uk/research-analysis/reports/ill-be-watching-you, last visited on June 3, 2024.
⑤ Section 26 (2), Federal Data Protection Act, Germany, 2017.

人信息是为了使雇员获益，或者雇主和雇员利益一致时，同意才可以作为信息处理的基础，因为，此时雇员的同意通常可以自由作出。但也有学者指出，以雇员获益推定其同意是自由的，可能面临雇员被"收买"的风险。而且，有的国家作出了和德国相反的规定。例如，葡萄牙《数据保护法》规定，如果雇员的待遇结果是获得法律或经济上的好处，除非法律另有规定，雇员的同意不能作为个人信息处理的合法性基础。① 波兰《劳动法典》第 22~1a 条对职场个人信息的"同意"做了明确规定，原则上求职者或雇员的同意可以作为信息处理的合法基础，但法律同时规定，求职者或雇员拒绝或撤回同意，不得导致其不利待遇或消极后果，特别是不得成为雇主拒绝录用、拒绝有关劳动合同的通知，或者未经通知而终止劳动合同的理由。可见，德国从正面角度，而波兰从反面角度严格规定了雇员在个人信息处理中"同意"的限制，似有异曲同工之妙。

从个人信息保护的一般原理看，知情同意原则也受到学者的质疑。如有学者指出，告知同意原则要受通信自由和通信秘密宪法权利的限制，要受隐私权的限制，还要受目的原则与必要原则的限制。不能简单地以告知同意原则作为任何情况下不当收集个人信息的合格抗辩。② 这也为在职场中限制雇员同意作为信息处理的基础提供了依据。特别是，由于劳动关系的从属性以及雇主和雇员双方地位的差异，原则上仅有雇员的同意不能作为雇主处理信息的合法性基础，这一点是职场个人信息保护的重要特点。"欧盟数据保护工作组"2017 年发布的《工作中的数据保护意见》指出，由于雇主和雇员之间关系的性质，工作中大部分数据处理的法律基础不能是也不应该是雇员的同意。同意有很大的可能性不能作为工作中信息处理的法律基础，除非雇员可以无不利后果地拒绝。③ 由于雇主和雇员之间关系导致的依赖性，雇员几乎从未可以自由地作出、拒绝或撤回同意。由于实力的不平衡，雇员只有在例外情形下才可自愿作出同意，即接受或拒绝信息请求不会产生任何后果。④ 因此，原则上除了雇员同意，雇主的个人信息处理行为还必须具有合理性，雇员同意加上其他因素才可以构成个人

---

① Halefom H. Abraha, "A Pragmatic Compromise? The Role of Article 88 GDPR in Upholding Privacy in the Workplace", *International Data Privacy Law*, Vol. 12, No. 4, 2022, p. 294.
② 张新宝:《个人信息收集：告知同意原则适用的限制》，《比较法研究》2019 年第 6 期。
③ Article 29-Data Protection Working Party, Opinion 2/2017 on Data Processing at Work, 2017, pp. 3, 6.
④ Article 29-Data Protection Working Party, Opinion 2/2017 on Data Processing at Work, 2017, p. 23.

信息处理的合法性基础,这是由劳动关系特殊性质决定的劳动者个人信息保护的重要原则。

三 劳动者个人信息保护的立法路径

如上所述,劳动领域的个人信息保护因劳动关系的性质具有较大特殊性,尤其是雇员相比雇主处于弱势地位,在劳动关系中也面临如何平衡雇主合法利益和雇员权利的独特任务。相比一般的个人信息处理,职场的个人信息处理具有其自身特点,尤其是在数字技术发展的背景下,其具有三个显著特征。第一,雇主越来越多地使用复杂技术对雇员进行大规模的数据收集,内容涉及工作场所的情况、雇员何时离开工作场所、雇员和谁交谈、雇员打字的内容、完成任务的速度,甚至包括雇员的心情。而且雇主经常以追求合法的利益为其大规模的数据处理辩解,使得数据行为的合法性边界模糊。第二,职场个人信息处理的特殊性还在于雇主和雇员关系的性质是权力关系,这超出了传统的数据保护法中数据控制者和数据主体之间的关系。这种权力关系挑战了数据保护法的一些基本原则,例如"同意"这一核心原则。双方力量的内在不平等使得雇主不仅有权控制工作,而且影响雇员物质和精神上的福利。第三,雇佣场合个人信息处理的另一显著特征是其"集体维度",包括有关获取信息、参与和共决的集体权利。尽管这些集体权利存在于劳动法之中,但并不容易和数据保护法相吻合,因为数据保护法主要聚焦个体的数据主体和个体权利。[①] 而且,职场的个人信息处理可能发生在求职录用、劳动关系存续以及劳动关系终止后的不同阶段,各个阶段也有其特殊性,因此,针对职场个人信息保护作出特殊规定或者进行专门立法有其必要性。

从欧盟及其成员国看,《通用数据保护条例》和欧盟一些国家都在数据保护法或劳动法中对雇员个人信息保护作出或详或略的规定。例如《通用数据保护条例》对职场领域做了原则性规定。《通用数据保护条例》第 88 条第 1 款规定,成员国可通过法律或集体协议为确保劳动关系背景下雇员个人信息处理中的权利和自由保护提供更为具体的规则,尤其是为

---

① Halefom H. Abraha, "A Pragmatic Compromise? The Role of Article 88 GDPR in Upholding Privacy in the Workplace", *International Data Privacy Law*, Vol. 12, No. 4, 2022, pp. 278~279.

了下列目的：（1）招聘；（2）劳动合同的履行，包括履行法律或集体协议规定的义务、工作的管理、计划和组织，职场平等权和多样性，工作中的卫生与安全，雇主和客户财产的保护，以及为了行使或享受与雇佣相关的个人或集体的权利或福利；（3）劳动关系的终止。《通用数据保护条例》第88条第2款进一步指出，上述规则应包括保护数据主体的人格尊严、合法利益及基本权利的适当和具体措施。[1] 这些条款指明了雇主处理雇员个人信息的目的以及涉及的主要环节和领域，也明确了应权衡个人信息保护中雇员的权利和自由与雇主处理信息的目的之间的关系。通过这一开放性的条款，《通用数据保护条例》试图实现4个目标：一是承认雇员的数据处理需要特别规制。二是规定了一系列可依据国内法进一步明确规则的涵盖从招聘到解聘的整个雇佣周期的数据处理活动。三是明确集体协议可作为替代的明确上述规则的手段。四是首次承认了传统上只属于劳动法领域的雇员的集体权利和福利作为数据保护的问题。[2] 德国《联邦数据保护法》中有关职场个人信息保护的条文只有1条，但包含8个条款，内容较为丰富，涉及雇主处理雇员个人信息的目的，雇员同意的要求，特殊类型个人信息处理、集体协议作为雇员个人信息处理的基础、遵守一般信息处理原则、企业职工委员会（staff councils）的参与权利等。[3] 但也有学者指出，相比其他国家，德国《联邦数据保护法》的规定并没有超过《通用数据保护条例》原则性的表述，德国的立法路径经常被批评没有在《通用数据保护条例》的框架下对雇主的信息处理利益和雇员的隐私权利规定具体的平衡标准。[4]

从欧洲国家立法看，波兰和匈牙利等国家在劳动法典中对个人信息有较为详细的规定。波兰《劳动法典》有5个条文（Article 22~1，22~1a，22~1b，22~2，22~3），详细规定了求职者向雇主提供的基本信息、个人信息处理中的"同意"、向雇主的个人信息披露、监控和电子邮件监控，每个条文都包含多个条款，内容相当详尽。例如，关于监控虽然只有1条，但该条包含10款，内容十分具体。[5] 匈牙利通过2019年的法律在

---

[1] Article 88, General Data Protection Regulation, (EU) 2016/679.
[2] Halefom H. Abraha, "A Pragmatic Compromise? The Role of Article 88 GDPR in Upholding Privacy in the Workplace", *International Data Privacy Law*, Vol. 12, No. 4, 2022, p. 282.
[3] Section 26, Federal Data Protection Act, Germany, 2017.
[4] Halefom H. Abraha, "A Pragmatic Compromise? The Role of Article 88 GDPR in Upholding Privacy in the Workplace", *International Data Privacy Law*, Vol. 12, No. 4, 2022, pp. 293~294.
[5] Article 22~1, 22~1a, 22~1b, 22~2, 22~3, The Labour Code, Poland, 2019.

《劳动法典》中增加和修改了3个条款（Section 10，Section 11，Section 11/A），内容较为详细。包括雇主、企业职工委员会（work council）、工会处理信息的合法性基础，体检（fitness test）的条件（第10条）、生物识别信息（biometric data）、犯罪记录信息处理的条件（第11条），以及雇主监控（monitor）雇员行为以检查（inspect）信息的要求（第11/A条）。总体上这些条款都强调雇主的信息处理行为应是订立、履行和终止劳动关系所必需的，或者是为了执行《劳动法典》的规定（第10条），而且强调应根据劳动关系或者与劳动关系相关。[1] 因此，比例原则的适用仍是核心问题。

由此可见，在个人信息保护法或者劳动法中对劳动者个人信息保护作出适当的特别规定是必要的，包括对劳动者个人信息处理的基本原则，尤其是比例原则的内容和知情同意原则的限制，以及职场领域涉及的求职招聘过程、劳动关系存续以及劳动关系终止后不同阶段的信息处理行为作出规定实有必要。在欧洲，也有许多学者主张对劳动者个人信息保护进行专门立法或特别立法。如有学者指出，欧洲劳动关系领域的个人数据保护所需的清晰和统一只有通过引入劳动关系专门的指令才能实现。[2] 还有学者指出，劳动关系中，信息和权力的不平衡，个人数据流动的增强，信息通信技术的持续发展，以及看似没有边界的算法，使得在欧盟或者至少在国家层面对职场个人信息进行补充的特别立法更显必要。[3] 在英国，也有一种强烈的观点，建议对职场劳动者有关个人信息的权利采取专门立法，充分考虑并融入劳动法。[4] 因此，就职场个人信息保护进行专门立法或作出特殊规定也得到广泛支持。

从上述域外立法也可以看出，劳动者个人信息保护规则，有的侧重于在个人信息保护法中作出特殊规定，有的侧重于在劳动法中规定，前者的优势在于更能充分利用个人信息保护的一般规则，后者可以更充分体现劳动关系的特殊性。但两种模式均需要个人数据保护法和劳动法相互补充、相互作用。如上述，"欧盟数据保护工作组"2001年发布的《雇佣背景下

---

[1] Section 10, 11, 11/A, Act I of 2012 on the Labor Code, Hungary, 2019.
[2] Marta Otto, *The Right to Privacy in Employment: A Comparative Analysis*, Hart Publishing, 2016, p. 108.
[3] Marta Otto, "'Workforce Analytics' v Fundamental Rights Protection in the EU in the Age of Big Data", *Comp. Labor Law & Pol'Y Journal*, Vol. 40, 2019, p. 403.
[4] Gillian Morris, Protection of Employees' Personal Information and Privacy in English Law, in The Japan Institute for Labour Policy and Training: Protection of Employees' Personal Information and Privacy, JILPT Report, No. 14, 2014, p. 90.

处理个人信息的意见》指出，在职场领域，"数据保护法无法脱离劳动法及其实践而独立运行，劳动法及其实践也无法脱离数据保护法而独立运行"。二者互动是必需而有价值的，并将有助于妥善保护工人利益方案的发展。① 从劳动者个人信息保护较为详细的波兰看，其《劳动法典》中有关劳动者个人信息保护的内容也多处直接引用《通用数据保护条例》的规定，在5个条文中，有4个条文直接或间接引用《通用数据保护条例》的规定。② 有意思的是，波兰2018年制定的《个人数据保护法》，该法对《劳动法典》中有关个人信息保护的内容进行了修订。③ 足见个人信息保护法和劳动法的密切关系和相互影响，也说明了职场个人信息保护在个人信息保护中的重要地位。德国《联邦数据保护法》第26条第5款在涉及劳动关系领域的个人信息处理中也专门强调，信息控制者必须采取适当措施确保遵守《通用数据保护条例》第5条确立的原则。④ 同时，《通用数据保护条例》和《联邦数据保护法》有关职场个人信息保护的规则也顾及了劳动关系的特点。因此，如上述，职场的个人信息保护离不开劳动法和个人信息保护法的互动，脱离个人信息保护法，劳动者个人信息保护就缺乏一般原理和规则的支撑；脱离劳动法的立法和实践，个人信息保护法也难以有效解决劳动领域的特殊问题。2001年发布的《雇佣背景下处理个人信息的意见》也指出，雇佣实践越来越依赖于个人数据处理，因而需要适用一般数据保护原则；同时雇佣领域个人信息处理所有问题并非仅仅只是数据保护问题。⑤ 换言之，仅依靠数据保护法也难以解决职场数据保护问题。

从我国发生的典型案例看，职场中个人信息保护的问题往往和劳动法的问题交织在一起，在劳动法缺乏具体规则的情况下，个人信息保护法也可以为劳动者的权利救济提供相应的基础。例如，江苏省高级人民法院2024年2月推送了一起劳动纠纷案例。姜某与A公司协商一致解除劳动合同后获取了经济补偿金，却被公司列入了"黑名单"。离职后的姜某向B公司求职时，A公司人力资源管理人员又告知了B公司人力资源管理人

---

① Article 29-Data Protection Working Party, Opinion 8/2001 on the Processing of Personal Data in the Employment Context, 2001, p.4.
② Article 22~1a, 22~1b, 22~2, 22~3, The Labour Code in Poland, 2019.
③ Article 111, Act of 10 May 2018 on the Protection of Personal Data, Poland.
④ Section 26 (5), Federal Data Protection Act, Germany, 2017.
⑤ Article 29-Data Protection Working Party, Opinion 8/2001 on the Processing of Personal Data in the Employment Context, 2001, p.14.

员"黑名单"事宜。姜某将 A 公司诉至法院,要求 A 公司将其从公司"黑名单"中移出,并赔偿姜某 7 个月的误工费 52500 元。[①] 在该案中,法院认为 A 公司侵害了劳动者平等就业权似乎有些牵强。一是通常构成侵害就业平等权基础的歧视事由,包括性别、种族、民族、宗教信仰等是由法律明确规定的;二是本案中姜某是向 B 公司求职而不是向 A 公司求职,A 公司在 B 公司的录用决定中仅起到辅助作用,直接认定 A 公司侵害姜某的平等就业权似过于牵强。本案如果从《个人信息保护法》似乎可以找到劳动者获得救济的依据。本案中,A 公司擅自将姜某的信息提供给 B 公司,属于处理姜某个人信息的行为,其并没有得到姜某的同意,也不属于《个人信息保护法》第十三条所规定的其他合法性基础。由于 A 公司的信息处理行为给姜某造成的损害,似可根据第六十九条的规定让 A 公司承担赔偿责任。[②] 从该案例也可以看出个人信息保护对于劳动者权利的重要影响和重要意义。

总结欧盟及其成员的立法经验,根据我国国情,我国有必要加强劳动者个人信息保护立法。欧洲国家大量个人信息保护规则是通过判例法形成的,因此其成文法无须做特别具体的规定,而我国缺乏判例法机制,成文立法更显重要。根据我国立法体制和立法实际,建议未来在《个人信息保护法》中增加关于劳动者个人信息保护的一般条款,也为劳动者个人信息保护适用个人信息保护法提供依据。我国不必制定劳动者信息保护的专门法律,可通过制定专门的劳动者个人信息保护条例对职场个人信息保

[①] 江小开:《离职时谈妥了,转头就把我列入"黑名单"?》,江苏省高级人民法院微信公众号 2024 年 2 月 28 日上传。法院经审理后认为,协商一致解除劳动合同后劳动者获取经济补偿是劳动者的合法权利,不应据此限制平等就业权。A 公司将姜某列入"黑名单",无法证明该条件设置的正当性。A 公司抗辩该项"黑名单"制度仅用于劳动者二次入职审查,但 A 公司将劳动者法定权利作为其加重审查力度的原因,明显超出了企业用工自主权的范围,构成对姜某平等就业权的侵害。此外,A 公司人力资源管理人员告知其他公司人力资源管理人员"黑名单"事宜,但未能合理解释上述情形的披露与姜某应聘的新岗位内容之间的内在联系,使得姜某在其他公司求职应聘中受到否定性评价。关于姜某主张的误工损失,姜某自认 B 公司拒绝其入职后未再寻找其他工作机会,故姜某至今未工作所形成的误工损失亦并非完全因 A 公司侵权所导致。法院根据双方的过错程度,酌定 A 公司按照姜某的月工资标准赔偿 3 个月的误工损失 22500 元。判决作出后,双方均未上诉。

[②] 《个人信息保护法》第六十九条规定,"处理个人信息侵害个人信息权益造成损害,个人信息处理者不能证明自己没有过错的,应当承担损害赔偿等侵权责任。前款规定的损害赔偿责任按照个人因此受到的损失或者个人信息处理者因此获得的利益确定;个人因此受到的损失和个人信息处理者因此获得的利益难以确定的,根据实际情况确定赔偿数额。"

护作出具体规定，这是较为合理可行的做法。另外，劳动行政部门、工会组织和企业组织也可发布企业劳动者个人信息处理的指引，指导企业的劳动者个人信息处理行为，提高劳动者个人信息保护意识，这也是许多国家的做法。特别是个人信息保护具有相当的专业性，且雇佣领域的个人信息保护规则具有相当的灵活性，通过个人信息保护的指引有助于雇主和雇员掌握相关规定和技巧。例如，英国信息专员办公室2011年发布的《雇佣实践数据保护守则》，内容十分详尽，篇幅长达近百页。① 澳大利亚政府机构——"公平工作申诉专员（Fair Work Ombudsman）"发布了《职场隐私最佳行为指引》（*Workplace Privacy Best Practice Guide*），并经常更新，最近更新的版本为2024年10月版本。② 日本厚生劳动省于2012年公布了《关于雇佣管理领域中个人资料保护之指引》。③ 除此之外，由于个人信息处理行为涉及雇主利益和雇员隐私权利，涉及雇主和雇员的权利义务，因此也应鼓励雇主和雇员通过集体协议或规章制度的形式，特别是集体协议就涉及个人信息的相关事项进行约定或规定，这也是企业和工会订立的集体协议或企业制定的规章制度应该予以考虑的新内容。

四 劳动者个人信息处理的规制重点

（一）求职招聘阶段的个人信息处理

1. 求职招聘阶段个人信息处理的一般规则

求职招聘阶段涉及求职者提供信息和雇主询问雇员等信息处理行为。由于雇主和雇员之间的劳动关系是持续、稳定且具有人身信赖性质的关系，因此，雇主需要充分了解求职者的相关信息，而且信息越充分越有利于其作出适当决定，因此在求职和招聘阶段，雇主具有处理信息的正当性。但若雇主处理的信息范围过宽，则可能使雇主基于法律所禁止的事由或其他事由，歧视甚至拒绝录用求职者，从而损害求职者的平等就业权或其他权利。因此，劳动者求职阶段的信息处理规则十分重要。

根据个人信息处理的一般原则和比例原则，总体上，在求职招聘阶

---

① Information Commissioner's Office, The Employment Practices Data Protection Code, November 2011.
② Fair Work Ombudsman, Workplace Privacy Best Practice Guide, Last Updated：October 2024.
③ 徐婉宁：《劳工隐私权之保护：以日本法上劳动关系存续中劳工健康资讯之隐私保护为中心》，《台大法学论丛》2017年第4期。

段，雇主仅可以收集与工作相关的信息。例如，在德国，法院限制雇主询问问题的权利已有数十载了。按照法理，雇主在面试中只可询问其具有合法利益知晓答案的问题。如果雇主询问了其无权询问的问题，申请人可以不如实回答，并且不用担心日后因此原因被解雇。根据数据保护法，如果信息处理是必要的（necessary），雇主可以处理。雇主通常不被允许询问雇员与劳动关系无关的问题，如家庭结构、婚姻状态、信用信息、诉讼经历、俱乐部会员身份等。[1] 在法国，在求职阶段，根据《劳动法典》第1221~6条，对于雇主和雇员，核心的问题是评估信息是否与工作相关。[2] 在日本，劳动行政机关通常提示雇主，除非有特别的职业上必要性或其他为达成业务目的所不可或缺，而应表明收集之目的且自本人收集外，[3] 一般不应收集求职者的下列信息：（1）可能导致歧视的事项，包括民族、种族、社会地位、出身、家庭登记地址、出生地及其他导致社会歧视的事项；（2）思想或信仰；（3）加入工会情况。[4] 波兰《劳动法典》明确列举了雇主原则上可向求职者获取的6项信息，即姓名、出生日期、联系方式、教育背景、职业经历和工作经历；除此之外，雇主获取其他信息必须是为行使法律规定的权利或者履行法律规定的义务所必需。[5] 总体上看，除了少数国家和地区对求职阶段的个人信息处理作明确规定外，大部分国家和地区遵循的原则是信息处理必须与工作相关，且应遵循信息处理的一般原则，但何为"与工作相关"仍存在较大的弹性空间和不确定性。由于不同类型雇主、不同职业、不同岗位对求职者要求不同，相应地，雇主的知情权也不同，在立法上很难清楚地列举雇主信息处理的范围，只能提炼出一般原则和相对具体的规则。

---

[1] Gregor Thüsing, Data Protection in the Employment Relationship: The German View, in the Japan Institute for Labour Policy and Training: Protection of Employees' Personal Information and Privacy, JILPT Report, No. 14, 2014, pp. 16~17.

[2] Benjamin Dabosville, Protection of Employee's Personal Information and Privacy in France, in the Japan Institute for Labour Policy and Training: Protection of Employees' Personal Information and Privacy, JILPT Report, No. 14, 2014, p. 40.

[3] 张义德：《论劳工隐私权之保障——以日本法为借镜》，《政大法学评论》2018年总第156期。

[4] Ryoko Sakuraba, Protection of Personal Information and Privacy in the Japanese Workplace, in the Japan Institute for Labour Policy and Training: Protection of Employees' Personal Information and Privacy, JILPT Report, No. 14, 2014, p. 163.

[5] Article 22~1, The Labour Code (KodeksPracy), Translated by Agnieszka Jamrozy, Wydawnictwo C. H. Beck, 2019, pp. 27~29. 以下关于波兰《劳动法典》条文均出自该文本。

关于求职阶段的信息处理，我国《劳动合同法》第八条规定："用人单位招用劳动者时，应当如实告知劳动者工作内容、工作条件、工作地点、职业危害、安全生产状况、劳动报酬，以及劳动者要求了解的其他情况；用人单位有权了解劳动者与劳动合同直接相关的基本情况，劳动者应当如实说明。"根据该规定，用人单位有权了解的信息仅包括"劳动者与劳动合同直接相关的基本情况。"实践中，对于如何理解这一规定并没有详细规则。2007 年人力资源和社会保障部出台的《就业服务与就业管理规定》（2022 年修订）第七条规定，"劳动者求职时，应当如实向公共就业服务机构或职业中介机构、用人单位提供个人基本情况以及与应聘岗位直接相关的知识技能、工作经历、就业现状等情况，并出示相关证明"。该规定进一步明确了求职者应当提供的信息范围，但仍具有较大的弹性。在我国的司法实践中，对此类问题也存在争议。在"广州某网络科技有限公司、林某劳动争议案"中，[①] 劳动者在求职过程中隐瞒已婚事实，在《新员工入职申请表》填写"未婚"，事后公司知晓后以劳动者欺诈为由，与劳动者解除了合同，劳动者不服提起仲裁。在二审中，法院指出，"劳动者的告知义务是附条件的，只有在用人单位要求了解的是劳动者与劳动合同直接相关的基本情况时，劳动者才有如实说明的义务。劳动者与劳动合同直接相关的基本情况一般应包括健康状况、知识技能、文化程度、工作技能、工作经历、职业资格等"，"劳动者对于那些与工作无关且侵害个人隐私权的问题，有权拒绝说明。对于与劳动合同没有直接联系的信息，劳动者即使未如实说明，也不能认定为构成欺诈"。该判决的价值取向具有较大指导意义，也是对《劳动合同法》第八条规定的细化，值得肯定。根据该判决，雇主在求职阶段向雇员收集的信息应限于目的范围和必要限度，雇主如果缺乏正当利益和合法理由，不得收集类似婚姻状况等个人信息，对于不相关的问题，个人可拒绝回答或不如实回答。在最高人民法院案例库发布的案件中也秉持这一原则。在"牛某诉上海某物流有限公司劳动合同纠纷案"中，法院指出，通常而言，"与劳动合同直接相关"的信息应当是指与工作岗位相匹配的信息，比如教育经历、工作经验、技术技能、研究成果等，而婚姻状况、生育情况与意愿、家庭条件、个人爱好等通常与岗位、工作能力不直接相关的信息，则不属于劳动者应

[①] 《广州麦谷网络科技有限公司、林某劳动争议二审民事判决书》，广东省广州市中级人民法院（2018）粤 01 民终 12990 号民事判决书。

当如实说明的范围。① 此点也与德国法院的实践相一致。德国联邦劳动法院在一系列判决中确认,雇员有权对雇主的非法提问给予不实的回答。② 由于我国实践中雇主和雇员在求职招聘阶段个人信息保护意识较为薄弱,实践中雇主在招聘过程中经常在求职申请表等载体中要求求职者提供多种信息,许多信息明显涉及个人隐私而与工作无关。为指导用人单位的个人信息处理实践并为裁判机构提供裁判标准,我国应借鉴波兰等国家和地区的做法,从立法上进一步明确劳动者求职阶段雇主可处理的个人信息范围。

2. 医疗健康和犯罪刑罚记录等敏感信息处理

医疗健康、犯罪刑罚一般被认为是个人的敏感信息或特殊类型的个人信息,应加以特殊保护。如欧盟《通用数据保护条例》第 9 条将健康信息作为特殊类型的个人信息做了特殊规定,第 10 条也专门针对刑事处罚和犯罪的个人信息处理作了规定。③ 我国司法实践中有关入职体检和刑事犯罪记录的劳动者个人信息问题经常发生争议。如在"王某与西安某物业管理有限责任公司劳动争议上诉案"中,④ 双方就用人单位是否因乙肝体检侵犯其就业平等权和隐私权发生争议。求职者因乙肝病毒携带遭到歧视并被拒绝录用,是我国长期存在的顽疾。因此,有关部门希望通过部门规章的方式,从规范体检行为入手,防止就业歧视。例如,2010 年,人力资源和社会保障部、教育部、原卫生部等部门发布《关于进一步规范入学和就业体检项目维护乙肝表面抗原携带者入学和就业权利的通知》等文件,要求用人单位在招、用工过程中,除国家法律、行政法规和原卫生部规定禁止从事的工作外,不得强行将乙肝病毒血清学指标作为体检标准。从个人信息保护角度看,用人单位不得通过体检过度收集劳动者的健康信息,除非雇主具有合法的正当目的,例如,雇员从事特定职业,对健康具有特殊要求。据此,原则上除了法律法规规定,或者岗位确有需要外,雇主不得强制劳动者体检并获取体检信息,体检范围和信息处理不得

---

① 参见上海市浦东新区人民法院(2020)沪 0115 民初 92996 号民事判决(2021 年 1 月 27 日),及上海市第一中级人民法院(2021)沪 01 民终 6197 号民事判决(2021 年 9 月 14 日)。

② [德]沃尔夫冈·多伊普勒:《德国劳动法》(第 11 版),王倩译,上海人民出版社,2016,第 149 页。

③ Article 9, 10, General Data Protection Regulation,(EU)2016/679.

④ "王某与西安伟志物业管理有限责任公司劳动争议上诉案",陕西省西安市中级人民法院(2015)西中民高终字第 00492 号民事判决书。

超过必要限度,这也是许多国家的做法。例如,在美国,医疗信息具有敏感性质,法院认为,医疗信息通常属于个人信息,但如果医疗信息和雇员工作直接相关,雇主可以获取。[1] 匈牙利《劳动法典》第10条(2019年修订)规定,当劳动法规有规定,或者为了行使劳动法规规定的权利或履行义务所必需时,雇员可以被要求健康体检。[2] 可见,体检和健康信息处理受到严格的限制。

前科报告制度也是近年来值得关注的问题。在"福州市某物业管理有限公司、陈某劳动合同纠纷案"中,[3] 双方就求职者是否隐瞒刑事处罚记录发生争议。法院认为,"《中华人民共和国刑法》第一百条规定的前科报告制度关键在于如实报告而非主动报告",求职者在未被询问的情况下没有主动说明前科并不构成隐瞒和欺诈。该案法院的立场值得肯定。这涉及雇主在何种情况下可以收集求职者的前科信息,因为前科信息涉及求职者和劳动者的隐私权利和平等就业权。关于刑事处罚和犯罪的个人信息处理,《通用数据保护条例》第10条作了一般规定,即关于刑事处罚和犯罪的信息处理应在官方机构控制下或者根据关于适当保护数据主体的权利和自由的欧盟或成员国的法律而实施。[4] 可见,处理刑罚和犯罪信息受到严格规制。具体到劳动关系,应当合理权衡具有前科的求职者隐私权、就业权与用人单位知情权和合法利益。对求职者犯罪和刑罚信息的收集应考虑用人单位的性质和岗位要求,除非雇主具有法定或正当事由,雇员在求职招聘过程中没有报告自己全部犯罪记录的义务,雇主也无权收集雇员的全部犯罪记录。例如,在德国,雇主可以询问求职者有关犯罪记录的信息,但仅限于处理可能影响求职者接受工作以及适当履行工作的信息,例如,金融机构可以询问申请人是否有和商业相关的犯罪记录(比如,欺诈、洗钱等),但不可询问诸如醉驾的犯罪等。[5]

---

[1] Pamela V. Keller, "Balancing Employer Business Interests and Employee Privacy Interests: A Survey of Kansas Intrusion on Seclusion Cases in the Employment Context", *University of Kansas Law Review*, Vol. 61, 2013, p. 1004.

[2] Section 10, Act I of 2012 on the Labor Code (2019).

[3] 《福州市榕桥物业管理有限公司、陈某劳动合同纠纷二审民事判决书》,福建省福州市中级人民法院(2019)闽01民终4020号民事判决书。

[4] Article 10, General Data Protection Regulation, (EU) 2016/679.

[5] Gregor Thüsing, Data Protection in the Employment Relationship: The German View, in the Japan Institute for Labour Policy and Training: Protection of Employees' Personal Information and Privacy, JILPT Report, No. 14, 2014, p. 17.

关于前科报告义务，有学者主张，对于我国《刑法》第一百条劳动者前科报告义务的范围及其法律效力应在公民就业权与用人单位知情权之间寻找平衡。劳动者仅对与录用条件、工作内容直接相关的受刑罚处罚记录具有报告义务。用人单位不能仅以劳动者具有前科而拒绝录用。[1] 笔者赞同该观点。用人单位只有在因特定岗位所必需时，才有权知晓求职者的相关犯罪和刑罚记录，并可因此拒绝录用。当然何为前科信息为特定岗位所必需，需要依赖法律法规的明文规定以及犯罪刑罚信息处理的一般原则。一些法律法规对特定岗位的任职资格有明确要求，例如《公司法》第一百四十六条对公司高管任职条件作出规定，《未成年人保护法》第六十二条对密切接触未成年人的单位招聘工作人员的条件作出规定。[2] 除了法律法规明文规定，应通过立法对求职者的犯罪和刑罚信息处理作出一般规定。

目前实践中，我国许多雇主在招聘广告中要求求职者无任何犯罪记录，这一做法从个人信息保护和公民就业权角度而言值得商榷。就业是公民的一项基本权利，用人单位将无犯罪记录作为一般岗位的录用条件过于苛刻，可能影响公民就业权，因此，用人单位随意限制有前科人员的就业资格应受到法律限制。例如，在德国，虽然雇主是否可以询问求职者犯罪前科的问题，在法律上还没有明确答案，然而，联邦宪法法院已经认可了帮助有犯罪前科的人重返社会的宪法价值。联邦劳动法院在20世纪50年代就形成了以下观点：雇主只能就在招聘的工作岗位上可能重犯的"相关犯罪前科"提问，其他犯罪前科，雇主不得询问。[3] 因此，我国有必要在法律法规层面上对有关体检和犯罪刑罚记录的个人信息处理作出具体规定，这不仅关涉劳动者的个人信息权利，更关涉就业的基本权利。诚如德国著名劳动法专家多伊普勒教授所言，不能仅在求职者的"隐私保护"和雇主的合理人事安排之间进行利益衡量，还需要考虑社会福利国家以及

---

[1] 叶小琴:《公民就业权视域下劳动者前科报告义务的体系解释——以美国雇员案犯罪记录争议为切入》,《法学评论》2019年第2期。
[2] 《未成年人保护法》第六十二条规定:"密切接触未成年人的单位招聘工作人员时,应当向公安机关、人民检察院查询应聘者是否具有性侵害、虐待、拐卖、暴力伤害等违法犯罪记录;发现其具有前述行为记录的,不得录用。密切接触未成年人的单位应当每年定期对工作人员是否具有上述违法犯罪记录进行查询。通过查询或者其他方式发现其工作人员具有上述行为的,应当及时解聘。"
[3] ［德］沃尔夫冈·多伊普勒:《德国劳动法》(第11版),王倩译,上海人民出版社,2016年,第147页。

立法者在针对特定人群的保护法中表现出来的价值判断。[①] 因此，对医疗健康和犯罪刑罚的信息处理不仅关涉个人信息，也关涉法律所追求的平等，以及对特定人群的特殊保护等立法价值。虽然我国《个人信息保护法》第二章第二节规定了"敏感个人信息的处理规则"，但劳动关系领域有关医疗健康、犯罪前科信息的处理规则还须不断探索。

我国一些地方对用人单位或相关企业在招聘等阶段的个人信息处理行为进行了规制，值得赞赏。例如，2023年上海市通过了《上海市就业促进条例》，条例第十三条规定，"除法律、行政法规另有规定外，用人单位和人力资源服务机构在招用人员或者提供人力资源服务时，不得查询劳动者的诊疗记录、医学检测报告、违法犯罪记录等信息，或者要求劳动者提供与履行劳动合同无关的信息"。该条对企业处理求职者或劳动者敏感个人信息做了严格规定，并对其他个人信息处理行为的原则做了规定，值得肯定。医疗信息和违法犯罪记录是个人的敏感信息，容易影响劳动者的就业权利，对其进行严格限制非常必要。当然，条例并没有对企业处理劳动者个人信息的一般行为进行具体规定。

（二）劳动关系存续期间的个人信息处理

1. 劳动关系存续期间个人信息处理的一般原则

劳动关系存续期间，雇主可能出于各种目的对雇员实施指挥管理，并涉及劳动者个人信息处理。雇主为了维护财产利益，例如为了防止财产被盗或遭破坏，可能实施监控；为了维护职场纪律，监督和控制工作过程可能对雇员工作过程进行监控，包括实施电子监控。总体上，在劳动关系存续期间，雇主的信息处理行为应根据个人信息处理的一般原则及比例原则，明确雇主合法利益以及对雇员隐私权利影响程度，从而确定雇主个人信息处理行为是否具有合法性基础，雇主信息处理行为的范围和方式也应适当。

近年来，我国劳动关系存续期间因个人信息处理发生争议的案件不少，尤其是因职场监控发生纠纷的案件数量较多。从近年来的职场监控典型案件看，员工败诉、法院支持用人单位采取监控措施的比例较高，这一现象值得关注。例如，在"吴某、深圳市某科技有限公司劳动合同纠纷

[①] ［德］沃尔夫冈·多伊普勒:《德国劳动法》（第11版），王倩译，上海人民出版社，2016，第141页。

案"中，因员工连续一周在工作时间内大量从事与工作无关的事，且故意摆放杂物遮挡监控，法院支持了单位的解雇行为。① 在"阴某与某（无锡）轴承有限公司经济补偿金纠纷案"中，员工违反规章制度在禁止吸烟的更衣室吸烟，公司进入吸烟室对其吸烟进行拍摄取证，员工被解雇，单位的解雇行为获法院支持。② 在"熊某与武汉某贸易有限公司劳动合同纠纷案"中，公司办事处设在居民小区，为一室一厅及厨卫仓库，摄像头安装在客厅。员工对于公司安装摄像头且要求24小时运行无法接受而选择离职。法院认为，该办事处的工作区域和休息区域存在混同，公司在客厅安装摄像头，可对工作区域进行监督，存在必要性。③ 在"原告高某诉被告某（中国）投资有限公司武汉分公司、某（中国）投资有限公司劳动争议纠纷案"中，员工多次未按照公司要求提交工作日报，被公司解雇，法院支持了单位的解雇行为。对于原告提出的被告公司对员工工作电脑不得进行监控的主张，法院认为，被告公司监控的电脑系单位工作电脑，而工作电脑显然应当用于公司工作，因此被告公司对单位工作电脑进行监控并无不当。④

可喜的是，在个别案件中法院也关注到用人单位管理权和劳动者隐私权之间的冲突平衡。例如，在"张某与深圳市某小额贷款有限公司纠纷案"中，一审法院认为，在工作区域这种特殊场所，劳动者需要承担更高的行为注意义务。在工作地点安装摄像头进行监控，可以在公司的财产权、劳动者的财产权和人身权的安保上发挥作用，预防和打击犯罪行为。基于此，公司安装摄像头的行为具有一定合理性。同时法院指出，该院虽支持公司安装摄像头的行为，但摄像头监控的时间和空间范围必须有严格的内控制度，其内容的提取和使用应当依照一定的规程，并不得违反法律、行政法规的相关规定，这是用人单位为自身利益安装摄像头实现监管目的的同时保护劳动者隐私权的应有之义。二审法院认为，公司在办公室

---

① 《吴某、深圳市腾瑞丰科技有限公司劳动合同纠纷二审民事判决书》，广东省深圳市中级人民法院（2018）粤03民终26105号民事判决书。
② 《阴某与铁姆肯（无锡）轴承有限公司经济补偿金纠纷二审民事判决书》，江苏省无锡市中级人民法院（2019）苏02民终3728号民事判决书。
③ 《熊某与武汉汇生伟业贸易有限公司劳动合同纠纷一审民事判决书》，湖北省武汉市东西湖区人民法院（2019）鄂0112民初3653号民事判决书。
④ "原告高某诉被告大金（中国）投资有限公司武汉分公司、大金（中国）投资有限公司劳动争议纠纷案"，湖南省长沙市开福区人民法院（2019）湘0105民初5287号民事判决书。

安装监控摄像头,安装区域是多人工作的公共场所,公司行为明显符合普通公司行使用人单位监管权的合理行为,并无不妥。[1] 该案的法官注意到公司监控和劳动者隐私权的冲突和平衡,值得肯定,但认为监控行为明显属于公司行使用人单位监管权的合理行为似值得商榷。

从上述案例看,总体上我国法院对职场监控采取较为宽松的态度。法院往往较多考虑单位的用工管理权,从便于公司监督或保护公司财产利益的角度,支持单位采取包括监控在内的监督管理措施,并经常以劳动者违纪为由支持用人单位的解雇行为,较少关注劳动者的隐私或个人信息权利,较少对用人单位合法利益和劳动者隐私权利大小进行权衡,对单位采取监控方式的合法性和合理性未予足够重视。

值得关注的是,我国《个人信息保护法》第十三条将"按照依法制定的劳动规章制度和依法签订的集体合同实施人力资源管理所必需"作为个人信息处理者处理个人信息的合法性基础之一。从条文看,该规定是对雇主处理雇员个人信息行为的限制。但由于规章制度的内容最终取决于用人单位,集体合同制度仍存在诸多不足,该规定可能为用人单位处理劳动者个人信息开了方便之门。因此,我国劳动关系存续期间劳动者个人信息保护亟待加强。

2. 职场监控的法律规制

由上可见,职场监控在我国职场可谓司空见惯,且在实践中引发越来越多纠纷,如何规制职场监控行为是我国职场个人信息保护的一个重要问题。在其他国家,职场监控也较为流行。例如,英国工会联合会(Trades Union Congress)2018 年发布的《职场监控报告》(*A Report on Workplace Monitoring*)指出,56%的受访者认为他们在工作中可能被监控了。[2]

雇主实施监控往往具有正当理由,包括为了保护员工人身安全、公司财产安全、监督员工工作表现,但监控实时收集员工信息,影响了员工行

---

[1] 《广东省深圳市中级人民法院(2019)粤 03 民终 6076 号民事判决书》。该案中,公司在工作区域内安装了多个高清摄像头,其中一个摄像头位于员工张某工位的上方,该员工用两把伞遮挡该摄像头,不妨碍其他方位的摄像头正常拍摄。公司通过人事经理两次口头与张某就打伞行为进行沟通后,又于 2019 年 7 月 3 日、2019 年 7 月 4 日分别书面向张某发送了警告信,张某仍坚持在工位上撑伞十多个工作日,公司认为其违反劳动纪律,与其解除合同。

[2] Trades Union Congress, "I will be Watching You: A Report on Workplace Monitoring", Aug. 17, 2018, p. 5, https://www.tuc.org.uk/research-analysis/reports/ill-be-watching-you, last visited on June 3, 2024.

动自由，对员工自由、隐私和尊严造成较大影响。英国信息专员办公室（Information Commissioner's Office）2011年发布的《雇佣实践数据保护守则》（*Employment Practices Data Protection Code*）指出，监控通常被认为是劳动关系的一部分，许多雇主实施监控是为了保护雇员，以及保护雇主自身或客户的利益。但监控也在不同程度上对工人带来负面影响，监控可能侵扰雇员的个人生活，破坏对他们通信的尊重，损害雇主和雇员之间应有的相互信任和信心。[1] 英国工会联合会2018年的《职场监控报告》指出，如果职场监控有正当理由，且公正使用，其可以保护工人的健康和安全，并可改进商业行为；如果使用不当或不合乎比例，就会成为雇主对雇员不信任的表现，从而降低工人士气，并导致其焦虑。[2]

从国外经验看，监控虽然没有被完全禁止，但一般都受到了严格限制。例如，在德国，职场视频监控的主要理由是为了防止破坏、盗窃和其他财产犯罪，以及保护员工、客户免受犯罪侵害。因此，通常视频监控的主要目的不能是"监督和控制雇员"。在判断是否允许使用监控时，核心的评估尺度是比例原则，雇主须证明监控是必需的，即没有其他有效的替代方式，而且目的和方式之间必须成比例。不允许使用监控监督轻微的违法行为，如禁止吸烟。[3] 联邦劳动法院认为，监控给雇员带来巨大压力，与雇员人身权利得到尊重的权利并不相符。联邦劳动法院的结论是，职场视频监控只有在雇主具有重大利益的例外情形下才具有正当性。[4] 在英国，视频监控被认为是一种具有特别侵犯性的监控。除了适用监控的一般规则，英国法并没有关于工人视频监控的法律规定。但官方机构信息专员发布了《视频监控实践守则》（*CCTV Code of Practice*，2008），认为持续监控只能适用于"非常例外的情形"，例如，使用有害物质，未遵守程序

---

[1] Information Commissioner's Office, The Employment Practices Data Protection Code, November 2011, p. 58, at https：//ico. org. uk/media/for-organisations/documents/1064/the_employment_practices_code. pdf, last visited on March 1, 2024.

[2] Trades Union Congress, "I will be Watching You: A Report on Workplace Monitoring", Aug. 17, 2018, p. 5.

[3] Gregor Thüsing, Data Protection in the Employment Relationship: The German View, in the Japan Institute for Labour Policy and Training: Protection of Employees' Personal Information and Privacy, JILPT Report, No. 14, 2014, p. 18.

[4] Gregor Thüsing, Data Protection in the Employment Relationship: The German View, in the Japan Institute for Labour Policy and Training: Protection of Employees' Personal Information and Privacy, JILPT Report, No. 14, 2014, p. 19.

将带来严重生命危险的情形，而且工人应该被告知使用闭路电视。① 根据《视频监控实践守则》，闭路电视可以安装于雇主认为特别容易失窃的场所，如储物间，但不能用于厕所或私人办公室区域。闭路电视可用于预防和侦查顾客的犯罪行为，如用于商店，但不能用于监控员工非犯罪的事项，如工作表现或是否遵守公司程序。② 英国工会联合会2018年发布的《职场监控报告》也指出，雇主在使用视频监控（CCTV）之前应该认真考虑这类监控是否具有正当性，或者是否存在其他侵扰更轻的方法可以实现相同结果。对工人持续的视频监控只在罕见情形下具有正当性。③ 在法国，用于控制雇员活动的技术系统的使用必须具有合法目的，并且与目的成比例。④ 一些国家的立法或集体协议对监控进行了详细的规定。例如，比利时通过集体协议对各类雇员监控进行了详细规制。集体协议规定，职场监控或监视只能为了特定、明确和合法的目的而实施，并列举了四类可进行监控的目的：保护安全和卫生、保护公司的财产、控制生产过程、控制雇员履行的工作。集体协议还对实施监控的程序做了严格规定。芬兰的法律也对视频监控进行了严格限制，要求雇主在实施视频监控前应寻求更小程度侵犯雇员隐私的方式，并确保雇主监控措施的目的优于雇员的隐私，而且该法禁止通常情形下针对特定的某人或某些人的监控，而且监控不得设置于厕所、更衣室等为了个人用途的场所。⑤

值得注意的是，波兰在《劳动法典》第22~2条中（共10款）对监控作了详细规定。主要内容包括：如为确保雇员安全、保护财产、控制生产、保管一旦泄露可能给雇主带来损害的秘密信息所必需，雇主可在工作场所或其周围以图像监控方式进行特别监督。监控不得包括企业工会的场

---

① Gillian Morris, Protection of Employees' Personal Information and Privacy in English Law, in the Japan Institute for Labour Policy and Training: Protection of Employees' Personal Information and Privacy, JILPT Report, No. 14, 2014, p. 86.
② Gillian Morris, Protection of Employees' Personal Information and Privacy in English Law, in the Japan Institute for Labour Policy and Training: Protection of Employees' Personal Information and Privacy, JILPT Report, No. 14, 2014, p. 86.
③ Trades Union Congress, "I will be Watching You: A Report on Workplace Monitoring", Aug. 17, 2018, p. 30.
④ Benjamin Dabosville, Protection of Employee's Personal Information and Privacy in France, in the Japan Institute for Labour Policy and Training: Protection of Employees' Personal Information and Privacy, JILPT Report, No. 14, 2014, p. 44.
⑤ Halefom H. Abraha, "A Pragmatic Compromise? The Role of Article 88 GDPR in Upholding Privacy in the Workplace", *International Data Privacy Law*, Vol. 12, No. 4, 2022, pp. 292~293.

所。监控不得包括卫生场所、衣帽间、食堂以及吸烟室，除非为了实现前述目标所必需，且不得影响雇员的尊严及其他人身权利，尤其是应采取技术使位于这些场所的人无法识别。雇主处理其收集的影像记录只能用于特定用途，且原则上储存不得超过 3 个月。监控的使用目的、范围和方式应在集体协议、工作规则或者声明中写明。此外，雇主还应事先告知雇员监控事宜并公布监控区域等。可见，波兰对监控的使用亦有严格的实体和程序要求。

综上，法律并未完全禁止职场监控，但监控的负面影响也是明显的，因此对职场监控的使用及其实施方式应严格限制。关于职场监控使用的场景，"欧盟数据保护工作组" 2004 年发布的《通过视频监控方式处理个人信息的意见》（*Opinion 4/2004 on the Processing of Personal Data by Means of Video Surveillance*）指出，在雇佣场合，视频监控只能用于当其是保证生产和（或）职业安全要求所不可或缺时，且雇员应该被告知控制者的身份、监控目的，以及其他确保对数据主体的数据公平处理的信息。① 该意见还指出，"不应允许视频监控系统被用于旨在从远程位置直接控制工作活动的质量和数量，并因此进行个人信息处理。监视不应包括员工私人使用或不用于执行工作任务的场所，例如洗手间、淋浴房、储物柜和娱乐场所。专为保护财产和（或）侦查、预防和控制严重犯罪而收集的图像不应用于对员工轻微违纪行为的惩戒；并且应始终允许员工使用所收集图像的内容提出相反诉求"。② 从该意见和上述欧洲国家对监控的立场看，由于监控是一种持续、实时的信息处理，对雇员的自由、隐私造成较大损害，且可能对雇员身心造成损害，职场监控通常只应在为了保护雇员的人身安全以及防止雇主财产被盗等预防犯罪的特殊情形下，即雇主应有明显的、重大的正当理由才可使用，雇主不能将其作为一般的监督雇员工作表现的手段。因此，我国目前司法实践中对监控采取的宽松态度，对雇员个人信息保护考虑不周的现状值得改进。除了严格限制监控的使用，对于确有必要实施监控的，监控行为本身也应遵守相关规则。关于监控的一般规则，"欧盟数据保护工作组" 2001 年发布的《雇佣背景下处理个人信息的

---

① Marta Otto, *The Right to Privacy in Employment: A Comparative Analysis*, Hart Publishing, 2016, p. 105.
② Article 29 Data Protection Working Party, Opinion 4/2004 on the Processing of Personal Data by Means of Video Surveillance, 11th February 2004, p. 25, at https://ec.europa.eu/justice/article-29/documentation/opinion-recommendation/files/2004/wp89_en.pdf, last visited on March 1, 2024.

意见》提供了有益参考。该意见对监控的要求主要有三项：第一，监控应该是雇主在考虑工人合法隐私和其他利益基础上，作为其面临风险的合乎比例的应对措施。第二，通过监控持有或使用的信息应适当、相关，不超出监控的正当目的；任何监控都应采取侵害程度最低的可能方式。第三，监控包括视频监控应遵守透明的要求，工人应该被告知监控的存在、个人数据处理的目的以及其他确保数据公平处理的信息。[1] 概言之，监控必须具有正当目的，合乎比例原则，采取适当方式且不得过度收集信息，并应遵守透明原则。这些原则也是个人信息处理一般原则的具体体现。

与监控相关的是职场常见的电子监控或网络监控。严格说来，电子监控属于监控的一种形式，应符合一般监控的原则和要求。例如，波兰《劳动法典》第22~3条对电子邮件和其他形式的电子监控进行了规定，主要内容包括：如果是确保工作组织可以充分利用工作时间，以及雇员对工作工具的适当使用所必需，雇主可以采用雇员电子邮件监控；电子邮件监控不能违反通信秘密以及雇员的其他人身权利；电子邮件监控适用一般监控的相关规定。企业必须具有监控的正当事由。因此，不能简单以职场中的设施设备包括电子或网络设备由雇主提供，雇主就可以实施监控。上述"原告高某诉被告某（中国）投资有限公司武汉分公司、某（中国）投资有限公司劳动争议纠纷案"中，法官在判决书中指出："被告公司监控的电脑系单位工作电脑，而工作电脑显然应当用于公司工作，因此被告公司对单位工作电脑进行监控并无不当。"这一观点显然过于简单。"劳工使用雇主提供的电子邮件，是否即意味着同意雇主的监看，而可解释为劳工对其隐私无合理期待，实不无疑义。"[2] 事实上，由于职场中用于工作的设施设备，包括工作场所通常都由雇主提供，如果仅凭设施设备由雇主提供，雇主即可进行监控，则雇员的隐私和个人信息权利将落空。

3. 自动化信息处理

对个人信息自动化处理的规制是个人信息保护法的重要内容。在职场中，对求职者或雇员信息的自动化处理被广为使用。例如，雇主对求职者的求职信息进行自动化筛选，在劳动关系建立后，对雇员工作表现的评估、晋级包括雇员薪酬待遇等的确定可能使用自动化信息处理，并作出决策，从而影响雇员的权利义务或对雇员产生重大利益影响。自动化分析或

---

[1] See, Article 29 Data Protection Working Party, Opinion 8/2001 on the Processing of Personal Data in the Employment Context, 2001, p. 25.
[2] 徐婉宁：《劳工隐私权之保护：以日本法上劳动关系存续中劳工健康资讯之隐私保护为中心》，《台大法学论丛》2017年第4期。

决策有其积极一面，可避免人工操作带来的错误、不准确或者个人偏见及不公正行为，同时也可大大提高工作效率，尤其是当需要处理海量信息时，自动处理的优势得以显现。例如，在求职招聘过程中，雇主可能收到成千上万求职者的求职信息，此时自动处理成为必不可少的手段。当然，自动处理也可能存在信息不透明、标准不公平、技术不稳定等问题，尤其是信息控制者可能利用复杂的算法损害信息主体的权利。因此自动化信息处理需要法律规制，为信息主体提供相应权利，以发挥信息自动处理的优势，克服其缺陷。

对求职者和雇员个人信息的自动化处理，包括自动分析和自动决策进行规制是劳动者个人信息保护的一项重要内容。例如，欧盟1995年《保护个人有关个人数据处理及该种数据自由流动的指令》第15条第1款列举了自动个人决策（Automated Individual Decisions）使用的场合，包括评估工作表现、信誉、可靠性、行为等，将评估工作表现作为列举的第一种类型，足见职场自动个人决策及其规制的重要性。欧盟《通用数据保护条例》第4条第4款将"自动分析"界定为，任何形式的包含个人信息使用以评估与某自然人相关的特定个人方面，尤其是分析或预测关于该自然人工作表现、经济状况、健康、个人偏好、兴趣、可靠性、行为、位置或移动方面的个人信息自动处理。根据该定义，自动分析包括三个要素：是一种自动处理的形式；其实施建立在数据之上；其目标是评估自然人个人的某些方面。[1]《通用数据保护条例》列举的自动分析使用场合，首先提及的也是用于分析或预测自然人在工作中的表现。因此，自动化信息处理在职场中常被使用。关于自动化信息处理的规制，欧盟作了较为明确的规定。欧盟1995年《保护个人有关个人数据处理及该种数据自由流动的指令》第15条对自动化个人决策采取严格限制的立场，除非信息主体明确同意，或者法律授权，信息主体有权拒绝仅仅基于信息自动处理的决策。与此相比，欧盟《通用数据保护条例》对包括自动分析在内的自动个人决策采取更为灵活的规定，其第22条规定，信息主体享有不受制于仅仅基于自动处理（包括自动分析）作出的对其产生法律后果或具有类似重大影响的决策的权利。但上述规定不适用，如果决策是：（1）为订立或履行数据主体和数据控制者之间合同所必需；或（2）由涉及数据控

---

[1] Article 29 Data Protection Working Party, Guidelines on Automated Individual Decision-making and Profiling for the Purposes of Regulation 2016/679, 6 February 2018, pp. 6 – 7, at https://ec.europa.eu/newsroom/article29/item-detail.cfm?item_id=612053, last visited on March 1, 2024.

制者的欧盟或成员国法律授权，且欧盟或成员国法律规定了保护数据主体权利和自由及合法利益的适当措施；或（3）基于数据主体的明确同意。在上述第（1）、（3）种情形下，数据控制者应采取适当措施保护数据主体的权利和自由以及合法利益，至少包含获得数据控制者人为干预的权利，以表达其观点或质疑决策。概言之，第22条关于完全自动个人决策的规制要点有三：一是作为一项规则，原则上禁止包括自动分析在内的产生法律或类似重要影响的完全自动个人决策；二是存在规则的例外；三是当适用例外情形时必须存在保护数据主体权利和自由以及合法利益的措施。[①]

由上可见，在欧洲，自动分析并未被完全禁止，但作为信息处理的一种方式，自动分析必须遵守个人信息处理的一般原则，包括具备合法性基础及信息保护的原则。同时，为了使自动分析可能产生的错误或不准确以及对信息主体利益和权利的不利影响（包括歧视）的风险降到最低，欧盟《通用数据保护条例》要求数据控制者采取适当的数学或统计程序，并实施适当的技术和组织措施。为了减轻信息控制者和信息主体之间信息的不对称，赋予数据主体在特定情形下反对使用自动分析的权利。[②] 除了针对完全自动个人决策的立法规制，根据《通用数据保护条例》第21条第1款，信息主体有权拒绝信息控制者或第三方为了追求合法利益目的处理与其相关的个人信息，包括自动分析。在这些情形下，信息控制者不得继续处理个人信息，除非其能证明"令人信服的合法理由"超越信息主体的利益、权利和自由，或者为了法律诉求的证明、行使或抗辩。因此，如同职场个人信息处理的其他情形，在自动个人信息处理场合，总是存在控制者的合法利益和信息主体拒绝的基础之间的平衡。[③] 这实际上也是比例原则在个人信息自动处理领域的具体体现，即判断自动化信息处理的合法性与否必须平衡雇主的利益以及雇员的利益、权利和自由。

欧盟上述立法和实践值得我国借鉴。我国既应发挥职场个人信息自动化处理的积极作用，也应对其进行规制。我国《个人信息保护法》第二十四条第三款规定，"通过自动化决策方式作出对个人权益有重大影响的

---

① Article 29 Data Protection Working Party, Guidelines on Automated Individual Decision-making and Profiling for the Purposes of Regulation 2016/679, February 6, 2018, p.19.
② Marta Otto, "'Workforce Analytics' v Fundamental Rights Protection in the EU in the Age of Big Data", *Comp. Labor Law & Pol'Y Journal*, Vol.40, 2019, p.396.
③ Marta Otto, "'Workforce Analytics' v Fundamental Rights Protection in the EU in the Age of Big Data", *Comp. Labor Law & Pol'Y Journal*, Vol.40, 2019, p.397.

决定，个人有权要求个人信息处理者予以说明，并有权拒绝个人信息处理者仅通过自动化决策的方式作出决定"。这一规定赋予个人对自动化决策的拒绝权，有利于保护个人信息，但从现实角度看，可能过分限制了自动化决策的使用，也不符合现实需要。相比之下，欧盟《通用数据保护条例》的规定似更具灵活性。由于个人信息自动处理在职场的广泛使用，有必要根据个人信息保护和个人信息自动处理的一般规则，对其作出具体规定。

从个人信息或数据保护法的原理和权利看，总体上，关于职场的自动决策，求职者或雇员享有三项权利：一是拒绝仅基于工人个人数据自动处理的决策，但根据欧盟《通用数据保护条例》等，这可能存在例外。二是被告知的权利。例如根据欧盟《通用数据保护条例》第 15 条（1）（h），数据主体有权获得包括自动画像的自动决策存在的信息，并获得关于所涉及逻辑的有意义信息，以及这种处理对数据主体的意义和设想的后果。欧盟《通用数据保护条例》并非要求对算法进行复杂的解释或披露完整的算法，但所提供的信息必须足够完整以使数据主体理解所做决定的原因。三是获得人工干预的权利。人工干预是欧盟《通用数据保护条例》数据保护的核心要素，对人工智能决策的任何审查，必须由具有适当权威且有能力改变决定的人来实施。[①]

（三）劳动关系解除或终止后的个人信息处理

雇主在劳动关系存续期间通常处理了雇员大量信息，当劳动关系解除或终止后，雇主如何处理这些信息成为一个重要问题，在实务中也容易发生争议。雇员与雇主解除或终止劳动关系后个人信息处理的问题主要有两方面：一是原雇主如何处理雇员已有信息，二是原雇主向新雇主等第三人提供信息的限制。原则上劳动合同解除或终止后，雇主对雇员的信息处理仍必须遵守个人信息处理的一般原则，例如，安全保管、不得泄露等原则。英国学者指出，"劳动关系终止后有关个人信息和隐私保护的一般法律原则继续适用"，"前雇主保留个人信息不得超过必要期间"。[②] 首先，关于原雇主如何处理雇员已有信息，信息保管是重要问题。雇主为了防止

[①] Frank Hendrickx, Protection of Workers' Personal Data: General Principles, ILO Working Paper 62 (Geneva, ILO), 2022, pp. 46~47.

[②] Gillian Morris, Protection of Employees' Personal Information and Privacy in English Law, in the Japan Institute for Labour Policy and Training: Protection of Employees' Personal Information and Privacy, JILPT Report, No. 14, 2014, pp. 89~90.

日后诉讼等原因可能对雇员数据继续保存，但保存的合理期间是一个值得关注的问题。我国《劳动合同法》第五十条规定："用人单位对已经解除或者终止的劳动合同的文本，至少保存二年备查。"该条仅规定劳动合同文本，并未涉及其他个人信息；同时该条规定文本保存最短期间，没有规定文本保存最长期间。由于劳动合同文本通常包含劳动者个人信息，因此，对劳动合同文本最长保管时期应有所限制。其次，雇主转移雇员信息既涉及原雇主的义务，也涉及新雇主义务。雇主向第三方披露雇员个人信息应具有合法性基础。例如，在日本，根据法律，除非得到雇员事先同意，雇主不得向第三方提供雇员个人信息；除非法律明确授权，雇主不得向潜在雇主提供前雇员的个人信息。[1] 劳动关系解除后的个人信息处理经常涉及原雇主出具推荐信的问题。通常，前雇主提供推荐信应得到雇员的同意方可披露其个人信息，而且推荐信内容包含的个人信息应当适当。[2] 关于推荐信内容也涉及未来雇主在招聘阶段信息处理的义务，推荐信涉及个人信息的内容应属必要和最小化。

五　小结

劳动者个人信息保护作为个人信息保护的特定领域，需要个人信息保护法和劳动法以及民法等不同法律的合力协作，借助个人信息保护的一般原理、原则和规则，同时充分考虑劳动关系的性质和内容以及雇主和雇员地位和实力的不平衡。劳动者个人信息保护，除了具有个人信息保护的一般价值外，还有助于实现劳动者或求职者的平等权、言论自由权以及工作中的权利等。劳动者个人信息保护除了应遵循个人信息保护的一般原则，诸如合法、公正、必要和透明等原则外，应将比例原则确立为核心原则，在信息处理中平衡雇主合法利益和雇员隐私权利。由于劳动关系的性质以及雇主和雇员地位和实力的不平衡，知情同意原则的适用应严格限制。原则上，雇员同意不能单独作为雇主处理个人信息的合法性基础，除非确保雇员同意可自由作出。借鉴国外尤其是欧洲国家的立法经验，我国应在个

---

[1] See Ryoko Sakuraba, Protection of Personal Information and Privacy in the Japanese Workplace, in the Japan Institute for Labour Policy and Training: Protection of Employees' Personal Information and Privacy, JILPT Report, No. 14, 2014, p. 172.

[2] See Fair Work Ombudsman, Workplace Privacy Best Practice Guide, p. 4, Last Updated: October 2024.

人信息保护法中规定劳动者个人信息保护的一般规则,并通过制定行政法规规定具体规则。同时,行政机关、工会或企业组织可发布职场个人信息处理的行为指引,企业和工会也可通过集体协议或规章制度约定或规定涉及个人信息保护的有关事项。

第七章 离线权的法律属性与规则建构

一 问题的提出

随着网络通信技术的发展，职场中雇主对雇员的指挥管理方式以及雇员履行工作的方式发生巨大变化，雇主可通过网络通信技术随时随地向雇员发出指示，雇员亦可随时随地回应雇主指示并从事工作。德国学者将这一现象概括为"工作边界消失"，即工作场所和雇员住所之间、工作时间和休闲之间的界限越发模糊。[①] "工作边界消失"可能导致劳动者工作时间过长，损害其休息时间和休息质量，影响劳动者个人生活安宁，进而影响劳动者的安全和健康。例如德国也面临"工作边界消失"带来的劳动保护的挑战。根据 2015 年德国的一项报告，58%的受访人表示他们的雇主"完全可能"或"更有可能"在约定工作时间之外要求他们是"可工作的"。关于工作时间之外的工作联系，2014 年另一项德国研究发现，24%的相关工人在工作时间之外被客户或同事联系，24%的工人被经理或同事联系，22%的工人被经理、同事和客户联系。[②] 因此，如何控制雇员工作时间尤其是休息时间免于工作是各国普遍面临的课题。

近年来，我国数字技术迅猛发展，职场中使用微信等网络媒体进行信息沟通的现象非常流行。特别是我国微信十分普及，微信不仅用于日常生

[①] ［德］沃尔夫冈·多伊普勒：《数字化与劳动法：互联网、劳动 4.0 和众包工作（第六版）》，王建斌等译，中国政法大学出版社，2022，第 70 页。

[②] Eurofound, Right to Disconnect: Exploring Company Practices, Publications Office of the European Union, Luxembourg, 2021, pp. 6~7, at https://www.eurofound.europa.eu/en/publications/2021/right-disconnect-exploring-company-practices, last visited on Feb 2, 2024. "Eurofound (European Foundation for the Improvement of Living and Working Conditions)" 是欧盟的三方机构，旨在促进欧盟社会、劳动和与工作相关的政策制定。See https://www.eurofound.europa.eu/en/about/who-we-are, last visited on Feb 2, 2024.

活社交，也广泛用于职场，雇主利用微信进行工作联系、发布指示和宣传广告等十分普遍。截至2023年9月，我国"微信及WeChat的合并月活跃账户数"已达13.36亿户。① 一份微信用户报告显示，如今微信几乎已经涵盖了绝大部分的职场沟通范畴，工作进度汇报、团队协作、事宜通知，几乎无所不能。甚至有人感叹"自从微信开始普及，上班时间就变成了24小时！"②《工人日报》曾报道，2018年浙江省宁波市一职工王女士因为在下班时间（夜间22时）未及时在微信工作群内汇报工作而遭到辞退。③ 因此，雇主何时可通过网络向雇员发出指示，雇员何时可断开网络连接，不接收雇主指示、不从事雇主指示内容，也成为一个重要实践课题。"离线权"事关劳动者的工作时间和休息休假制度，也是数字时代劳动基准法的重要内容。

近年来，离线权也成为国际上的一个热门话题。为了控制工作时间，保障劳动者的休息权及劳动安全和健康权，近年来一些欧洲国家，例如法国率先于2016年在劳动法典中引入了雇员的"离线权"，即断开工作网络连接从而不接收雇主指示和提供工作的权利。④ 引人关注的是，2021年1月21日，欧洲议会通过了《关于欧盟委员会离线权建议的决议》，要求欧盟委员会在欧盟层面提出有关劳动者离线权的立法。该决议还包含附件——《欧洲议会和理事会关于"离线权"的指令建议文本》（以下简称欧盟2021年《离线权指令建议文本》）。⑤ 除了欧盟及其成员国，其他国

---

① 《腾讯公布二零二三年第三季业绩》，https：//static.www.tencent.com/uploads/2023/11/15/e2d2db9b5d85f9904e51082f5e69e7c7.pdf，最后访问时间：2024年2月2日。

② 李双星：《"时刻准备着"遥望职场"离线权"》，《中国工人》2019年第7期。

③ 基本案情为：2017年7月，王女士进入宁波某饮品店工作，担任店长职务。2018年7月2日22时23分，王女士所在单位负责人在工作微信群上要求在10分钟内发当月营业额，不发就辞退。王女士因怀孕较早入睡未及时回复，10分钟后，单位负责人在微信工作群上通知王女士已被辞退。第2天在王女士去店里上班时，单位告知其已被辞退，并拒绝向王女士支付上月的工资。《下班后，"工作微信"该不该回？》，《工人日报》2018年9月18日第6版。

④ Article L2242~17, Code du travail, https：//www.legifrance.gouv.fr/codes/texte_lc/LEGITEXT000006072050? codeTitle=Code+du+travail, last visited on February 3, 2024.

⑤ European Parliament Resolution of 21 January 2021 with Recommendations to the Commission on the Right to Disconnect [2019/2181（INL）], https：//www.europarl.europa.eu/doceo/document/TA-9-2021-0021_EN.html, last visited on Feb 2, 2024. 该决议包含背景说明（共10条）及决议具体内容（共28条）。该决议还包括附件（Annex to the Resolution：Recommendations as to the Content of the Proposal Requested-Text of the Legislative Proposal Requested Proposal for a Directive of the European Parliament and of the Council on the Right to Disconnect），该附件包括两部分内容：立法建议说明（共33条）以及指令草案条文（共14条）。以下关于决议以及附件的立法建议说明和指令草案条文均出自该文件。

家也在考虑"离线权"的政策和立法问题。例如，面对平台用工等非标准用工的大规模兴起及带来的劳动保护挑战，加拿大政府2019年设立"现代联邦劳动标准专家委员会"，委员会就修改《加拿大劳动法典》中有关联邦最低工资、对非标准工作工人的劳动标准保护、工作时间之外断开工作网络连接、福利的获得和携带以及非入会工人的集体权利等五个问题提出具体建议。① 因此，离线权成为数字时代许多国家劳动法面临的一个崭新而重要的话题。

近年来，我国学者开始关注"离线权"问题。但相关研究刚刚展开，有影响的研究成果较少，对"离线权"的基本理论和规则问题尚未进行深入研究。本章将分析"离线权"的定义、价值和性质等理论问题，在此基础上探讨我国劳动法应否以及如何建构"离线权"规则，以应对数字时代劳动法面临的挑战，完善劳动者的工作时间和休息休假制度，推动我国劳动基准法的完善。

二 离线权的概念和价值

（一）离线权的概念

关于离线权的概念，欧盟2021年《离线权指令建议文本》的指令草案条文第2条规定，"离线"（disconnect）指，"在工作时间之外，不直接或间接通过数字工具从事与工作相关的活动或通信"。② 相应地，在欧盟，"离线权"（the right to disconnect）指，"工人有权在非工作时间脱离工作并避免参与与工作相关的电子通信，例如电子邮件或其他信息"。③ 关于离线权的内涵，欧盟《离线权指令建议文本》立法建议说明（第10条）进一步指出，"离线权是指工人有权在工作时间之外不通过电话、电子邮件或其他信息等数字工具从事与工作相关的活动或通信。断开连接的

---

① Employment and Social Department, Canada, "Report of the Expert Panel on Modern Federal Labour Standards", June 2019, pp. 8~9, https：//www.canada.ca/content/dam/canada/employment-social-development/services/labour-standards/reports/expert-panel-final/expert-panel-final-report-20190826.pdf, last visited on June 3, 2024.
② Article 2, "Disconnect" means not to engage in work-related activities or communications by means of digital tools, directly or indirectly, outside working time.
③ See, "Right to Disconnect", https：//www.eurofound.europa.eu/observatories/eurwork/industrial-relations-dictionary/right-to-disconnect, last visited on February 3, 2024.

权利应使工人有权关闭与工作相关的工具,并且在工作时间之外不回应雇主的要求,而不会产生不利后果,例如解雇或其他报复措施。相反,雇主不应要求工人在工作时间以外工作"。

由上可见离线权具有如下特征。第一,离线权的行使期间是工作时间之外。换言之,雇员在工作期间负有提供劳务的义务,并无"离线"的权利,劳动者离线的权利仅限于工作时间之外。因此,界定"工作时间"成为离线权行使的前提和条件。第二,离线权的核心内容是"离线",即雇员有权脱离工作或免于参与与工作相关的通信,亦即雇员没有提供劳务以及从事电子通信活动的义务。相应地,雇员有权关闭与工作相关的电子工具,并且在工作时间之外不回应雇主的要求。第三,离线权与数字技术有关。离线权的主要内容是雇员可以不"直接或间接通过数字工具"从事与工作相关的活动或通信。换言之,离线权的主要目的是防止雇主通过电子通信方式向雇员发布指示,雇员也可以不通过数字工具进行工作或通信。因此,离线权产生于数字时代,和一般雇员享有的"休息权"或"拒绝工作权"存在区别,是数字时代的产物。第四,离线权是一项权利。由于雇主和雇员之间的劳动关系具有持续性,双方也存在相互信任关系,因此,立法要求劳动者行使离线权不应导致不利的后果,并明确了雇主的义务,即雇主不得因雇员行使此项权利而采取解雇或其他报复措施。换言之,离线权的行使受到法律的保护。

(二)离线权的价值

离线权的主要目的是保障劳动者非工作时间免于工作的休息权,相应地,离线权有利于控制劳动者的工作时间,保障劳动者的生活安宁,从而促进劳动者的劳动安全和健康。

第一,离线权的首要功能是控制雇员工作时间,保障雇员休息权。从劳动法基本原理看,工作时间之外,劳动者并无劳动义务。但由于电子通信技术的发展,使得雇员随时可能接收雇主指示并开展工作,雇员的休息权容易受到侵害。因此,离线权的存在有利于进一步明确雇员在工作时间之外并无工作的义务,保障劳动者的休息权。

第二,保护劳动者生活安宁,平衡雇员的工作和生活。电子通信技术的发展使雇主可能随时联系雇员,雇员可能随时处于"待命"状态或者"可工作"状态,休息时间可能随时受到雇主侵扰,这将使雇员的休息休闲质量受到影响,生活安宁遭到破坏,也不利于雇员专心从事个人和家庭事务。由于"离线权"具有保护劳动者生活安宁的功能,有学者主张,在我国现行法上并未承认离线权的背景下，可通过生活安宁权保护和个人信息保护涵摄离线权所要解决的问题。① 因此，离线权的存在不仅有利于控制雇员的工作时间，也可以有效保障雇员的休息休闲质量，保护生活安宁，实现工作和生活平衡的目的。工作和生活的平衡越来越成为劳动法的重要功能和使命，对此，欧盟于2019年专门发布了《关于父母和照护者的工作与生活平衡(Work-Life Balance for Parents and Carers) 指令》。②

第三，维护劳动者的职业安全和健康。数字技术的发展导致雇员时刻处于可联系和可工作状态，可能带来生理和心理健康问题。欧盟 Eurofound 机构调查数据和其他研究提供的证据证明了使用移动数字工具对工作与生活平衡以及雇主和雇员过度联系的不利影响。特别是，对于常规的远程工人和高度流动的工人，使用移动数字工具将导致其工作时间增加、休息时间减少，并对工作与生活平衡、整体身心健康和福利以及性别平等产生不利影响。职场压力、倦怠和其他健康问题对工作场所缺勤以及雇主、工人和公共财政的相关成本的影响也有据可查。研究还表明，即使工人在非工作时间不从事实际工作，仅是"被联系"以及"须可工作"的预期会增加工人及其家人的压力。③

欧洲议会《关于欧盟委员会离线权建议的决议》的背景说明（第 D 条）还指出，长时间使用数字工具可能会导致注意力下降以及认知和情绪超负荷；而长时间单调的重复操作和静态姿势可能导致肌肉拉伤和肌肉骨骼疾病。国际癌症研究机构已将射频辐射列为可能的致癌物；孕妇在暴露于射频辐射时可能面临特别的风险。我国劳动者也表达了对因使用即时通信工具而长时间工作的担忧。《工人日报》2018年曾就此问题对个别劳动者进行采访。受访的从事销售工作的劳动者包某表示，因为即时通信工具，自己已经成了"7×24 小时"全年无休的公共客服了。"客户不分时间、假日，只要有事微信留言就能找到你！不论休假还是下班，都感觉不到放松，压力非常大。"④ 因此，离线权对于保护劳动者的职业健康和安全具有重要意义。从这个角度看，离线权是劳动基准的重要内容。

---

① 朱晓峰：《数字时代离线权民法保护的解释路径》，《环球法律评论》2023 年第 3 期。
② Directive (EU) 2019/1158 of the European Parliament and of the Council of 20 June 2019 on Work-Life Balance for Parents and Carers and Repealing Council Directive 2010/18/EU, https://eur-lex.europa.eu/legal-content/EN/TXT/?uri=celex%3A32019L1158#PP4Contents, last visited on Feb 3, 2024.
③ Eurofound, Right to Disconnect: Exploring Company Practices, Publications Office of the European Union, Luxembourg, 2021, pp. 5, 55.
④ 邹倜然等：《下班后，"工作微信"该不该回？》，《工人日报》2018 年 9 月 18 日第 6 版。

（三）离线权的产生背景

在传统的工厂生产和工作方式中，雇员在固定场所提供劳务，雇员离开工作场所也意味着雇主无法或难以行使指示权，雇员也无法再进行工作，并可以自由支配非工作时间。数字技术的发展，使得雇主可以随时随地通过电子通信向雇员发出指示，雇员也可以随时随地开展工作，工作和休息的边界模糊，劳动者的休息权受到很大侵害，客观上需要加强对劳动者休息权的保护。特别是，随着远程办公的流行，由于远程办公的工作时间更为弹性，法律对工作时间的控制和劳动者休息权保护的强化更为必要。在此背景下，明确雇员的离线权对于明确雇员的工作时间和保障其休息权，意义更为明显。

近年来，随着网络通信技术的发展，远程办公日益流行，特别是新冠疫情暴发，使远程工作一度盛行。例如，在欧洲，从事远程工作的工人比例从大流行前的11%增加到大流行期间的48%，新冠大流行期间，大约40%的带薪工作时间是通过远程工作进行的。最近的一项分析表明，远程办公的使用可能会继续增长；例如，2020年进行的研究表明，美国34%的工作可以合理地远程执行。[1]远程工作也因工作时间的模糊往往导致更长的工作时间。例如，一项针对欧洲国家的研究报告表明，远程工人相比一般劳动者工作时间更长，许多远程工人存在超时加班而没有获得加班工资的情形。[2] 国际劳工组织2020年的报告也指出，远程工作的主要弊端是：导致更长的工作时间、受薪工作和个人生活的重叠，以及工作量加大。[3] 如上述，欧盟Eurofound机构2021年的报告指出，居家办公的远程工人相比在雇主场所工作的工人更可能主张在空闲时间工作，前者的比例为28%，后者的比例仅为约4%。[4] 我国也存在类似问题。

---

[1] World Health Organization and the International Labour Organization, "Healthy and Safe Telework: Technical Brief", Geneva, 2021, p.1, https://www.ilo.org/global/publications/books/WCMS_836250/lang--en/index.htm, last visited on February 3, 2024.

[2] Lutz Gschwind and Oscar Vargas, "Telework and Its Effects in Europe", in *Telework in the 21st century-An Evolutionary Perspective*, Edited by Jon C. Messenger, International Labour Organization, Edward Elgar Publishing Limited, 2019, pp.48~50.

[3] "Promoting Employment and Decent Work in a Changing Landscape", International labour conference, 109th Session, 2020, International Labour Office, Geneva, p.232, at https://www.ilo.org/sites/default/files/wcmsp5/groups/public/@ed_norm/@normes/documents/publication/wcms_736638.pdf, last visited on June 3, 2024.

[4] Eurofound, Right to Disconnect: Exploring Company Practices, Publications Office of the European Union, Luxembourg, 2021, p.4.

对于非远程办公的工作方式，由于网络信息技术的发展，雇主在雇员离开工作场所之外也可能向雇员发出指示，因此，加强对于远程工作之外劳动者的工作时间控制和休息权保护也具有重要意义。例如，根据德国工会联合会的调查，2016年有22%的劳动者经常被期望通过电子邮件或者电话的形式在非工作时间随叫随到。由于持续的工作"可及性"，这些劳动者中的37%最终无偿地完成了额外工作。由于互联网的应用以及电子邮件能够立刻得到回复，那些工作强度和绩效压力已然很大的劳动者的负担进一步加重了。①

因此，离线权的产生背景在于数字技术的发展带来的雇主指挥管理方式和雇员工作方式的变化，特别是远程办公的广泛流行，导致雇员工作时间增加，以及劳动者休息权和职业安全与健康保障遭遇挑战的问题。而传统的劳动法制度，包括工作时间、休息休假、职业安全健康制度难以有效解决数字技术发展导致工作方式转变而产生的劳动保护问题，离线权于是应运而生。

三　离线权立法的国际经验

从已有文献看，有关离线权的立法和讨论在欧洲更为广泛，这与欧盟一直致力于推动成员国劳动保护立法以及欧盟成员国总体上注重社会政策和劳动保护有关。关于离线权，欧盟及其成员国在政策和立法上的互动，推动了离线权的立法及其相关实践。

如上述，2021年1月欧洲议会通过了《关于欧盟委员会离线权建议的决议》，附件《离线权指令建议文本》除了对离线权的背景和意义做了详细说明之外，指令草案条文（共13条）还对成员国提出了有关离线权立法的具体要求。内容主要包括以下几个方面：（1）适用范围。离线权的规定适用于所有使用数字技术的雇员，包括所有公共部门和私人部门的行业，以及所有工人，不管其身份或工作安排。（2）相关定义，主要是"离线"和"工作时间"的定义。（3）成员国保护"离线权"的义务。规定成员国必须确保雇主采取必要措施为工人提供行使离线权的方式；成员国应确保雇主建立客观、可靠和可访问的系统，使每位工人每天的工作

---

① 参见朱晓峰《数字时代劳动者权利保护论》，《浙江大学学报》（人文社会科学版）2020年第1期。

时间得以计量，工人应有可能要求获得工作时间的记录；成员国应确保雇主通过公正、合法和透明的方式实施离线权。（4）实施离线权的措施。成员国应至少规定下列工作条件：关闭用于工作的数字工具的实际安排，计量工作时间的制度，与离线权相关的健康和安全评估，减轻雇主实施雇员离线权要求的标准以及雇员在工作时间之外工作的补偿标准；包括培训在内的意识提高措施。成员国可根据本国法律和实践，委托社会伙伴达成国家、地区、行业或企业层面的集体协议以规定或补充上述工作条件。成员国应确保未被集体协议覆盖的工人从该指令的保护中获益。此外，指令还包含了有关防止雇员因行使离线权受到不利待遇的保护措施、权利救济、雇主提供信息的义务、对雇主的处罚等内容。总体上看，指令草案的内容非常翔实，同时也采取了较为灵活的务实措施，较好平衡了工作弹性和雇员保护的关系。

由于欧盟的积极推动以及各国劳动立法的不断完善，欧盟成员国也开展了有关离线权的立法和实践。

法国于 2016 年通过第 2016~1088 号法律，是欧盟成员国第一个在立法中引入离线权的国家。法国根据社会伙伴的立场、以往相关的国家集体协议以及最高法院的立场规定了离线权。离线权通过雇主和工会的集体协议实施，仅适用于雇员超过 50 人的公司。根据 2017 年的统计和估算，该立法原则上适用于约 6.3% 的雇主和约 81.3% 的劳动力。但普遍使用的行业集体协议和公司层面的协议将扩大离线权的实际覆盖范围。比利时 2018 年通过了《强化经济增长和社会凝聚力法》(the Law on Strengthening Economic Growth and Social Cohesion)，该法要求雇主必须与职场健康和安全委员会就雇员数字通信工具使用和定期断开工作联系（disconnection from work）进行协商和谈判，该法适用于所有雇员人数超过 50 人的公司。意大利 2017 年第 81 号法律涵盖"智能工人"，即可在部分时间进行远程办公的工人。该法规定，智能工作应在法律和集体协议规定的每日和每周最长工作时间范围内实施，雇主和雇员关于智能工作的个别协议应包括工人的休息时间，以及确保雇员断开工作的技术工具的技术和组织措施。西班牙的离线权首次规定于 2018 年通过的关于个人数据保护和数字权利保障的第 3/2018 号立法。该法第 88 条包含对集体谈判的一般性规定，并指出它应用于实施离线权，离线权的规定适用于所有工人。2020 年 9 月关于远程工作的法令补充了西班牙有关离线权的立法。该法令界定了远程工作，第 18 条特别提到了使用数字设备进行远程办公的雇员的离线权，并提到使用集体协议来界定保障离线权的工作条件。①

由此可见，欧盟成员国的离线权主要通过集体协商这一方式实施。一些国家还通过其他柔性措施实施离线权。例如，在立法倡议规定离线权的背景下，爱尔兰政府于2021年4月1日通过劳动者《离线权实务守则》。该守则的主要内容包括：一是雇员有权不在正常工作时间以外常规履行工作职责；二是不因拒绝在正常工作时间以外处理工作事务而受到惩罚；三是尊重他人"离线"的权利。该实务守则没有法律约束力，但可作为法律诉讼中的证据使用。②

当然，对于离线权的立法方式也存在争议，一些国家并不热衷于在国内立法中规定离线权。这是因为，即便在法律上没有规定"离线权"，企业和雇员仍可通过集体协议、公司规则等规定"离线权"的内容。故而，如果一国有关工作时间的规则较为完善、集体协商机制较为发达，则是否规定"离线权"似并不重要。例如，在德国，法律上并没有规定雇员的"离线权"。联邦政府认为没有必要通过另外的立法规定离线权，因为工人在休息时间并不负有为雇主提供劳务的义务。政府认为，集体协议是规制过度工作和保护雇员私人生活的最佳方式。丹麦是欧洲国家中，使用远程工作比例最高的国家，但其法律也没有规定离线权，其有关远程工作的内容仅通过行业和公司层面的集体协议加以规制。③ 当然，在德国，也有学者主张引入离线权。例如，德国著名劳动法学者多伊普勒教授指出，应赋予雇员要求让自己处于不可联络状态的权利，包括年休假期间和工作日夜间8点到早晨7点之间；除非该雇员有义务上晚班或需要顶替某一缺岗同事。不可联络状态是指：除非《工作时间法》第14条第1款所示的紧急情况发生，否则雇主不能通过电信方式联系雇员。④

同时也有一些国家明确规定雇员个人的离线权。例如，阿根廷在其第27555号有关远程工作的法律中明确规定了离线权。从事远程工作的人，在工作时间之外以及休假期间，享有不被联系以及断开数字装置或信息通

---

① Eurofound, Right to Disconnect: Exploring Company Practices, Publications Office of the European Union, Luxembourg, 2021, pp. 18~19.

② Eurofound, Right to Disconnect: Exploring Company Practices, Publications Office of the European Union, Luxembourg, 2021, p. 15.

③ Eurofound, "Telework and ICT-based Mobile Work: Flexible Working in the Digital Age", New Forms of Employment Series, Publications Office of the European Union, Luxembourg, 2020, pp. 51~52.

④ ［德］沃尔夫冈·多伊普勒：《数字化与劳动法：互联网、劳动4.0和众包工作（第六版）》，王建斌等译，中国政法大学出版社，2022，第83页。

信技术的权利；雇主不得要求从事远程工作的人在工作时间之外通过任何方式从事工作或进行联系。智利在 2020 年的一项远程工作的立法（2020 年第 21 号）中，明确规定，对于自由决定工作日程的远程工作者或者工作时间没有明确限制的远程工人，雇主必须尊重其离线权，保证雇员在 24 小时中至少有连续的 12 小时没有义务回应雇主的联系、指示或其他要求。①

2024 年 2 月 8 日，澳大利亚参议院通过一项新修正案，赋予雇员"离线权"，即雇员在工作时间之外有权拒绝监视、阅读或回应雇主或者第三人的联系或试图的联系，除非拒绝是"不合理的"。在考虑拒绝是否合理时应考虑以下因素：联系或试图联系的原因、联系或试图联系如何进行以及对雇员的打扰程度、对雇员经济补偿的程度、雇员角色的性质以及雇员职责程度、雇员个人情况（包括家庭和照护职责）。②

从欧盟通过离线权立法决议和相关建议看，越来越多的国家意识到离线权立法的必要性和重要性。而且，欧盟成员国在离线权立法方面的经验表明，这些立法规定可以推动社会伙伴在国家、部门和公司层面优先采取行动，并促进有关离线权的集体协议和其他文本的增加。而且，立法还可以规定社会伙伴无法就离线权达成协议或者缺乏集体谈判和集体协议时的替代措施。③ 因此，在立法上规定离线权具有重要意义。

四　离线权的性质

从上文关于离线权的概念、价值及立法实践看，离线权的法律性质颇为复杂，和传统的劳动法权利相比，具有独特性质。

第一，离线权是衍生性权利。

离线权来源于劳动者的休息权。根据劳动法一般原理和基本规则，雇员在休息期间并无劳动的义务。但是网络信息技术的发展，使得劳动者的

---

① Loïc Lerouge, Francisco Trujillo Pons, "Contribution to the Study on the 'Right to Disconnect' from Work. Are France and Spain Examples for Other Countries and EU law?" *European Labour Law Journal*, Vol. 13, No. 3, 2022, p. 462.

② 参见澳大利亚国会网站，https://www.aph.gov.au/Parliamentary_Business/Hansard/Hansard_Display? bid=chamber/hansards/27574/&sid=0060, last visited on April 18, 2024.

③ Eurofound, Right to Disconnect: Exploring Company Practices, Publications Office of the European Union, Luxembourg, 2021, pp. 20, 55.

休息权常常受到侵害，难以得到保障，于是离线权作为一项权利被提出。就此而言，离线权并不是一项初始权利，而是一项派生性权利，是为了保障劳动者休息权的一项权利。例如，在欧盟，迄今为止已发布了一系列保护劳动者工作时间以及工作和生活平衡的指令，包括 2003 年《工作时间指令》（2003/88/EC）、2019 年《关于父母和照护者的工作与生活平衡指令》（2019/1158）、2019 年《关于透明和可预测工作条件指令》（2019/1152）等。但正如欧盟 Eurofound 机构报告指出的，"欧盟和国家层面已有的规制措施有助于解决日益数字化的工作场所带来的挑战。然而，已有指令及其他实施措施并未成功防止工作时间的延长和相关健康风险的扩大，以及工作与生活平衡中的冲突"。[1] 换言之，离线权是一项为了弥补现有立法不足、促进休息权实现的权利。

相应地，作为衍生性权利，离线权并非要取代已有的权利和制度，相反，离线权的实现有赖于保障休息权的诸多制度。例如，离线权指雇员在工作时间之外断开连接、拒绝工作的权利，因此，其实现需要借助"工作时间"的概念界定、工作时间的记录、加班工资的计算等相关规则。欧盟 2021 年《关于欧盟委员会离线权建议的决议》（具体决议内容第 15 条）也指出，该新指令应"详细说明、补充并充分尊重"关于工作时间组织的指令（2003/88/EC）特别是关于带薪年休假的权利、关于透明和可预测的工作条件的指令（2019/1152）、关于父母和照护者的工作与生活平衡的指令（2019/1158）以及关于工人安全和健康的理事会指令（89/391/EEC）的要求，尤其是这些指令中有关最长工作时间和最短休息时间、灵活工作安排和告知义务的要求，新指令不应对工人产生任何负面影响。因此，离线权的制度规则与休息权规则是相互交融、相互补充的，离开了休息权的相关制度，离线权也难以实施。《离线权指令建议文本》的指令草案条文第 2 条对"工作时间"的界定就充分说明了离线权的实现离不开已有的工作时间等规则内容。欧洲学者也指出，在离线权产生之前，欧盟成员国的立法已能保证雇员在工作时间之外强制休息的权利，也即工人在工作时间之外可以选择不回复雇主的信息或电话。然而，事实上，在信息和通信技术的使用方面，问题却大不相同。行使断开联系的权利（the right to disconnect）必须考虑到劳动关系的性质和目的，从而强化

---

[1] Eurofound, Right to Disconnect: Exploring Company Practices, Publications Office of the European Union, Luxembourg, 2021, pp. 11, 21.

协调工作活动与个人和家庭生活的权利。① 这也指出了离线权和劳动者传统权利之间的关系。换言之，离线权是为了保障劳动法已有权利实现的一种权利。

第二，离线权是复合型权利。

首先，离线权兼具自由权和请求权的属性。对于劳动者而言，离线权的主要内容是不受雇主干扰，有权不提供劳务，劳动者的权利主要是不作为的权利，因此，离线权具有自由权的属性。同时，雇员也可以断开相关的工作网络连接，使雇主无法联系，即雇员并非仅是简单的不作为，其可以主动采取预防措施，来保证权利的实现。对于雇主而言，其主要义务或实质义务是不作为义务，即在工作时间之外，不得对雇员发出指示或要求其工作。但有趣的是，由于职场中雇主和雇员的紧密联系，不同行业、不同雇主情况千差万别，从上述欧盟立法动向及其成员国立法看，雇员的离线权主要通过在法律上要求雇主就雇员的离线权和雇员开展协商实现。换言之，雇主的不作为义务必须通过法定的作为义务来实现，就此而言，劳动者或工会享有请求雇主进行协商的权利，劳动者的权利也具有请求权的属性。因此，离线权的法律关系呈现出雇员的自由权和请求权融合，雇员享有积极权利和消极权利，雇主负有积极义务和消极义务的复合型特征。

其次，离线权兼具个体权利和集体权利的特征。从劳动法原理看，断开连接、不提供劳务属于劳动者的个体权利。从 2021 年欧盟《离线权指令建议文本》的立法建议说明（第 10 条）规定的离线权定义看，离线权使雇员在工作时间之外可关闭与工作相关的工具，不回应雇主的要求，而且不产生不利后果。因此，离线权符合劳动者个体权利的特征。但如上文所述，在许多国家，有关离线权的规则并未在法律上直接而明确地规定雇员个人工作时间之外断开连接和不提供劳务的权利。究其原因主要有二：一是从劳动法原理看，雇员原本在工作时间之外就没有义务提供劳务，其自然享有离线权，在离线权的权利义务构造上没有必要赘述；二是如上述，离线权的产生主要是为了克服现有立法和以往规定的权利难以实现的不足，同时为了满足雇主千差万别的实际情况，于是采取主要通过雇主和雇员协商的方式来落实离线权的模式。因此，离线权也具有集体权利的属性。从欧盟《离线权指令建议文本》的指令草案条文（第 4 条）看，有

---

① Loïc Lerouge, Francisco Trujillo Pons, "Contribution to the Study on the 'Right to Disconnect' from Work. Are France and Spain Examples for Other Countries and EU Law?" *European Labour Law Journal*, Vol. 13, No. 3, 2022, p. 457.

关离线权的规定是作为工作条件的内容，属于劳动基准，因此，属于劳动者个体权利的内容。同时指令草案条文（第4条）又允许成员国通过集体协商的方式来规定或补充作为工作条件内容的离线权，因此，离线权也具有集体权利的属性。而且指令草案还强调应确保未被集体协议覆盖的工人也可以从指令保护获益，这也凸显了离线权的个人权利属性。由此可见，从离线权的权利内容看，其属于劳动者个体权利，但从离线权实施方式看，其又具有集体权利的属性，这是离线权的重要特征。

由于离线权是数字时代的产物，特别是由于远程办公的流行而产生的权利，为了满足雇主和劳动者工作时间的灵活安排，通常而言，除非违反强制性规定，雇主和雇员就离线权达成的协议优先于法律的规定，这也是离线权的重要特征。

最后，离线权兼具"硬法"权利和"软法"权利的属性。离线权已经被许多国家的立法所规定，因此，离线权无疑是一项法定权利，或者"硬法"的权利。但是从其实施机制看，其主要通过雇主和雇员的集体协商实现，其具有软法权利的特征。而且，企业和雇员组织签订的有关离线权的集体协议也多采取原则性或弹性的表述，即在非工作时间雇员有权断开连接或拒绝回复，一些协议还规定具体的时间，例如18：00或20：00至7：00等。只有少数公司采取硬性的技术隔离措施，例如德国大众公司的集体协议规定，公司服务器和智能手机的连接在18：15至7：00将断开，雇员在此期间无法接收邮件、短信或视频电话，特殊项目可以存在例外，但必须事先得到职工代表委员会的同意。[①] 因此，离线权不管是权利内容本身，还是权利实施方式都具有相当弹性，并且充分尊重雇主和雇员的协商意见。这主要是为了照顾数字时代工作方式灵活的需求，在工作弹性和雇员安全之间寻求平衡。

第三，离线权是一项基本权利。

由于离线权的基本目的是保护劳动者的休息权，而休息权事关劳动者的安全和健康，事关劳动者工作和生活的平衡，是劳动者的一项核心权益，因此，离线权被视为劳动者的一项基本权利。2021年《关于欧盟离线权建议的决议》（决议具体内容第2条）强调，持续的连通性、高工作要求以及对员工随时可联系到的期望不断提高，可能会对员工的基本权利、工作与生活的平衡以及身心健康和福祉产生负面影响。决议的背景说

---

① Eurofound, Right to Disconnect: Exploring Company Practices, Publications Office of the European Union, Luxembourg, 2021, pp. 30~33.

明（第 H 条）还指出，离线权是一项基本权利，是新数字时代新工作模式不可分割的一部分；该权利应被视为欧盟层面的一项重要社会政策工具，以确保保护所有工人的权利；离线权对于最脆弱的工人和有照护责任的人尤其重要。由此可见，离线权虽然是一项衍生性权利，但从其功能和实现的权益看，其关涉劳动者的安全和健康权益，且离线权是克服数字时代数字技术普遍使用对工作带来的挑战的有效应对。因此，将其作为一项基本权利并不为过。欧洲学者也指出，"在全球新的劳动现实中，雇员的离线权已经成为工作生活平衡以防止职业健康危险的基本保障。"①

第四，离线权是一项数字权利。

离线权产生的直接原因来自数字技术的使用，直接目的是防止技术的滥用，例如网络实时连接，其实施也有赖于技术手段如断开连接，甚至通过技术手段使工作安排在技术上不可能。相应地，离线权在实施机制上也表现出与传统权利相异的诸多特征，是一项典型的数字时代的"数字权利"，尤其是其规制方式也采取了结果控制和过程控制相结合的特点，这也是"数字人权"或"第四代人权"的显著特征。正如有学者指出的，数字时代，"单一结果规制方式下的权利保护和规范秩序必然会面临重大挑战。这就需要从单一的物理空间逻辑转向物理/电子的双重空间逻辑，从行为结果规制转向过程规制，注重代码规制的'法律'作用"；"只有建立结果与过程兼顾平衡的规制机制，'数字人权'保护才能取得更好的实效"。② 离线权的内容和实施方式充分体现了其注重"过程控制"的特点，体现了在制度上"通过技术控制技术"的数字权利的特点。

五　我国离线权的规则建构

（一）引入离线权的必要性

首先，我国职场中广泛应用现代网络通信技术，远程办公也颇为流行。随着互联网技术的发展和普及，我国远程工作被广泛使用。2020 年新冠疫情暴发，远程工作成为一种普遍的工作方式。统计显示，在疫情期

---

① Loïc Lerouge, Francisco Trujillo Pons, "Contribution to the Study on the 'Right to Disconnect' from Work. Are France and Spain Examples for Other Countries and EU Law?" *European Labour Law Journal*, Vol. 13, No. 3, 2022, p. 451.

② 马长山：《智慧社会背景下的"第四代人权"及其保障》，《中国法学》2019 年第 5 期。

间 2020 年 2 月 3 日当天，全国有上千万家企业、近两亿人开启在家远程办公模式。① 我国新冠疫情期间，多地政府在不同时期针对特定区域实行全域居家办公，也凸显了远程办公（居家办公）以及相关劳动保护的重要意义。由于远程办公的工作时间模糊，引入离线权有利于克服远程工作劳动者工作时间过长的突出问题。通过微信等方式工作而导致的加班问题也备受关注。如上述，由最高人民法院与中央广播电视总台共同主办评选的"新时代推动法治进程 2023 年度十大案件"就包含了北京市第三中级人民法院审理的"隐形加班"劳动争议案。该案主审法官指出，"平台经济背景下，劳动的形态正在发生深刻的变化，劳动者可以随时随地通过电子设备、社交工具向用人单位提供劳动。越来越多的劳动者感到生活和工作的界限逐渐模糊，随之也产生了加班'隐形化'的问题。面对人民群众遇到的急难愁盼的新问题，我们贯彻能动司法的理念，在判决中提出了'提供工作实质性原则'和'占用时间明显性原则'作为对隐形加班问题的认定标准，肯定劳动者的非工作时间的线上劳动价值，督促用人单位建立工作和休息的边界，保障劳动者的离线休息权，维护广大劳动者的合法权益。"因此，本案和"离线权"也密切相关。②

其次，工作时间过长一直是我国劳动法实施中饱受诟病的突出问题，引入离线权有利于控制劳动者的工作时间。由于我国工作时间规则不够完善，企业和劳动者地位实力失衡，加上企业文化等原因，许多企业的劳动者工作时间超过法律限制一直是我国劳动保护的突出问题。2019 年 4 月 19 日《人民日报》发表《强制加班不应成为企业文化》的文章指出：2019 年初，有互联网公司公开宣布实施"996 工作制"，即每天工作从早 9 点到晚 9 点，一周工作 6 天，结果被劳动监察部门及时制止。2022 年 3 月北京市人力资源和社会保障局发布《关于向社会公布 2022 年第一批重大劳动保障违法行为的公告》，对 6 家企业重大劳动保障违法行为向社会进行公布，其中就涉及 2 家企业违法延长劳动者工作时间。③ 国家相关部门也意识到我国超时加班现象比较突出。2022 年上半年，我国多地对超时加班问题加大整治力度。3 月份以来，北京、山东、安徽、河南、广

---

① 参见王鹏《远程办公不误工》，《人民日报》2020 年 2 月 11 日第 5 版。
② 最高人民法院官方微信公众号：《加班不隐形，权益有保障！十大案件之隐形加班劳动争议案》，2024 年 2 月 3 日上传；"李某与北京智能研选科技有限公司劳动争议纠纷上诉案"，北京市第三中级人民法院民事判决书（2022）京 03 民终 9602 号。
③ 参见北京人社局网站：rsj.beijing.gov.cn/xxgk/tzgg/202203/t20220329_2641687.html，最后访问时间：2024 年 2 月 3 日。

西、青海、湖南、湖北、江西等省市人力资源和社会保障部门宣布，集中排查整治超时加班问题。北京等多地指出，本次集中排查整治的检查对象主要是超时加班问题易发多发的重点行业、重点企业、重点园区，重点突出互联网（平台）企业及关联企业、研发岗位占比较高的技术密集型企业、劳动密集型加工制造业企业和服务业企业。[1] 因此，超时加班在许多行业、许多企业具有一定普遍性。除了传统就业形态劳动者存在工作时间长的问题，新就业形态劳动者也普遍存在工作时间过长的现象。根据2021年一项调研，平台劳动者的周平均工时为54.43小时，而非平台劳动者的周平均工时为47.33小时。[2] 这项调研表明，不管是平台劳动者还是非平台劳动者的平均工作时间都超过40小时的标准工作时间，尤其是平台劳动者的工作时间远超每周标准工作时间，进一步表明在灵活用工形式下更容易导致工作时间过长。我国存在大量灵活就业人员，根据2021年数据，全国灵活就业人员达2亿人。[3] 居家办公等灵活就业引发的工作时间过长、工作和生活边界模糊的问题成为劳动者的一个痛点。例如，2022年5月23日《北京日报》报道，有劳动者在接受采访时表示，"对于劳动者来说，通常感觉居家办公期间似乎处于24小时待命状态，虽然工作量可能并不大，但心理和生理压力增加"。[4] 因此，居家办公等造成的"持续在线"的困扰及其对劳动者身心的危害已成为一个突出问题。在此背景下，我国引入离线权制度更显必要。

最后，工作时间相关的争议频发，表明完善灵活用工方式工作时间规则的紧迫性。近年来，随着远程办公（居家办公）的流行，相关的劳动争议频发，凸显了完善相关规则的紧迫性。近年来，许多居家办公的典型案例均与工作时间规则有关。《工人日报》2022年6月2日披露了一则案例，显示了居家办公工作时间的认定和控制以及相应的工伤认定规则的重要意义。在该案例中，石某生前是广州市一家贸易有限公司的员工。2020年7月13日19时40分左右，石某在家中突然倒地，120到场急救约20分钟后无效身亡。石某的微信聊天记录显示，事发当天下班回家后，他还在通过微信与同事、客户洽谈工作。石某与同事最后的聊天时间定格在

---

[1] 李金磊：《对"996"说不！整治超时加班，国家出手了！》，中国新闻网，https://m.chinanews.com/wap/detail/chs/zw/ft9713720.shtml，最后访问时间：2024年2月3日。
[2] 杨伟国等：《中国灵活用工发展报告（2022）》，社会科学文献出版社，2021，第117页。
[3] 参见中国政府网，www.gov.cn/premier/2021-05/12/content_5606028.htm，最后访问时间：2024年6月6日。
[4] 代丽丽：《居家办公，还有这些劳动问题待厘清》，《北京日报》2022年5月23日第4版。

19时22分，也就是他倒地前的18分钟。19时55分，其他同事仍在他们的微信群继续回复工作内容。石某离世后，其妻田某静向人力资源和社会保障部门提出工伤认定申请。人力资源和社会保障部门作出《不予认定工伤决定书》。田某不服，先后两次诉至法院。广铁中级人民法院二审认为，石某的微信聊天记录显示其经常下班后用微信回复工作信息。其同事董某陈述，其与石某负责的工厂在晚上生产时，有问题都会相互联系。可见石某回家后继续处理工作是常态。[1] 另一典型案例也与居家办公工作时间认定和控制有关。高某系某律师事务所律师。2020年4月10日23时左右，高某在家期间，突发胸闷胸痛、呼吸困难等症状，到运城市中心医院急诊科就诊，经治疗服药后缓解要求回家。2020年4月11日6时04分家属发现异常立刻拨打120，经运城市中心医院抢救无效，高某于2020年4月11日7时35分死亡，死亡原因为心源性休克。律师事务所向人力资源和社会保障局提出工伤认定申请，人力资源和社会保障局作出《不予认定工伤认定书》。高某家属向法院提起诉讼，要求撤销人力资源和社会保障局所作的不予认定工伤决定。一审法院和二审法院支持家属的要求。[2] 这两个案例虽然主要争议焦点是劳动者的事故是否是工伤，但发生事故的时间分别为19时和23时许，最后法院均认定工伤，也即认定劳动者的事故和工作相关，也反映了居家办公存在的"工作边界消失"，劳动者工作时间过长的问题比较突出。引入离线权，合理控制劳动者的工作时间可以减少和预防此类不幸和纠纷的发生。从这个意义上讲，离线权及相应的工作时间控制和休息时间规则事关劳动者的身体健康和生命安全，将离线权作为劳动者的一项基本权利实至名归。

由上可见，我国已有的工时制度难以有效控制工作时间，特别是难以有效预防劳动者居家办公工作时间过长的突出问题，引入离线权制度十分必要。

（二）离线权规则的主要内容

离线权的规则建构是一个体系，应本着确保离线权的有效性和灵活性的原则，对离线权采取适当的规则建构方式，平衡工作弹性和劳动者保护之间的关系。

---

[1] 王鑫、方大丰：《居家办公出意外，工伤认定谁举证》，《工人日报》2022年6月2日第7版。

[2] 《赵某、高某等与运城市人力资源和社会保障局行政确认二审行政判决书》，山西省运城市中级人民法院（2021）晋08行终37号行政判决书。

1. 离线权的确立方式。上文表明，离线权是所有工人的一项基本权利，应通过立法的方式在法律上明确规定工人的离线权。由于离线权的基本目的是控制雇员工作时间，确保雇员的劳动安全和健康，离线权的内容属于劳动基准法中的工时制度和劳动安全健康保障的内容。当前，学界对劳动法典展开了热烈研讨，[1] 未来编纂劳动法典时，可在劳动法典的劳动基准法部分规定离线权，明确离线权是劳动者的一项基本权利，以适应数字时代我国劳动实践的需要。

2. 离线权的适用主体。如上所述，离线权对于远程办公等工作时间灵活的工作方式意义更为明显，但由于数字技术的广泛使用，除了典型的远程办公，一般工作的雇员休息权也容易受到侵扰，因此，离线权应赋予所有雇员。从2021年《关于欧盟离线权建议的决议》内容看，离线权也赋予所有雇员，非仅为远程办公的雇员。由于离线权的权利主体为所有雇员，因此，离线权的义务主体应为所有的雇主。值得注意的是，因欧盟成员国主要采取集体协商的方式实施离线权，而集体协商通常在雇员达到一定数量的雇主才具有实质意义，因此，欧盟将协商义务主体限于雇员达到一定规模的雇主，主要是由于离线权的特殊实施方式所致，其并不意味着小规模雇主的雇员不应享有离线权。

3. 离线权的实施方式。由于欧盟及其成员国总体上具有良好的集体协商传统，因此，对于离线权这一主要适用于工作时间灵活的工人的权利，采取了主要通过集体协商实施的方式，这一理念值得借鉴。我国在离线权的立法中应充分鼓励雇主和雇员就离线权的实施方式进行协商，特别是雇员可以断开工作连接的时间和方式，以充分保护雇员的休息权并照顾雇主的合理需求。但是我国集体协商的普及性及其实际效果相对有限，离线权的实施难以主要通过集体协商。因此，我国在立法中有必要对离线权的定义、离线权的内容、实施方式、集体协议的优先性、侵害离线权的法律责任等规则进行规定，使离线权得以真正落实。关于离线权的救济方式，一方面，劳动者可依据劳动法一般原理，即劳动者享有在工作时间之外拒绝劳动的权利，以及雇员在工作时间之外加班可以获得加班工资等传统方式获得救济。另一方面，由于离线权具有保护劳动者休息权和生活安宁权的功能，雇主侵犯劳动者的离线权可能损害劳动者的生活安宁权，劳动者可根据《民法典》第一千零三十二条（隐私权）等主张雇主的侵权

---

[1] 朱宁宁：《涉及亿万劳动者权益保障，编纂劳动法典呼声渐起》，《法治日报》2020年4月19日第5版。

责任。① 而且，二者似可并行不悖。

4. 合理平衡雇主和雇员权益。由于离线权主要适用于工作时间自由的工作方式，而保持这类工作的弹性既有利于雇主，也有利于雇员，因此在立法中应兼顾工作时间弹性和雇员休息权保障，合理平衡雇主和雇员的权益。具体而言，一是充分尊重雇主和雇员之间的集体协议或劳动合同，尊重当事人对于离线权实施的具体规定。不同行业、不同企业对雇员的工作方式有不同需求，应充分尊重当事人之间的协议。二是对离线权进行适当限制。在特定情形下，雇员离线权可受到限制，但同时也应对雇员工作时间之外的工作进行补偿。例如，欧盟 2021 年《离线权指令建议文本》立法建议说明（第 25 条）指出，只有在特殊情况下，如不可抗力或其他紧急情况下，才应对"离线权"实施克减，且雇主应向相关工人提供书面理由，证明克减的必要性。实施离线权的工作条件应规定此类克减的标准，并确定在工作时间以外工作的补偿措施。此类补偿标准应确保工人健康和安全的总体目标得到尊重。

（三）完善相关工时和休息休假制度

如上所述，离线权是一项衍生性权利，其是对现有工时和职业安全健康制度的细化和补充，因此，完善现有工时制度，有效控制工作时间，是离线权实现的重要条件。为此，需要从以下两个方面做出努力。

1. 明确"工作时间"概念和判断标准。对于工作时间，应摒弃"实际劳动说"和"指挥命令说"的弊端，从休息的本来含义出发，采取可否"自主控制"作为判断工作时间的标准，在此基础上对工作时间进行类型化处理。② 和离线权关系密切的是"等待时间"。因为离线权主要适用于工作时间灵活的工作方式，在这些工作方式中存在大量介于工作和休息之间的"等待时间"。"等待时间"也成为工时制度的重要内容。例如，德国法传统上将"等待时间"区分为"随时待命时间"和"呼叫待命时间"。前者指雇员在企业或企业附近待命，收到命令后立即投入工作，这属于《工作时间法》规定的工作时间；后者指雇员只需保证能保持联系畅通，一般可自行选择待命地点，并在收到命令后适当时间内投入工作，一般不属于工作时间。③ 因此，对工作时间的界定应抓住劳动者是否可以

---

① 朱晓峰：《数字时代离线权民法保护的解释路径》，《环球法律评论》2023 年第 3 期。
② 王天玉：《工作时间的法理重述及规范构造》，《法学评论》2021 年第 6 期。
③ ［德］沃尔夫冈·多伊普勒：《数字化与劳动法：互联网、劳动 4.0 和众包工作》（第六版），王建斌等译，中国政法大学出版社，2022，第 73 页。

自由支配这一实质，如果劳动者可以自由支配，则属于休息时间，如果劳动者无法自由支配或完全自由支配，则应属工作时间。在此基础上，根据劳动者是否实际提供劳务以及劳务强度对工作时间做适当的类型化处理。

德国《工作时间法》未提及"呼叫待命状态"，因而呼叫待命状态没有明确的时间上限。雇主可以随时呼叫雇员并要求其间隔一定时间后必须展开工作，这会给雇员造成巨大的负担，雇员"关机下线"及其休闲效果都会因此而大打折扣。因此，联邦劳动法院合理地将呼叫待命状态是否计入工作时间、其时长和时段等事宜划入《企业组织法》第87条第1款第2项规定的共同决定权范围内。企业职工委员会由此可强制要求雇员一天中的特定时段或周末不用保持"可联络状态"。[①] 德国联邦劳动法院的做法事实上是实施离线权的一种方式，要求雇主和雇员就呼叫待命状态是否计入工作时间、时长和时段进行协商，不仅明确了雇员不被雇主联系的权利，也可进一步明确等待的时间和工资等事项。换言之，对于介于典型工作时间和典型休息时间的模糊时间地带，通过当事人的协商确定是合理的手段。因此，工作时间（包括等待时间）的界定和计算及其具体的实施机制也成为实施离线权的重要内容。为了防止雇员的工作时间过长，应强制雇主记录雇员的工作时间。欧洲法院在2019年5月14日的判决中指出，为了有效确保雇员的工作时间不超过法定上限，各成员国应当立法明确雇主有义务记录每个雇员每天全部的工作时间，不限于超出八小时的部分。[②] 法院的这一判决值得赞赏。只有在法律上明确了工作时间的概念，并使其得到准确的计量和记录，才能有效保证劳动者的工作时间不超过法定限制，或者在超过时可以得到相应的补偿，从而预防和减少超时工作的情形。

2. 完善雇员休息休假期间受到侵扰的预防和补救制度。离线权的实质是防止雇主在工作时间之外向雇员发出指示或要求其工作，因此，离线权的实现还可以从休息休假制度本身做出规定，其中主要包括工作日之间的休息、每周之间的休息日和带薪年休假的制度保障等。例如，德国《工作时间法》规定，雇主应保证雇员每24小时内连续11小时休息时间，这是一条底线。[③] 换言之，在11小时内雇员必须得到充分休息，而不受干扰。严格执行该规定有利于离线权的充分实现，至少可以保证雇员

---

① ［德］沃尔夫冈·多伊普勒：《数字化与劳动法：互联网、劳动4.0和众包工作》（第六版），王建斌等译，中国政法大学出版社，2022，第74页。
② 王倩：《论我国特殊工时制的改造：在弹性与保障之间》，《法学评论》2021年第6期。
③ 王倩：《论我国特殊工时制的改造：在弹性与保障之间》，《法学评论》2021年第6期。

在较长的时段不受侵扰。需要注意的是，如何解释"连续"成为一个重要问题。如果由于雇主的原因，雇员"轻微"中断了休闲时间或是雇员"工作微不足道"，则雇员的休息是否还属于"连续"，需要通过立法或判例来解释。① 每周之间的休息日也应遵循类似的原理和规则。同样的道理，如何保障雇员年休假期间的休息权，避免被雇主打扰也和离线权制度密切相关。原则上，"年休假"是指完全不处理工作，雇员自行支配时间并自由地做最符合自己需求的事情的期间。虽然在法律上，年休假期间雇员享有不受打扰和不工作的权利，但雇主难免进行联系或要求其从事一定工作，此时需要立法或判例做出相应的回应。例如，在德国，如果雇主联系雇员的时间较短，只是询问某些数据或文件的下落，则不会产生任何法律后果。如果雇主电话联系雇员时间较长，或是要其参加电话会议，或要求雇员对某一问题做出书面陈述，则当天不计入年休假内，因为此时雇员无法通过休假恢复活力。甚至，年休假被打断的情况连续发生两次以上，剩余的天数也不再计入年休假，雇主必须给予额外的假期。② 这些理念也和离线权的实施密切相关。

（四）努力塑造尊重劳动者离线权的企业文化

劳动者的休息权事关劳动者的身心健康和可持续发展，也是平衡劳动者工作和生活，提高劳动者生活品质的重要保障，有关工作时间和休息休假制度应得到充分执行。对于离线权，除了法律的规定和实施，还有赖于企业文化塑造和劳动者自身观念的树立。企业应充分尊重劳动者的休息权，界分工作时间和休息时间，除非必要，不在工作时间之外联系雇员或要求其工作，雇员也应分清工作时间和休息时间，充分尊重他人的休息权，不轻易在工作时间之外打扰同事。企业工作文化的塑造也应得到立法的重视。例如，《关于欧盟离线权建议的决议》（决议具体内容第 19 条）强调欧盟委员会、成员国、雇主和工人必须积极支持和鼓励离线权，推广高效、合理和平衡的工作数字工具的使用方法，以及与工作时间和离线权有关的"意识提高措施"、教育和培训活动；并强调数字工具合理使用的重要性，确保离线权和旨在保护工人身心健康的其他权利得到有效落实，并成为欧盟工作文化的一个积极组成部分。可见，欧盟非常重视促进离线

---

① ［德］沃尔夫冈·多伊普勒：《数字化与劳动法：互联网、劳动4.0 和众包工作》（第六版），王建斌等译，中国政法大学出版社，2022，第 75 页。
② ［德］沃尔夫冈·多伊普勒：《数字化与劳动法：互联网、劳动4.0 和众包工作》（第六版），王建斌等译，中国政法大学出版社，2022，第 76~77 页。

权实现的意识提高和教育培训工作，将离线权等权利的实现作为工作文化的重要内容。由于雇主和雇员的特殊关系，涉及工作时间的工作安排一般发生在雇主和雇员劳动关系存续期间，雇员对雇主的工作联系和指示往往不敢"说不"，关于工时的法律规定往往不易落实。例如，即便在德国，无论《工作时间法》《联邦年休假法》的相关法条，还是集体协议和劳动合同中针对工作时间的相关规定都未在实践中充分落实。[1] 这和德国的工作传统和企业文化也有关系。法国人曾经有句老话，即"别的人死于享乐，德国人死于工作"，这种说法现如今已经不适用了。[2] 但目前反而有种不好的趋势，即越来越多的人觉得晚上或者周末回复工作邮件或者在网络上完成其他工作很正常。[3] 这也是为何欧盟强调意识培养和企业文化塑造的重要原因。

从欧盟成员国的实践看，离线权的实现仅有立法是远远不够的。例如，2021 年，西班牙只有 1/3 的雇员认为离线权被他们的公司所认可。法国虽然早在 2017 年就通过立法确立了离线权，但 2021 年，法国 60%的远程劳动者并没有正式的离线权；只有一半雇员的雇主明确了他们"可被联系"的具体时间，另有约一半的雇员认为他们被"过度联系"了。在爱尔兰，尽管 2021 年初出台了相关行为守则，但截至当年年末，14%的雇员认为其雇主甚至不承认雇员的离线权。出现上述现象的一个主要因素是缺乏认可雇员离线权的公司文化。[4]

我国微信等社交媒体广泛使用于职场，因此，强调对离线权等工作时间规则的教育培训，帮助企业和劳动者增强工作时间规则意识，严格区分工作时间和休息时间，企业管理人员或普通职员增强尊重他人休息的权利，最大限度减少在非工作时间联系他人的观念和习惯十分必要。行政主管部门或工会组织也可发布相关的指引或行为守则，帮助企业和员工培养和树立相关意识，并可以纳入到企业的规章制度当中。只有企业管理人员和员工都树立了强烈的工作时间规则意识，包括尊重和保护离线权的意

---

[1] [德] 沃尔夫冈·多伊普勒：《数字化与劳动法：互联网、劳动 4.0 和众包工作》（第六版），王建斌等译，中国政法大学出版社，2022，第 78 页。

[2] [德] 沃尔夫冈·多伊普勒：《德国劳动法》（第 11 版），王倩译，上海人民出版社，2016，第 198 页。

[3] [德] 沃尔夫冈·多伊普勒：《德国劳动法》（第 11 版），王倩译，上海人民出版社，2016，第 190 页。

[4] Oscar Vargas Llave, "Do We Really Have the Right to Disconnect", July 13, 2022, https：//www.eurofound.europa.eu/publications/blog/do-we-really-have-the-right-to-disconnect, last visited on February 4, 2024.

识,离线权等工作时间规则才能得到有效实施。

六　小结

离线权作为解决数字时代使用数字工具带来的工作时间和安全健康问题的一项权利,和传统的劳动者权利相比具有较大特殊性,无论是权利的性质、内容还是权利的实施方式都和其他劳动者权利显著不同。为此,在离线权的规则构造上应平衡工作弹性和劳动工作时间控制以及劳动者安全健康保护的关系,在实施方式上充分尊重当事人的协议,使离线权与传统的保障劳动者休息权、安全健康权的制度相互补充、相互促进。我国职场广泛使用数字技术,远程办公等灵活用工方式盛行,我国应在未来的劳动基准法以及劳动法典中规定离线权,以推动解决我国长期存在的部分劳动者工作时间过长的问题。"离线权"看似一项"细微"的权利,但在数字时代,其有利于控制劳动者的工作时间、促进工作和生活的平衡、保障劳动者的休息权和安全健康权,因此,其在维护劳动者基本权利上的价值不可低估,应被认真对待。

第八章　职场算法规制与算法权利

一　职场算法管理规制的重要意义

当前算法管理被广泛适用于职场领域，包括传统职场和零工经济领域。有学者指出，算法结果正在越来越多地塑造雇员体验。使用算法管理来指示、评价、惩戒和奖励雇员的观念已经从零工经济迅速蔓延到传统的工作场所。有报告发现，截至2018年，75%的受访人力资源专业人员已经在使用数据"了解工作场所绩效和生产率"，14%的受访者使用机器学习来开发"人事报告"。2021年7月，66%的公司报告称，自2020年3月以来，新采用了数字管理做法（digital management practices）。[1] 算法管理广泛应用于职场招聘、员工工作过程管理、考核评价、奖励惩戒等各个环节。

在职场中，算法管理在数字劳工平台运行中具有特殊重要地位。平台业务开展，包括对平台工人的管理主要依赖算法，算法是平台得以运行的基础。国际劳工组织的报告指出，工人的算法管理是平台业务模式的核心。[2] 对工人的算法管理也是互联网平台用工管理和传统劳动关系中雇主对雇员指挥管理的最大区别。美国学者指出，随着现代经济持续变化，很明显，算法将在调整劳动关系中发挥更大作用。如同其他领域，算法被赋予做出产生结果的决策，监管者、法律学者，特别是工作平台算法的运行者有责任考虑使用算法的影响。然而，目前关于运用算法管理工人的立法

---

[1] Aislinn Kelly-Lyth, Anna Thomas, "Algorithmic Management: Assessing the Impacts of AI at Work", *European Labour Law Journal*, Vol. 14, No. 2, 2023, p. 231.

[2] International Labour Organization, "World Employment and Social Outlook 2021: The Role of Digital Labour Platforms in Transforming the World of Work", 2021, p. 21.

和监管还很少。① 同时,使用算法对工人带来的不利影响也越发凸显。美国也有学者针对软件程序指出,这些软件越来越多地调解、管理和监控工作关系,对工人造成新的伤害并侵蚀劳动法本身。② 在欧洲,算法对劳动法带来的挑战也得到密切关注。欧盟2021年出台的报告指出了欧盟平台用工保护面临的四大挑战,其中挑战之一即是基于算法的平台商业模式带来的问题。③ 由此可见,算法对平台工作带来的巨大挑战以及解决这一挑战的重要性。该报告同时指出,在欧盟,成员国解决平台工作和职场算法管理问题的方法是"稀少且发散的"。现有欧盟劳动法并没有解决算法管理带来的挑战。④

算法规则内容尤其是不合理的算法规则内容及其运行可能对平台工人的身心健康造成巨大影响,危害劳动者的基本权益。例如,交通出行平台和外卖配送平台普遍使用顾客的评级系统和算法决策以决定工人的活动和收入。根据国际劳工组织2022年的一份报告,83%的在线网络平台(通过网络发布和提交工作成果的平台)工人,以及72%的交通出行平台工人、65%的外卖配送平台工人都受制于这一做法,这将进一步加大平台工人焦虑和存在精神压力的风险。⑤ 由此可见,如何解决职场尤其是数字平台用工算法管理的规制问题是各国普遍面临的问题。

实践中,大多互联网用工平台通过算法对劳动者进行全方位的管理,算法内容涵盖劳动者进入和退出平台的条件、订单分配、服务价格、服务

---

① Zane Muller, "Algorithmic Harms to Workers in the Platform Economy: The Case of Uber", *Columbia Journal of Law and Social Problems*, Vol. 53, No. 2, 2020, p. 210.
② Charlotte S. Alexander and Elizabeth Tippett, "The Hacking of Employment Law", *Missouri Law Review*, Vol. 82, No. 4, 2017, p. 1021.
③ See European Commission, "Consultation Document: Second Phase Consultation of Social Partners under Article 154 TFEU on Possible Action Addressing the Challenges Related to Working Conditions in Platform Work", Brussels, 15.6.2021 C (2021) 4230 final, p. 5, at https://ec.europa.eu/social/BlobServlet?docId=24094&langId=pl, last visited on December 3, 2023.
④ European Commission, "Consultation Document: Second Phase Consultation of Social Partners under Article 154 TFEU on Possible Action Addressing the Challenges Related to Working Conditions in Platform Work", pp. 18~19.
⑤ International Labour Organization, Decent Work in the Platform Economy, Reference Document for the Meeting of Experts on Decent Work in the Platform Economy (Geneva, 10-14 October 2022), Conditions of Work and Equality Department, Geneva, 2022, p. 32, at https://www.ilo.org/global/topics/non-standard-employment/whatsnew/WCMS_855048/lang--en/index.htm, last visited on December 3, 2023.

标准、过程监督、考核评价、奖励惩罚等。从法律角度看，平台的算法关涉劳动者的就业机会、工作任务、报酬收入、工作时间、工作地点、工作强度、休息时间，甚至也关涉其健康和安全，因此，平台算法影响劳动者各项基本权益。总体上看，算法管理具有两面性：一方面通过算法，平台用工管理的效率更高、成本更低，劳动者提供服务和获取报酬等也更为便利。例如平台通过算法管理高效匹配大规模市场供需，使用数据和算法增强平台快速响应市场需求的能力，① 劳动者获取订单和收入也更为便利，可以及时获得收入。另一方面，算法主要由平台企业控制，平台劳动者和平台企业实力和地位差异显著，平台企业可能利用算法侵害劳动者的合法权益。例如，部分外卖骑手在马路上"疲于奔跑"导致交通事故频发，与平台算法有关送餐时间规则不合理有关；部分平台劳动者收入不高与平台单方定价机制和奖惩制度有关；部分劳动者工作时间过长与按单计酬等定价和激励机制有关。虽然算法在形式上表现为系统的自动决策，但其设计、开发和运行均由平台或相关企业负责，平台企业对算法的内容和运行负有主体责任。而且，相比其他场景的算法，网络平台用工的算法大多属于"调度决策类"算法，算法结果直接影响劳动者的报酬收入、休息休假、职业安全等基本权益。因此，必须对平台的算法进行规制。我国平台用工算法管理规制近年来也成为一个突出问题。2020年《外卖骑手，困在系统里》的文章受到社会极大关注，引发了对算法管理的反思。② 算法规则内容及其运行的合法性、合理性也受到广泛关注。例如，2019年一项针对青年快递员的调查发现，平台模式下的快递员中有95.5%的人认为单位有罚款制度，在调查前一个月内，平台模式的快递员，有56.2%的人被罚过款。③ 平台工人被"罚款"的比例如此之高说明平台规则过于严苛，算法规制亟待加强。

目前，我国法学界对算法规制进行了大量研究，但已有关于算法的研究主要聚焦于算法规制的一般原理和规则。尽管研究算法的学者普遍认为，算法规制应结合具体场景，但囿于算法应用场景极广以及学科壁垒，已有的算法规制研究成果较少触及具体场景的算法规制。与此同时，劳动

---

① 刘善仕、裴嘉良、葛淳棉、刘小浪、谌一璠：《在线劳动平台算法管理：理论探索与研究展望》，《管理世界》2022年第2期。
② 赖祐萱：《外卖骑手，困在系统里》，《人物》2020年第8期。
③ 李培林、陈光金、王春光主编：《2021年中国社会形势分析与预测》，社会科学文献出版社，2020，第282页。

法学者关于职场领域算法规制的成果极少，且主要从劳动法角度展开，[①]视野不够开阔。因此，如何打通算法规制的一般原理、规则与职场具体场景的特殊需求，建构职场算法规制的原理和规则仍是一个有待深入研究的领域。关于算法规制的一般路径，有学者指出，算法公开、个人数据赋权、反算法歧视是传统的算法规制方式。算法规制应采取场景化的规制路径，根据不同场景类型对算法采取不同的规制方式，以实现负责任的算法为目标。在算法场景化规制原则的指引下，可以构建算法公开、数据赋权与反算法歧视等算法规制的具体制度。[②] 本章拟将上述算法规制的三种方式应用于职场具体场景进行分析。此外，还将应用近年来开始受到关注的算法规制路径——算法影响评估，分析职场的算法影响评估，同时，本章还将分析职场算法管理的劳动法规制路径。在此基础上，分析上述路径的统合，以期构建中国职场算法规制基本框架，为职场算法规制完善以及企业算法管理提供理论支撑和行为指引。

二 算法规制一般路径在职场场景的具体应用

（一）职场算法透明的要求

由于算法管理涉及算法规则及其自动决策，因此，对算法内容的了解是算法管理对象的基本权利，保持算法透明也是算法管理使用者的基本义务。职场中原本就存在雇用方和受雇方实力和信息的失衡，算法等数字技术的使用使受雇方的不利地位更为明显，因此，算法管理透明是算法管理规制的首要和基本要求。如有学者指出，"综合而言，算法透明仍然是法律回应算法的各种路径当中最直接、有效和恰当的方式"。[③]有关算法透明的研究成果丰硕，问题的关键是算法透明的要求如何适用于职场。

加强对平台工人算法知情权的保护也是当前国际上加强平台用工保护的重要措施。例如，欧盟2024年的《改善平台用工工作条件指令》就规

---

① 有关平台用工算法规制的代表性论文为：田野：《平台用工算法规制的劳动法进路》，《当代法学》2022年第5期；王倩：《论"网约工"劳动权益的数据法保护路径》，《法学》2023年第11期。
② 丁晓东：《论算法的法律规制》，《中国社会科学》2020年第12期。
③ 汪庆华：《算法透明的多重维度和算法问责》，《比较法研究》2020年第6期。

定了平台工人对算法内容的事前和事后知情权的保护，以增强算法透明度。该指令第9条要求数字劳工平台在第一个工作日前为平台工人提供一份简洁、清晰、透明、易懂、易于访问的关于自动化监控系统或自动化决策系统的信息文件。①《改善平台用工工作条件指令》第11条还规定，当平台作出决定后，平台工人有权联系数字劳工平台指定的联系人，讨论并知晓作出决定的事实、情况和原因，以及获得属于某些特定类别决定的原因的书面声明，例如，解雇或与其具有类似效果的决定。②换言之，平台工人有权事先知晓算法管理的规则，以及在事后了解平台作出相关决策的事实和原因，平台也负有提供相关信息的义务，而且平台工人针对特定类型的重要决定，有权获得平台企业的书面声明。这些条款相对具体地规定了用工平台告知义务的内容范围和程序要求，对我国亦有重要参考价值。

我国对算法公开透明也有原则性规定。2021年国家网信办等部门发布的《关于加强互联网信息服务算法综合治理的指导意见》指出，"推动算法公开透明。规范企业算法应用行为，保护网民合理权益，秉持公平、公正原则，促进算法公开透明。督促企业及时、合理、有效地公开算法基本原理、优化目标、决策标准等信息，做好算法结果解释，畅通投诉通道，消除社会疑虑，推动算法健康发展"。2021年国家网信办等部门发布的《互联网信息服务算法推荐管理规定》第十六条规定，"算法推荐服务提供者应当以显著方式告知用户其提供算法推荐服务的情况，并以适当方式公示算法推荐服务的基本原理、目的意图和主要运行机制等"。2021年人力资源和社会保障部等八部门发布的《关于维护新就业形态劳动者劳动保障权益的指导意见》指出，"督促企业制定修订平台进入退出、订单分配、计件单价、抽成比例、报酬构成及支付、工作时间、奖惩等直接涉及劳动者权益的制度规则和平台算法，充分听取工会或劳动者代表的意见建议，将结果公示并告知劳动者"。可见，我国对算法透明已有原则性规定。目前的主要问题是这些原则条款如何具体落实于劳动用工领域。"算法透明是算法规制的重要原则，法律应基于不同的场景对算法设定差别化

---

① Michael Veale, Michael 'Six' Silberman, Reuben Binns, "Fortifying the Algorithmic Management Provisions in the Proposed Platform Work Directive", *European Labour Law Journal*, Vol. 14, No. 2, 2023, p. 311.

② Michael Veale, Michael 'Six' Silberman, Reuben Binns, "Fortifying the Algorithmic Management Provisions in the Proposed Platform Work Directive", *European Labour Law Journal*, Vol. 14, No. 2, 2023, pp. 315~316.

的透明度要求。"① 借鉴上述欧盟《改善平台用工工作条件指令》的规制思路,在职场上可从事前和事后两个环节对企业的算法透明做出要求:一是企业在算法使用之前应该告知算法管理对象有关算法管理的基本情况以及规则的主要内容,尤其是涉及就业机会、工作时间、任务分配、工作要求、报酬收入、休息休假、职业安全保障、奖励和惩罚等内容。对于事前告知义务,由于算法规则内容极其繁杂,企业应以简洁、清晰、易懂的适当方式使劳动者了解影响其主要权利义务的算法内容。二是企业作出自动化决策后,劳动者应有权了解决定的内容及其原因,对于对劳动者权利义务有重大影响的决策,例如报酬收入的扣除、工作机会的丧失等,企业应以书面形式告知决定的内容和原因。

(二) 职场算法规制的个人信息保护

算法管理的广泛使用,使得劳动关系中的数据保护问题更为复杂。职场算法管理的广泛使用加剧了劳动关系中的信息不对称和权力不对称。由于算法管理是以平台等企业占有数据为基础的,因此,个人数据或个人信息保护在算法管理中具有重要地位,甚至居于核心地位。如上述,有欧洲学者指出,"虽然算法管理的监管属于包括劳动法和非歧视法在内的多个法律领域,但数据保护法一直是最受关注的法律领域。正是出于这个原因,人工智能监管中提出的一些最紧迫的问题与数据保护的基本原则直接相关,如公平、透明和问责制"。② 因此,充分利用个人数据或个人信息保护的规则,并认识其对算法规制的不足,是职场算法管理规制的重要内容。

通过个人数据或者信息保护的原理和规则规制算法是一个普遍做法。例如,在欧洲,如果涉及个人数据处理,《通用数据保护条例》适用于算法管理的全过程。因此,《通用数据保护条例》中数据主体享有的权利,也可适用于工作关系的劳动者。这些权利包括:(1) 数据主体的被告知权 (the right to be informed),工人应有权被告知风险、规则、保障措施以及和算法管理相关的权利,并被告知如何行使这些权利。(2) 获取信息的权利 (the right of access),这一权利使得工人可以控制他们的数据。例如在自动决策中,工人应有权知晓算法管理的使用,以及有权被告知自动

---

① 汪庆华:《算法透明的多重维度和算法问责》,《比较法研究》2020年第6期。
② Halefom Abraha, "Regulating Algorithmic Employment Decisions through Data Protection Law", *European Labour Law Journal*, Vol. 14, No. 2, 2023, p. 174.

决策的存在（包括画像），有权获得相关逻辑的有用信息以及被告知此类处理对数据主体的重要性和预期后果。① 此外，《通用数据保护条例》第22条是防止算法管理导致危害的重要条款。该条规定，应当由人工而非算法作出高风险的决定，禁止具有重要影响的完全自动决策（solely automated decision），例如，决定某人是否获得工作。但这一针对完全自动决策的规定也存在例外。对工人产生重要影响的完全自动决策在以下三种情形下具有正当性：（1）因订立或履行合同所必要；（2）由欧盟或成员国的法律所授权；（3）基于明确的同意。因订立或履行合同所必要的例外规则和该条规定的意旨密切相关，因为雇主通常以此作为进行算法管理的合法基础。但是，上述三个例外规则，还存在进一步的例外，即如果是基于某些特定类型的个人数据，上述三个允许完全自动决策的规则并不适用，除非是基于明确的同意或者基于欧盟或成员国的法律规定的重大公共利益。同时，如果雇主基于合同的必要或明确同意进行对工人具有重大影响的完全自动决策，雇主必须实施特定保护措施，在此情形下工人享有：获得人工干预的权利，表达个人观点的权利，对决定提出异议的权利，以及获得对所作决定的解释的权利。但是这些程序性保障措施，特别是获得人工的干预权和解释权在实践中如何适用并不清楚。这引发了一系列问题：什么才构成有意义的人工参与？如何确保人工监督的要求不会导致"打钩行为"（box-ticking exercise），即形式主义？在自动决策的哪个阶段需要人工介入？这些问题，《通用数据保护条例》并没有给出明确答案。② 上述规则反映了职场算法管理的自动决策和个人信息保护规则的复杂关系，职场自动决策需要以数据处理为基础，同时为了保障自动决策的公平性和合理性，需要对自动决策的范围做出限制，并赋予数据主体相应权利。

以上分析表明了《通用数据保护条例》在算法规制上的作用及其不足，这些不足主要体现在以下几个方面。第一，同意作为合法性基础的问题。在劳动关系中，雇主和雇员之间是一种权力关系，双方地位和实力并不平衡，算法管理的复杂性使得同意的真实性大打折扣。第二，数据保护法的个体属性问题。《通用数据保护条例》仅仅聚焦个体的数据主体以及个体权利，但劳动关系具有集体性质，劳动关系中双方信息和权力不对等

---

① Halefom Abraha, "Regulating Algorithmic Employment Decisions through Data Protection Law", *European Labour Law Journal*, Vol. 14, No. 2, 2023, pp. 175~177.
② Halefom Abraha, "Regulating Algorithmic Employment Decisions through Data Protection Law", *European Labour Law Journal*, Vol. 14, No. 2, 2023, pp. 180~181.

的问题无法在个体层面上得到解决。因此，2024年的欧盟《改善平台用工工作条件指令》采取了一项措施，承认算法中的集体数据权利。第三，监管碎片化的问题。欧盟的工人数据保护是通过一系列不同的立法和其他规范文件实现的，导致了监管的碎片化。① 数据保护规则在算法规制中存在的上述缺陷，使得数据保护法在劳动用工场景下必须做出适当调整，例如对"同意"作为信息处理合法性基础的调整，需要其他规制路径以克服数据保护法的"个体属性"的缺陷，并且还需要监管部门加强合作。欧盟个人数据保护法对算法规制的作用及其限度对我国亦有启发意义。

我国《个人信息保护法》也涉及自动化决策，其内容主要体现在第二十四条和第五十五条。《个人信息保护法》第二十四条规定，"个人信息处理者利用个人信息进行自动化决策，应当保证决策的透明度和结果公平、公正，不得对个人在交易价格等交易条件上实行不合理的差别待遇。""通过自动化决策方式作出对个人权益有重大影响的决定，个人有权要求个人信息处理者予以说明，并有权拒绝个人信息处理者仅通过自动化决策的方式作出决定。"该条规定如何适用于职场还存在诸多疑问：第一，如何理解"仅通过自动化决策的方式作出决定"。企业什么样的行为才构成实质意义的"人工干预"？如何避免"人工干预"流于形式，而放任"自动化决策"？第二，"对个人权益有重大影响的决定"包括哪些事项？从劳动法角度看，涉及劳动者就业机会、工作内容、报酬收入、休息休假、安全卫生的重大事项应属"有重大影响的决定"。同时，"有重大影响的决定"应具有一定弹性，应根据企业具体情况判定，范围过宽会限制算法管理的使用，范围过窄则可能损害劳动者权益，二者需要做出一定平衡。第三，信息处理者的"说明"义务如何落实？信息处理者说明义务的具体内容及其具体程序，也需要具体规则加以落实，尤其是算法解释权或者算法说明义务的性质和具体规则本身仍存在很大争议。如有学者指出，算法解释权具有很大争议。算法解释权是否可以成为一种一般性权利，还是仅仅指拒绝算法决策的特定性权利？算法解释权可以主张对算法进行系统解释还是个案解释，事前解释还是事后解释？机器解释还是人工解释？此类问题已经引起法律解释争议与法律适用困境。在制度建构层面，应当根据算法自动化决策所位于的行业领域、市场化程度、个案影

---

① Halefom Abraha, "Regulating Algorithmic Employment Decisions through Data Protection Law", *European Labour Law Journal*, Vol. 14, No. 2, 2023, pp. 184~185.

响、企业能力而对算法解释权的内容、程度、时间和方式作不同要求。①算法解释权本身面临如此之多的理论争议和适用难题,其如何适用于职场领域也面临同样的难题。

此外,《个人信息保护法》第五十五条规定,"利用个人信息进行自动化决策的",个人信息处理者应当事前进行个人信息保护影响评估,并对处理情况进行记录。《个人信息保护法》将利用个人信息进行自动化决策,作为高风险个人信息处理活动,并要求信息处理者进行事前的个人信息保护影响评估很有必要。在职场中,特别是在数字平台用工中,由于单个大型数字劳工平台作为信息处理者可能处理多达数百万甚至上千万平台工人的信息,且其自动化决策需要建立在深度处理平台工人个人信息的基础之上,例如,在求职者申请通过平台提供服务时,需要提供大量的个人信息包括敏感信息;在平台工人提供服务过程中,出于安全保障以及服务监督等考虑,平台需要对平台工人进行实时定位,甚至需要对服务过程进行全程录音录像,这些信息处理行为是否符合《个人信息保护法》一般规则,是否必要和妥当,存在何种安全隐患,是否还存在其他更优的替代方案,都需要平台企业作出相应评估。因此,数字劳工平台进行个人信息保护影响评估十分必要,也是体现平台企业履行个人信息保护事前预防的社会责任的重要体现。②

(三) 算法管理影响评估

除了上述个人信息保护影响评估,由于算法可能带来的危害加剧,因此,有必要建立算法影响评估制度,评估算法风险及其应对措施。有学者指出,很明显,算法管理实践对工人产生影响,其中一些危害是实质性的:例如,在亚马逊仓库,工人的行动被按秒追踪,据报道,受伤率比平均水平高出80%。研究还开始记录更微妙、不易显现的影响,例如由于个人选择受到限制,人们在工作中的自主性降低。与此同时,随着个人数据收集的强化,对隐私和数据保护的威胁加大,对机会和结果平等的影响也在增加,自动化系统处理大量编码过去行为模式的数据,以进行结果输出,在未进行干预的情形下,这些数据处理的输出结果可能会影响群体和个体的公平。一些算法管理的部署对权利实现构成了直接威胁,例如试图

---

① 丁晓东:《基于信任的自动化决策:算法解释权的原理反思与制度重构》,《中国法学》2022年第1期。
② 杨合庆主编:《中华人民共和国个人信息保护法释义》,法律出版社,2022,第139~141页。

通过分析工人之间的互动行为来阻碍工会组建。总之，算法管理带来了许多风险以及具有重大后果的影响。①

因此，对算法管理影响进行评估具有重要意义：一是评估算法的影响并促进对所确定的风险和影响做出具体应对措施；二是在立法一般要求和企业自律之间取得平衡；三是确保从算法设计和开发阶段到工作场所部署，都充分考虑到算法的预期影响和风险缓解措施。② 总体上，建立算法影响评估机制涉及四个问题：一是在算法的哪些阶段进行评估，二是谁来评估，三是评估应该覆盖哪些实质内容，四是评估程序如何进行。对这四个问题可做出如下处理：第一，通常至少应对算法管理的三个阶段进行持续评估：设计、开发和部署阶段（deployment stage）。第二，这些评估应相应地由算法设计者、开发者和雇主实施。第三，这些评估应考虑对工人的权利、自由和其他个体或群体利益的风险和影响。确定的法律、伦理和社会影响应记录在算法风险评估中。评估还应记录针对评估结果所采取的相应技术和非技术措施，以解决或减轻所发现的任何危害，并应能够考虑这些措施对工作条件和工作质量的潜在"正面"影响。第四，该程序应要求强制性记录文件、利益相关者工人和代表的参与、结果的公布以及定期公布评估结果的审查。③ 由此可见，算法影响评估具有重要意义，是克服算法风险的重要规制路径。

虽然《通用数据保护条例》以及我国《个人信息保护法》等规定的个人信息保护评估也承担了类似功能，但个人信息保护评估的范围和程序要求不可和算法风险评估程序相比拟。个人信息保护影响评估主要从保护个人信息权益角度进行评估，而算法评估主要考虑算法对劳动者各项权利的影响以及各类风险的应对，内容更加丰富，视角更为开阔。

具体到我国，相关部门的规范亦要求建立算法风险评估制度。2021年发布的《互联网信息服务算法推荐管理规定》要求算法推荐服务提供者落实算法安全主体责任，建立健全算法机制机理审核、科技伦理审查、数据安全和个人信息保护、安全评估检测等管理制度和技术措施，制定并

---

① Aislinn Kelly-Lyth, Anna Thomas, "Algorithmic Management: Assessing the Impacts of AI at Work", *European Labour Law Journal*, Vol. 14, No. 2, 2023, pp. 231~232.
② Aislinn Kelly-Lyth, Anna Thomas, "Algorithmic Management: Assessing the Impacts of AI at Work", *European Labour Law Journal*, Vol. 14, No. 2, 2023, p. 235.
③ Aislinn Kelly-Lyth, Anna Thomas, "Algorithmic Management: Assessing the Impacts of AI at Work", *European Labour Law Journal*, Vol. 14, No. 2, 2023, pp. 238, 246, 247.

公开算法推荐服务相关规则。① 文件第八条规定，"算法推荐服务提供者应当定期审核、评估、验证算法机制机理、模型、数据和应用结果等，不得设置诱导用户沉迷、过度消费等违反法律法规或者违背伦理道德的算法模型"。同时该规定还针对工作场所的算法管理，对算法内容做了基本要求。文件第二十条规定，"算法推荐服务提供者向劳动者提供工作调度服务的，应当保护劳动者取得劳动报酬、休息休假等合法权益，建立完善平台订单分配、报酬构成及支付、工作时间、奖惩等相关算法"。虽然文件规定了算法审核、评估等程序要求，但有关算法审核、评估的具体程序和要求并不清晰，关于职场算法管理内容的要求也主要是重复劳动法的一般规定，缺乏针对平台用工等职场用工特点的具体要求。因此，这些规定如何适用于职场，如何规制数字劳工平台的算法管理仍存在较大疑问。

算法影响评估制度的意义不言而喻，"其有助于创制合理的算法透明度并构筑算法信任，助力场景化和精准化算法治理，与数据保护影响评估制度形成有效勾连"。"但面对日益迫切的制度建构需求，我国学界对于算法影响评估制度的研究却很薄弱。"② 目前虽然《互联网信息服务算法推荐管理规定》包括算法评估的要求，但具体落实于哪些领域，如何落实还存在诸多问题。有学者指出，"应当根据我国自动化决策系统应用现状，以公共事业场景为先导，结合风险等级确定优先适用的核心领域。"③对此，笔者并不完全赞同，算法影响评估似不应仅限于"公共事业"场景。工作场所尤其是平台用工领域的算法管理涉及数量庞大的平台从业人员基本权益和广大消费者利益，甚至也关涉社会公共利益，如对公共交通安全和食品安全的影响等，其算法影响评估的重要性似乎不亚于"公共事业"场景，因此，构建职场尤其是平台用工领域的算法评估制度也有必要。

（四）反歧视法对职场算法的规制

反歧视是算法规制的传统路径之一。有学者将算法对法律的挑战概括

---

① 《互联网信息服务算法推荐管理规定》（2021）第七条规定，算法推荐服务提供者应当落实算法安全主体责任，建立健全算法机制机理审核、科技伦理审查、用户注册、信息发布审核、数据安全和个人信息保护、反电信网络诈骗、安全评估监测、安全事件应急处置等管理制度和技术措施，制定并公开算法推荐服务相关规则，配备与算法推荐服务规模相适应的专业人员和技术支撑。

② 张欣：《算法影响评估制度的构建机理与中国方案》，《法商研究》2021年第2期。

③ 张欣：《算法影响评估制度的构建机理与中国方案》，《法商研究》2021年第2期。

为三个方面：首先，算法黑箱可能挑战人类决策的知情权与自主决策；其次，算法可能威胁个体的隐私与自由；最后，算法可能导致歧视与偏见。① 因此，如何应对算法管理中的歧视和偏见成为算法规制的重要议题。特别是，由于劳动关系具有强烈的人身属性，在劳动关系建立之前和存续期间，存在雇用方对求职者或受雇者的主观判断和相应决策，职场的反歧视自然成为劳动法和反歧视法关注的议题，对算法可能存在歧视和偏见的规制是实现算法公平和法律公平价值的重要内容。例如，目前女性就业中的算法歧视已经超越理论假设，成为海外招聘活动中的现实。如上述，2014 年，美国亚马逊公司开始开发一项用于筛选简历的算法。算法如愿生成，效果却具有歧视性。究其原因，公司在招聘中长期存在重男轻女的现象。亚马逊经过评估，被迫于 2017 年初放弃这一算法。2019 年，民间组织电子隐私信息中心向美国联邦贸易委员会提起申诉，指责 HireVue 公司所开发的、用于企业招聘的算法可能存在性别歧视，其主要依据就是亚马逊公司的先例。迫于压力，HireVue 公司于 2021 年初停用了其算法中最可能发生歧视的人脸识别功能。②

因此，如何克服算法管理中的歧视问题已成为职场算法管理的重要议题，上述算法规制路径，包括透明度要求、数据保护、算法影响评估等都有助于规制算法歧视。但这还不够，我们还需考虑的是，传统反歧视法是否可以胜任职场数字化的需求，是否需要强化或改革传统的反就业歧视法，以克服职场算法管理对平等权保护带来的挑战。

由于平等权是一项基本权利，各国普遍建立了职场平等权保护的立法，尤其是欧盟建立了比较完善的平等权保护法律框架，中国也已建立职场平等权保护的立法体系，并且职场平等权保护的立法体系在实践中不断发展。毫无疑问，现有的反就业歧视立法都可以适用于平台用工等使用算法管理的职场领域。

以平等法较为完善的欧盟法为例，欧洲学者指出，算法歧视的可能，现在已经得到了充分证明，算法管理工具也不例外。学者们很快指出了平等法框架中存在的差距，但现有欧盟法律非常健全。关于法律确实存在不足的地方，其很大程度上在算法决策出现前业已存在。因此政策制定者应该寻求加强欧盟平等法，而不是对其进行改革。算法歧视引发了一个令人

---

① 丁晓东：《论算法的法律规制》，《中国社会科学》2020 年第 12 期。
② 阎天：《女性就业中的算法歧视：缘起、挑战与应对》，《妇女研究论丛》2021 年第 5 期。

担忧的悖论：一方面，以自动化代替之前的人工决策过程可以使歧视性标准更具可追溯性，结果更可量化。另一方面，算法决策过程通常缺乏透明，算法不透明是诉讼和执法行动的主要障碍，因此，必须通过司法和立法途径提高算法透明度。[1] 虽然算法歧视的结果表现为自动化系统的学习和决策，但算法的开发和使用均由企业负责，算法可能作出歧视决策的"素材"也由企业提供，因此，传统的反歧视法适用于算法领域在理论上并不存在障碍。

依据欧洲学者观点，传统的反歧视法规则完善，仍然可以应对算法管理带来的歧视问题。经典的案例是，2019年12月意大利总工会位于博洛尼亚的运输业劳动者工会等将意大利户户送有限责任公司诉至博洛尼亚法院。原告认为，被告公司使用的算法具有集体歧视性，因为该算法在对骑手进行荣誉排名时并不考虑骑手不赴约的原因，包括因参加罢工或疾病、未成年子女需求等其他合法原因。因此，原告请求法院对被告的歧视行为加以确认，并同时提出要求被告制定消除歧视的方案、修改自助预定系统、对上述歧视性行为给原告造成的非财产性损害进行赔偿、采取一切适当措施消除歧视性行为的影响等请求。最后，法院支持了原告请求，确定并宣布被告通过数字平台使用的算法具有歧视性。博洛尼亚法院做出的判决被认为是世纪性判决，因为这是在意大利甚至在欧洲首次针对算法歧视做出的司法判决。[2] 博洛尼亚法院认为，"因工会的原因"造成歧视属于法令所规定的歧视原因中的"个人信仰"，这种算法设置，不考虑骑手没有赴约的各种原因，产生差别对待，属于间接歧视。[3] 从案例可见，法院仍然运用传统反歧视法关于歧视的定义、歧视类型以及禁止歧视的事由等基本规则来认定是否存在歧视。该案例充分说明了传统反歧视法在算法规制中的适用空间。

由上可见，传统反歧视法总体上可以应对算法中的歧视问题。目前存在的主要问题在于算法的使用可能使反歧视法的实施受到挑战。因此，应通过相应措施克服反歧视法实施的障碍。在这些措施当中，算法透明对于平等权救济和平等法实施至关重要。在欧洲，如果受害人无法获取相关信

---

[1] Aislinn Kelly-Lyth, "Algorithmic Discrimination at Work", *European Labour Law Journal*, Vol. 14, No. 2, 2023, p. 152.

[2] 罗智敏：《算法歧视的司法审查——意大利户户送有限责任公司算法歧视案评析》，《交大法学》2021年第2期。

[3] 罗智敏：《算法歧视的司法审查——意大利户户送有限责任公司算法歧视案评析》，《交大法学》2021年第2期。

息，要证明歧视存在是几乎不可能的，因此，有关算法歧视的案例依然罕见，因为主张权利者无法获得提起案件诉讼的必要证据。因此，必须通过司法和立法的路径提高算法透明度。例如，在司法方面，如果被告拒绝披露与算法执行相关的信息，可作为构成歧视的初步证据因素。[①] 在立法上，应通过将信息交到原告手中来促进现有平等法的执行，即要求算法使用者以特定格式和特定标准公开算法管理工具的信息。透明度的提高应该通过强制要求雇佣场景下的算法影响评估来实现。[②] 因此，解决算法歧视问题有赖于算法透明度的要求和算法影响评估制度，换言之，算法影响评估应该包含算法是否导致歧视的风险评估。

目前，我国在《劳动法》《就业促进法》《妇女权益保障法》等立法中已建立了平等权保护的框架，实践中也有许多反就业歧视的案件。2021年人力资源和社会保障部等发布的《关于维护新就业形态劳动者劳动保障权益的指导意见》也明确指出，"落实公平就业制度，消除就业歧视。企业招用劳动者不得违法设置性别、民族、年龄等歧视性条件"。这些规定如何落实于职场有待司法和立法的完善以及前述职场算法规制手段的配合和支持。虽然反歧视法总体上可以解决算法歧视问题，但应在两个方面做出适当调整：一是根据算法透明的原则，强化企业事先和事后的算法告知义务；二是完善举证责任。在传统反歧视案件中，求职者或劳动者要证明遭受歧视本身就相当困难，在算法背景下，举证难度更大。因此，应进一步合理分配举证责任，只要原告能提供遭受歧视的初步表面证据，被告就负有反驳的证明义务。而且，相比传统反歧视案件，在算法管理的职场场景下，这种表面证据的要求应低于传统歧视案件的证明标准，具体标准可通过司法意见或典型案例予以确立。

此外，随着技术发展，在工作场所，特别是在数字平台用工中，企业往往邀请顾客对其雇员进行评级等评价，并基于顾客评价作出对雇员具有重大影响的决定。而顾客的评级等评价行为可能存在种族、性别或其他法律禁止的偏见。对于顾客对雇员的歧视行为，企业究竟应当承担什么责任，也成为算法规制中平等权保护的重要内容。为此，有美国学者提出将顾客视为"代理经理"（action managers）和"管理客户"（managerial

---

① Aislinn Kelly-Lyth, "Algorithmic Discrimination at Work", *European Labour Law Journal*, Vol. 14, No. 2, 2023, pp. 167~168.

② Aislinn Kelly-Lyth, "Algorithmic Discrimination at Work", *European Labour Law Journal*, Vol. 14, No. 2, 2023, pp. 169~170.

customers）的观点。该观点认为，顾客现在不再仅仅是公司的客户，而是积极监督员工并可能决定他们的命运。鉴于这种转变，反歧视法应该承认"管理客户"的地位，并追究公司对歧视性客户评价的责任。[1] 这一观点值得赞同，尽管表面上是顾客而不是公司对员工进行直接评价，但顾客评价是由公司授权，或者是基于公司确立的规则而进行的，因此，这种评价的主动权依然掌握在公司手中，相应地，对于顾客的歧视行为应当由公司承担责任。

三 职场算法规制的劳动法路径

（一）算法性质

上述职场算法规制路径主要是将算法管理的一般路径应用到职场的具体场景。职场算法规制，除了通用的算法规制路径，劳动法也有作用空间。劳动法的作用来源于职场算法的性质。从静态角度看，工作场所的算法规则类似于传统的用人单位规章制度，只是其内容不仅包括与劳动者相关的规则，也包含企业的经营策略和商业模式等。虽然算法规则可能由于机器的"自动学习"而不断变动和优化，但其规则的基本原则和基本内容是相对确定的，算法决策离不开其确定的"基本规则"。在此意义上，算法决策是以一定规则为基础的。美国也有学者主张，算法规则应视为企业的规章制度。[2] 因此，可借鉴传统的劳动法对用人单位规章制度的规制理念，对算法的规则内容和制定程序进行规制。从动态角度看，算法是一种自动决策，类似于用人单位指挥、监督等指示权的行使以及根据规章制度等做出的决定，例如对劳动者服务过程的指示和监督，对劳动者的报酬计算和支付以及奖惩等。研究算法的学者一般认为，算法是"人类和机器交互的决策，即人类通过代码设置、数据运算与机器自动化判断进行决策的一套机制"。"这一过程既有人类决策，也有机器的自动化判断。"[3] 算法本质上是自动决策。故而算法管理兼具静态和动态的性质，使得在规

---

[1] Keith Cunningham-Parmeter, "Discrimination by Algorithm: Employer Accountability for Biased Customer Reviews", *70 UCLA Law Review* 92, 2023, p. 153.

[2] Charlotte S. Alexander and Elizabeth Tippett, "The Hacking of Employment Law", *Missouri Law Review*, Vol. 82, No. 4, 2020, p. 1013.

[3] 丁晓东：《论算法的法律规制》，《中国社会科学》2020年第12期。

制上不仅应对算法本身的规则内容进行监管，还应对算法的运行过程及其结果进行规制。

因此，有关传统用人单位规章制度规制和集体协商等劳动法的规制方式自然可以适用于算法规制。有学者指出了平台用工算法规制的三种劳动法进路：一是参照劳动规章的规则从内容合法和程序合法两个方面确保负责任的算法制定；二是运用集体协商机制实现劳资算法共治；三是以劳动基准为约束厘定算法的合理边界。① 笔者对此赞同。由于算法规则和规章制度的类似性，劳动法规制用人单位规章制度的方式，可以也应当适用。而且，算法规则关涉劳动者的工作条件和工作待遇，这些内容不得违背基本的劳动基准。同时，由于算法规则适用于同一企业甚至更大范围的工人，对这些关涉劳动者工作条件和工作待遇的内容也应利用传统的劳动关系调整机制——集体协商的方式加以调整。归纳起来，算法管理的劳动法规制路径包括算法规则内容的合法性（包含合理性）以及制订程序的合法性。就内容合法性而言，企业必须遵守劳动法有关工时、工资、安全卫生等基本劳动标准；就程序而言，算法规制可以适用规章制度制订的民主程序以及集体协商机制。

（二）算法规则内容的规制

算法规则的内容合法性与算法管理对象的身份有关。随着新就业形态用工等的快速发展，算法规则内容合法性的判定也面临挑战。例如，在平台用工中，平台工人和平台等主体是否存在劳动关系是一个理论和现实难题。如果工人和平台等企业存在劳动关系，算法规则内容自然不得违背劳动法所规定的工时、工资、安全卫生等基本劳动标准；如果工人和平台等企业的法律关系模糊，无法认定是否存在劳动关系，则算法规则内容未必应完全符合劳动法的一般规定，但算法的规则内容应遵循劳动基准法的基本精神，保护劳动者的基本人身权益。我国在此方面做了有益探索。例如，2021年，我国人力资源和社会保障部等八部门发布的《关于维护新就业形态劳动者劳动保障权益的指导意见》规定，"健全制度，补齐劳动者权益保障短板"，"落实公平就业制度，消除就业歧视。""健全最低工资和支付保障制度"，"完善休息制度，推动行业明确劳动定员定额标准，科学确定劳动者工作量和劳动强度"，"健全并落实劳动安全卫生责任制，严格执行国家劳动安全卫生保护标准"。这些内容并非完全照搬劳动法的

---

① 田野：《平台用工算法规制的劳动法进路》，《当代法学》2022年第5期。

内容，而是基于平台用工的灵活性以及保护平台工人基本权益的需要做出的规定。这些内容无疑都是算法规则应遵循的基本原则。2021年，国家市场监管总局等七部门发布的《关于落实网络餐饮平台责任切实维护外卖送餐员权益的指导意见》指出，网络餐饮平台及第三方合作单位要"优化算法规则，不得将'最严算法'作为考核要求，通过'算法取中'等方式，合理确定订单数量、在线率等考核要素，适当放宽配送时限"。该意见明确提出"算法取中"，不得实行"最严算法"，其实质是要求平台企业必须遵守相应的基本劳动标准，不得损害劳动者工资报酬、休息休假、安全卫生等基本权益。因此，劳动法以及其他涉及劳动者权益保护的立法或规则越明确，算法管理规制的基础就越牢靠，算法管理的规则边界就越清晰。

（三）算法管理的程序控制

由上可知，对算法内容的控制主要依赖劳动法及相关规则的实体内容，尤其是劳动基准法的完善。而从劳动法以及算法本身来看，程序规制也非常重要。就算法本身而言，程序控制的正当性是不言而喻的。算法作为对劳动者或其他主体具有直接权利义务影响的自动决策，自然应受到程序的控制。例如，有学者将算法作为一项权力，并指出"如果意识到算法权力的重要性，那么算法就不再是言论或者商业秘密，而是一种正当程序；相应地，打破算法黑箱就不是最佳的介入方式，反而应当以正当程序的基本要求来介入算法"。[①] 程序控制除了上文提及的个人信息保护和算法影响评估等基于算法自身特点的程序，还应充分考虑职场算法实体内容对程序的需求，或言之，必须充分利用劳动法已有的保证实体权利义务公平合理的程序调整机制，即职工民主参与以及集体协商。

工人参与算法内容制订具有重要意义。具体而言：第一，算法规则内容涉及劳动者的实体权利义务，算法规则在形式上和传统的用人单位规章制度具有很大相似性，因此劳动法上劳动者和雇主通过集体协商等方式共同决定相关工作条件和工作待遇，以及劳动者参与规章制度制订等集体权利都可以适用于职场算法场景。第二，算法规则的内容复杂，且不同行业、不同企业的算法内容各异，法律难以深度介入，留给平台等企业和从业人员的协商空间很有必要，可以满足不同行业和不同企业的需要。工人

[①] 陈景辉：《算法的法律性质：言论、商业秘密还是正当程序?》，《比较法研究》2020年第2期。

参与算法规则制订的正当性也得到普遍支持。国外亦有学者指出了工人参与算法规则制订，尤其是共同决定（co-determination）的多重意义：首先，共同决定对于确保在做出影响工人生活和工作的决定时系统地考虑工人的利益尤为重要，以防止在工作条款和条件上的朝底竞争。其次，鉴于人工智能在不同行业的不同影响、同一行业内甚至在同一公司内的运营完全不同，共同决定也可以实现更为精确的解决方案。再次，共同决定可以帮助工人减轻作为个人向其雇主提起诉讼的负担，以提高现有规制的有效性。最后，共同决定特别适合助力工人赋权，并促进集体自我规制的"自主能力"的发展。在这些方面，共决具有超越其他形式的集体或法定规制的重要优势。① 可见，赋予工人包括共决在内的集体权利，有助于保护工人利益和企业公平竞争，体现不同行业和企业的个性需求，降低工人维权成本，促进算法管理场景下集体关系的发展。这些理念和规则源自传统职场集体关系调整机制，在新的技术条件下，为促进集体劳动关系的发展，赋予工人在算法管理方面的集体权利更有必要。

当然，工人参与算法制订等集体权利的实现有赖于工会及协商机制的完善，以及一系列现实条件的制约，即使在劳动关系调整机制和劳动法较为完善的欧洲国家也不例外。例如，在英国，对算法管理的有效集体规制存在巨大障碍：一些工作场所缺乏工人代表；在行业和国家层面缺乏工人代表机构；集体协商覆盖面受限，仅能覆盖算法管理生命周期的某一阶段；工人缺乏支撑集体规制的获取信息的有效权利；促进共同决定的规定完全缺失。② 德国的情况要好一些，工作场所的共决制度是德国职工参与的支柱之一。尽管如此，在算法管理的共决等集体规制方面也面临挑战。实践中存在的主要问题是企业职工委员会经常迟于获取有关新技术的信息，以致无法评估新技术带来的后果。总体上，企业职工委员会的权利经常受到漠视，尤其是在中小型企业中。在许多情形下，工人代表机构并不存在，尤其在IT行业，企业职工委员会通常在雇主陷入经济困境时才成立。2021年《企业职工委员会现代化法》（The Works Council Modernisation Act）的通过使情况得到一定改善。企业职工委员会在设计工作环境、工作程序和操作方面的权利如今也将明确涵盖人工智能的使用。而且，如果人员选择是由算法创建或在算法帮助下创建的，则企业职工委员会在制定

---

① Zoe Adams, Johanna Wenckebach, "Collective Regulation of Algorithmic Management", *European Labour Law Journal*, Vol. 14, No. 2, 2023, p. 214.
② Zoe Adams, Johanna Wenckebach, "Collective Regulation of Algorithmic Management", *European Labour Law Journal*, Vol. 14, No. 2, 2023, pp. 217~218.

人员选择指南方面也享有相应权利。新法同时明确，企业职工委员会必须评估 AI 的引入和使用的影响，并且可以邀请专家参与，费用由雇主承担，这引入了专家对算法的评估。德国的例子表明，通过共同决定可以取得什么成果，特别是在人工智能的使用方面。德国第一份通过共同决定有效保护雇员在 AI 使用方面的权利的公司协议（company agreement）树立了最佳实践典范。IBM 公司的企业职工委员会和公司达成了一项框架协议，建立了一个人工智能道德委员会，并定义了公司人工智能的风险类别以及与之相关的不同程序。该协议禁止未经人工事先控制的自动决策。[①] 根据《企业职工委员会现代化法》第 90 条，雇主计划在企业中引入人工智能应用的，需提前告知企业职工委员会并听取其意见，双方应该就相关措施对雇员的影响进行协商，尤其应该关注人工智能的应用将会对工作方式和工作要求造成怎样的变化，以此确保人性化的工作安排。第 95 条则增加了第 2a 款，规定雇主使用人工智能用于制定招录、调岗、裁员时的人员筛选规则的，必须取得企业职工委员会的同意。[②]

可见，集体规制方法在算法规制上具有很大作用空间，同时，算法管理的集体规制无法完全依赖现有法律规则，而需要结合人工智能的特点更新或出台相关规则。例如，在欧洲，在 2021 年《改善平台用工工作条件指令建议》公布之前，《通用数据保护条例》和第 29 条工作组对算法的集体规制方式做了相关规定，但其主要从数据保护的角度出发，因此，在算法管理规制的保护对象以及规制的算法管理过程方面存在缺陷：《通用数据保护条例》的保护对象是数据主体，且其规制的算法管理阶段主要是算法管理的运行环节。2021 年的《改善平台用工工作条件指令建议》将算法管理规制扩大到算法管理的所有环节，包括设计和部署，受保护的对象也不再局限于数据主体。[③] 2024 年欧盟《改善平台用工工作条件指令》第 9 条详细规定了数字劳工平台有关确保自动监控系统和自动决策系统透明度的义务。因此，通过更为具体的规则明确平台工人等享有获取信息和协商的权利十分必要。

具体到我国，随着相关政策文件的出台以及相关部门的推动，集体协商和集体合同在保护平台用工，包括算法规制上发挥了积极作用。如上

---

① Zoe Adams, Johanna Wenckebach, "Collective Regulation of Algorithmic Management", *European Labour Law Journal*, Vol. 14, No. 2, 2023, pp. 220~221.
② 王倩：《论"网约工"劳动权益的数据法保护路径》，《法学》2023 年第 11 期。
③ Zoe Adams, Johanna Wenckebach, "Collective Regulation of Algorithmic Management", *European Labour Law Journal*, Vol. 14, No. 2, 2023, pp. 222~223.

述，2021年《关于维护新就业形态劳动者劳动保障权益的指导意见》赋予了平台工人参与算法规则制订的权利。实践中，平台企业也开展了形式多样的平台工人民主参与的实践。例如，根据平台企业"美团"披露，"为了让骑手畅通有效地表达诉求，美团2022年进行了'骑手恳谈会''申诉机制''产品体验官'等多种尝试；开通了骑手权益保障专线10101777，受理对劳动报酬、劳动安全、保险保障、用工合规等方面的疑难问询和投诉，帮助骑手维护合法权益"。[1] 同时，实践中，在工会推动下，通过集体协商保护平台工人权益也取得了新进展。例如，2023年，在上海市总工会的推动下，全国首份外卖平台企业全网集体合同落地"饿了么"平台，覆盖"饿了么"全国1.1万个配送站点超过300万"蓝骑士"。值得关注的是，集体合同明确无论"蓝骑士"是不是平台自有员工，都将根据集体合同享受同等权益。[2] 该集体合同是保护平台工人权益的综合性协议，而且不管平台工人的身份如何均被覆盖，这具有重要意义。此外，自2021年以来，全国各级工会加快探索平台企业协商协调机制建设新路径。[3] 这些实践具有重要的理论和现实意义。

当前算法集体规制存在的问题是，集体合同签订依赖于工会的推动和工人代表的存在，但平台工人较为分散，将平台工人吸纳入会还存在诸多困难。此外，由于平台用工的复杂性和灵活性，平台工人的代表机制难以建立，加上同一平台内部也存在不同类型工人及不同诉求，工人代表进行集体协商特别是针对算法进行集体协商的能力也有待提升。这也是国外平台用工保护集体路径同样面临的挑战。例如，有学者指出，应通过欧盟立法，对成员国施加一定的义务，要求雇主建立结构适当的平台工人代表机构，只有如此，欧盟现有和计划的算法管理规制才会在现实中具有意义和富有成效。[4] 因此，算法管理的集体规制很大程度上取决于工会或其他工

---

[1] 美团：《美团2022企业社会责任报告》，https://www.meituan.com/csr，最后访问时间：2023年11月9日。

[2] 据了解，这份全网集体合同聚焦外卖送餐员基础配送费标准和当地消费价格指数（CPI），结合配送距离、用餐高峰、天气原因、路线难易等因素，提出"加大智能头盔投放力度，减少安全隐患""秉持'算法取中'，合理设置送餐员配送时间"等条款。康琼艳：《全国首份外卖平台企业集体合同落地——为劳动者"谈"出一个好未来》，《经济日报》2023年8月21日第10版。

[3] 康琼艳：《全国首份外卖平台企业集体合同落地——为劳动者"谈"出一个好未来》，《经济日报》2023年8月21日第10版。

[4] Zoe Adams, Johanna Wenckebach, "Collective Regulation of Algorithmic Management", *European Labour Law Journal*, Vol. 14, No. 2, 2023, p. 229.

人代表机构是否存在及其协商对话能力。由于传统上我国劳动关系集体协商机制作用有限,目前较为可行的路径是借鉴单位规章制度的民主程序,完善工人参与算法制订的程序规则,要求平台等企业在算法设计、开发和运行等环节充分听取工人代表的意见,将其作为算法程序规制的法定环节,进一步规范平台工人表达对算法内容的意见建议的路径和程序,比如在算法管理的哪些阶段、涉及算法管理的哪些内容以及具体事项应听取工人意见,平台工人如何表达自身意见,平台企业如何处理平台工人的意见,等等,进一步细化《关于维护新就业形态劳动者劳动保障权益的指导意见》的相关规定。与此同时,逐步推动平台工人加入工会,并通过集体协商的方式介入算法的具体内容和程序,以保护平台工人的基本劳动权益。

四 职场算法规制路径的统合与算法权利

以上分析了算法一般规制路径在职场的应用以及职场算法规制的劳动法路径,上述各路径是相互关联、彼此交织的,上述各种路径也应进行统合。

(一) 坚持综合系统的算法规制理念

算法规制采取系统方法是算法研究者的主流观点。例如,有学者指出,"算法风险的治理必然是系统性、多维度的"。"算法规制的谱系可以至少包含四重维度,即风险成因维度、规制工具维度、用户权利维度和参与主体维度。"[1] 由于职场算法性质复杂,既有传统的用人单位规章制度属性,又借助于现代自动化和人工智能技术,具有明显的"现代性",因此,必须充分利用传统劳动法规则以及算法规制的新理念。从劳动法角度看,应借助劳动法中有关基本劳动标准、规章制度、集体合同等相关规则以及反歧视法,从算法作为新技术而产生的新规则看,应充分利用个人信息保护法、一般算法管理规则、平台治理规则等,对算法的内容和程序进行控制。

目前我国相关部门重视对算法的规制,初步建立了算法规制的框架,其内容不仅涉及一般算法规制,也有针对平台用工等职场算法的具

---

[1] 苏宇:《算法规制的谱系》,《中国法学》2020 年第 3 期。

体规制措施，其思路也是采取综合系统的规制方法。2021年，国家网信办等九部门制定的《关于加强互联网信息服务算法综合治理的指导意见》，提出了算法综合治理的指导思想、基本原则和主要目标，强调"利用三年左右时间，逐步建立治理机制健全、监管体系完善、算法生态规范的算法安全综合治理格局"。加上2021年国家网信办等发布的《互联网信息服务算法推荐管理规定》、2021年人力资源和社会保障部等部门发布的《关于维护新就业形态劳动者劳动保障权益的指导意见》、2021年国家市场监管总局等发布的《关于落实网络餐饮平台责任切实维护外卖送餐员权益的指导意见》，上述4个文件构成当前我国职场算法规制的主要规范基础。

总体上，我国对职场用工尤其是平台用工算法运行的基本原则、算法规则的主要内容和制定程序等做了初步规定，为平台企业及其合作企业等主体提供了基本行为准则，尤其是确立了"算法取中"的基本要求，明确应当保护劳动者的合法权益等基本理念具有重要意义。但目前我国平台用工算法规制还存在较大不足：一是现有规则规定分散，且主要体现在相关部门的部门规章和指导意见，规则权威性和强制力不足，也不利于规则统一和规则执行，不利于企业和劳动者知晓相关义务和权利。二是现有规则的内容较为原则，操作性不强，企业和劳动者的权利义务不清。三是现有规则主要是指导性的行为规范，算法管理对象的权利并不清晰，且缺乏完善的权利救济程序。

鉴于职场算法的重要性以及目前有关算法规制的规则分散，我国可考虑制定一部系统的职场算法规制的部门规章或行政法规，全面规定职场算法管理基本原则、企业主要义务、算法管理对象主要权利、主要监管部门及其职责以及相关的法律责任。由于职场算法的特殊重要性，通过完善职场算法规制的理念和规则，也可以为其他领域算法规制提供样板。

（二）监管部门的协同配合

上述4个规范算法管理的主要文件都是由多个部门制定发布的，因此可能存在两方面的风险：一是部门职责不清，监管责任难以落实；二是相关监管部门缺失，监管不够专业。例如，2021年《关于加强互联网信息服务算法综合治理的指导意见》由国家互联网信息办公室、中央宣传部、教育部、科学技术部、工业和信息化部、公安部、文化和旅游部、国家市场监督管理总局、国家广播电视总局等九部门制定。2021年《互联网信息服务算法推荐管理规定》由国家互联网信息办公室、工业和信息化部、公安部、国家市场监督管理总局发布。这些文件涉及众多部门，具体部门的监管职责并不清晰。值得注意的是，这两个文件涵盖职场领域，尤其是《互联网信息服务算法推荐管理规定》包含专门针对职场的条款，但这两个文件的发布部门并没有包含人力资源和社会保障部。换言之，人力资源和社会保障部门在算法管理的监管地位和角色并不清晰。而人力资源和社会保障部主导的《关于维护新就业形态劳动者劳动保障权益的指导意见》由人力资源和社会保障部、国家发展改革委、交通运输部、应急部、市场监管总局、国家医保局、最高人民法院、全国总工会等发布，未包含国家网信办这一网络算法规制的主管部门。

因此，监管部门的协调配合，尤其是人力资源和社会保障部参与其中是职场算法规制监管体制必须坚持的方向。在欧洲也存在法律执行的困境。职场数据保护规则的执行属于数据保护机构的职责，但数据保护机构并非劳动法专家，许多报告显示数据保护机构缺乏资源和人手不足。由于算法系统的复杂以及监管职能跨部门的性质，使得无论是数据保护机构还是劳动执法机构自身都难以确保职场算法管理规则的有效实施。[①] 因此，在职场算法的监管领域，鉴于其涉及诸多劳动法的专业领域，宜由人力资源和社会保障部门牵头，协同网信部门和相关主管部门，例如主管外卖配送的市场监管部门、主管交通出行的交通运输部门等进行协同监管。只有充分发挥人力资源和社会保障、网信以及行业主管部门的职能，并明晰各自职责分工和协调机制，才能确保规则的顺利执行。

（三）明确与算法管理相关的权利

目前我国有关算法的规定主要从监管角度，明确监管部门的职责以及企业关于算法管理的义务，算法管理对象的权利并不明确，这可能影响算法治理的效果。职场算法治理涉及监管部门、算法使用主体（主要是企业）以及算法管理对象（主要是个人），其中法律关系涉及算法监管部门和企业之间因监管产生的法律关系，以及企业和个人之间因算法管理而产生的法律关系。除了明确监管部门职权以及企业的义务和责任之外，明确作为算法管理对象的个人权利以及相应的救济程序非常重要。为进一步提高算法规制的权威性和强制力，应努力提高算法规制的立法位阶，通过法

---

① Halefom Abraha, "Regulating Algorithmic Employment Decisions through Data Protection Law", *European Labour Law Journal*, Vol. 14, No. 2, 2023, pp. 186~187.

律或行政法规，明确平台劳动者与算法相关的权利。与上述算法规制路径相一致，劳动者与算法相关的权利应包括在算法管理中事先、事中和事后的权利，具体包括以下几类：（1）有关算法透明的权利，包括被告知有关算法使用和相关规则内容的权利，获取有关决策及其事实和理由的权利；（2）与个人数据或信息保护相关的权利，包括获得人工干预的权利以及异议权等；（3）与算法相关的集体权利，包括参与算法规则制订的权利、通过集体协商确定算法管理具体内容的权利；（4）与算法相关的救济权，即当算法管理对象因算法遭受损害时获得救济的权利。

  我国相关文件和司法实践为规则完善提供了基础。例如《最高人民法院关于为稳定就业提供司法服务和保障的意见》规定"依法认定与用工管理相关的算法规则效力，保护劳动者取得劳动报酬、休息休假等基本合法权益；与用工管理相关的算法规则存在不符合日常生活经验法则、未考虑遵守交通规则等客观因素或者其他违背公序良俗情形，劳动者主张该算法规则对其不具有法律约束力或者请求赔偿因该算法规则不合理造成的损害的，人民法院应当依法支持"。这一规定与劳动法相关规定的理念相符。《劳动合同法》第八十条规定"用人单位直接涉及劳动者切身利益的规章制度违反法律、法规规定的，由劳动行政部门责令改正，给予警告；给劳动者造成损害的，应当承担赔偿责任"。最高人民法院的意见将因算法规则不合法或不合理给劳动者造成损害的情形也作为平台等企业的责任，体现了劳动法和算法规制新规则的融合。我国司法实践也开展了相关探索。苏州市中级人民法院于2022年5月公布了"司法护航数字苏州建设十大典型案例"，其中案例6（网约车平台不可"任性"侵犯司机权益——陆某与滴滴公司等合同案）涉及算法救济权。该案中，滴滴公司司机陆某以滴滴公司使用溯及既往的平台规则，对其采取的取消"专车"认证损害其权益为由起诉要求滴滴公司赔偿，法院最终判决滴滴公司赔偿陆某3.2万元。[①] 本案结果具有重要意义。"溯及既往"违背了法治的基本原则，不符合算法规则公开透明的要求，也侵害了司机知情权，算法结果也导致了司机的经济损失，法院判决肯定了劳动者的实体权利以及受救济权，值得赞赏。总之，只有将目前分散在不同部门发布的规范性文件上

[①] 苏州市中级人民法院：《司法护航数字苏州建设十大典型案例》，苏州市中级人民法院微信公众号，2022年5月17日上传。另参见"陆某诉滴滴出行科技有限公司等合同纠纷案"，江苏省苏州市吴中区人民法院（2021）苏0506民初9870号民事判决书。

升为部门规章或行政法规,并明确劳动者等主体与算法有关的权利,算法管理对象的基本权益才能得到真正保障。

(四) 加强算法规制的国际协调

在算法管理规制上,目前各国普遍存在的问题是规制手段的多元化导致规则的碎片化和不一致。例如,在欧盟层面,目前人工智能规制,包括算法管理规制的立法主要包括《通用数据保护条例》《人工智能法》,以及《改善平台用工工作条件指令》。同时,各国的规制思路和方式也不同,欧盟的规制方式和美国、加拿大等国的规制手段也存在差异。[①] 但技术是无国界的,技术的研发和应用是跨国界的,也需要国际合作。例如,Uber 网约车的业务遍及世界各地,其算法管理内容理应是大同小异的。2016 年,我国的滴滴公司与美国的 Uber 全球达成战略协议,收购 Uber 中国业务,和 Uber 全球相互持股。[②] 许多数字平台公司的业务都是跨越国境的。因此,工作场所尤其是平台用工算法管理规制的国际合作和规则统一是未来的一个重要课题。因此,有学者主张:鉴于当前监管框架的局限性和部分重叠模式带来的不确定性,尽管执行当前规则仍然是当局的一个关键优先事项,但现在是时候设想一个全面的超越国家的标准,规范职场生态系统中承担监督、决策和惩戒功能的技术使用。向以人为中心的模式进行有意义的转变需要国际合作以及人工智能和基于算法的系统的共同设计,并且让代表机构参与进来,以确保创新的部署不会侵犯基本劳工权利。[③]

五 小结

职场算法的法律规制,既需要借助算法规制一般路径进行具体的场景

[①] Antonio Aloisi, Valerio De Stefano, "Between Risk Mitigation and Labour Rights Enforcement: Assessing the Transatlantic Race to Govern AI-driven Decision-making through a Comparative Lens", *European Labour Law Journal*, Vol. 14, No. 2, 2023, p. 283.

[②] 参见滴滴官网,https://www.didiglobal.com/about-special/milestone,最后访问时间:2023 年 11 月 5 日。

[③] Antonio Aloisi, Valerio De Stefano, "Between Risk Mitigation and Labour Rights Enforcement: Assessing the Transatlantic Race to Govern AI-driven Decision-making through a Comparative Lens", *European Labour Law Journal*, Vol. 14, No. 2, 2023, p. 307.

化设计，还应充分利用劳动法路径，采取综合系统的规制方法，推动传统劳动法和算法规制新路径的融合。在职场场景下，算法规制的一般路径包括透明度要求、数据保护和算法影响评估、反歧视等，必须结合职场算法特点，创设具体规则，方能满足职场算法规制的特殊需求。同时，应充分利用劳动基准法、规章制度规制和集体协商等劳动法调整手段，对算法内容和程序进行控制。从算法本身和劳动法角度采取的算法规制路径必须进行统合。统合路径是将分散的规则进行集中立法，并明确人力资源和社会保障部门、网信部门以及行业主管部门等不同部门的职责和相互配合义务，同时通过立法措施将各种规制路径和保护措施转化为职场算法管理对象的法定权利，并应加强人工智能监管的国际合作，通过各种途径确保劳动者等主体与算法相关的权利落到实处。

下 编

新立法：数字时代的劳动法典

第九章　探索编纂一部数字时代的中国劳动法典

随着我国民法典编纂的巨大成功和广泛影响，其他部门法的法典化也被提上议事日程。部门法的法典化也成为当前立法机关和学界讨论的热点问题。2023年9月立法机关公布的《十四届全国人大常委会立法规划》将"积极研究推进环境（生态环境）法典和其他条件成熟领域的法典编纂工作"列入"第一类项目"。① 目前，"各方面提出的法典化领域不少，如环境、教育、劳动、公共卫生、税收、行政共同行为等"。② 学界对部门法法典化展开了热烈研讨。相比其他学科，目前社会法学界对劳动法法典化的学理研究才刚刚展开，与劳动法的重要性以及劳动法典编纂所需的巨大学理支撑并不相称。当前迫切需要对劳动法典编纂的意义、条件、体例结构以及编纂路径等进行深入研究，为劳动法典编纂提供理论支撑，推动劳动法律体系完善。本章将围绕上述问题展开分析。

一　编纂劳动法典的重大意义

法典编纂虽是立法的重要形式，但并非唯一形式，而且法典化也一直充满争议。"自第二次世界大战之后，法典化运动开始降温，并成为一个富有争议的话题。"③ 甚至有学者指出，"法典化的历史充满了失败"。④

---

① 《十四届全国人大常委会立法规划》，中国人大网，https://www.npc.gov.cn/npc/c2/c30834/202309/t20230908_431613.html，最后访问时间：2024年3月2日。
② 许安标：《总结编纂民法典的经验，推动条件成熟立法领域法典编纂》，中国人大网，https://www.npc.gov.cn/npc/c2/c30834/202109/t20210923_313703.html，最后访问时间：2024年3月2日。
③ 何勤华：《法典化的早期史》，《东方法学》2021年第6期。
④ ［美］罗杰·伯科威茨：《科学的馈赠——现代法律是如何演变为实在法的?》，田夫、徐丽丽译，法律出版社，2011，第55页。

因此，当前编纂劳动法典，首先要考虑编纂的意义及其必要性。虽然法典编纂充满争议，由于劳动法的特殊性，当前我国编纂劳动法典具有重要意义。劳动法典的意义可以从政治和法治两个角度考察，尽管二者是难以截然分开的。

（一）有利于坚持和完善中国特色社会主义制度

我国是工人阶级领导的、以工农联盟为基础的人民民主专政的社会主义国家，[1] 维护工人阶级和广大劳动者的利益事关我国的执政基础和阶级基础。维护劳动者权益，让广大劳动者分享改革发展成果是我国的重要目标。进入中国特色社会主义新时代，完善劳动法律体系，对于激发广大劳动者的积极性和创造性，更好满足劳动者美好生活需要，推动劳动者和企事业单位和谐共处、互利共赢具有重要意义。劳动法典事关亿万劳动者的切身利益。"法典编纂之举是立法史上一个世纪之大事业。国家千载之利害、生民亿兆之休戚，均依此而定。"[2] 劳动法典也是一个国家法治进步和社会文明发展的重要标志。从现实和历史看，许多国家，包括越南、俄罗斯、波兰、匈牙利等国家都有编纂劳动法典的传统并延续至今。编纂一部具有中国特色、体现时代特点、反映人民意愿的劳动法典，有利于充分彰显中国特色社会主义法律制度成果和制度自信，促进和保障中国特色社会主义事业不断发展。

编纂劳动法典有利于推进全面依法治国及推进国家治理体系和治理能力现代化。劳动法在一国法律体系中属于基础性法律，主要规范劳动者和用人单位之间的劳动关系，关涉劳动者和企业等用工主体的切身利益。截至2023年末，我国全国就业人员74041万人，[3] 劳动法的地位和作用十分突出。劳动法是国家实施就业政策、完善收入分配机制、规范和保障劳动力市场运行、构建和谐劳动关系，推进国家治理体系和治理能力现代化的重要基础。编纂劳动法典，全面总结我国的劳动立法、执法和司法实践经验，健全我国劳动法律体系，对于以法治方式推进国家治理体系和治理能力现代化，具有重要意义。

编纂劳动法典有利于坚持和完善社会主义基本经济制度、推动经济高质量发展和实现共同富裕。劳动法中的劳动合同制度规范劳动者和用

---

[1] 参见《宪法》第一条。
[2] ［日］穗积陈重：《法典论》，李求轶译，商务印书馆，2019，序第1页。
[3] 国家统计局：《中华人民共和国2023年国民经济和社会发展统计公报》，中国政府网，https://www.gov.cn/lianb/bumen/202402/content_6934935.htm。

人单位之间的劳动关系,为劳动力市场提供基本规则,工资和社会保险等制度体现我国按劳分配制度,工会和职代会等制度体现我国职工主人翁地位和公有制经济的主体地位,都是坚持和完善社会主义基本经济制度不可或缺的法律规范。从经济发展角度看,劳动力是重要的生产要素,通过完善劳动法律制度,有利于构建自由流动、公平合理的劳动力市场,维护劳动力市场的灵活性和安全性,营造市场化、法治化营商环境。例如,世界银行的营商环境报告和排名就包含"劳动力市场监管"等十二项评估指标。[1]

完善劳动法律体系也有利于贯彻新发展理念,提高劳动力素质,提高劳动者收入水平和消费能力,增强企业等用人单位的创新能力和市场活力,推动企业高质量发展。编纂劳动法典也是推动实现共同富裕的重要制度安排。劳动法通过就业促进、职业培训制度有利于提高劳动者的就业机会和就业能力,通过按劳分配、最低工资、工资协商、社会保险等制度有利于促进第一次和第二次分配公平,保障劳动者的收入水平和收入公平,推动实现共同富裕。

改革开放以来,我国劳动法律制度逐步得到完善和发展,劳动者权利也得到越来越充分的保护。随着我国社会主要矛盾的变化,经济发展和国民财富的不断积累,信息化和大数据时代的到来,劳动者对体面劳动的要求日益增长,除了对工资报酬的要求,对平等就业、职业安全健康、休息休假、个人信息保护、表达自由、参与企业管理等方面权利的要求更高,希望对权利的保护更加充分、更加有效。现行劳动立法中的有些规范已经滞后,难以适应劳动者日益增长的美好生活需要。编纂劳动法典,形成更加完备的劳动者权利体系,对于更好地维护劳动者权益,不断增加劳动者获得感、幸福感和安全感,促进劳动者的全面发展,具有重要意义。

以上四方面体现了法典编纂的政治意义:巩固国家基本制度、推进国家法治和治理现代化、维护基本经济制度和促进经济发展、保护人民权利。"法典化是主权者的一项重大立法行动;它无疑是一项法律行动,但它更是一项政治行动。法典化通过统一法律秩序,确立新的法律秩序。"[2]从权利角度看,劳动法关涉广大劳动者的基本权利。我国《宪法》第四

---

[1] 罗培新:《世界银行营商环境评估方法的规则与实践》,《上海交通大学学报》(哲学社会科学版)2021年第6期。

[2] 参见石佳友《解码法典化:基于比较法的全景式观察》,《比较法研究》2020年第4期。

十二条规定,"中华人民共和国公民有劳动的权利和义务。国家通过各种途径,创造劳动就业条件,加强劳动保护,改善劳动条件,并在发展生产的基础上,提高劳动报酬和福利待遇。"《宪法》第四十三条规定,"中华人民共和国劳动者有休息的权利。国家发展劳动者休息和休养的设施,规定职工的工作时间和休假制度。"《宪法》所规定的就业权利以及劳动保护、劳动报酬、休息休假和工作时间限制等权利,涉及劳动者的基本生活保障以及劳动者的生命健康权,这些权利不仅属于劳动法所应规定的劳动者权利,也是宪法规定的劳动者基本权利。劳动者加入和组织工会的权利、参与企业管理的权利,也是宪法所规定的结社权利、民主权利的重要体现。因此,编纂劳动法典有利于保护和落实宪法规定的劳动者基本权利,体现宪法的价值和精神。

(二) 有利于解决数字时代劳动法面临的新课题

法典化如只是现有立法的汇编和梳理,固然可以增强法律的体系性和外在完备性,但如果内容缺乏创新,欠缺时代特征和本土特色,法典就会缺乏"灵魂",编纂意义就会大打折扣。有学者指出,法典化的实质是法律渊源体系的理性化,从法律技术角度看,法典化的本质在于实现法律的简化,消除法律主体"找法"的困难;而从法律政策角度看,民法典的政治使命在于奠定新的社会秩序。① 因此,法典编纂不应只是现有条文的整理,而应当具有完成特定时代任务的功能,成就"新的社会秩序"。更有学者指出,几乎所有能够在世界法典之林占据一席之地的法典,都不是因为其体量有多么宏大、理论有多么复杂,而是因为它们在特定的历史语境之下获得了"提出基本议题、贡献核心概念、设定理论范式乃至塑造思想传统的能力"。② 因此,法典编纂应体现创新价值。我国编纂劳动法典是否也面临这样的机遇,可否承载这样的使命,实现这样的功能?我国劳动法典如何为当今世界劳动法做出独特贡献,体现劳动法典的中国特色和时代特征?倘若有这样的机遇、使命和功能,我国编纂劳动法典将更具正当性,其价值和意义也更为充分。

从世界范围尤其是欧陆国家看,现代劳动法是工业革命的产物,发源

---

① 参见石佳友《解码法典化:基于比较法的全景式观察》,《比较法研究》2020 年第 4 期。
② 高仰光:《法典化的历史叙事》,《中国法学》2021 年第 5 期。

于19世纪初期，发展于19世纪末、20世纪初，成熟于20世纪末期。[1] 现代劳动法所调整的劳动关系及从属性概念主要建立在工业化时代，以传统工厂为基本模型形成和发展的。20世纪初，欧美主要国家工业化程度已逐渐提高，在传统工厂中，工人在固定时间、地点工作，接受雇主指挥管理，这是劳动关系及"从属性"理论的主要模型。[2] 在德国，"上世纪初，最普遍、最典型的雇员是工厂里的工人"。[3] 德国学者也指出，魏玛时代不仅是集体谈判制度迅速发展的时期，也是现行德国劳动法基本概貌得以形成的时期。[4] 在法国，工业革命将法国带入大工业生产时期，法国议会于1841年通过了关于保护童工的法律，该法被视为法国第一个真正意义上的劳动法律。19世纪后半叶是法国劳动法形成的重要阶段，进入20世纪后，法国劳动法进入迅速发展阶段。1906年10月，政府首次设立劳动部。1910年，首部法国《劳动法典》问世，劳动法逐渐形成自身的体系。[5] 可见当前劳动法的概念和体系主要基于20世纪工厂式的劳动关系。

21世纪以来，随着信息技术等的发展，就业形式发生了很大变化，灵活就业（非正规就业）迅猛发展，在就业总量中占据重要比例。根据国际劳工组织统计，2019年全球有20亿人口属于非正规就业，占全球受雇人员的60%。非正规就业的特征是低生产率和低工资。[6] 特别是随着网络信息技术的发展，除了传统的定期工作、劳务派遣、非全日制工等非不定期劳动合同用工之外，平台用工、远程办公等基于网络信息技术的新型用工方式蓬勃发展。根据国际劳工组织的报告，欧洲和北美的研究人员和统计机构在2015年至2019年间的调查表明，从事平台工作的成年人口比

---

[1] Michel Despax, Jean-Pierre Laborde, Jacques Rojot, *Labour Law in France*, Second Edition, Kluwer Law International, 2017, pp. 55~58.
[2] 参见［德］雷蒙德·瓦尔特曼《德国劳动法》，沈建峰译，法律出版社，2014，第31~32页。
[3] 王倩：《德国法中劳动关系的认定》，《暨南学报》（哲学社会科学版）2017年第6期。
[4] Manfred Weiss and Marlene Schmidt, *Labour Law and Industrial Relations in Germany*, Kluwer Law International, 2008, p. 30.
[5] 田思路主编：《外国劳动法学》，北京大学出版社，2019，第22~23页。
[6] International Labour Organization, "World Employment and Social Outlook: Trends 2022", International Labour Office, Geneva, 2022, p. 29, https://www.ilo.org/global/research/global-reports/weso/trends2022/WCMS_834081/lang--en/index.htm, last visited on March 2, 2024.

例在 0.3% 至 22% 之间。① 远程办公也越来越流行，特别是新冠疫情暴发，使远程工作一度盛行。例如，在欧洲，从事远程工作的工人比例从大流行前的 11% 增加到大流行期间的 48%，新冠大流行期间，大约 40% 的带薪工作时间是通过远程工作进行的。最近的一项分析表明，远程办公的使用可能会继续增长；例如，2020 年进行的研究表明，美国 34% 的工作可以合理地远程执行。② 而从全球范围看，新型用工方式的法律保护任重道远。例如，对于平台用工，虽然许多国家采取了一系列保护措施，但仍面临从业人员法律关系复杂和身份不清，劳动和社会保障权利保护不足等问题。③ 平台工人的劳动保护成为当前全球面临的一项共同挑战。因此，20 世纪初以来形成的劳动法律体系如何解决当前劳动用工形式的巨大变化以及由此带来的挑战是各国劳动法普遍面临的课题，这是劳动法面临的时代之问。

从我国看，近年来，随着新业态和网络技术的发展，加上我国丰富的劳动力资源，平台用工和远程办公等灵活就业和新型用工快速发展，规模庞大。根据 2021 年数据，目前全国灵活就业人员达 2 亿人。④ 如上所述，我国平台用工和远程办公人数相当可观。因此，如何加强 2 亿多灵活就业人员的劳动保护，反思劳动关系的定义和判断方法等劳动法重大基础理论问题，改革劳动法的调整对象和调整方式，改变现有劳动法对灵活就业人员关注不足的结构性缺陷，使劳动法更能适应新时代劳动用工的新特点和新需求，重构网络信息时代劳动法的基本范畴和规范体系，成为我国劳动法必须解决的时代课题，这也是我国编纂劳动法典的重大使命。

（三）有利于健全劳动法律体系，维护法制统一

通常认为法典编纂的最初动因或直接目的是实现法律的体系化。立法之所以将分散的立法或规范汇集成"典"，并非只是对现有立法或法律规

---

① International Labour Organization, "World Employment and Social Outlook 2021: The Role of Digital Labour Platforms in Transforming the World of Work", 2021, p. 19.
② World Health Organization and the International Labour Organization, "Healthy and Safe Telework: Technical Brief", Geneva, 2021, p. 1, https://www.ilo.org/global/publications/books/WCMS_836250/lang--en/index.htm, last visited on March 2 2024.
③ International Labour Organization, "World Employment and Social Outlook 2021: The Role of Digital Labour Platforms in Transforming the World of Work", 2021, pp. 19, 24~25.
④ 参见中国政府网，http://www.gov.cn/premier/2021-05/12/content_5606028.htm，最后访问时间：2024 年 3 月 7 日。

范的简单拼凑，而是要实现法律规范的完备性和体系性。"体系性是法典的核心。法典是体系思维的产物。没有体系思考就不可能有完整、逻辑一致的法典。"① 我国劳动法律体系从20世纪90年代开始建立以来不断完善，已初步建立了中国特色的劳动法律体系。但我国劳动法律体系仍不完善，主要体现在以下三个方面。

第一，基本制度供给不足。在制度建构方面，尚缺《劳动基准法》《劳动监察法》《集体合同法》等，② 有关工时、工资、休息休假等劳动基准、集体劳动关系立法以及灵活用工的法律调整等方面立法不完备。

第二，规则立法位阶过低。劳动法许多重要制度只以条例或部门规章的形式出现，缺乏应有的权威性、强制力和公信力。例如，劳动监察是劳动法基本制度，但其主要制度体现在《劳动保障监察条例》（2004）。一些重要制度规则通过部门规章或通知等形式体现，与规则本身的重要性极不相称。例如，集体合同是劳动法的重要内容，且涉及复杂法律关系，但主要以规章形式体现在《集体合同规定》（2004）上；最低工资制度事关企业基本义务和劳动者基本权利，其主要内容仅体现在部门规章《最低工资规定》（2004）；劳务派遣涉及多方复杂关系，其主要内容体现在部门规章《劳务派遣暂行规定》（2014）上。又如，在理论和实务上具有重大影响，且被仲裁机构和法院普遍适用的劳动关系认定方法，仅以"通知"形式体现在《劳动和社会保障部关于确立劳动关系有关事项的通知》。劳动法不同于民法，其具有行政"主管部门"，因此，人力资源和社会保障部及其前身可以通过规章、通知、解答等各种方式发布相关规则。这些规则一方面解决了法律实施中的"燃眉之急"，但各种规范形式的权威性、强制力有限，特别是能否被法院援引存在很大疑问，规则也难以被普通劳动者所知晓。

第三，地方立法碎片化。由于全国性立法不健全，因此，地方立法机关的劳动立法、劳动行政部门发布的部门意见以及司法部门发布的规范性文件层出不穷、数量巨大，虽在调整劳动关系和指导司法实践中发挥了巨大作用，但地方立法和规则碎片化、差异化，造成了劳动法制的不统一。一是部分重要制度主要由地方性法规或规章规定。例如，工资支付是劳动法最重要的规则之一，全国各地几乎都规定了适用于本省（自治区、直

---

① 陈金钊：《法典化语用及其意义》，《政治与法律》2021年第11期。
② 林嘉：《论我国劳动法的法典化》，《浙江社会科学》2021年第12期。

辖市）的地方性条例或规章。① 企业民主管理包括职代会是具有中国特色的职工民主参与制度，尤其在国有企业中具有重要影响，也是集体劳动关系重要组成部分，全国各省、自治区、直辖市基本上都制定了企业民主管理条例或职代会条例。② 二是地方行政部门出台的意见存在较大差异。各地人力资源和社会保障部门为贯彻人力资源和社会保障部等部门的意见往往会出台相应规范性文件。例如，2021年7月，人力资源和社会保障部等八部门发布《关于维护新就业形态劳动者劳动保障权益的指导意见》后，全国各地包括北京、浙江、江苏、上海等地出台了具体实施意见，这些意见在内容上存在较大差异。三是许多地方出台了类似"司法解释"的文件，对劳动合同法等法律进行解释适用。例如，《劳动合同法》实施以后，由于立法规定不完善，各地以"会议纪要"、"指导意见"等方式发布了类似"司法解释"的规范意见，用于指导案件裁判，③ 这些文件内容存在很大差异。

因此，相比其他部门法，劳动立法的地方化、碎片化、差异化问题更为突出，严重损害了法治的权威性和统一性。有学者指出，"地方规定不仅弱化了劳动法和劳动合同法的权威性，而且造成法律在实施中的地区差异，需要尽快在国家层面出台规定，统一标准"。④ 因此，解决劳动立法的碎片化和地方差异化的问题也是劳动法法典化的重大理由和必须解决的重大课题。实现法制统一也是法典的主要功能之一。有学者甚至指出，"法典的统一作用，是法律的各项功能作用中最为重要的作用"。⑤ 利用法典化的机遇，对地方立法进行系统梳理，总结其中有益的规则和经验，既

---

① 例如，广东省、江苏省、山东省以及北京市、上海市等地都颁布了工资支付的地方性条例或政府规章。
② 例如，安徽省、广西壮族自治区、贵州省、海南省、湖北省、江苏省、辽宁省、青海省、山西省、陕西省、浙江省等地颁布了企业民主管理条例；甘肃省、河北省、黑龙江省、湖南省、江西省、山东省、上海市、四川省、西藏自治区、新疆维吾尔自治区、云南省等地制定了职工代表大会条例。
③ 例如，北京市高级人民法院和北京市劳动人事争议仲裁委员会分别在2009年、2014年和2017年联合发布有关劳动争议案件法律适用的会议纪要或解答；上海市高级人民法院在2009年发布关于适用《劳动合同法》的意见；广东省高级人民法院和广东省劳动人事争议仲裁委员会分别在2008年和2012年联合发布有关适用法律的指导意见和审理劳动人事争议案件的座谈会纪要。在省级层面，许多地方高级人民法院发布了相关的指导性文件。
④ 张菁：《促进劳动法律体系不断完备并向法典化迈进——访全国人大常委会委员、中国社会保障学会会长、中国人民大学教授郑功成》，《工人日报》2022年3月21日第7版。
⑤ 何勤华：《法典化的早期史》，《东方法学》2021年第6期。

是法典面临的任务，也是劳动法典相比其他法典可能的优势，即充分利用地方良好的立法基础和实践经验。劳动法典既可以实现法典的一般价值，还可以彰显其独特价值。

当然，法典编纂总是伴随着"反法典化"的声音。诸如，"法典一经编纂而成，其法律的形体就固结，就不能顺应社会的变迁"。[1] "法典是法律的结晶。结晶体光彩粲然，外观很美，然而已不具备生育发达之活力。法典扼杀了法律的弹力。而当法律每每被编入到法典之中，就丧失了伴随社会需要进行伸缩之力量。"[2] "反法典化"的主要理由是：法典是对社会发展的禁锢，不能与时俱进。[3] 这些"反法典化"的观点具有一定道理，尤其是劳动法相比民法易受经济形势和劳工政策影响，规则的变动性强。但这些观点将法典视为静态、封闭的规则体系也有偏颇。当前，法典并非无所不包，通过协调劳动法典和相关单行法的关系，可以实现法典的体系性和开放性，而且，如今立法技术不断提高，通过采用良好的立法修法技术，完全可以实现法典内容的与时俱进。传统法典本身的缺陷通过不断完善的立法技术可以得到相应的克服。

有专家指出："具有坚实的立法基础和实践基础以及理论研究基础是开展法典编纂的前提条件。"[4] 对照劳动法的立法和实践基础以及理论研究基础，劳动法法典化的条件已基本具备。改革开放以来，特别是实行社会主义市场经济体制以来，我国劳动立法不断完善，当前，我国以《劳动法》为基础，以《劳动合同法》《就业促进法》《劳动争议调解仲裁法》《工会法》《职业病防治法》《安全生产法》等为骨干的劳动法律体系已基本形成。劳动领域的基本法律已经颁行，我国劳动法的基本框架和主要规则已经具备。除了工时、工资、休息休假等劳动基准立法较为薄弱外，我国已初步构建了中国特色劳动法律体系。我国立法机关的负责人也指出，"要按照法典编纂要求，筛选条件基础好、价值意义大、意愿需求大、规范容量大的领域，优先稳步开展"。[5] 对照这四个条件，劳动法的

---

[1] [日] 穗积陈重：《法典论》，李求轶译，商务印书馆2019，第17页。
[2] [日] 穗积陈重：《法典论》，李求轶译，商务印书馆2019，第18页。
[3] 陈金钊：《法典化语用及其意义》，《政治与法律》2021年第11期。
[4] 许安标：《总结编纂民法典的经验，推动条件成熟立法领域法典编纂》，中国人大网，https://www.npc.gov.cn/npc/c2/c30834/202109/t20210923_313703.html，最后访问时间：2024年3月2日。
[5] 许安标：《总结编纂民法典的经验，推动条件成熟立法领域法典编纂》，中国人大网，https://www.npc.gov.cn/npc/c2/c30834/202109/t20210923_313703.html，最后访问时间：2024年3月2日。

法典化条件也已基本具备：一是条件基础好。劳动法的立法和实践基础扎实丰富，理论研究基础正在稳定推进。二是价值意义大。劳动法涉及党的阶级基础和执政基础，事关亿万劳动者的劳动基本权利和生存保障，法典编纂的价值和意义重大。三是意愿需求大。从目前看，立法、行政、工会等机关和组织以及学界在法典编纂的必要性和可行性上取得了初步共识。2022年4月，全国人大社会建设委员会负责人指出，"我国理论界和实务界对编纂劳动法典已形成许多重要的共识"。"这些共识为推进劳动法典编纂工作提供了良好的基础。"全国总工会负责人也指出，"以编纂劳动法典为指向，推动我国劳动法律法规体系健全完善，是提升法律质量、优化法律体系、促进全面依法治国的必然要求。"人力资源和社会保障部劳动关系司负责人指出，"编纂劳动法典事关最基本的民生问题，事关治理体系和现代化"。[①] 学界等对编纂劳动法典进行了广泛呼吁，表达了编纂劳动法典的意愿和需求。四是规范容量大，上文表明我国目前的劳动法律、法规、部门规章等规范数量极为可观，《劳动法》等基本法律已经具备，为编纂劳动法典奠定了直接基础。因此，总体上看，编纂劳动法典已具备一定基础。

当然编纂劳动法典是一个巨大的系统工程，许多问题还有待深入研究，还需要立法机关、行政机关、工会和学界深入研究、加强沟通，在立法操作层面取得更多共识，取得实质性进展。

二 劳动法法典化的模式类型以及我国未来的立法选择

关于法典编纂模式并无统一界定，民法典编纂启动以来学者对法典化模式多有关注。一般认为法典化模式主要包括两种：一种是汇编合并式法典，这类法典是各类法律规范的混合、汇编和重述，内部缺乏规整的体例结构、严谨的逻辑顺序和统一抽象的概念表达。一种是编纂整合式法典，这种法典化模式指立法者在既有单行法、习惯（法）和判例（法）的基础上，整合既定的相关法律形式，将既有法律规范合成为一部综合性法典的模式。这种模式使得既定的法律形式融合成为一个具有体系性的有机整

---

① 朱宁宁：《涉及亿万劳动者权益保障，编纂劳动法典呼声渐起》，《法治日报》2020年4月19日第5版。

体。① 在我国民法法典化过程及其他部门法法典化设想中，大多学者主张法典化应该采用第二种模式，而不应采取简单的法律汇编模式。甚至有学者认为，汇编本质上不是法典化，"虽然法律汇编也有助于民事立法的体系化，但是由于法律汇编欠缺规则和价值的体系性，因此本质上不是法典化"。② 也有学者将上述两类法典化模式概括为"汇编型法典"和"体系型法典"。"汇编型法典"只需要有一编关于各分编的程序性、原则性规范的"一般规范"，各分编继续保留其原有文本，与"一般规范"集成于一部典籍中，以便查阅。"体系型法典"指把规定了确定法律后果的规则和表达了特定价值的原则整合成一个内部没有矛盾、外部独立于其他法律的体系的法典。③ 值得关注的是，作者还认为，如今，"法律的碎片化已经成了不得不被认真对待的现实"。"在这种情境下，更便于立法及时进行特殊调整的汇编型法典更能适应时代的需要。"④ 因此，虽然我国在部门法法典化过程中，大多学者主张采取体系型法典编纂模式，但汇编模式也并非毫无价值。

按照上述界定以及英美法系和大陆法系国家的立法传统和法典化模式，根据部分典型国家劳动法典立法实践，劳动法法典化模式和体例结构可主要分为三种类型：英美法系国家汇编型法典、大陆法系国家汇编型法典以及大陆法系国家体系型法典。

（一）英美法系国家汇编型劳动法典的体例

英美法系国家以判例法为主，但成文法比重不断提高，甚至产生了不少法典。但英美法系国家的法典通常以法律汇编为主，和大陆法系的法典编纂明显不同。例如有学者指出，"普通法法系的法典通常在体系和结构上都缺乏系统性、逻辑性和完整性，在内容上缺乏抽象性和一般性，它们除了名称、外观之外并没有表现出与欧洲大陆法典同样的文化内涵"；它们"常常以法律汇编的形式表现出来"。⑤ 从实践看，一些英美法系国家出台了劳动法典，但这些国家多采取汇编形式，其典型代表是加拿大和澳

---

① 瞿郑龙：《新时代法典化的法理——"法典化时代的法理研究"学术研讨会暨"法理研究行动计划"第十五次例会述评》，《法制与社会发展》2021年第2期。
② 王利明：《民法法典化与法律汇编之异同》，《社会科学家》2019年第11期。
③ 朱明哲：《法典化模式选择的法理辨析》，《法制与社会发展》2021年第1期。
④ 朱明哲：《法典化模式选择的法理辨析》，《法制与社会发展》2021年第1期。
⑤ 封丽霞：《法典编纂论——一个比较法的视角》，清华大学出版社，2002，第108~109页。

大利亚。

1. 加拿大劳动法典

加拿大《劳动法典》（Canada Labour Code）颁布于 1985 年。根据 2024 年 2 月修订的版本，[1]《劳动法典》共有 4 编，第 1 编为"产业关系"，主要规定集体劳动关系，包括工人和雇主结社自由的权利、协商权利的获得和终止、集体协商和集体协议、集体争议处理、加拿大产业关系委员会的设立和组织等。该编规制工会和雇主的职场关系和集体协商，包含有关争议解决、罢工和闭厂的规定，明确了雇主、工会和雇员在集体劳动关系中的权利和义务。第 2 编为"职业健康和安全"，该编包含预防工作场所相关事故和伤害以及职业病的规定。依照该编，雇主负有保护工作中的雇员以及进入工作场所的非雇员的健康和安全的一般义务。第 3 编为"标准工时、工资、休假和假期"，该编规定和保护工人获得公平和平等的劳动条件的权利，规定了工作时间、最低工资、法定假期、平等工资、年休假以及各种类型的休假。值得关注的是，该编还包含集体裁员、个体劳动合同终止、离职补偿、不当解雇、工资支付、基因测试、劳动监察等劳动行政措施，等等。第 4 编为"行政罚款"；规定了新的行政罚款制度及审查和上诉程序，以及授权有关部门制定规章的权力。法典条文编码至 297 条，英文和法文双语文本篇幅达 326 页。[2]

从上可看出加拿大劳动法典的特点：一是从法典化模式看，加拿大劳动法典属于典型的汇编型法典，法典是对已有法律法规的整合。劳动法典名称本身即表明，该法典是"整合特定的有关劳动的成文法的法律"[3]。二是重视集体劳动关系，将集体劳动关系的内容置于法典首编。三是重视职业健康和卫生，职业健康和卫生单设一编。四是"工作时间、工资、休息休假"一编内容庞杂，包含工时、工资、休假，以及解雇保护的相关内容等，其内容涵盖了除集体劳动关系以及职业健康和安全之外的劳动法的主要内容。五是重视行政执法和行政处罚，将其内容单独成编。总体上，该法典的结构也体现了法典内部的逻辑关系，四编的逻辑结构和顺序

---

[1] Consolidation, Canada Labour Code, R.S.C., 1985, c. L-2, Last amended on December 29, 2021, https://laws-lois.justice.gc.ca/eng/acts/L-2/, last visited on March 3, 2024. 如无特别说明，以下关于加拿大《劳动法典》的介绍均出自该版本。

[2] Overview of the Parts of the Canada Labour Code and How They Apply to Your Workplace, https://www.canada.ca/en/services/jobs/workplace/federally-regulated-industries/canada-labour-code-parts-overview.html, last visited on March 3, 2024.

[3] Table of Provisions, Canada Labour Code, 2024.

是：集体劳动关系、职业健康和安全、个体劳动基准和行政执法，总体内容包含集体劳动关系、个体劳动关系和行政执法。

加拿大劳动法近年的修改动向也值得关注。面对平台用工等非标准用工的大规模兴起及带来的劳动保护挑战，加拿大政府2019年设立"现代联邦劳动标准专家委员会"，委员会就修改《加拿大劳动法典》中有关联邦最低工资、对非标准工作工人的劳动标准保护、工作时间之外断开工作网络连接、福利的获得和携带以及非入会工人的集体权利等五个问题提出具体建议。①

2. 澳大利亚公平工作法

澳大利亚于2009年出台了具有法典性质的《公平工作法》（Fair Work Act 2009）。该法属于法典汇编。根据2024年2月版本，该法第1册包含第1~257条，第二册的内容是第258~678条，第三册的内容是第679~800条。法典的第1编为"导论"，包括一般规定。法典的第2编为"劳动条款和条件"，主要规定一般的劳动基准，包括工作时间、休息休假、各种假期、解雇通知和离职补偿、企业协议（企业协议指雇主和雇员订立的协议，该部分内容涉及集体协商和集体代表等）、职场决定（该部分涉及集体行动的决定等）、最低工资、平等工资、企业转让、工资支付等。法典的第3编为"雇员、雇主和组织的权利和职责等"，内容包括职场权利保护以及不当解雇、产业行动、相关执法机关的执法权（包括进入调查权）、雇主对雇员的停职、职场性骚扰，以及雇主和雇员的其他权利义务等内容。第4编为"合规与执行"，主要规定民事救济和管辖权及法院的权力；第5编为"行政"，规定"公平工作委员会"及"公平工作监察员办公室"；第6编是"杂项"。条文极为繁杂，文本正文和附件页数共计1300多页。②

相比加拿大劳动法典，澳大利亚劳动法典的完整性和体系性较弱。例如，劳动法典中没有职业安全和健康的内容，有关职场健康安全的内容置于其他立法当中。第3编"雇员、雇主和组织等的权利和职责"内容庞杂。该编的宗旨是保护职场权利、保护结社自由、为免受职场歧视提供保

---

① Employment and Social Department, Canada, "Report of the Expert Panel on Modern Federal Labour Standards", June 2019, pp. 8~9, https：//www.canada.ca/content/dam/canada/employment-social-development/services/labour-standards/reports/expert-panel-final/expert-panel-final-report-20190826.pdf, last visited on March 3, 2024.

② Fair Work Act 2009, Federal Register of Legislation, https：//www.legislation.gov.au/C2009A00028/latest/text, last visited on March 4, 2024.

护、为遭遇歧视等受害人提供救济等，①内容包含不当解雇等个体劳动法内容、产业行动等集体劳动法的内容、行政机关的职责以及相关救济程序，该章包含个体和集体劳动法的内容，实体和程序内容，体系性严重不足。

加拿大和澳大利亚劳动法典均属汇编性质，二者也体现了英美法系汇编型法典的共同特点：第一，遵循实用原则，缺乏大陆法系国家法典内容的完整性，例如，澳大利亚劳动法典就不包含职业安全健康的内容。第二，法典结构缺乏体系性，并无大陆法系法典的"总则"。例如，加拿大《劳动法典》第1编之前的"前言"只有二条，一条是法条简称，一条是有关定义的规定。②澳大利亚《公平工作法》虽然有"导论"作为单独1编，但其内容主要包括对该法的指引、概念界定以及法律实施，缺乏实体性内容。③第三，体现英美法系合同法的特点。英美法系国家的合同法传统上属于普通法，缺乏成文法传统。"从合同法裁判中我们可以很清楚地看到，先例是英美法最重要也是最基本的法律渊源。"④相应地，有关劳动合同的规定主要适用普通法，劳动法典缺乏劳动合同的系统规定，仅有不当解雇的规定。因此，英美法系国家的劳动法典既体现了其法典化的一般模式，也反映了普通法的传统。这也印证了比较法学者所言："英美法系国家的法典，不是在理性思维的基础上设计的结构，在法典的体系和结构上缺乏系统性和内在逻辑性，在其内容上也不具有大陆法系法典意义上的一般性和抽象性。"⑤尽管如此，加拿大和澳大利亚法典的体例结构特点和具体规范内容仍有许多值得参考借鉴之处。

（二）大陆法系国家汇编型劳动法典的体例

19世纪、20世纪大陆法系国家的法典化通常采取体系型的编纂模式。例如，德国、瑞士、日本等国家民法典的总则、分则结构来源于德意志法的法典编纂模式，即潘德克顿体系，其显著特征是确立了总则和分则相区分的编纂模式，通过"提取公因式"的方法形成民法总则和

---

① Section 334 of Fair Work Act 2009, 2024.
② 1, 2 of Canada Labour Code 1985, 2024.
③ Chapter 1—Introduction, Fair Work Act 2009, 2024.
④ 刘承韪：《论英美合同法的精神及其对中国民法典合同编的启示》，《广东社会科学》2020年第3期。
⑤ 刘兆兴：《比较法视野下的法典编纂与解法典化》，《环球法律评论》2008年第1期。

一般规范。① 法典追求内容完备和"总分"结构的体系性。随着时代变迁，汇编型法典也得到了青睐。甚至有学者认为，"如今，随着规范生产者在数量上和性质上的快速增长，法律的碎片化已经成了不得不被认真对待的现实。在这种情境下，更便于立法及时进行特殊调整的汇编型法典更能适应时代的需要"。② 于此背景下，一些大陆法系国家也对劳动法典采取汇编形式。

1. 法国劳动法典

法国劳动法典是发达国家的典型代表。法国主要的劳动法律和法规汇编在《劳动法典》中。法国《劳动法典》最早一次汇编是在 1910 年，到 1927 年一共进行了四次汇编，1973 年又进行过一次重要汇编。2004 年政府成立了专门委员会，委员会花费了近 4 年时间，整理编纂了新的《劳动法典》，于 2008 年开始适用。法国《劳动法典》属于法律汇编。2008 年《劳动法典》条文从 4363 条增加到 9964 条，《劳动法典》在内容上包括法律和法规两大部分（法律卷和法规卷）。③ 目前法国《劳动法典》法律卷（第 L1 至 L8331~1 条）的体例结构为：导论：社会对话（第 L1 至 L3 条），只有 3 个条文。第 1 部分：个体劳动关系（L1111~1 至 L1532~1 条），包括劳动合同等内容。第 2 部分：集体劳动关系（第 L2111~1 至 L2632~2 条）。第 3 部分：工作时间、工资、利润分享和雇员储蓄计划（第 L3111~1 至 L3431~1 条）。第 4 部分：职业健康与安全（第 L4111~1 至 L4831~1 节）。第 5 部分：就业（第 L5111~1 至 L5531~1 条）。第 6 部分：终身职业培训（第 L6111~1 至 L6523~7 条）。第 7 部分：针对某些职业和活动的规定（第 L7111~1 至 L7521~1 条），这些职业和活动，包括专业记者、娱乐、音像、广告和时尚专业，住宅楼的管理员和雇员、家政人员和个人服务，旅行者、销售代表或推销员、分支机构经理、与活动和就业合作社有关联的受薪企业家及使用电子联络平台的工人，以及家庭佣工等。④ 第 8 部分：劳动法实施的监督（第 L8112~1 至 L8331~1 条）。法规部分的体例结构与法律部分相同。可见，劳动法典的主体内容包含：劳动合同、集体劳动关系、劳动基准（包含工时工资等）、职业安全卫生、就业和职业培训、针对特定职业和活动的特别规定、劳动执法。法国

---

① 孙宪忠：《中国民法典总则与分则之间的统辖遵从关系》，《法学研究》2020 年第 3 期。
② 朱明哲：《法典化模式选择的法理辨析》，《法制与社会发展》2021 年第 1 期。
③ 郑爱青：《法国劳动合同法概要》，光明日报出版社，2010，第 3 页。
④ Code Du Travail, https：//www.legifrance.gouv.fr/codes/texte_lc/LEGITEXT000006072050?codeTitle=Code+du+travail, last visited on March 4, 2024.

劳动法典因采汇编形式,体系性不强,但内容完备性突出,尤其是第7部分针对特定职业和活动的规定翔实,法典也包含就业促进和职业培训等内容。

法国劳动法向来以精细著称,工人运动活跃,政府劳工政策时常调整。① 因此,劳动法典采取汇编形式,不失为可取之举。作为汇编型法典,法国劳动法典内容完备、体量巨大,其2024年3月法文版的篇幅长达3372页,堪称"航母式"法典。② 为了促进经济增长,减少失业,提高劳动力市场的灵活性,简化劳动法典,法国2016年对《劳动法典》进行了重大修改,其主要内容是强化企业内部的集体协商,降低解雇难度,此外还包含一些加强劳动者保护的内容,比如建立个人从业账户,等等。③

2. 巴西劳动法典

巴西《劳动法典》颁布于1943年,2017年进行了较大幅度修订。根据2017年版本,目前巴西劳动法典共15编。第1编"前言"。第2编"劳动保护一般规则",包括职业鉴定等一般规定、工作时间、远程工作、最低工资、年休假、职业安全卫生等。第2~A编"非财产损害",主要规定劳动关系中发生的损害自然人和法人人格权益的行为界定和救济。第3编"劳动保护的特别规定",包括工作时间和工作条件的特别规定(包含特定的十余类职业和行业劳动者的特殊规定,例如银行雇员、传媒行业雇员、职业音乐家、司机、船员、专业记者、教师等),国家就业市场的保护、女工保护、未成年工保护等。第4编"个体劳动合同",包括一般规定、工资、合同变更、中止和中断、合同终止、预告、无固定期限合同、不可抗力等。第4~A编"雇员代表",规定雇员人数达到一定规模的企业必须建立雇员代表委员会与雇主进行沟通协商,维护雇员利益。第5编"工会组织"。第6编"集体劳动协议"。第6~A编"事先调解委员会",该委员会指企业或工会建立的由雇主和雇员代表组成的从事劳动争议调解的机构。第7编"行政处罚程序",包括劳动监察等内容。第7~A

---

① Michel Despax, Jean-Pierre Laborde, Jacques Rojot, *Labour Law in France*, Second Edition, Kluwer Law International, 2017, pp. 55~62.

② Code Du Travail, https://www.legifrance.gouv.fr/download/pdf/legiOrKali? id = LEGITEXT000006072050.pdf&size = 7% 20Mo&pathToFile =/LEGI/TEXT/00/00/06/07/20/50/LEGI-TEXT000006072050/LEGITEXT000006072050.pdf&title = Code% 20du% 20travailI, last visited on March 4, 2024.

③ 王昭文:《法国新劳动法修订的起源、内容及其引发的争议》,《法国研究》2018年第1期。

编"无劳动债务证明",指当事人向有关部门申请证明其不存在特定违反劳动法的行为。第8编"劳动司法",包括调解和仲裁委员会、地区劳动法院和上诉劳动法院。第9编"公共劳动部",规定劳动部的职责。第10编"劳动司法程序"。第11编"最终和过渡规定"。《劳动法典》条文编码至第922条,法典正文葡语版本约160页。①

上述体例看似凌乱,归纳起来,除了前言和结尾以及后增的条文较少的新编外,巴西《劳动法典》的主体内容包括4个板块:第2、3编主要是有关劳动保护或劳动基准的规定,包括工时、工资、休假和职业健康安全的规定,以及特殊规定;第4编规定劳动合同的订立、变更、履行和终止等,属于个体劳动法;第5、6编是集体劳动法的内容,涉及工会和雇主组织以及集体协议;第7、8、9、10编主要是劳动行政执法和劳动司法的机构和程序的规定。值得关注的是在劳动基准或劳动保护部分,法典设立两编,分别规定一般的劳动保护与特定行业和职业的劳动保护,内容完备。总体上看,巴西劳动法典内容完备,体系性较强。其主体内容遵从基本劳动标准(劳动保护)、劳动合同、集体劳动、劳动执法和司法四大板块的逻辑结构。当然,作为法典汇编,巴西劳动法典缺乏体系型法典的"总则",其"前言"的内容主要是关于定义、适用范围和法律实施的规定,只有极个别条款属于实体性的原则条款。而且,新增的若干编2~A、4~A、6~A、7~A不仅条文较少,内容和其他编也缺乏紧密关联,影响了整个法典的体系性和形式美感,也反映了汇编型法典重实用、轻体系的特点。为了解决严峻的失业问题和国家面临的经济压力,巴西于2017年修订了《劳动法典》,内容涉及工作条件、工会组织、集体谈判和劳动法庭。修法的主要目的之一是降低企业用工成本,提高劳动力市场的灵活性。②

法国、巴西劳动法典虽然在性质上属于法律汇编,但因其属于大陆法系,法典的完备性和体系性明显强于加拿大、澳大利亚等英美法系国家劳动法典,法典的体例和内容也具有很大参考价值。同时,作为大陆法系劳动法典汇编的代表,法国和巴西劳动法典和英美法系汇编型法典体例结构的一个显著区别是均包含劳动合同编,这体现了大陆法系国家合同法主要

---

① 本书关于巴西劳动法典的介绍来自2017年巴西《劳动法典》的葡萄牙语版本(Consolidação das Leis do Trabalho - CLT),参见 https：//www2.senado.leg.br/bdsf/bitstream/handle/id/535468/clt_e_normas_correlatas_1ed.pdf,最后访问时间：2024年3月4日。
② 国网国际发展有限公司课题组：《向海而行——"一带一路"央企境外劳动关系管理与实践》,中国电力出版社,2020,第76、79、84页。

以成文法形式呈现的特点。劳动合同法作为个体劳动法的重要组成部分，将其纳入法典，将大大增强法典内容的完备性和体系性。但由于采取汇编形式，法典体系性有限，尤其是缺乏包含实体规则的法典"总则"，与体系型法典具有明显区别。

（三）大陆法系国家体系型劳动法典的体例

传统上，体系型法典编纂模式是大陆法系国家法典化的经典方式。"潘德克顿体系的出现，适应并支持了当时欧洲编纂民法典的热潮，推动了欧洲的民法法典化运动。"① 但随着经济社会环境的变迁，法典的地位式微。有学者指出，"自第二次世界大战之后，法典化运动开始降温"，并成为一个富有争议的话题。② 进入20世纪，法典化的热潮已然消退。相比民法，劳动法的立法和实践起步较晚，劳动法发展时期法典化的热潮已过。加上劳动法具有较强政策性，往往和一国的劳工运动和劳动政策相关，且劳动法相比民法易受经济波动和劳工政策影响，规则的变动性强，因此，大陆法系国家编纂劳动法典不及民法典流行。例如，老牌的资本主义国家包括德国、日本、意大利等并未编纂劳动法典。上述法国、巴西等国家对劳动法典采取汇编形式也适应了20世纪以来劳动法规则多样易变的特点。相反，在社会主义国家，由于工人阶级的特殊地位以及对劳工权利保护的重视，编纂劳动法典较为流行。因此，属于大陆法系、具有成文法传统的社会主义国家或前社会主义国家，例如俄罗斯、波兰、匈牙利、越南等成为编纂体系型劳动法典的典范。

1. 俄罗斯劳动法典

俄罗斯《劳动法典》颇为典型。苏联于1918年颁布了第一部劳动法典。③ 俄罗斯现行《联邦劳动法典》制定于2001年。该法典共包含6部分，共14编。④ 根据2024年2月的版本，⑤ 该法典第1部分含1编，是

---

① 孙宪忠：《中国民法典总则与分则之间的统辖遵从关系》，《法学研究》2020年第3期。
② 何勤华：《法典化的早期史》，《东方法学》2021年第6期。
③ Zhanna Anatolyevna Gorbacheva, *Labour Law in Russia*, Third Edition, Kluwer Law International, 2019, p. 52.
④ 黄道秀主编，王志华执行主编：《俄罗斯联邦劳动法典》，蒋璐宇译，北京大学出版社，2009，目录及第1页。
⑤ 以下有关俄罗斯《劳动法典》的内容来自2024年2月俄文版条文，"Трудовойкодек сРоссийскойФедерации" от30.12.2001 N 197-ФЗ（ред. от25.02.2022）（сизм. идоп., вступ. всилус01.03.2022），http://www.consultant.ru/document/cons_doc_LAW_34683/, last visited on March 4, 2024.

"一般规定",包括两章,第一章是"劳动立法的主要原则",第二章是"劳动关系、劳动关系当事人、劳动关系产生的根据",主要规定劳动关系的定义、劳动关系产生的根据、劳动关系当事人及雇员和雇主的基本权利和义务,以及在劳动关系领域使用电子文档管理的相关规定。第2部分含1编(第2编)"劳动领域的社会合作",包含7章,是关于集体劳动法的内容,内容主要包括工作领域的社会合作、社会合作中雇主和雇员的代表、社会合作的机构、集体协商、集体合同和职工参与等。第3部分含9编,主要是个体劳动法的内容,涉及劳动者个体权利。内容包括:第3编"劳动合同",该编包含5章:一般规定、劳动合同的订立、劳动合同的变更、劳动合同的终止、雇员个人信息保护(雇员个人信息保护是2006年增加的内容)①。第4编为"工作时间",第5编为"休息时间",第6编为"工资和劳动定额",第7编为"保障和补偿",规定雇主应当向雇员补偿的相关费用(雇员出差、履行国家或社会义务、在职学习、劳动合同解除等场合的费用补偿),第8编是"劳动规章和劳动纪律",第9编是"雇员资格、职业标准以及雇员的培训和额外职业教育",第10编为"劳动保护"(主要是关于职业安全卫生的规定),第11编为"劳动合同双方的财产责任",主要规定劳动合同一方给对方造成损害的赔偿责任。第4部分含1编(第12编)"特定种类雇员的特别规定",包括对女性和负有家庭责任的雇员,未满18周岁雇员,组织负责人或者组织合议执行机构的成员,非全日制雇员,合同期限不超过2月的雇员,从事季节性工作的雇员,从事轮流作业工作的雇员,为自然人雇主工作的雇员,为小企业和非营利组织工作的雇员,从事家庭工作的雇员,远程工作的雇员,在北极和同等地区工作的雇员,外国国籍和无国籍雇员,运输行业雇员,从事地下工作的雇员,从事教育工作的雇员,科学家、科学组织负责人及其代表,派往俄罗斯外交代表机构和领事机构以及俄罗斯联邦行政机关和国家机构境外代表处的雇员,被雇主临时指派为其他个人或法人工作的雇员,宗教机构的雇员,运动员、教练员,以及其他类型雇员的特别规定,共计超过20类。条文超过100条。第5部分含1编(第13编)为"劳动权利和自由的保护、劳动争议的审理和解决、违反劳动法和包含劳动法规范的其他文件的责任",包含7章,即一般规定、劳动监察、工会

---

① 黄道秀主编,王志华执行主编:《俄罗斯联邦劳动法典》,蒋璐宇译,北京大学出版社,2009,第64~67页。

对劳动者劳动权利和合法利益的保护（主要是工会对雇主行为的监督等）、劳动者劳动权利的自我保护（主要是关于拒绝劳动的规定）、个体劳动争议的审理和解决、集体劳动争议的审理和解决，以及其他规定。第6部分是附则（第14编）。劳动法典条文编码至第424条，实际条款约500条。俄罗斯劳动法典内容精细，规定周延，内容可圈可点，规定非常全面翔实，在完整性上堪称典范，其中文翻译文本超过20万字。[①]

俄罗斯劳动法典采取了一种相当独特的法典编纂模式，具有突出特点：第一，体系完整。劳动法典总体上属于"五编制"，即总则、集体劳动法、个别劳动法、特定类型雇员特殊规定、劳动执法和劳动争议解决机制，其最大的特点是对特殊类型的雇员进行了详尽的特殊规定，体现了劳动法在一般规则之外，照顾不同类型主体差异的精细化安排。法典将集体劳动法置于个体劳动法之前，反映了集体劳动法的地位。第二，内容详尽。个体劳动法的内容包括劳动合同、工作时间、休息时间、劳动保护（职业安全卫生）等，在工资部分还规定了劳动定额，个体劳动法还规定了劳动规章和劳动纪律以及职业培训的相关内容，总体上内容非常全面、翔实。俄罗斯的5编制内容极其详尽，例如有关雇主对雇员的工资支付和费用补偿专设一编，有关雇主和雇员相互之间的赔偿责任专设一编。第三，采"总分"结构，"总则"名副其实。总则编的主要内容是劳动立法的主要原则以及劳动关系的定义、劳动关系当事人的基本权利义务、劳动关系产生的原因，均属于实体性规则，对分则都有统摄意义。第四，体现技术发展对职场的影响和规则需求。劳动法典充分关注到了科技进步尤其是网络信息技术发展对劳动法的影响，法典中包含个人信息保护、职场电子文档管理的使用、远程办公等内容。从文本本身看，法典内容的完整性和体系性都可圈可点，在各国劳动法典中不失为优秀代表。

2. 波兰劳动法典

东欧转型国家以欧洲的波兰和匈牙利为代表。波兰《劳动法典》制定于1974年，后经过多次修正。1974年的劳动法典不仅使劳动法得以体系化，还引入了新概念，例如劳动合同终止、雇员的财产责任以及劳动关系当事人的争议解决等。[②] 根据2019年版本，目前《劳动法典》共有13

[①] 参见黄道秀主编，王志华执行主编《俄罗斯联邦劳动法典》，蒋璐宇译，北京大学出版社，2009年版。

[②] Krzysztof W. Baran, et al., ed., *Outline of Polish Labour Law System*, Wolters Kluwer, 2016, p.76.

编，第1编"一般规定"，主要包括一般性条款（包括相关定义、劳动法法源）、基本原则（主要规定劳动者的各项权利）、劳动中的平等原则、劳动法的监督管理等；第2编"劳动关系"，规定劳动合同的订立和解除等；第3编"工作收入和其他福利"；第4编"雇主和雇员义务"；第5编"雇员的财产责任"；第6编"工作时间"；第7编"雇员休假"；第8编"作为父母的雇员权利"；第9编"青年人的就业"；第10编"工作健康和安全"；第11编"集体劳动协议"；第12编"劳动关系诉求争议解决"；第13编"侵害雇员权利行为的责任（已废除）"；第14编"诉求的限制"；第15编"最后规定"。法典条文超过300条。法典的英文和波兰文双语版多达约350页。① 可见，波兰劳动法典的内容完备，体系性较强。而且，俄罗斯和波兰两国的劳动法典有相似之处，例如两个法典的编数相当，都为十几编，都有包含实体性规则的总则，一些内容很相似，例如前者第11编为"劳动合同双方的财产责任"，后者第5编为"雇员的财产责任"。

3. 匈牙利劳动法典

匈牙利于2011年通过了《劳动法典》，② 劳动法典包括5编：第1编"总则"；第2编"劳动关系"，主要规定劳动合同的订立、履行、变更和终止等以及工作时间和休息时间、工作报酬、雇主的损害赔偿责任、雇员的损害赔偿责任、有关特定类型劳动关系的特别规定（定期劳动合同、待命工作、共享工作、共享员工、远程办公、外包工、简化雇佣和偶尔的工作关系、与公共雇主的劳动关系、公司高管雇员、无行为能力的雇员等）、劳务派遣、与劳动关系相关的协议等的劳动标准；第3编"产业关系"，主要规定集体劳动关系的内容，包括企业职工委员会、工会、集体协议等；第4编"劳动争议"，第五编"附则"，条文共计299条。法典体量也不小，英文版本约95页。从上述体例及规范内容看，匈牙利劳动法典在体例和内容上和俄罗斯、波兰劳动法典都有几分相似。

4. 越南劳动法典

具有大陆法系传统的越南《劳动法典》也值得关注。③ 越南劳动法典制定于1994年，2002、2006、2007、2012年进行了较大修正。2019年再

---

① The Labour Code (Kodeks Pracy), Agnieszka Jamrozy trans., Wydawnictwo C. H. Beck, 2019, pp. 3~9, 357. 本章关于波兰《劳动法典》的条文均出自该波兰语和英语译本。
② Act I of 2012 on the Labor Code, Adopted by Parliament on 13 December 2011.
③ 参见商务部网站有关越南法律体系简介，http://policy.mofcom.gov.cn/page/nation/Vietnam.html，最后访问时间：2024年3月6日。

次进行了重大修改，并于 2021 年实施。① 根据 2021 年生效的版本，《劳动法典》包括 17 章，第 1 章"总则"（一般规定）。第 2 章"就业、招聘和雇员管理"。第 3 章"劳动合同"，包括合同订立、合同履行、合同终止、无效合同、劳务派遣。第 4 章"职业培训"。第 5 章职场"对话、集体协商和集体协商协议"。第 6 章"工资"。第 7 章"工作时间和休息期间"。第 8 章"劳动纪律和财产责任（Labour Displine and Material Responsibility）"，包括雇员对雇主的赔偿责任。第 9 章"职业安全和健康"。第 10 章"适用于女职工和确保性别平等的规定"。第 11 章是关于特定类型雇员的特殊规定，特定类型的雇员包括未成年工，老年雇员，在海外工作的越南雇员、在越南的外国组织和个人的雇员、在越南工作的外国雇员，残疾雇员，家政工（domestic workers），艺术、运动、海事和空中运输行业的工人，在家工作者（working at home）等。第 12 章"社会保险、健康保险和失业保险"。第 13 章"雇员代表组织（Representative Organization of Employees）"，主要规定工会的组织和活动。第 14 章"劳动争议处理"，包括一般规定、个体劳动争议处理、集体劳动争议处理等。第 15 章"国家对劳动的管理（State Management of Labor）"，第 16 章"劳动监察和违反劳动法行为的处理"，第 17 章"实施规定"。《劳动法典》条文共计 220 条，英文文本约 91 页。越南劳动法典内容完整、体系完善，将就业、招聘和职业培训等也纳入其中，而且体例结构和俄罗斯、波兰、匈牙利的法典也有相似之处。

越南 2019 年《劳动法典》进行了较大修改，增加和修改的主要内容包括：一是将劳动法典的覆盖范围扩大到没有订立书面劳动合同的工人。二是加强了反性别歧视和职场性骚扰的保护；将男性退休年龄提高到 62 岁，女性退休年龄提高到 60 岁，将男女退休年龄差距从 5 岁降到 2 岁。三是强化了劳动者和雇主通过对话和协商决定工资和工作条件，国家的职能主要限于制定最低标准，雇主无须将工资规模和表格在行政机关备案。四是放松了对工人在企业层面建立和加入工会的限制。②《劳动法典》做了重大修改，当然如何落实法典修改的内容还需要通过行

---

① 本书关于越南劳动法典的介绍依据 2019 年 11 月 20 日越南国会通过的《劳动法典》（Labour Code），see Vietnam Labour Code 2019, https：//vietanlaw.com/vietnam-labour-code-2019/, last visited on March 6, 2024。

② "Implementing New Labour Code will Expedite Viet Nam's Path to High Income Country", https：//www.ilo.org/hanoi/Informationresources/Publicinformation/Pressreleases/WCMS_765310/lang--en/index.htm, last visited on March 6, 2024.

政法令等加以落实。

(四) 国外劳动法典模式类型的异同

从上述英美法系国家汇编型法典以及大陆法系国家汇编型法典和体系型法典可总结出上述国家劳动法典编纂体例的经验和特点。

第一，各国劳动法典体例各异。民法作为现代社会的基本法，各国尤其是大陆法系国家民法存在诸多共同渊源、理念和规则。"现代民法的主要法律概念、原则和制度，在罗马法中都有规定。"[1] 与民法迥异的是，由于劳动法典和一国的劳工运动史以及劳工政策相关，和国家对劳动力市场的干预程度及法治传统相关，因此，各国劳动法典的体例几乎没有完全一致的。各国劳动法典的体例结构都或多或少存在差异，这也不足为奇。

第二，虽然各国劳动法典的体例结构存在差异，但仍存在较大共性。总体上看，不管英美法系还是大陆法系国家，劳动法典内容基本上都包含个体劳动法、集体劳动法、劳动执法和劳动争议处理这三大板块，在个体劳动法中通常都包含工时、工资、安全卫生等基本劳动标准。英美法系和大陆法系劳动法典的主要区别在于"总则"和"劳动合同"部分。大陆法系劳动法典更注重法典的体系性，体系型法典采取"总分"结构，总则包含实体性规则，对分则具有统领作用，英美法系国家法典通常没有"总则"。英美法系劳动法典通常缺乏有关劳动合同的系统规定，大陆法系国家因合同法属于民法的重要组成部分，劳动法典一般均有劳动合同编，并在法典中占有重要地位。

第三，大陆法系国家劳动法典普遍包含一般劳动基准和针对特定类型雇员和特定职业的特别规定。除了上述的"总则"之外，大陆法系国家劳动法典普遍重视特殊劳动关系或特定类型雇员的立法，不管是汇编型的法国、巴西劳动法典，还是俄罗斯、匈牙利、越南等体系型劳动法典都在一般的劳动合同和劳动基准规定之外，详细规定了各类特殊雇员的特殊规则，尤其是法国、巴西、俄罗斯劳动法典均专设单编对特定群体进行特殊规定，体现了劳动法律调整的一般性和特殊性，也体现了体系型劳动法典总分结构之下的"再总分"。这些针对特定类型雇员或职业的特别规定与劳动合同法以及劳动保护（劳动基准）法一起构成个体劳动法的重要内容，成为大陆法系劳动法典的普遍做法。

第四，各国劳动法典都不同程度回应了数字时代对劳动法规则的需

---

[1] 梁慧星：《民法总论》，法律出版社，1996，第3页。

求。例如，法国劳动法典 2017 年、2018 年对远程工作的相关条款做了修改，① 并于 2016 年在法典中引入平台工人保护的相关条款，② 此外，法国 2019 年 1428 号法律纳入劳动法典，明确平台工人的数据权利，包括工人获取他们在平台活动的数据，使他们得以被识别，并有权以适当格式接收数据并传输数据。③ 上文提及的俄罗斯劳动法典包含个人信息保护、电子文件管理、远程工作的规定，波兰和匈牙利劳动法典近年来都加入了有关个人信息保护、远程工作的规定，巴西劳动法典也加入了有关远程工作的规定，都体现了劳动法对数字技术使用的回应。

（五）我国劳动法典模式的选择

相较而言，我国民法典编纂模式似乎是一种介于法律汇编和体系型法典的"中间模式"。我国立法机关在民法典草案的说明中指出，"编纂民法典不是制定全新的民事法律，也不是简单的法律汇编，而是对现行的民事法律规范进行编订纂修，对已经不适应现实情况的规定进行修改完善，对经济社会生活中出现的新情况、新问题作出有针对性的新规定"。④ 可见我国民法典的编纂实际上是立、改、废、释、纂等的统一，是对法典化模式的创新。具体而言，21 世纪的法典化和 19 世纪欧陆法典化的时代背景已有很大不同，如今社会关系纷繁复杂，为应对快速变化的现实世界，各类或完备或粗疏的单行法大都已颁行，规范表达形式更趋多样。一方面，采取单纯的法律汇编意义不大，另一方面，制定规范内容全新的法典既不必要也不现实，因此，采取折中的"编纂模式"成为一种务实可行的方式。当然，不同部门法的规范性质、规范体系、规范体量不同也决定了不同部门法的法典化模式不可能完全相同。例如，当前我国学者对环境法典进行了热烈讨论。环境法学者提出了"适度法典化"的模式。该观点主张，编纂一部像《民法典》那样完整体系化、能够包含全部或绝大多数民事规范的实质性法典在实践中难以实现。应从实际出发，采取"法典法与单行法"并行的"适度法典化"模式。以编纂实质性"适度"

---

① 谢增毅：《远程工作的立法理念与制度建构》，《中国法学》2021 年第 1 期。
② 谢增毅：《平台用工劳动权益保护的立法进路》，《中外法学》2022 年第 1 期。
③ See, Article L7342-7, https://www.legifrance.gouv.fr/codes/section_lc/LEGITEXT000006072050/LEGISCTA000033013014/#LEGISCTA000033013014, last visited on March 6, 2024.
④ 王晨：《关于〈中华人民共和国民法典〉（草案）的说明——2020 年 5 月 22 日在第十三届全国人民代表大会第三次会议上》。

环境法典实现立法内容的创新，保持环境法律体系的相对稳定性；同时，保留相关单行法，减少法典可能存在的僵化弊端。[1]

目前学界对劳动法典编纂模式的观点比较一致，普遍认为应采取体系型的法典编纂模式。有学者指出，就劳动法典而言，根据劳动法的内在体系和法典编纂的科学性，劳动法典编纂的体系结构亦应采"总分"结构。[2] 还有学者指出，体系型法典是法典化的最高形式，虽然编纂的难度较高，但是与汇编型及汇总型法典相比，具备诸多优点，综合来看，理应成为我国劳动法典编纂的目标。[3] 当然也有学者持不同意见，指出我国劳动法典的编纂，亦应走汇编式法典体例，透过法典编纂促进劳动法之体系化。不过，该学者也指出，追求相对体系化的劳动法典编纂，能够整合目前劳动法律规范之散、杂、乱问题。[4] 总体上，学者普遍主张我国应当编纂一部体系型的法典。

总体上，劳动法领域的规范内容相对确定，主要单行法数量有限，不同法律之间逻辑关系较为紧密，体系型法典所需的规范体系性和完备性的条件基本具备，因此可以借鉴我国民法典的编纂模式进行法典化。换言之，我国劳动法典应该在已有规范基础上进行体系性编纂，以实现法典规范与结构的完备性和体系性。

三 我国劳动法典体例结构的理论基础与立法设计

（一）劳动法典体例结构的确定依据

法典的体例结构是法典编纂任务确立后面临的首要问题，合理的体例结构是确保法典内容科学性和规范体系性的重要支撑。我国民法典编纂过程中有关体例结构，特别是人格权是否"独立成编"也曾面临巨大争论。[5] 因此，如何确立我国劳动法典的体例结构将对其内容和内部结构产生重大影响。

目前学界对劳动法典的体例结构提出了初步设想。例如，有学者认

---

[1] 吕忠梅：《中国环境法典的编纂条件及基本定位》，《当代法学》2021年第6期。
[2] 林嘉：《论我国劳动法的法典化》，《浙江社会科学》2021年第12期。
[3] 娄宇：《劳动法典何以可能与如何可能》，《吉林大学社会科学学报》2023年第5期。
[4] 郑尚元：《〈劳动法典〉法典编纂的能与不能》，《法治研究》2023年第3期。
[5] 参见王利明《论我国〈民法总则〉的颁行与民法典人格权编的设立》，《政治与法律》2017年第8期。

为，根据劳动法的内在体系和法典编纂的科学性，劳动法典编纂的体系结构应采"总分"结构。劳动法分则体系主要包括劳动就业法、劳动合同法、集体劳动关系法、劳动基准法、特别劳动者保护、劳动权利保障和救济法等。特别劳动者保护主要针对典型劳动关系外的劳动者保护做的特别规定，包括新业态从业人员、家政工人、形成雇佣关系的劳动者等。[①] 还有学者认为，从劳动法特点看，应采纳总体汇编，总则相对简单，但各部分形成严格体系的模式。根据该模式，我国劳动法典应包括：总则编、劳动合同法编、劳动基准法编、集体合同法编、民主管理法编、涉外劳动关系编、劳动监察法编、劳动争议处理法编等内容。[②] 总体上看，目前学界关于劳动法典体例还存在分歧，对采取的体例结构的理由和根据还缺乏深入论证。因此，探讨劳动法典的体例结构首先需要明确劳动法典体例结构确立的依据和条件，即在设计劳动法典的体例结构时应考虑哪些要素或受制于哪些因素。笔者认为劳动法典体例结构的设计必须考虑以下四个因素。

1. 理论逻辑

法典的根本在于体系性，而体系性首先应该确立法典内容的理论逻辑。例如，我国《民法典》共7编，主要是按照民事权利的类型来构建法典体系的，除了总则和作为权利救济的最后一编"侵权责任"，物权、合同、人格权、婚姻家庭、继承大致是按照物权、债权、人格权、亲权、继承权的权利类型来构建的。立法机关在草案说明中也指出了民法典编纂应遵循的基本原则之一是，"坚持以人民为中心，以保护民事权利为出发点和落脚点"。[③] 民法学者也指出，《民法总则》第五章规定民事权利为七个类型，分别是人格权、身份权、物权、债权、知识产权、继承权、股权及其他投资性权利。上述六种权利类型都有分则相应的一编或者单行法律来规定。人格权编放在民法典分则之中，就使民法总则对民事权利体系的规定，与民法典分则之间构成圆满、完整的逻辑结构，相互协调、衔接。[④] 可见，民法规范内容成熟，通过民事权利可以构建清晰而完整的体

[①] 林嘉：《论我国劳动法的法典化》，《浙江社会科学》2021年第12期。
[②] 沈建峰：《立足劳动者权益维护推动劳动法法典化》，《工人日报》2022年3月21日第7版。
[③] 王晨：《关于〈中华人民共和国民法典〉（草案）的说明——2020年5月22日在第十三届全国人民代表大会第三次会议上》。
[④] 杨立新：《民法典人格权编草案逻辑结构的特点与问题》，《东方法学》2019年第2期。

系。但并非所有部门法都可通过"权利"来构建体系。例如正在讨论中的环境法典，因环境法内容庞杂，多为行政管理性的规则，似乎难以用"权利"来构建法典体系。因此，学者主张以"目的价值"来构建法典体系。例如，吕忠梅教授指出，环境法典编纂以可持续发展为目的价值，统辖整个法典。通过确定"生态环境"概念和环境法律关系，形成"总则、污染控制编、自然生态保护编、绿色低碳发展编、生态环境责任编"的框架。①

劳动法虽然在规范性质上兼具公法和私法的特点，但劳动法总体上是以保护劳动者权利为其出发点和归宿的，劳动法的规范构造也是围绕劳动者权利而展开的，因此，编纂劳动法典可以也应当以劳动者的权利类型来设计法典的体例结构。而且劳动者的权利类型无论国际法还是国内法均有相对统一的范围。例如，从《经济、社会及文化权利国际公约》看，与劳动者相关的权利主要包括工作之权利，公平与良好之工作条件（包括有关工资、劳动安全卫生、机会平等、休息休假和工作时间限制），以及组织或参加工会和集体争议方面的权利。从国际公约和各国规定看，劳动者的权利包括个体权利和集体权利，个体权利包括就业权、接受职业培训、获取报酬、工作时间限制、休息休假、职业安全卫生等权利；集体权利包括组织和加入工会等权利。②《经济、社会及文化权利国际公约》规定的权利基本被我国劳动法所涵盖。我国《劳动法》第三条规定，"劳动者享有平等就业和选择职业的权利、取得劳动报酬的权利、休息休假的权利、获得劳动安全卫生保护的权利、接受职业技能培训的权利、享受社会保险和福利的权利、提请劳动争议处理的权利以及法律规定的其他劳动权利。"第七、八条还规定了劳动者依法参加和组织工会的权利，以及参与民主管理及与用人单位平等协商的权利。我国《劳动法》的体系也是围绕劳动者的权利展开的。因此，应当以劳动者的权利类型作为劳动法典体例结构的理论基础。

2. 现行规范

上文已提及，立法机关指出民法典编纂不是制定全新的法律，劳动法典编纂也不例外。因此，现行劳动法律体系的规范内容也是劳动法典编纂

---

① 吕忠梅：《中国环境立法法典化模式选择及其展开》，《东方法学》2021年第6期。
② 《经济、社会及文化权利国际公约》第6、7、8条，https://www.humanrights.cn/html/2014/8_1010/2005.html，最后访问时间：2024年3月6日。

必须考虑的重要因素，换言之，劳动法典必须基于现有劳动法规范进行补正，而不是推倒重来并制定大量全新规则。目前我国劳动领域包括《劳动法》《劳动合同法》《劳动争议调解仲裁法》《就业促进法》《职业病防治法》《工会法》《安全生产法》等，此外，还有大量行政法规和部门规章，这些规范内容是法典编纂的重要基础和依据，尤其是上述单行法律是编纂劳动法典的主要基础。这也是民法典编纂的经验。有学者做出统计，根据粗略估算，民法典至少3/4以上的条文均源自现行法。① 因此，我国编纂劳动法典也要立足于我国现有的劳动法规范体系。

在编纂劳动法典时尤其应认真对待《劳动法》。《劳动法》制定于1994年，是在我国实行社会主义市场经济体制之后制定的综合性法律，从某种意义上讲，《劳动法》是一部"秀珍型"的"劳动法典"，其内容涉及劳动法的主要内容，其总体的立法指导思想和立法内容均体现了现代劳动法的理念。只是因其内容较为简单及其后实践发展，《劳动法》许多规则被后续法律包括《劳动合同法》《劳动争议调解仲裁法》《就业促进法》《社会保险法》所取代，因此，《劳动法》的地位和影响下降。但是《劳动法》的篇章结构奠定了我国劳动法体系。② 时至今日，无论是立法、执法和司法机关还是学界及劳动者，对《劳动法》所确立的劳动法律体系均较为熟悉，因此《劳动法》体系结构，也是编纂劳动法典时必须认真传承的。从某种意义上看，1994年《劳动法》类似1986年制定的《民法通则》，《民法通则》在《民法总则》制定过程中也具有巨大参考价值。有学者指出，《民法总则》基本上是以《民法通则》为框架，无论在结构安排还是在制度设计上，都沿袭了后者的主体内容，以至于可以毫不夸张地将《民法总则》看作《民法通则》的"2.0版本"。③ 相比《民法通则》，《劳动法》制定年代更晚，其体系和精神理应被劳动法典充分吸收和借鉴。

3. 立法目标

当前劳动法典编纂的时代背景是21世纪20年代网络信息高度发达、就业形式发生重大变化、灵活用工方式盛行的年代，因此，我国劳动法典

---

① 石佳友：《解码法典化：基于比较法的全景式观察》，《比较法研究》2020年第4期。
② 除附则之外的12章为：总则、促进就业、劳动合同和集体合同、工作时间和休息休假、工资、劳动安全卫生、女职工和未成年工特殊保护、职业培训、社会保险和福利、劳动争议、监督检查、法律责任。
③ 薛军：《民法总则：背景、问题与展望》，《华东政法大学学报》2017年第3期。

的体例结构也必须在传统劳动法的基础上作出回应,体现当前劳动法面临的时代课题。此外,任何法典都是本国法律传统和现实的反映,法典的体例不仅应学习借鉴他国的经验,也必须体现本国的特色和优势。我国现有劳动法中具有中国特色和优势的制度规则,例如职代会等企业民主管理制度等也应在法典体例中有所体现。立法机关指出编纂民法典的目标是"形成一部具有中国特色、体现时代特点、反映人民意愿的民法典",[1] 这也应该成为劳动法典编纂的目标并反映在其体例结构上。

4. 域外经验

劳动法是市场经济法治的重要组成部分,人员包括劳工流动也是经济全球化的重要内容,因此,各国劳动法具有许多共通的理念和规则。尤为特殊的是,国际劳工组织作为劳动领域的国际性组织,在推动各国改善劳动条件、促进工人体面劳动方面发挥了重要作用,也为不同国家劳动法的共通内容和体系结构提供了相应标准和参考。截至目前,国际劳工组织已出台191个国际公约,[2] 以及208个建议书。[3] 因此,各国劳动法典的体例结构也值得我国学习借鉴。当然,由于劳动法和一国工人运动史、劳动政策和法治传统密切相关,劳动法典的体系结构也呈现出多样化。如上所述,总体上看,从编纂形式上看,国外劳动法典可分为英美法系国家的汇编型法典和大陆法系国家的法典,大陆法系国家的法典又可细分为汇编型法典和体系型法典。英美法系国家以加拿大和澳大利亚为代表,采取法律汇编的法典形式,法典体系性不足,缺乏实质意义的"总则"。大陆法系国家中,以法国、巴西为代表采取汇编型劳动法典模式,内容更为完备,包含劳动合同编,但体系性仍有不足;以俄罗斯、波兰、匈牙利、越南为代表的大陆法系国家则采取了体系型法典编纂模式,内容完备,且法典采取"总分结构",法典体系性明显增强。这些不同法典编纂模式下的体例结构及其规范内容值得我国借鉴。总体上看,大陆法系国家特别是体系型模式的法典内容主要包括四大板块,即总则、个体劳动法、集体劳动法和劳动执法司法,其中个体劳动法主要包括劳动合同以及工资、工时、休息

---

[1] 王晨:《关于〈中华人民共和国民法典〉(草案)的说明——2020年5月22日在第十三届全国人民代表大会第三次会议上》。

[2] See, Conventions and Protocols, ILO, https://www.ilo.org/dyn/normlex/en/f? p=NORMLEXPUB:12000:0::NO:::, last visited on March 6, 2024.

[3] See, Recommendations, ILO, https://www.ilo.org/dyn/normlex/en/f? p=1000:12010:::NO:::, last visited on March 6, 2024.

休假、安全卫生等劳动基准。这些具有普遍意义的立法经验和体例结构也应被我国劳动法典编纂所吸收。

(二) 我国未来劳动法典的体例结构及其主要内容的设计

根据上述因素，未来我国劳动法典的体例结构可包括以下 8 编。

1. 总则编

总则在法典中具有特殊地位。德国、瑞士、日本等国家民法典的总则、分则结构来源于德意志法的法典编纂模式，即潘德克顿体系，其显著特征是确立了总则和分则相区分的编纂模式，通过"提取公因式"的方法形成法典总则。[①] 有学者指出，民法典总则编对分则各编具有统辖效力，总则编是整个民法典的核心，其原因有三：一是总则编集中体现了立法者编纂民法典的指导思想；二是总则编集中规定了民法的基本原则和一般规则；三是总则编集中体现了民法的科学原理。[②] 这既是对民法典总则地位的描述，也是对法典总则应有作用的概括。从大陆法系国家劳动法典看，体系型劳动法典均包含属于实体性规则的总则。借鉴民法典总则的地位和作用以及部分国家劳动法典总则编的实践，我国劳动法典也应包含总则，同时总则应发挥规定指导思想、基本原则和一般规则，体现劳动法原理的作用。

因此，劳动法典总则编应规定劳动法的指导思想、基本原则、一般规则，内容应包括劳动者和用人单位的基本权利义务，国家基本劳动就业政策、劳动法的监督和实施机制以及相关的概念界定等。从相关国家劳动法典总则的条款数量看，总则一般仅有 20 条左右。例如，《俄罗斯劳动法典》《波兰劳动法典》第一编均是"总则"，条文也均为 20 余条。其条款均是原则性、统领劳动法各具体分编的内容，条文数量并不多。这与民法总则内容条文数量多有显著不同。究其原因主要是，民法总则除了原则性条款，还包含自然人、法人、非法人组织、民事法律行为、代理等具体规则。虽然劳动法典总则条款不多，但是整个法典的灵魂和核心，体现劳动法的价值和精神，内容和地位极为重要。我国目前《劳动法》第一章"总则"只有 9 个条文，内容过于简单。编纂劳动法典时可在《劳动法》总则基础上，全面详细规定劳动法的基本原则、基本制度和基本规则。

2. 劳动合同编

劳动合同是劳动关系建立的基础，大陆法系国家劳动法典通常都包含

---

① 孙宪忠:《中国民法典总则与分则之间的统辖遵从关系》，《法学研究》2020 年第 3 期。
② 孙宪忠:《中国民法典总则与分则之间的统辖遵从关系》，《法学研究》2020 年第 3 期。

劳动合同编，这也是英美法系劳动法典和大陆法系劳动法典的显著区别。英美法系国家合同法主要属于判例法，反映到劳动法领域，劳动法典通常不包括劳动合同编，例如上文提及的加拿大和澳大利亚劳动法典。劳动合同一直是我国劳动法的重要内容，劳动法典当然应包含劳动合同编。我国劳动合同规则相对完善，应在《劳动法》《劳动合同法》基础上规定劳动合同编。在劳动合同编中，除了无固定期限合同、固定期限合同等我国典型合同之外，还应当完善劳务派遣、非全日制工等非典型劳动关系的规则。

3. 劳动基准编

劳动基准主要包括工资、工作时间、休息休假、劳动安全卫生等最低劳动标准，是劳动法的核心内容之一，也是各国劳动法典的主要内容之一。工资是劳动者就业的主要目的，事关劳动者生存保障。应整合《劳动法》、《工资支付暂行规定》（1994）、《最低工资规定》（2004），以及各地制定的工资支付条例或支付办法的规定，进行全面系统的编纂。工时制度事关劳动者的身心健康以及工作和生活的平衡，也涉及劳动者的工资收入。应整合《劳动法》、《国务院关于职工工作时间的规定》（1995）等，结合新实践、新问题做出规定。

随着劳动者更注重休息休闲、工作和生活平衡，追求更高生活品质，休息休假尤其是休假制度的重要性日益突出，而休息休假制度恰是我国劳动法的短板。目前我国假期种类，包括法定休假日、部分公民放假的节日及纪念日，带薪年休假，婚假、丧假、探亲假、产假、产前假、护理假、孕期产前检查假、哺乳假，以及社会活动假、病假、事假等多达十余种。[①] 各地规定差异很大，很多规定是计划经济时期的产物，这些假期制度亟待在国家层面进行全面系统整合，规定假期时长和工资待遇以及具体实施方法。应整合完善《劳动法》、《职工带薪年休假条例》（2007）、《企业职工带薪年休假实施办法》（2008）、《全国年节及纪念日放假办法》（2013）、《国务院关于职工探亲待遇的规定》（1981）等，以及各地的相关规定。劳动（职业）安全卫生事关劳动者身心健康，是劳动者的核心权益，因此在劳动法典中也应占有重要地位。应整合《劳动法》、《安全生产法》、《职业病防治法》、《使用有毒物品作业场所劳动保护条

---

① 例如《江苏省工资支付条例》（2021）第二十九条规定，"劳动者依法享有的法定节假日以及年休假、探亲假、婚丧假、晚婚晚育假、节育手术假、女职工孕期产前检查、产假、哺乳期内的哺乳时间、男方护理假、工伤职工停工留薪期等期间，用人单位应当视同劳动者提供正常劳动并支付其工资。"

例》（2002）、《女职工保护特别规定》（2012）等规定。

　　法典编纂时还应处理好劳动法典与《安全生产法》《职业病防治法》的关系。有学者指出，虽然安全生产和职业病防治监督管理部门独立于劳动行政部门之外，但其安全生产和职业病防治监督管理职能原本属于劳动行政职能，安全生产和职业病防治实体规范的劳动条件基准属性更未因此而改变。因此，基于劳动法法典化的统一性和体系性追求，在《劳动法典》中应当将劳动安全、卫生基准法分别独立或集合成"编"。[①] 笔者认为，劳动安全卫生的大部分规则体现在《安全生产法》之中，但《安全生产法》的覆盖范围较宽，不局限于存在劳动关系的工作场所，而且其内容除了涉及生产经营单位和从业人员劳动安全生产的权利义务外，还包括安全生产监督管理职责和安全生产事故的应急救援与调查处理等内容，这些内容已超出劳动法范围，加上该法规范体量较大，2021年修改后的《安全生产法》条文共有119条，因此，劳动法典难以将《安全生产法》全部纳入其中。劳动法典可从用人单位的义务和劳动者的权利做出基本规定，《安全生产法》应继续作为单行法而存在。类似地，《职业病防治法》也应继续作为单行法存在。一方面，虽然《职业病防治法》主要规范存在劳动关系的劳动者的职业病防治，该法主要内容是前期预防和用人单位劳动过程中的预防与管理，但该法还涉及职业病诊断与职业病病人保障以及监督检查，而且《职业病防治法》的监督执行机构除了人社部门，还涉及卫生健康部门，其规范体量也不小（现行法共有88条）。另一方面，由于职业病是工伤的一类，职业病防治法在属性上应归入社会保险法。因此，《职业病防治法》的内容也难以全部纳入劳动法典当中。在劳动法典中可主要规定用人单位和劳动者在职业病防治中的基本权利义务，《职业病防治法》作为单行法继续存在。

　　劳动基准法包括工资、工时、休息休假、职业安全卫生等，内容较为复杂，是法典编纂的重点和难点，同时这几部分的规范体量大。因此，该编的体例可借鉴民法典的体例结构，在该编之下，再分别设立工资、工时、休息休假、劳动安全卫生等分编，以充分体现各分编内容的重要性，亦可增强该编的体系性。

　　4. 特殊劳动关系编

　　法典体例应反映21世纪劳动法面临的如何解决灵活用工人员尤其是

[①] 王全兴：《我国〈劳动法典〉编纂若干基本问题的初步思考》，《北方法学》2022年第6期。

与网络信息技术相关的新就业形态劳动者保护的问题，这也是国外劳动法典的趋势。如上所述，近年来，法国、波兰、巴西在其劳动法典中引入远程工作的内容，① 俄罗斯劳动法典也引入远程工作的规定。法国于2016年在劳动法典引入了平台用工保护的相关内容。因此，有必要在劳动法典对新就业形态劳动者保护进行规定。除了新就业形态，在传统用工领域也有许多特殊类型的劳动者，例如家政工、实习生、公司高管等，他们和普通劳动者有较大不同，这类群体和其相对方的关系属于特殊劳动关系，难以适用一般的劳动法规则，应在法典中提供特殊规则。从国外经验看，大陆法系国家劳动法典普遍重视特殊劳动关系或特定类型雇员的立法，不管是汇编型的法国、巴西劳动法典，还是俄罗斯、匈牙利、越南等体系型劳动法典都在一般的劳动合同和劳动基准规定之外，详细规定了各类特殊雇员的特殊规则。法国、巴西、俄罗斯劳动法典更是专设单编对特定群体进行特殊规定，尤其是，法国劳动法典将传统雇员中的特殊类型，比如公司高管、家政工、家内工作者，以及平台工人一起作为特殊群体进行特殊规定的体例安排值得我国借鉴。

5. 集体协商编

劳动法典应单设"集体协商"编。集体协商是集体劳动法最主要的内容，各国劳动法典基本上都将其作为主要内容，其涉及协商主体、协商内容、协商程序等，应全面完善集体协商和集体合同制度。虽然《劳动法》将劳动合同和集体合同作为一章（第三章），但集体协商的主体是企业或企业组织与工会，和劳动合同有本质差别，因此，应独立成编。应整合《劳动法》、《劳动合同法》、《集体合同规定》（2004）、《工资集体协商试行办法》（2000）以及各地制定的有关集体协商的规定。集体协商是工会主要职责之一，因此，劳动法典编纂还涉及劳动法典和《工会法》的关系。工会法的地位重要，政治性、政策性强，且主要是规范工会的设立和组织，和劳动法规则主要规范用人单位和劳动者之间行为有所不同，而且工会法的规则内容较为丰富，因此，《工会法》可不纳入劳动法典，而应保持目前单行法的地位。这样既可以体现工会法的特殊地位，也可以保持劳动法典主要是行为法的特点及其体系性。从国外经验看，俄罗斯劳动法典的内容极为全面，但工会法并未纳入其中，俄罗斯于1996年制定

---

① 谢增毅：《远程工作的立法理念与制度建构》，《中国法学》2021年第1期。

了《工会及其权利和活动保障法》，该法作为单行法存在。① 在劳动法典中可考虑在总则中规定我国工会的基本职责，其集体协商的具体职责可规定在集体协商编中。

6. 企业民主管理编

劳动法典可考虑单设"企业民主管理"一编，以充分体现企业民主管理制度的地位和作用。企业民主管理制度是我国的一大特色，职代会等企业民主管理形式在我国企业尤其是国有企业中具有重要影响，在规章制度制定等环节具有重要作用。② 但是当前企业民主管理工作还存在不足。例如，从2016年开始，全国已建立工会的企事业单位单独建立职代会制度和厂务公开制度的数量逐年下降。截至2019年，两项制度的建制单位总数从500多万家下降到400多万家。③ 从问题导向出发，应通过完善企业民主管理制度，推动企业民主管理制度实践。我国《企业民主管理规定》（2012）系统规定了企业民主管理制度。我国地方有关企业民主管理和职代会的立法比较成熟，基础较好，因此将企业民主管理单设一编，可以体现中国企业民主管理的特点和独特优势，使企业民主管理和集体协商制度相辅相成，相互补充。可通过企业民主管理制度弥补部分工会集体协商作用发挥不足的困境。在法典编纂过程中必须充分尊重自身的历史和传统，体现本土特色。"现代法典不仅仅是所有生效法律的汇编，而且试图将法律予以体系性表述，以使所有过去的、现在的、将来的法律都能由基础性的法律原则推导出来。"④ 因此，法典不仅应该关注当下和未来，也应连接过去，继承传统。企业民主管理有可能成为我国劳动法典编纂的一大特点和亮点。应整合《公司法》《劳动合同法》《企业民主管理规定》以及我国各地企业民主管理和职代会的立法规定。

7. 劳动监察编

劳动监察是劳动法实施的重要方式。行政部门对用人单位的劳动监察对维护劳动者权益具有时效性强、强制性高、成本较低的突出优势，也是

---

① 杨喆：《从俄罗斯对工会的研究看工会转型》，《中国劳动关系学院学报》2013年第3期。
② 《劳动合同法》第四条。
③ 陈刚：《在全国厂务公开协调小组第二十五次会议上的讲话》（2021年5月6日），中华全国总工会，https://www.acftu.org/wjzl/ldjh/lyf/202111/t20211109_796229.html?7OkeOa4k=qArDkAcB7ouXjTpbWCg.FdXHyB4boBWoxlXgmjKYwQ7qqlLfv_DqqAqqQA，最后访问时间：2024年3月7日。
④ [美] 罗杰·伯科威茨：《科学的馈赠——现代法律是如何演变为实在法的?》，田夫、徐丽丽译，法律出版社，2011，第34页。

各国普遍采取的劳动执法方式。从我国劳动监察实践看，其地位和作用十分突出，因此应整合《劳动法》《劳动合同法》《劳动保障监察条例》等规定，专设一编规定劳动监察的相关内容，进一步发挥劳动监察在保护劳动者权益方面的独特作用。

8. 劳动争议处理编

由劳动争议的性质和特点所决定，各国普遍在一般的民事纠纷解决程序之外，建立独特的劳动争议处理机制。我国劳动调解、劳动仲裁和劳动诉讼经过多年实践，总体上适应劳动案件的特点，应继续坚持"一裁二审"制度。因此，应通过修改完善《劳动争议调解仲裁法》，整合相关的司法解释尤其是《最高人民法院关于审理劳动争议案件适用法律问题的解释（一）》（2020），完善有关劳动调解、仲裁和诉讼的规则。

此外，我国现行劳动单行法还有《就业促进法》，因此，法典编纂过程中，还需处理好《就业促进法》和法典的关系。关于就业促进，一些国家也将其放入劳动法典，例如法国劳动法典。我国也有学者主张将其纳入劳动法典。例如，有学者认为，就业促进法作为劳动法工具体系中一种有着特殊职能和地位的工具，应当在劳动法典中独立成"编"。其主要理由是：就业促进与劳动关系协调不仅具有同一目的即保障劳动者实现就业，而且相继存续于同一过程，即劳动者通过劳动关系运行以实现就业的过程。[①] 笔者认为，由于就业促进主要涉及劳动关系建立之前的阶段，且其主要内容是政府促进就业的相关职责，较少涉及劳动者或求职者与用人单位的关系，其政策性较强，与劳动法主要规范用人单位和劳动者之间的权利义务关系有所不同。而且，就业促进从性质上主要属于社会保障的内容。有些国家例如德国将就业促进部分放在社会法典之中，[②] 突出了政府职责和社会保障的性质。因此，《就业促进法》的内容不宜整体纳入劳动法典。也有学者认为就业促进法不应放入劳动法典，而应归入社会保障法典中。[③] 因此，可考虑将《就业促进法》的内容放在法典之外，继续保持其单行法的地位。可在法典总则中就与用人单位关系密切的就业平等、职业培训的原则性条款做出规定。针对当前就业歧视比较突出的问题，应在

---

① 王全兴：《我国〈劳动法典〉编纂若干基本问题的初步思考》，《北方法学》2022年第6期。
② 参见德国《社会法典》，https：//www.sozialgesetzbuch-sgb.de/，最后访问时间：2024年3月7日。
③ 沈建峰：《立足劳动者权益维护推动劳动法法典化》，《工人日报》2022年3月21日第7版。

总则中规定《就业促进法》中有关反就业歧视的相关内容，明确用人单位不得实施就业歧视的义务。

从上可见，即便我国编纂劳动法典，现行的就业促进法、职业病防治法、安全生产法、工会法等法律也宜继续作为单行法存在。法典和单行法应该并行不悖，相互补充，试图通过法典而实现一劳永逸并不科学，也不现实。"一个国家的法律虽编制于法典，然其法典未能包括同种法令之全部。"① 劳动法典的体例结构不能"贪大求全"，应遵从科学性要求，兼顾完备性和体系性。法典的完备性和体系性既相互促进，也存在张力，② 过于追求完备性，可能损害体系性。在法典编纂中不可能也不应将所有与劳动相关的单行法律全部纳入，适当保留部分单行法既可以增强法典的体系性，也可以增强规则的灵活性，避免法典的封闭与僵化。

（三）雇佣关系应否纳入劳动法典

关于劳动法典体系结构，近年来关于雇佣关系是否纳入劳动法典成为一个重要问题。一些学者主张将雇佣关系纳入劳动法典。例如，有学者主张劳动法分则应包含特别劳动者保护，其中应包括形成雇佣关系的劳动者等。③ 也有学者指出，应由民法体系中的服务合同特别法和劳动法体系中的劳动合同特别法分别对经济从属性劳务关系和非典型劳动关系（包括民事雇佣关系）的运行予以规范。④ 还有学者明确指出，着眼于我国劳动法对雇佣合同的规则替代以及数字时代多元化用工关系按照类型方法进行系统调整的需要，我国应制定包含雇佣关系在内调整用工关系的劳动法典，应在特别规定编以单独章节形式规定雇佣关系、非典型劳动关系以及不完全劳动关系等法律关系的调整规则。⑤ 另有学者主张，劳动法典应以"劳动行为"作为逻辑起点，以此作为法典调整范围的界定依据，并以"行为"为要件构造各项保障制度。劳动行为是"以获得劳动对价为目的之体脑消耗"。⑥ 从目前发表的文献看，将雇佣关系纳入劳动法典似乎得到了较多的支持。

---

① ［日］穂积陈重：《法典论》，李求轶译，商务印书馆，2019，第20页。
② 石佳友：《解码法典化：基于比较法的全景式观察》，《比较法研究》2020年第4期。
③ 林嘉：《论我国劳动法的法典化》，《浙江社会科学》2021年第12期。
④ 王全兴：《我国〈劳动法典〉编纂若干基本问题的初步思考》，《北方法学》2022年第6期。
⑤ 沈建峰：《劳动的法典：雇佣合同进入〈劳动法典〉的论据与体系》，《北方法学》2022年第6期。
⑥ 王天玉：《劳动行为：劳动法典的逻辑起点》，《北方法学》2022年第6期。

雇佣关系是否纳入劳动法典，不仅是法典编纂的体例结构问题，也关涉劳动法的调整范围，这是劳动法的一个基本理论问题。对于该问题的解决，首先需要界定何为"雇佣关系"。在我国，"雇佣关系"主要是学理上的概念，我国立法上并无"雇佣关系"的概念，"雇佣"的表述只存在于《最高人民法院关于审理人身损害赔偿案件适用法律若干问题的解释》（2003）之中，①但2020年该解释根据《民法典》等进行修正，有关"雇佣"的规定被删除。②从此，"雇佣"就未出现在我国的立法或司法解释当中，"雇佣"的含义就无从确定。学者对"雇佣"一词的使用也较为随意，并没有形成共识。③因此，关于雇佣关系应否纳入劳动法典的讨论，应首先界定雇佣关系的含义和特征，否则对该问题的讨论就缺乏前提，并可能陷入"自说自话"的境地。从德国、日本的立法规定看，雇佣合同强调合同标的为劳务，对当事人之间的关系和地位并无要求，也不强调劳务提供者的从属性。例如，德国民法典第611条规定，"因雇佣合同，允诺劳务的一方当事人有义务提供所约定的劳务，另一方当事人有义务给予所约定的报酬。雇佣合同的标的可以是任何种类的劳务"。④与之相反，劳动合同强调劳务提供者的从属性。从德国民法典关于雇佣合同的定义看，雇佣合同和劳动合同两者的关系是明确的，劳动关系必然为雇佣关系，雇佣关系未必是劳动关系。⑤因此，在我国现行立法未对"雇佣"明确界定，且曾经的司法解释对其也语焉不详的情形下，只能借助大陆法系国家和地区对"雇佣"一词的界定来探讨其含义和法律调整模式。质言之，雇佣关系强调当事人之间是劳务给付和报酬支付的关系，合同标的为

---

① 该《解释》第九条规定，雇员在从事雇佣活动中致人损害的，雇主应当承担赔偿责任；雇员因故意或者重大过失致人损害的，应当与雇主承担连带赔偿责任。雇主承担连带赔偿责任的，可以向雇员追偿。前款所称"从事雇佣活动"，是指从事雇主授权或者指示范围内的生产经营活动或者其他劳务活动。雇员的行为超出授权范围，但其表现形式是履行职务或者与履行职务有内在联系的，应当认定为"从事雇佣活动"。参见《最高人民法院关于审理人身损害赔偿案件适用法律若干问题的解释》，中华人民共和国最高人民法院，http://gongbao.court.gov.cn/Details/42c996d38500495t50ad95c1c23d21.html，最后访问时间：2024年3月7日。

② 参见《最高人民法院关于审理人身损害赔偿案件适用法律若干问题的解释》，中华人民共和国最高人民法院，http://gongbao.court.gov.cn/Details/42c996d38500495t50ad95c1c23d21.html，最后访问时间：2024年3月7日。

③ 谢增毅：《民法典引入雇佣合同的必要性及其规则建构》，《当代法学》2019年第6期。

④ 《德国民法典（第5版）》第611条，陈卫佐译注，法律出版社，2020，第272~273页。

⑤ 谢增毅：《民法典引入雇佣合同的必要性及其规则建构》，《当代法学》2019年第6期。

劳务，至于当事人之间是否存在从属性，则在所不问。

从大陆法系国家和地区的立法看，调整一般的雇佣关系（缺乏从属性）的法律规则存在于民法典之中，因为当事人之间并无从属关系，总体上一般的雇佣关系可以适用民法的一般原则和规则；而且民法典也可以针对雇佣合同以劳务为标的、涉及人格利益保护的特殊性给予相应的调整。换言之，缺乏从属性的一般雇佣关系和具有从属性的劳动关系二者之间具有根本区别，并不能将一般雇佣关系纳入劳动法典之中，否则会破坏劳动法的体系，也与劳动法的理念和原则不相符合。虽然，我国民法典缺乏雇佣合同的规定，但这一立法现状并非将雇佣合同纳入劳动法的理由。事实上，我国《民法典》第一千一百九十二条关于"个人之间形成劳务关系"的表述，[1] 也说明了个人之间的雇佣关系属于民法的调整对象，只是民法典从侵权责任的角度对其进行规范，缺乏对当事人权利义务的系统规定。因此，一般的雇佣关系应通过完善合同法和侵权法等相关规则给予调整，而不是将其纳入劳动法。对于一般的雇佣关系，由于当事人是平等主体，劳务提供者从事的是自主性劳动，民法而非劳动法的理念和规则对其更为适用。

当前我国劳动立法的独特之处在于：由于我国劳动法和劳动合同法将劳动关系的主体限定为一方是用人单位，即企业或个体经济组织等，另一方是提供劳务的自然人，因此，个人和个人之间存在从属性的关系本应认定为劳动关系，由于我国劳动法对劳动关系主体的特别限定，这类个人和个人之间具有从属性的关系根据我国现行立法只能认定为雇佣关系，也即我国民法典所规定的个人之间形成的劳务关系。因此，基于劳动法主要调整具有从属性的劳务供给和使用的关系，未来劳动法典应将具有从属性的个人之间的劳动关系纳入其中，因为此类关系本身具有从属性，只是我国劳动法对劳动关系主体的限制，使其游离于劳动法之外。上述学者主张将雇佣合同纳入劳动法典，如果其所主张的"雇佣合同"本是劳动合同，却因我国劳动法主体的限定只能认定为"雇佣合同"的关系，尚可理解，但将一般的雇佣合同纳入劳动法典显然混淆了雇佣合同和劳动合同的本质区别。当然，个人和个人之间形成的劳动关系，和组织与个人之间形成的劳动关系也有所区别。一些国家也将此类劳动者作为特殊雇员对待，例如

---

[1] 《民法典》第一千一百九十二条第一款规定，个人之间形成劳务关系，提供劳务一方因劳务造成他人损害的，由接受劳务一方承担侵权责任。接受劳务一方承担侵权责任后，可以向有故意或者重大过失的提供劳务一方追偿。提供劳务一方因劳务受到损害的，根据双方各自的过错承担相应的责任。

上文提及的法国、俄罗斯和越南的做法，尤其是俄罗斯对雇主是个人的雇员以及家庭工作者都进行了特殊规定。

此外，一些国家将第三类主体，例如德国的类雇员，以及英国非雇员的工人也被纳入劳动法的视野。这类主体的显著特征是具有经济从属性而缺乏人格从属性，本质上是自雇者，其与雇主的法律关系应属雇佣关系，但因其具有经济从属性，而被纳入劳动法的调整范围。换言之，这类群体与其合同相对方建立的是具有经济从属性的雇佣关系，而非一般的雇佣关系。因此，一般的雇佣关系不应纳入劳动法的调整对象，其和劳动法的调整理念并不相符。未来我国劳动法典的立法思路是放松对劳动关系主体的限制，将个人和个人之间具有从属性的劳务供给和使用关系（属于特殊劳动关系的一类）也纳入劳动关系调整；同时，将部分具有经济从属性而缺乏人格从属性的特殊雇佣关系（如部分平台用工劳动者）也纳入劳动法的调整范围。

关于法律责任，由于上述各编中的法律责任性质不同，因此可将法律责任的规定分别置于各编之中，便于法律责任和法律义务的对应和适用，不必将法律责任单独作为一编置于法典末尾。

综上，上述 8 编的体例设计主要基于我国现有规范、立法目标和国外经验，总体上围绕劳动者的权利类型展开。总则编包含劳动法的基本原则和劳动者的基本权利等，分则编中第 2、3、4 编主要规定劳动者的个体劳动权利，第 5、6 编规定集体劳动权利，第 7、8 编规定权利的行政和司法保护，体现了劳动法典内容应有的完整性和体系性。

四 劳动法典的编纂路径

法典编纂是系统、长期、艰巨的立法工程，不可能一蹴而就，更不可能"速成"，必须加强立法规划，分阶段、分步骤、分任务有序推进。民法典采取的"两步走"立法步骤，即先制定民法总则，再将其和其他法律进行系统整合，最后编纂出体系性的法典为编纂其他领域的法典提供了有益经验。法典编纂的步骤选择需要根据部门法的特点和规范基础确定。从民法典经验看，民法典编纂之前各分编的主要单行法律已存在，但总则的主体部分主要体现于《民法通则》，《民法通则》内容陈旧，是编纂民法典要重点解决的问题，因此采取先制定《民法总则》的思路，可以填补立法的主要空白，解决主要规范"空缺"的问题。借鉴此思路，劳动法典的编纂步骤需要坚持目标导向和问题导向相结合，考虑劳动法典的编纂目标及已有规范的主要缺项，先补齐主要短板，在此基础上对劳动法的规范进行体系化编纂。

根据上文分析的劳动法典目标及其体例，劳动法典应包括8编，从我国目前现有法律规范看，总则、劳动合同、集体协商、企业民主管理、劳动监察、劳动争议处理等6编的规范比较完备，均有规范较为全面的法律、行政法规或者部门规章作为支撑，虽然集体协商和企业民主管理等的规范位阶较低，但规范内容已基本齐全，无须大规模制定全新规则，主要任务是对现有规范进行补充、修改和完善。相比而言，目前我国有关工时、工资、休息休假和安全卫生等劳动基准法的内容较为薄弱，而劳动基准是劳动法重要的组成部分，因此，应先制定劳动基准法，填补我国劳动领域法律的主要缺项和短板，为编纂劳动法典奠定坚实的规范基础。而且，基本劳动标准立法已被纳入第十三届全国人大常委会立法规划，并被纳入第十四届全国人大常委会立法规划，① 相关部门对劳动基准立法也取得一定共识，易于推进立法。当前应抓紧推动制定劳动基准法。"特殊劳动关系编"，主要涉及特殊类型劳动者保护，其内容主要包括劳动合同编和劳动基准编的特殊规则，因此，先行制定一部特殊劳动关系法的必要性不大。法典编纂的第二步是在出台劳动基准法的基础上，对现行劳动法律规范进行系统编订纂修，最终编纂形成劳动法典。

五　结语

放眼全球，在21世纪编纂劳动法典并非热门话题。但是在当下中国，探讨劳动法法典化也并非当前部门法法典化热潮的"跟风"之举。民法典为我国编纂劳动法典提供了宝贵经验和良好契机，为此需要冷静思考劳动法典编纂的价值和意义、条件与不足、体例及步骤，深入回答为何编法

---

① 《十三届全国人大常委会立法规划》（2018）将"基本劳动标准"的立法项目列为"立法条件尚不完全具备、需要继续研究论证的立法项目"，表明劳动基准法存在立法需求，有关方面在立法上取得一定共识，中国人大网，http://www.npc.gov.cn/zgrdw/npc/xinwen/2018-09/10/content_2061041.html，最后访问时间：2024年3月9日；"基本劳动标准和新就业形态"等，也被列入第十四届全国人大常委会立法规划的"第三类项目：立法条件尚不完全具备、需要继续研究论证的立法项目"，中国人大网，www.npc.gov.cn/npc/c2/c30834/202309/t20230908_431613.html，最后访问时间：2024年3月9日。

典、编何法典、如何编法典等一系列重大问题。我国拥有世界上最大的就业群体，以平台用工为代表的新就业形态等灵活用工方式方兴未艾，迫切需要劳动法做出系统回应，我国编纂劳动法典意义重大。对于21世纪的中国来说，法典化本身并不是目的，通过法典化树立以法为中心的治理逻辑，展现出现代中国特有的精神气质，才是法典化的价值之所在。[①] 就劳动法典而言，通过法典化努力，系统提升我国劳动法律制度和体系，完善我国劳动就业治理水平，才是劳动法典编纂的真正意义。处于网络信息技术高度发达的21世纪，我国应有制度自信和理论自信，探索编纂一部具有时代特征、体现中国特色、反映人民意愿的新时代劳动法典，这对于充分彰显劳动的价值和意义，更好满足劳动者日益增长的美好生活需要，推动中国式现代化意义重大。当然，劳动法典的价值、体例和步骤只是法典编纂研究的起步，法典编纂还须对各编的内部结构和规范内容进行深入系统研究，劳动法学界任重道远、责无旁贷。

---

① 高仰光：《法典化的历史叙事》，《中国法学》2021年第5期。

参考文献

《俄罗斯联邦劳动法典》，蒋璐宇译，王志华审校，北京大学出版社，2009。

封丽霞：《法典编纂论：一个比较法的视角》，清华大学出版社，2002。

[德] 雷蒙德·瓦尔特曼：《德国劳动法》，沈建峰译，法律出版社，2014。

[德] 沃尔夫冈·多伊普勒：《德国劳动法》（第11版），王倩译，上海人民出版社，2016。

[德] 沃尔夫冈·多伊普勒：《数字化与劳动法：互联网、劳动4.0和众包工作》（第六版），王建斌、娄宇等译，中国政法大学出版社，2022。

[法] 伊莎贝尔·道格林、[比] 克里斯多夫·德格里斯、[比] 菲利普·波谢编：《平台经济与劳动立法国际趋势》，涂伟译，中国工人出版社，2020。

[日] 穗积陈重：《法典论》，李求轶译，商务印书馆，2014。

班小辉：《"零工经济"下任务化用工的劳动法规制》，《法学评论》2019年第3期。

北京市第三中级人民法院课题组：《完善新就业形态劳动者合法权益保障的司法路径》，《人民司法》2023年第10期。

程啸：《民法典编纂视野下的个人信息保护》，《中国法学》2019年第4期。

丁晓东：《个人信息权利的反思与重塑：论个人信息保护的适用前提与法益基础》，《中外法学》2020年第2期。

丁晓东：《论算法的法律规制》，《中国社会科学》2020年第12期。

范围：《不完全劳动关系的困惑：未解的三个问题》，《人民司法》2022年第7期。

洪莹容：《从平台经济之多元劳务提供模式谈劳务提供者之法律地位与劳动权益之保护》，《中正大学法学集刊》2021年总第72期。

林嘉：《论我国劳动法的法典化》，《浙江社会科学》2021年第12期。

刘权：《论互联网平台的主体责任》，《华东政法大学学报》2022 年第 5 期。

娄宇：《平台经济灵活就业人员劳动权益保障的法理探析与制度建构》，《福建师范大学学报》（哲学社会科学版）2021 年第 2 期。

吕忠梅：《中国环境立法法典化模式选择及其展开》，《东方法学》2021 年第 6 期。

罗智敏：《算法歧视的司法审查——意大利户户送有限责任公司算法歧视案评析》，《交大法学》2021 年第 2 期。

孟续铎、吴迪：《平台灵活就业新形态的劳动保障研究》，《中国劳动关系学院学报》2021 年第 6 期。

邱羽凡：《劳动契约从属性认定标准之趋势与反思——兼论平台工作者之"劳工性"》，《台北大学法学论丛》2021 年总第 119 期。

沈建峰：《数字时代劳动法的危机与用工关系法律调整的方法革新》，《法制与社会发展》2022 年第 2 期。

石佳友：《解码法典化：基于比较法的全景式观察》，《比较法研究》2020 年第 4 期。

孙宪忠：《中国民法典总则与分则之间的统辖遵从关系》，《法学研究》2020 年第 3 期。

田思路：《技术从属性下雇主的算法权力与法律规制》，《法学研究》2022 年第 6 期。

田野：《平台用工算法规制的劳动法进路》，《当代法学》2022 年第 5 期。

王倩：《论"网约工"劳动权益的数据法保护路径》，《法学》2023 年第 11 期。

王倩：《作为劳动基准的个人信息保护》，《中外法学》2022 年第 1 期。

王全兴、王茜：《我国"网约工"的劳动关系认定及权益保护》，《法学》2018 年第 4 期。

王天玉：《互联网平台用工的"类雇员"解释路径及其规范体系》，《环球法律评论》2020 年第 3 期。

王天玉：《平台用工的"劳动三分法"治理模式》，《中国法学》2023 年第 2 期。

肖竹：《第三类劳动者的理论反思与替代路径》，《环球法律评论》2018 年第 6 期。

谢增毅：《电子劳动合同的法律规则建构》，《中国劳动关系学院学报》2022 年第 5 期。

谢增毅：《互联网平台用工劳动关系认定》，《中外法学》2018 年第 6 期。

谢增毅：《劳动法典编纂的重大意义与体例结构》，《中国法学》2023 年第 3 期。

谢增毅：《劳动法典的体例结构：国际经验及其启示》，《北方法学》2022 年第 6 期。

谢增毅：《劳动者个人信息保护的法律价值、基本原则及立法路径》，《比较法研究》2021 年第 3 期。

谢增毅：《劳动者社交媒体言论自由及其限制》，《法学研究》2020 年第 4 期。

谢增毅：《平台用工劳动权益保护的立法进路》，《中外法学》2022 年第 1 期。

谢增毅：《我国平台用工规制路径的反思与改进》，《中外法学》2024 年第 2 期。

谢增毅：《远程工作的立法理念与制度建构》，《中国法学》2021 年第 1 期。

谢增毅：《职场个人信息处理的规制重点——基于劳动关系的不同阶段》，《法学》2021 年第 10 期。

徐婉宁：《劳工隐私权之保护：以日本法上劳动关系存续中劳工健康资讯之隐私保护为中心》，《台大法学论丛》2017 年第 4 期。

阎天：《女性就业中的算法歧视：缘起、挑战与应对》，《妇女研究论丛》2021 年第 5 期。

张成刚：《共享经济平台劳动者就业及劳动关系现状——基于北京市多平台的调查研究》，《中国劳动关系学院学报》2018 年第 3 期。

张弓：《平台用工争议裁判规则探究——以〈关于维护新就业形态劳动者劳动保障权益的指导意见〉为参照》，《法律适用》2021 年第 12 期。

张新宝：《从隐私到个人信息：利益再衡量的理论与制度安排》，《中国法学》2015 年第 3 期。

张新宝：《个人信息收集：告知同意原则适用的限制》，《比较法研究》2019 年第 6 期。

张义德：《论劳工隐私权之保障——以日本法为借镜》，《政大法学评论》2018 年总第 156 期。

周汉华：《个人信息保护的法律定位》，《法商研究》2020 年第 3 期。

[德] 乌尔里希·普莱斯：《从古典时代到数字化劳动世界：劳动法的起源、现状和未来》，吴勇译，《法治现代化研究》2023 年第 5 期。

[美] 赛思·D. 哈瑞斯：《美国"零工经济"中的从业者、保障和福利》，《环球法律评论》2018 年第 4 期。

Adalberto Perulli, "The Legal and Jurisprudential Evolution of the Notion of Employee", *European Labour Law Journal*, Vol. 11, No. 2, 2020.

Aislinn Kelly-Lyth, Anna Thomas, "Algorithmic Management: Assessing the Impacts of AI at Work", *European Labour Law Journal*, Vol. 14, No. 2, 2023.

Aislinn Kelly-Lyth, "Algorithmic Discrimination at Work", *European Labour Law Journal*, Vol. 14, No. 2, 2023.

Anna Mackin, "Employee Free Speech: Navigating Potential Legal Risks on Social Media", *Texas Bar Journal*, Vol. 81, 2018.

Annika Rosin, "The Right of a Platform Worker to Decide Whether and When to Work: An Obstacle to Their Employee Status?" *European Labour Law Journal*, Vol. 13, No. 4, 2022.

Annika Rosin, "Towards a European Employment Status: The EU Proposal for a Directive on Improving Working Conditions in Platform Work", *Industrial Law Journal*, Vol. 51, No. 2, 2022.

Antonio Aloisi, Valerio De Stefano, "Between Risk Mitigation and Labour Rights Enforcement: Assessing the Transatlantic Race to Govern AI-driven Decision-making through a Comparative Lens", *European Labour Law Journal*, Vol. 14, No. 2, 2023.

Barbara Gomes, "The French Platform Workers: A Thwarted Path to the Third Status", *Italian Labour Law e-Journal*, Vol. 15, No. 1, 2022.

Barnard Catherine, "The Serious Business of Having Fun: EU Legal Protection for Those Working Online in the Digital Economy", *International Journal of Comparative Labour Law and Industrial Relations*, Vol. 39, No. 2, 2023.

Bernd Waas, Wilma B. Liebman, Andrew Lyubarsky and Katsutoshi Kezuka, *Crowdwork-A Comparative Law Perspective*, Bund-Verlag GmbH, 2017.

Bernd Waas, "The Legal Definition of the Employment Contract in Section 611a of the Civil Code in Germany: An Important Step or does Everything Remain the Same?" *Italian Labour Law e-Journal*, Vol. 12, Issue 1, 2019.

Bertolini Alessio, "Regulating Platform Work in the UK and Italy: Politics, Law and Political Economy", *International Journal of Comparative Labour Law and Industrial Relations*, Vol. 40, No. 1, 2024.

Charlotte S. Alexander and Elizabeth Tippett, "The Hacking of Employment Law", *Missouri Law Review*, Vol. 82, No. 4, 2017.

Christina Hießl, "The Legal Status of Platform Workers: Regulatory Approaches and Prospects of a European Solution", *Italian Labour Law e-Journal*, Vol. 15, Issue 1, 2022.

Effrosyni Bakirtzi, "Remote Work Regulation during and after the Pandemic in Greece and Germany: Comparative Legal Frameworks and Challenges for the Future of Work", *Italian Labour Law e-Journal*, Vol. 15, Issue 2, 2022.

Emily J. Tewes, "Private Sphere: Can Privacy Law Adequately Protect Employees amidst the Complexities of the Modern Employment Relationship?" *Santa Clara Law Review*, Vol. 57, 2017.

Guy Davidov and Pnina Alon-Shenker, "The ABC Test: A New Model for Employment Status Determination?" *Industrial Law Journal*, Vol. 51, No. 2, 2022.

Halefom Abraha, "Regulating Algorithmic Employment Decisions through Data Protection Law", *European Labour Law Journal*, Vol. 14, No. 2, 2023.

Halefom H. Abraha, "A Pragmatic Compromise? The Role of Article 88 GDPR in Upholding Privacy in the Workplace", *International Data Privacy Law*, Vol. 12, No. 4, 2022.

Hugh Collins, K. D. Ewing and Aileen McColgan, *Labour Law*, Second Edition, Cambridge: Cambridge University Press, 2019.

Janine Berg, "Protecting Workers in the Digital Age: Technology, Outsourcing, and the Growing Precariousness of Work", *Comparative Labor Law & Policy Journal*, Vol. 41, No. 1, 2019.

Jessica A. Magaldi, Jonathan S. Sales, "Exploring the NLRB's Jurisprudence Concerning Work Rules: Guidance on the Limits of Employer Policy to Regulate Employee Activity on Social Media", *University of San Francisco Law Review*, Vol. 52, 2018.

Jessica Ireton, "Social Media: What Control do Employers Have over Employee Social Media Activity in the Workplace?" *Houston Business and Tax Law Journal*, Vol. 14, 2014.

Joellen Riley Munton, "Employment Contracts in the Australian High Court", *Labour Law e-Journal*, Vol. 15, Issue 2, 2022.

John A. II Pearce & Jonathan P. Silva, "The Future of Independent Contractors and Their Status as Non-Employees: Moving on from a Common Law Standard", *Hastings Business Law Journal*, Vol. 14, No. 1, 2018.

Jon C. Messenger eds., *Telework in the 21st Century-an Evolutionary Perspective*, International Labour Organization, Edward Elgar Publishing Limited, 2019.

Keith Cunningham-Parmeter, "Discrimination by Algorithm: Employer Accountability for Biased Customer Reviews", *UCLA Law Review*, Vol. 70, 2023.

Krzysztof W. Baran, ed., *Outline of Polish Labour Law System*, Wolters Kluwer, 2016.

Louise Thornthwaite, "Social Media, Unfair Dismissal and the Regulation of Employees' Conduct outside Work", *Australian Journal of Labour Law*, Vol. 26, 2013.

Loïc Lerouge, Francisco Trujillo Pons, "Contribution to the Study on the 'Right to Disconnect' from Work. Are France and Spain Examples for other Countries and EU Law?" *European Labour Law Journal*, Vol. 13, No. 3, 2022.

Manfred Weiss, Marlene Schmidt and Daniel Hlava, *Labour Law and Industrial Relations in Germany*, Fifth Edition, The Netherlands: Kluwer Law International BV, 2020.

Marta Otto, *The Right to Privacy in Employment: A Comparative Analysis*, Hart Publishing, 2016.

Marta Otto, "Workforce Analytics v Fundamental Rights Protection in the EU in the Age of Big Data", *Comparative Labor Law & Policy Journal*, Vol. 40, 2019.

Megan Pearson, "Offensive Expression and the Workplace", *Industrial Law Journal*, Vol. 43, No. 4, 2014.

Michael Veale, Michael 'Six' Silberman, Reuben Binns, "Fortifying the Algorithmic Management Provisions in the Proposed Platform Work Directive", *European Labour Law Journal*, Vol. 14, No. 2, 2023.

Michel Despax, Jean-Pierre Laborde, Jacques Rojot, *Labour Law in France*, 2nd. ed., Kluwer Law International, 2017.

Miriam A. Cherry and Ana Santos Rutschman, "Gig Workers as Essential Workers: How to Correct the Gig Economy Beyond the COVID-19 Pandemic", *ABA Journal of Labor & Employment Law*, Vol. 35, No. 1, 2020.

Miriam A. Cherry and Antonio Aloisi, "'Dependent Contractors' in the Gig Economy: A Comparative Approach", *American University Law Review*, Vol. 66, No. 3, 2017.

Miriam A. Cherry, "An Update on Gig Worker Employment Status Across the United States", *The University of the Pacific Law Review*, Vol. 54, 2022.

Miriam A. Cherry, "Employee Status For 'Essential Workers': The Case For Gig Worker Parity", *Loyola of Los Angeles Law Review*, Vol. 55, 2022.

Miriam A. Cherry, "Proposition 22: A Vote on Gig Worker Status in California", *Comparative Labor Law & Policy Journal*, Dispatch No. 31, 2021.

Miriam Kullmann, "'Platformisation' of Work: An EU Perspective on Introducing a Legal Presumption", *European Labour Law Journal*, Vol. 13, No. 1, 2022.

Nikita Lyutov, Ilona Voitkovska, "Remote Work and Platform Work: The Prospects for Legal Regulation in Russia", *Russian Law Journal*, Vol. 9, Issue 1, 2021.

Orly Lobel, "The Debate over How to Classify Gig Workers Is Missing the Bigger Picture", *Harvard Business Review*, July 24, 2019.

Orly Lobel, "The Gig Economy & the Future of Employment and Labor Law", *University of San Francisco Law Review*, Vol. 51, 2017.

Pamela V. Keller, "Balancing Employer Business Interests and Employee Privacy Interests: A Survey of Kansas Intrusion on Seclusion Cases in the Employment Context", *University of Kansas Law Review*, Vol. 61, 2013.

Robert Sprague, "Using the ABC Test to Classify Workers: End of the Platform-Based Business Model or Status Quo Ante?" *William and Mary Business Law Review*, Vol. 11, No. 3, 2020.

Samantha J. Prince, "The AB5 Experiment-Should States Adopt California's Worker Classification Law?" *American University Business Law Review*, Vol. 11, No. 1, 2022.

Susan Park, "Employee Internet Privacy: A Proposed Act that Balances Legitimate Employer Rights and Employee Privacy", *American Business Law Journal*, Vol. 51, 2014.

Tammy Katsabian and Guy Davidov, "Flexibility, Choice, and Labour Law: The Challenge of On-demand Platforms", *University of Toronto Law Jour-

nal, Vol. 73, No. 3, 2023.

Tammy Katsabian, "Employees' Privacy in the Internet Age: Towards a New Procedural Approach", *Berkeley Journal of Employment and Labor Law*, Vol. 40, 2019.

Tara R. Flomenhoft, "Balancing Employer and Employee Interests in Social Media Disputes", *American University Labor and Employment Law Forum*, Vol. 6, No. 1, 2016.

T. Treu, *Labour Law in Italy*, Sixth Edition, Kluwer Law International BV, 2020.

William B. Gould IV and Marco Biasi, "The Rebuttable Presumption of Employment Subordination in the US ABC-Test and in the EU Platform Work Directive Proposal: A Comparative Overview", *Italian Labour Law e-Journal*, Vol. 15, Issue 1, 2022.

W. C. Bunting, "Unlocking the Housing-Related Benefits of Telework: A Case for Government Intervention", *Real Estate Law Journal*, Vol. 46, 2017.

X. Olga Rymkevich, "An Overview of the Regulatory Framework for Smart Work in Italy: Some Critical Remarks", *Kutafin University Law Review*, Vol. 5, Issue 1, 2018.

Zane Muller, "Algorithmic Harms to Workers in the Platform Economy: The Case of Uber", *Columbia Journal of Law and Social Problems*, Vol. 53, No. 2, 2020.

Zhanna Anatolyevna Gorbacheva, *Labour Law in Russia*, Third Edition, Kluwer Law International, 2019.

Zoe Adams, Catherine Barnard, Simon Deakin and Sarah Fraser Butlin, *Deakin and Morris' Labour Law*, Seventh Edition, Oxford: Hart Publishing, 2021.

Zoe Adams, Johanna Wenckebach, "Collective Regulation of Algorithmic Management", *European Labour Law Journal*, Vol. 14, No. 2, 2023.

索　引

A

"AB5"法案　45，103，104

B

比例原则　11，12，194，206，217—224，230，233，239，242，245，247，249
不完全符合确立劳动关系情形　56，58，60—63，85

C

从属性　4，8，11，20，26，44，48，59，61，62，91—96，98，99，107，118—120，123，125—131，193，208，227，307，338—341

D

电子劳动合同　8，22，166—180
断开工作网络连接　54，252，253，315

F

反歧视　45，52，71，284—288，294，299

G

个人信息处理　12，15，16，19，42，209，214—220，222，223，225—234，236—239，241，244，245，247—250，281，282
工作边界消失　251，267
工作时间　3，4，6，9，10，14，20，21，30，31，33，38，39，41，46，47，49，50，52，54，56—58，63，65，73，76—78，84，88，90，95，96，98，102，113，118，119，127，128，130，137，140，141，144，145，147，148，151，153—159，164，165，200，205，240，245，251—263，265—273，276，278，279，284，306，308，314，315，317，318，321—324，329，330，333
规章制度　6，7，9，42，72，126，148，154，155，159，163，164，167，174—176，178，184，187，191，192，196，197，199—202，206，207，214，215，218，222，233，240，241，250，272，288—290，294，297，299，336
国际劳工组织　1，3，13，25—28，33，34，38，39，70，71，73，78，81，93，94，101，117，125，132，135，140，141，162，163，217，218，221，256，274，275，307，331

H

汇编型劳动法典　313，316，331

J

居家办公　2，9，132，133，140，152，161，256，265—267

K

可靠的电子签名　168—172，179

L

劳动法典　2,4,16,22,47,48,52,54,103,121,135,139,143,144,147—151,153—156,159,163,213,227,229—231,234,237,243,245,252,253,268,273,301,303—343

劳动法典总则编　332

劳动关系　4,8—11,15,18,20,21,25,26,34—38,40,43,44,47,49,51—53,55—59,61—64,66—68,70,72,73,75,76,78,79,81,82,84,86—89,91,93—103,105—131,133,135,136,144,147,149,151,152,167,168,171,179,184—197,203,206—214,217—231,233,234,237,239,241,242,245,248,249,254,261,272,274,279,280,285,289,291,294,304,305,307—310,312,314,315,317—319,321—323,325,328,332—342

劳动关系认定　26,35,40,54,55,58,69,72,84—86,96,100—102,109,112,115,124—128,131,309,352

劳动基准法　213,252,253,268,273,289,290,299,309,328,334,342

劳动数字化　2

劳动者　1—3,5—23,25—86,88,90,92,94—96,98—104,106,108,110,112—114,116,118,120,122—124,126—128,130—134,136—142,144,146—154,156—158,160,162,164—181,183—215,217—219,221,223—225,227,229—233,235—241,243,245,247,249,251—257,259—273,275,276,278,279,281,283,284,286—290,293—299,304—306,309,310,312,318,321—324,328—330,332—338,340—343,352

劳动者个人信息保护　10,16—18,21,168,179,208,209,211—215,217,218,228,230—233,241,246,249,250

劳动者权利　8,10—12,14,18,21,22,116,184,186,188,190,192,194,196,198,200,202,204,206,210,212,214,216,218,220,222,224,226,228,230,232,234,236,238,240,242,244,246,248,250,252,254,256—258,260,262,264,266,268,270,272,273,276,278—280,282,284,286,288,290,292,294,296,298,305,306,329,352

劳动者社交媒体　9,13,183,185,187—189,191,193,195—197,199,201—203,205—207

劳动者社交媒体行为　196,201,202,205—207

劳动者隐私权　21,209,213,240,241

劳动者忠实义务　20,185,192—194,200,201,203,204,207

离线权　1,10,14,20—22,154,155,157,251—273

O

《欧洲议会和欧盟理事会关于改善平台用工工作条件的指令》　4

《欧洲议会和欧盟理事会关于改善平台用工工作条件的指令建议》　49,112

P

平台工人　3,4,17,20,25—36,38—50,52—60,63—65,67—74,76—89,91—95,97,99—103,105—107,109,111—119,121—123,125—129,131,274—278,282,289,290,292—294,308,326,335

平台用工　　1—4,17,19,25—29,33,35,36,40,43—45,49,50,52,54,55,57,58,60,62—66,68,69,71—74,76,77,79,80,83—87,92,94,96,97,101—103,105,107,111,112,115—117,122,124,126—128,130,253,274—279,281,282,284,285,287,289,290,292—295,298,307,308,315,326,335,341,343,352

S

社交媒体　　5,6,8,9,12,18,134,156—158,164,183—192,196,199—208,212,272

事实优先　　100,125,130,131

算法　　1,3,8,11—13,15,16,19,30,32,39,41—43,48—52,54,55,57,58,64,65,68,73,74,83,84,93,98,100,115—117,122,127—129,212,230,246,248,274—299,352

算法规制　　17—19,21,22,63,64,69,84,274—281,283—289,291—299,352

算法取中　　31,32,41,290,293,295

算法权利　　274,275,277,279,281,283,285,287,289,291,293—295,297,299

算法透明　　83,277—279,284,286,287,297

T

特殊劳动关系编　　334,342

体系型劳动法典　　4,320,325,332,335

X

新就业形态　　20,23,25—30,32—34,36,38—40,42—44,46,48,50,52,54,56,58,60—62,64,66,68,70,72,74,76,78—84,86,88,90,92,94,96—98,100,102,104,106,108,110,112,114,116,118,120,122,124,126—128,130,131,134,136,138,140,142,144,146,148,150,152,154,156,158,160,162,164,168,170,172,174,176,178,180,266,278,287,289,293—296,310,335,342,343

新就业形态劳动者权益保障　　25

休息权　　9—11,14,20,66,77,155,165,252,254,256,257,260,261,263,265,268,269,271,273

Y

言论自由　　6,8,9,11—13,16,20,22,185—197,199—207,211,212,249

隐形加班　　9,10,14,134,156,265

远程工作　　3,4,9,132—165,256—260,264,265,308,318,321,326,335

《远程工作框架协议》　　135—138,142,143,145,149,151—156

Z

知情同意　　216,218,224,226,227,230,249

职场监控　　15,223,226,239,241—244

职业伤害保障　　31,32,39,40,49,66,76,78—81

后　　记

　　《数字化对劳动法的挑战与应对》是我近年来就数字化与劳动法的互动这一话题进行研究的主要成果。自 2018 年在《中外法学》发表《互联网平台用工劳动关系认定》一文以来，本人在数字化与劳动法领域发表近 10 篇论文，对该主题进行了较为全面系统的研究。2022 年又有幸获得国家社科基金后期资助重点项目立项，使我有机会对这一主题进行更为深入的研究，经过反复修改、打磨终于完成了本书稿。

　　我并不善于接受和使用新技术，对该主题的研究主要源于数字化对劳动用工的深刻影响及其对劳动法带来巨大挑战的学术兴趣和学术责任。本书的主要内容都是当下劳动法理论和实践迫切需要回答的问题。基于对劳动法基本理论和基本制度的理解，通过就数字化对劳动用工影响的观察与思考，以及对相关企业的访谈和与网约车司机等平台劳动者的交流，我得以完成书稿。事实上，数字化与劳动法这一话题离不开对劳动法基础理论的应用、反思和修正，仅仅关注"技术问题"是难以完成数字化与劳动法这一课题的。因此，本书尽管具有强烈的"数字化"色彩，但注重于对数字时代劳动法基础理论和制度的反思与展望，而非仅仅关注应对数字化对劳动法的挑战的技术方案。劳动法调整对象的扩张、劳动者权利体系的重构、劳动法调整方式的转变构成了本书的主线。

　　作为研究数字化与劳动法的互动的课题，本书不可避免需要对平台用工、电子合同、数据保护、算法管理等数字领域话题进行研究，在这一过程中，除了劳动法的原理和知识，还需要应用平台治理、数据保护、算法规制、人工智能治理等各种知识，这让我时常感到惶恐。如何将劳动法的原理和知识与这些新型数字治理工具交叉融合和应用，对我是一个巨大挑战；虽然通过学习和"恶补"，可以在一定程度上克服这方面的知识欠缺，但对数字知识掌握的有限仍时常让我不安。作为具有一定的劳动法和其他学科"交叉"色彩的研究成果，不当之处恳请读者诸君批评指正。

　　本书的完成和出版得到了任职单位中国社会科学院法学研究所领导和

同事的大力支持，也得到了学界同行师友的诸多帮助，本书的出版得到中国社会科学出版社许琳编审的大力帮助，在此深表谢忱。个人的成长和进步离不开师友的帮助。学问永无止境、情义弥足珍贵，对于师友的相助，我将铭记在心。

时间飞逝，转眼自己工作并从事劳动法研究已近20年。20年来在师友的帮助下，我专注于社会法尤其是劳动法的研究，并有所收获。我先后出版了《劳动法的改革与完善》（2015）、《劳动合同法论》（2019），加上本书，可谓完成了劳动法的"三部曲"，也算是自己研习劳动法20年的成果。虽然成果不尽人意，但研究和写作的态度是认真的。我即将进入知命之年，可喜的是仍保有对学术的热爱，能坚守学术初心，并努力在日常琐务中挤出时间静心"做学问"。展望未来，希望能继续与学界同仁共同努力，为繁荣和发展社会法学、构建中国自主法学知识体系贡献绵薄之力。

谢增毅

2025年2月于北京海淀